Julian Jackson selon Rock Newman

Deontay Wilder selon Montell Griffin

Felix Trinidad selon Mahyar Monshipour

Gennady Golovkin selon Tom Loeffler

Mike Tyson selon Anne-Sophie Mathis

Artur Beterbiev et Subriel Matias selon John Dovi

Julian Jackson selon Michael « Smokey » Wilson

Manny Pacquiao selon Angel « Memo » Heredia

plus grand

K.O. ?

Tous les propos des entretiens ont été recueillis par
Christian Mpanzu

DANS L'OMBRE DES K.O.

LES COULISSES DES COMBATS LES PLUS MYTHIQUES

AMPHORA

À ma mère, à Pétronelle et à Pathy,
votre soutien indéfectible depuis le début de ma carrière
est une bénédiction.

À toi aussi, papa, ton courage, ta force et ta résilience
m'ont guidé tout au long de l'écriture de ce livre.
Merci de m'avoir transmis ta passion pour le sport.

Dieu fait de grandes choses...

SOMMAIRE

J'ai atterri dans une salle de boxe par hasard en 1996. Je cherchais alors un club de taekwondo ou de judo. Je n'imaginais pas que cette initiative, prise un peu par défaut, me conduirait, vingt ans plus tard, sur les rings olympiques.

En 1999, année où les femmes ont obtenu l'autorisation de participer à des combats officiels, j'ai fait mes premiers pas sur le ring. C'est là que j'ai ressenti le besoin de comprendre ce qui se joue dans ce carré magique. Les cordes qui nous encerclent nous obligent à nous regarder en face, à faire une véritable introspection pour comprendre qui nous sommes et ce que nous sommes capables de faire.

J'ai fait mes premiers pas sur le ring en m'inspirant des grands champions de boxe des années 90. À la salle, on s'échangeait de vieilles cassettes VHS des plus beaux K.O. Il y avait évidemment Mike Tyson, l'une des figures les plus emblématiques de la boxe, mais aussi de grands noms, comme Evander Holyfield, Lennox Lewis ou encore Roy Jones. Il y avait aussi des Français, comme Norbert Ekassi, Laurent Boudouani ou encore Mamadou Thiam... Je regardais en boucle leurs performances pour comprendre et pouvoir un jour reproduire leurs exploits.

Qu'ils soient spectaculaires, dévastateurs, à retardement, techniques, anthologiques, cliniques, voire inattendus, les K.O. marquent des moments de victoires éclatantes ou de défaites cruelles qui restent gravées dans la mémoire collective, témoignant de la beauté, de la brutalité et de la grandeur du noble art.

J'ai effectué 265 combats. Le K.O., quand on monte sur un ring, on y pense parfois. On ne le craint pas, car on connaît les règles. On les accepte. Très souvent, le K.O. arrive quand on l'attend le moins. On se surprend. On se découvre puissant, précis et rapide.

Mettre son adversaire K.O., c'est comme une saga épique de bravoure, de puissance et de stratégie. C'est le moment où toute notre préparation, notre force et notre volonté convergent en un seul instant pour vaincre l'adversaire. C'est une fusion d'adrénaline, de tension et d'euphorie, où le monde autour de nous ralentit et tout se résume à un coup décisif qui marque la fin du combat.

Je suis entrée dans l'univers de la boxe il y a 28 ans. Je n'ai jamais perdu par K.O. Mais, évidemment, j'ai été témoin de plusieurs d'entre eux, et pour celui qui subit le K.O., c'est un tourbillon de chocs et d'obscurité. C'est une fraction de seconde où le temps semble suspendu, puis tout devient flou et le néant. C'est un instant de désorientation totale, où la conscience vacille entre le combat et le repos. Certains disent d'ailleurs qu'une fois au sol ils voulaient se laisser aller et ressentir enfin une forme de soulagement... Puis, lorsque la lumière revient, c'est souvent avec la réalisation brutale de la défaite et parfois même de la douleur.

C'EST UN MOMENT OÙ L'EGO EST ÉCRASÉ PAR LA FORCE BRUTE DE L'ADVERSAIRE, OÙ LA FRAGILITÉ DE L'ÊTRE HUMAIN EST MISE EN LUMIÈRE.

Mais c'est aussi une leçon d'humilité et de résilience. C'est un moment où l'ego est écrasé par la force brute de l'adversaire, où la fragilité de l'être humain est mise en lumière. L'ego subit un choc brutal. Pendant des semaines, voire des mois, il s'est entraîné, a repoussé ses limites, convaincu de sa force et de sa capacité à triompher. Mais, en un instant, tout cela est remis en question. L'adversaire, par sa force, sa technique ou sa détermination, a réussi à briser cette confiance, à renverser l'équilibre du combat. C'est un rappel brutal de l'humilité nécessaire dans le sport, et dans la vie en général.

Le K.O. oblige à regarder en face ses propres faiblesses, à reconnaître que, malgré tous nos efforts, nous ne sommes pas invincibles. C'est un moment de vérité où l'orgueil est mis de côté, où la seule option est de se relever et d'apprendre de ses erreurs. Certains peuvent choisir de se laisser définir par cette défaite, de laisser l'échec consumer leur passion pour le sport.

Le K.O. est bien plus qu'une simple fin de combat. Il est une métaphore puissante de la vie et de la mort. Sur le ring, chaque échange, chaque coup porté est une confrontation avec notre propre mortalité, une danse avec l'incertitude et la fragilité de l'existence. Le K.O. symbolise l'ultime dénouement de cette confrontation. Il nous rappelle notre propre vulnérabilité et la finitude de toute chose.

Pourtant, dans cette dualité entre la vie et la mort, le ring peut aussi représenter un miroir de la vie elle-même. C'est un espace où nous nous confrontons à nos peurs, à nos faiblesses et à nos adversités, mais aussi où nous découvrons notre force intérieure, notre résilience et notre capacité à nous relever après chaque chute. Comme dans la vie, le K.O. peut être vu comme une épreuve qui nous pousse à nous dépasser, à trouver du sens dans l'adversité et à embrasser pleinement notre humanité.

Ainsi, que ce soit dans la victoire éclatante ou dans la défaite cruelle, le K.O. sur le ring nous rappelle la fragilité de l'existence et la nécessité de vivre chaque instant avec courage, détermination et gratitude. C'est dans la confrontation avec notre propre mortalité que nous trouvons parfois la véritable essence de la vie, une leçon précieuse qui transcende les limites du noble art de la boxe pour nous toucher au plus profond de notre être.

What's up, doc ?

Avant de plonger dans les tumultueuses histoires de knock-out qui enrichissent les pages de ce livre, il est important d'avoir en tête une explication très cartésienne de ce phénomène.

Médecin du sport depuis 2001, le docteur Jean-Marc Sène est une des références médicales dans le monde des sports de combat en France. Ancien médecin des équipes de France de judo pendant dix ans et actuellement médecin auprès de la Fédération française de MMA, il participe à l'organisation de la couverture médicale d'événements de MMA professionnel, notamment lorsque l'UFC[1] et le PFL[2] produisent des shows à Paris. Des K.O., il en a vu, il a peut-être sauvé des carrières, voire des vies en arrêtant prématurément des combats, et ses explications nous donnent des éléments précis pour définir ce que ressent un boxeur lorsqu'il prend un K.O.

LE K.O. D'UN POINT DE VUE MÉDICAL

Le K.O. ou knock-out est avant tout devenu un terme sportif qui veut dire que l'on n'est plus capable de combattre. Si on s'en tient à l'explication médicale, c'est en fait une forme particulière de la commotion cérébrale. La plus commune, c'est l'image de quelqu'un qui perd connaissance, une perte de connaissance à la suite d'un traumatisme de la tête ou du cou. Ce qui se passe dans le corps, c'est un véritable ébranlement, un passage d'une onde de choc dans le cerveau, transmise à travers la boîte crânienne, qui va entraîner un dysfonctionnement du cerveau. Cette souffrance cérébrale peut entraîner quelquefois une perte de connaissance, mais il y a une myriade de conséquences qui peuvent apparaître. Des vertiges, des maux de tête, des nausées, une amnésie, une désorientation temporo-spatiale. On peut avoir un déséquilibre, des pertes de force, des troubles visuels, des troubles auditifs.

Attention, ce traumatisme au cerveau n'a pas forcément pour conséquence un saignement ou une hémorragie. Au bord du ring, le médecin doit tout de suite reconnaître que le cerveau a été ébranlé par une onde de choc, qu'il ne fonctionne plus normalement, et ça suffit pour obliger un boxeur à laisser son cerveau récupérer, même s'il n'a pas perdu connaissance. On peut avoir une commotion cérébrale sans perte de connaissance, je vais même plus loin : la majorité des commotions cérébrales n'ont pas de perte de connaissance.

C'est une grave erreur de dire « il n'a pas perdu connaissance, donc pas de soucis... », on peut tout à fait avoir une atteinte fonctionnelle du cerveau sérieuse sans perte de connaissance.

Il est très important de faire la distinction entre le terme K.O., qui signifie perte de connaissance, et le terme commotion cérébrale, qui signifie dysfonction du cerveau à la suite d'un gros choc.

LES ZONES LES PLUS PROPICES AU K.O.

On parle très souvent du menton pour une raison simple. Lorsqu'un boxeur est touché par exemple sur le côté du menton, il va y avoir une notion de rotation de la tête, les ondes de forces rotatives entraînent un mouvement de toupie du cerveau à l'intérieur de la boîte crânienne qui entraîne une déconnexion. Les forces rotatoires sont des forces d'accélération plus importantes que les forces linéaires.

Les tempes aussi sont propices au K.O. puisque c'est un os qui est beaucoup plus fin que, par

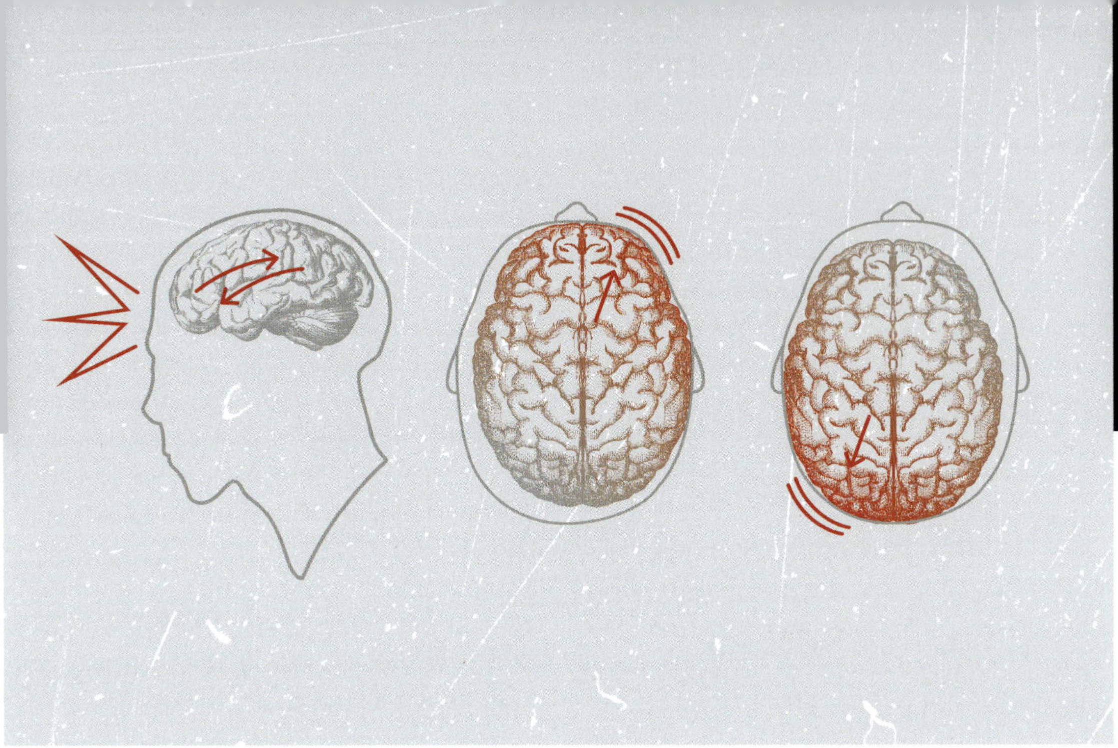

exemple, l'os occipital, qui est en arrière, ou les os du sommet du crâne, qui sont, eux, plus épais. Si l'os de la tempe est plus fin, on comprend bien que l'onde de choc va passer plus facilement à l'intérieur du cerveau parce qu'il y a en quelque sorte moins de protection. En plus d'être fin, l'os de la tempe est dans une zone particulièrement innervée et en dessous de laquelle il existe une artère. Cette zone fait qu'elle est plus propice à l'existence de dysfonctions cérébrales. Cette artère est fragile et peut donner lieu à une hémorragie sous-durale.

L'IMPORTANCE DU SYSTÈME VESTIBULAIRE

Le système vestibulaire se trouve juste derrière les oreilles. Dans cette zone, on retrouve l'os mastoïde et c'est une zone qui participe à l'équilibre du corps en lien avec une partie du cerveau : le cervelet, qui contrôle nos fonctions motrices. Si cette zone est touchée, c'est l'équilibre du boxeur qui va être impacté.

LE K.O. AU FOIE, UNE DOULEUR TRAUMATISANTE

Le foie est entouré d'une enveloppe qu'on appelle la capsule de Glisson, qui est extrêmement innervée et sensible. Lorsqu'on donne un coup dans cette capsule, on entraîne une onde de choc avec une distension de cette zone qui entraîne une douleur très vive. Cette douleur peut entraîner une réaction vagale qui suractive le système parasympathique, qui a pour effet de freiner le cœur : la fréquence cardiaque ralentit et la tension artérielle baisse.

Vous avez certainement remarqué que le boxeur réagit toujours à un coup au foie avec quelques secondes de décalage, c'est parce qu'il y a une réaction corporelle qui n'est pas immédiate, contrairement aux impacts au visage. Donner un coup au foie, c'est comme pincer un tuyau d'arrosage, on coupe la circulation sanguine de retour entre le foie et le cœur. La pompe est désamorcée pendant une courte durée, l'adversaire perd ses jambes et se plie en deux de douleur. Ce sont les mécanismes supposés du K.O. hépatique.

LA REPRISE APRÈS UN K.O.

La première chose à faire avant de penser à une reprise, c'est un diagnostic auprès d'un médecin dans les 48 heures qui suivent le K.O. Il faut s'assurer notamment qu'il n'y a pas d'hémorragie intra-crânienne et confirmer le diagnostic de commotion cérébrale. Si le diagnostic de commotion cérébrale est posé, c'est minimum 1 mois sans impact et sans choc sur la tête. Jusqu'à présent, on avait l'habitude de dire que le boxeur doit être au repos complet jusqu'à ce qu'il n'y ait plus de symptômes au repos avant de reprendre une activité d'endurance, comme un footing. Aujourd'hui, de nouvelles études montrent qu'il y a plutôt intérêt à faire une reprise d'activité cardio précoce, qui permet de récupérer plus rapidement d'une commotion cérébrale.

PRÉVENTION

Le premier élément de prévention, c'est avant tout la qualité de l'entraînement et la qualité technique du boxeur. Cela semble bête, mais il faut savoir éviter les coups, et même les amortir. L'entraîneur doit aussi être vigilant sur les différences de niveau entre boxeurs, sur les impacts qui sont donnés, sur l'intensité des différentes phases d'entraînement.

Deuxième élément important pour prévenir cette transmission d'impact au cerveau, c'est la force des muscles du cou. La force cervicale permet de limiter les conséquences des impacts que l'on prend.

Le troisième élément qui a été identifié, c'est la qualité de l'occlusion dentaire. Le protège-dents, associé à une force du muscle du cou, permet, là aussi, de diminuer la transmission de l'onde de choc vers le cerveau.

Attention au casque qui est une fausse protection. Il protège les parties sensibles du visage pour éviter des coupures ou protège le nez, mais il n'empêche pas la transmission de l'onde de choc à travers le crâne vers le cerveau.

1. Ultimate Fighting Championship, organisation privée d'arts martiaux mixtes américaine, reconnue comme la plus grande ligue de MMA au monde.
2. Professional Fighters League, organisation privée d'arts martiaux mixtes.

TALE OF THE TAPE

Mercredi 22 juin 1938
Yankee Stadium, Bronx, New York
CHAMPIONNAT DU MONDE, POIDS LOURDS
15 rounds
National Boxing Association (1921-1962),
New York State Athletic Commission
Arbitre : Arthur Donovan

Joe Louis Brown Bomber	VS	Max Schmeling Black Uhlan of the Rhine
35-1	Bilan	52-7-4
24 ans	Âge	32 ans
Droitier	Stance	Droitier
187 cm	Taille	185 cm
193 cm	Allonge	193 cm
90,2 kg	Poids	87,5 kg

La revanche d'un cœur honnête

L'esprit de revanche n'est pas toujours une bonne motivation pour un boxeur. Il pousse à être trop agressif, impatient. En étant revanchard, le pugiliste oublie parfois l'essentiel, un combat de boxe est un jeu d'échecs où le sang-froid et l'intellect sont des pièces maîtresses. Pourtant, au moment de défendre sa ceinture de champion du monde[1] pour la 4e fois, Joe Louis n'a qu'une seule idée en tête : laver son honneur face au seul homme qui l'a battu. Le 19 juin 1936, l'Allemand Max Schmeling, ancien détenteur du titre mondial[2] et porte-étendard du régime nazi malgré lui, met K.O. Joe Louis en 12 rounds.

Lors de ce premier combat retentissant, mais sans titre en jeu, Schmeling, pionnier de l'analyse vidéo en boxe anglaise, note que son adversaire néglige sa garde après avoir lancé son jab. Présenté comme invincible, le natif de LaFayette dans l'Alabama, qui devait rendre l'Amérique fière et confirmer son statut de superstar, a provoqué le chagrin de plus de 57 millions d'auditeurs pressés devant leurs radios pour écouter le récit de cette opposition.

On ne peut pas mentir en boxe et le ring est toujours le lieu où les masques tombent. Deux ans plus tard, c'est donc un Joe Louis bien plus appliqué qui se présente en camp d'entraînement. Avant le premier duel, le Brown Bomber passait le plus clair de son temps sur le parcours de golf de Lakewood dans le New Jersey. Louis délaisse sa nouvelle passion, le temps d'une préparation dantesque, s'abstient de tout contact avec la gent féminine et enchaîne les rounds de sparring.

Quelques semaines avant son combat, le président des États-Unis, Franklin Delano Roosevelt le reçoit à la Maison-Blanche. Pour l'encourager, certes, mais il en profite aussi pour le mettre sous pression : « Joe, nous avons besoin de muscles comme les vôtres pour battre l'Allemagne. »

Nous sommes en 1938, et le contexte politique plus que tendu de l'époque entre l'Allemagne et les autres puissances occidentales déteint sur le combat. Louis, le taciturne, l'homme de peu de mots, en est conscient, mais, pour lui, cette rivalité reste une affaire personnelle. Il fait fi de la propagande raciste orchestrée par Joseph Goebbels[3].

Schmeling aussi vit un avant-combat tumultueux. Flanqué d'un attaché de presse du parti nazi durant toutes ses prises de parole sur le sol américain, il veut à la fois représenter fièrement son pays, mais s'éloigner le plus possible des raisonnements hitlériens, un grand écart difficile. Arrivé deux mois avant l'échéance, il s'offre quelques rounds d'exhibition avec son ami Jack Dempsey[4] en marge de sa préparation et rêve de devenir le premier boxeur à reconquérir le titre mondial.

Le soir du combat, l'Allemand fait son chemin vers le ring accueilli par des huées, des crachats et même des mégots de cigarettes. Le Yankee

LE MANAGER JUIF DE MAX SCHMELING

Contrairement à la perception du public américain, Max Schmeling n'a jamais été proche du parti nazi. Il a toujours réfuté la supposée supériorité raciale mise en avant par le régime d'Hitler. Plus encore, presque de manière provocatrice, le champion allemand n'a jamais accepté de se séparer de son manager américain Joe Jacobs, fils d'immigrés juifs hongrois. Il a même caché deux enfants juifs durant la Nuit de cristal[12] pour ensuite les aider à fuir aux États-Unis. Incité par Jack Dempsey à quitter l'Allemagne pour prendre la nationalité américaine, le Black Uhlan of the Rhine restera allemand toute sa vie.

Stadium[5] est plein à craquer, plus de 70 000 spectateurs sont présents, tous acquis à la cause de Louis. 70 millions d'auditeurs américains sont rivés sur leurs transistors, 100 millions à travers le monde. En Allemagne, Adolf Hitler a repoussé le couvre-feu alors en vigueur à 3 heures du matin pour permettre aux bars et aux restaurants allemands d'assurer une diffusion au plus grand nombre.

Tout ce petit monde restera crispé moins d'un round, 2 min 4 s très exactement. C'est le temps qu'il faut à Joe Louis pour libérer deux ans de frustration sur son adversaire. Il met Max Schmeling en grande difficulté une première fois avec une avalanche de coups. Uppercut droit, crochet gauche, direct à la mâchoire, crochet du droit au flanc, Schmeling, accroché aux cordes, obtient un léger répit après l'intervention de l'arbitre, mais Louis le foudroie avec un direct.

L'Allemand fait un premier voyage au tapis spectaculaire et commet l'erreur de se relever rapidement, au compte de 2.

JOE LOUIS TIENT SA REVANCHE. LUI QUI NE SE SENTAIT PAS COMPLÈTEMENT CHAMPION DU MONDE AVANT D'AVOIR EFFACÉ CE REVERS DE 1936 CONSERVERA CE TITRE PENDANT 11 ANS ET 8 MOIS.

Un nouvel enchaînement de Louis force Schmeling à poser les deux gants au sol, ce qui est compté comme un deuxième knockdown. Une troisième droite au menton l'envoie aux pieds de Louis, l'arbitre le déclare K.O. et, dans l'instant qui suit, son coin jette l'éponge.

Joe Louis tient sa revanche. Lui qui ne se sentait pas complètement champion du monde avant d'avoir effacé ce revers de 1936 conservera ce titre pendant 11 ans et 8 mois. Schmeling rentre en Allemagne dans un anonymat complet, abandonné par ceux qui voyaient en lui une preuve de la supériorité allemande sur les États-Unis.

Rivaux sur le ring, les deux hommes deviendront amis en dehors, jusqu'à la mort de Joe Louis en 1981. Max Schmeling aidera à financer les obsèques de celui qui est encore aujourd'hui considéré comme un des plus grands K.O. *artist*[6] de l'histoire.

JOE LOUIS ET SON « CLUB PRIVÉ »

Entre janvier 1939 et mai 1941, l'ultra-dominant Louis défend son titre mondial à 13 reprises. Cette cadence affolante et jamais vue à l'époque pour un champion du monde était la volonté de son manager Mike Jacobs. Treize combats, dans sept villes[13], une sorte de tournée à travers les États-Unis et douze boxeurs[14], valeureux, expérimentés et souvent membres du top 10, selon la référence *The Ring*[15], mais très loin de pouvoir inquiéter le champion. Ces douze vaillants combattants ont formé le « Bum of the month club », ou « Club du clochard du mois », surnom peu élogieux mis en avant par Jacobs.

JOE AND MAX, LE FILM

L'amitié entre Joe Louis et Max Schmeling fera l'objet d'un film de série B. Réalisé par Steve James en 2002, Joe and Max sort directement en DVD. Une fois oublié le jeu moyen des acteurs, ce téléfilm dépeint très bien l'époque qui entoure les deux combats qui les ont opposés, mais surtout la relation entre ces deux hommes après leur carrière. Un profond respect et une admiration réciproque.

« Mon père a prouvé au monde qu'il n'existe pas de race supérieure... »

INTERVIEW | JOE LOUIS BARROW JR.

Fils cadet du Brown Bomber, Joe Louis Barrow Jr. est intarissable lorsqu'il s'agit d'évoquer la mémoire de son paternel. Joe Jr. en a même fait une biographie[7], il aime parler de sa rivalité avec Max Schmeling, de son enfance, du support incroyable de la communauté noire aux États-Unis et partout dans le monde à l'égard du champion, tout comme du sacrifice qu'il a fait pour son pays.

Quelle est la première chose qui vous vient en tête lorsque vous pensez à l'enfance de votre père ?

Mon père m'a beaucoup parlé de sa jeunesse dans la pauvreté. Il a grandi à Chambers County, Alabama, et ses parents étaient métayers. C'était très important pour lui de se souvenir de ça toute sa vie. C'est aussi pour ça qu'il a toujours été très généreux envers les membres de la communauté afro-américaine. À cette époque-là et c'est toujours le cas aujourd'hui, les Noirs les mieux lotis donnaient aux Noirs en difficulté pour s'entraider. Ce n'était pas qu'une question d'argent, c'était surtout pour s'élever socialement en tant que communauté.

En grandissant, Joe Louis n'était pas du tout intéressé par la boxe, il a même fait du violon...

Oui (rires), il a pris des leçons de violon. Sa mère lui donnait 25 cents pour chaque leçon, mais son ami Thurston McKinney l'a convaincu qu'il devrait plutôt utiliser cet argent pour louer un casier dans une salle de boxe. Il est donc allé au Brewster Gymnasium. Un jour, son professeur de violon est passé au domicile familial pour avoir des nouvelles de son élève et ça ne s'est pas très bien passé pour mon père lorsqu'il est revenu de son entraînement (rires).

Selon vous, pourquoi est-il tombé amoureux de ce sport ?

Je pense que c'est parce que c'est un sport individuel où la réussite reposait principalement sur ses performances. Évidemment, ses entraîneurs avaient un rôle important, mais il était seul dans le ring, et c'est ce qu'il aimait dans la boxe. C'est aussi pour ça qu'il a aimé le golf.

LE TITRE ÉTAIT CONTRÔLÉ PAR LE MADISON SQUARE GARDEN GROUP ET IL NE VOULAIT PAS QU'UN HOMME NOIR SOIT AU SOMMET DE LA BOXE MONDIALE.

Son premier entraîneur, Jack Blackburn, ne souhaitait pas entraîner de boxeur noir, votre père l'a évoqué avec vous ?

Jack Blackburn[8] a très vite été convaincu par les managers de mon père qu'il serait bon de l'entraîner en échange d'un pourcentage de ses bourses. Le problème, c'est que, après Jack Johnson[9], aucun boxeur noir ne pouvait disputer un championnat du monde, à cette époque. Le titre était contrôlé par le Madison Square Garden Group et il ne voulait pas qu'un homme noir soit au sommet de la boxe mondiale.

À ce propos, est-ce qu'il a été demandé à votre père d'agir « comme un Blanc » ? Pour faire plaisir aux décideurs afin de les convaincre qu'il pouvait disputer un championnat du monde...

Une rumeur dit que mon père devait suivre sept commandements[10] bien précis afin de pouvoir combattre. Ça semble invraisemblable, mais il s'agissait de règles de bienséance qu'il connaissait déjà, car il a été élevé dans le sud des États-Unis. Sa mère, Lily Barrow, lui avait déjà appris à être poli. Il savait qu'il ne fallait pas insulter son adversaire, respecter les arbitres, etc. Le but de ces règles était d'effacer l'image du boxeur noir arrogant qu'avait été Jack Johnson. Il fallait plaire à l'Amérique blanche.

Votre père avait un soutien indéfectible de la communauté afro-américaine. A-t-il eu le sentiment d'avoir déçu sa communauté après sa première défaite contre Max Schmeling ?

Oui, c'était très dur pour lui. Ma mère m'avait expliqué que, après cette défaite, lorsqu'il se promenait dans les rues d'Harlem à New York, des enfants s'approchaient de lui pour lui murmurer « Max Schmeling, Max Schmeling ». Il pensait que ce combat serait facile puisque Max avait neuf ans de plus que lui, mais c'était une grosse erreur. Cette défaite était claire, ce n'était pas un arrêt de l'arbitre, mais un vrai K.O. Il avait déçu tous ceux qui croyaient en lui, les sans-grades, les plus démunis, ça le rongeait de l'intérieur, il n'arrivait pas à vivre avec cette défaite.

Votre père remporte tout de même le titre mondial en 1937, mais quelque chose lui manquait...

C'était primordial pour lui d'affronter Max de nouveau. Ce succès face à James Braddock a eu un gros impact, mais, au fond de lui, il ne se sentait pas totalement champion du monde avant d'affronter Max Schmeling et de le battre. Il voulait laver cet affront.

Vous avez eu l'opportunité de rencontrer Max Schmeling ?

Oui, je l'ai rencontré chez lui à Hambourg et il m'a tout de suite dit qu'on pouvait parler du combat de 1936, mais pas de celui de 1938 (rires).

Il m'a aussi dit qu'il voyait la boxe comme un jeu d'échecs, il aimait sentir de quoi était fait son adversaire avant de l'attaquer très stratégiquement. En 1938, mon père ne lui a pas laissé le temps de sentir quoi que ce soit (rires).

IL A PROUVÉ AU MONDE ENTIER QU'IL N'EXISTE PAS DE « RACE SUPÉRIEURE », COMME HITLER LE PRÉTENDAIT.

Votre père est devenu une icône internationale après ce combat...

Deux choses ont fait de mon père une icône mondiale. La première, c'est cette victoire contre Schmeling, car il a prouvé au monde entier qu'il n'existe pas de « race supérieure », comme Hitler le prétendait. L'Amérique blanche a vraiment commencé à soutenir mon père, à ce moment-là. La seconde, c'est lorsqu'il a été volontaire pour l'armée américaine[11]. Il n'est pas allé au front, mais il a contribué à l'effort de guerre à sa manière en divertissant les troupes. Il a organisé et participé à 96 combats d'exhibition au total à travers le monde de base en base pour l'armée américaine. Il a donné quatre de ses meilleures années de boxeur pour servir son pays et il en était extrêmement fier !

1. Titre de champion du monde National Boxing Association remporté face à Jim Braddock en 1937.
2. Champion du monde National Boxing Association (1930-1932) remporté face à Jack Sharkey en 1930.
3. Ministre de la Propagande du régime nazi.
4. Ancien champion du monde américain (1919-1926).
5. Stade de Baseball des New York Yankees dans le Bronx.
6. Spécialiste du K.O., artiste du K.O.
7. *Joe Louis: 50 years an American Hero*, 1988.
8. Entraîneur de Joe Louis de 1934 à 1942.
9. Premier homme noir champion du monde poids lourds, 1908-1915.
10. Les 7 commandements de Joe Louis incluaient des règles comme : ne pas être pris en photo avec une femme blanche, ne pas se moquer d'un adversaire envoyé au tapis, ne pas participer à des combats truqués, vivre et combattre sainement.
11. À partir de 1942, Joe Louis s'embarque dans un tour des bases américaines pour divertir plus de 2 millions de soldats à travers le monde.
12. Pogrom contre les juifs du Troisième Reich qui se déroula dans la nuit du 9 au 10 novembre 1938 et dans la journée qui suivit.
13. Boston, New York, Philadelphie, Détroit, Saint-Louis, Washington, Los Angeles.
14. John Henry Lewis, Jack Roper, Tony Galento, Bob Pastor, Arturo Godoy (deux fois), Johnny Paycheck, Al McCoy, Red Burman, Gus Dorazio, Abe Simon, Tony Musto, Buddy Baer.
15. Souvent appelé *Ring Magazine*, c'est un magazine de boxe américain créé en 1922.

Eloko ya makasi

Beaucoup de choses ont déjà été dites, écrites et racontées au sujet du Rumble in the Jungle. Plus qu'un simple combat, l'événement dans sa globalité a tout d'une superproduction hollywoodienne. Un réalisateur aux idées déraisonnables, Don King, un producteur exécutif au budget illimité, le maréchal Mobutu Sese Seko, président du Zaïre à l'époque (actuelle République démocratique du Congo). Le méchant et le gentil, Foreman et Ali. Mais, surtout, le décorum, Kinshasa, capitale fascinante, en ébullition au milieu des années 1970.

Sous la coupe de son dictateur, le Zaïre est un géant endormi. Les richesses naturelles enfouies dans les sous-sols du pays sont encore tenues d'une main de fer par Mobutu. En 1967, un demi-zaïre[1] vaut 1 dollar américain, nous sommes donc face à une grande puissance, mais une grande puissance en mal de reconnaissance, assoiffée de bonne presse. Mobutu, despote sanguinaire qui tient à adoucir son image, veut offrir un spectacle monumental à son peuple et placer le Zaïre sur la carte du monde. Il pense furtivement à organiser les Jeux olympiques, mais ses conseillers l'en dissuadent, il explore l'idée d'un projet spatial, mais l'entreprise est une catastrophe. C'est le noble art qui mettra son pays en lumière.

TALE OF THE TAPE

Mercredi 30 octobre 1974
Stade du 20-Mai, Kinshasa (Zaïre)
CHAMPIONNAT DU MONDE WBA, WBC DES POIDS LOURDS
15 rounds
Arbitre : Zach Clayton

George Foreman Big George	VS	Mohamed Ali The Greatest
40-0	Bilan	44-2
25 ans	Âge	32 ans
Droitier	Stance	Droitier
191 cm	Taille	191 cm
199 cm	Allonge	198 cm
99,7 kg	Poids	97,9 kg

ALI VS FOREMAN, COMBAT POLITIQUE

En 1974, Mohamed Ali et George Foreman représentent deux Amériques diamétralement opposées. Ali est un musulman converti, il est le visage de la Nation of Islam, organisation religieuse très controversée à l'époque aux États-Unis. Il a refusé d'intégrer l'armée américaine lors de la guerre du Vietnam en 1967, raison pour laquelle il a été suspendu pendant trois ans. Il est aussi un des leaders du combat pour les droits civiques des Afro-Américains et n'a jamais été salué par la classe politique malgré ses nombreux succès. Foreman n'est pas encore le chrétien que l'on connaît aujourd'hui, mais il est profondément conformiste. Lorsque Tommie Smith et John Carlos osent lever le poing sur le podium du 200 mètres des J.O. de Mexico en 1968, George, lui, préfère brandir le drapeau américain, quelques jours plus tard, lorsqu'il remporte l'or dans le tournoi de boxe.

Dans la foulée, il est reçu par le président Lyndon B. Johnson à la Maison-Blanche. À Kinshasa, Ali tient bien le rôle de l'anticolonialiste et décide de nommer Foreman représentant honorifique de la Belgique, ancienne puissance coloniale au Zaïre. Ce ne sont pas seulement deux boxeurs qui s'affrontent, mais deux idéologies, deux manières de voir le monde. En s'imposant par K.O. contre George Foreman sur le sol africain, Ali réaffirme en quelque sorte l'indépendance du Zaïre par rapport à la Belgique et, au sens plus large, il renforce le sentiment de fierté des nations africaines qui avaient acquis leur souveraineté au début des années 1960.

Outre-Atlantique, un quadragénaire à la chevelure folle prépare sa première combine de grande ampleur. Don King, qui n'a jamais organisé un événement d'une telle envergure, parvient à convaincre Ali et Foreman de signer un contrat leur promettant chacun 5 millions de dollars, somme record à l'époque, pour s'affronter avec les titres mondiaux de Foreman en jeu. Pourtant, King n'a pas de lieu, pas de date et, surtout, n'a pas les 10 millions de dollars promis aux deux pugilistes. Persona non grata aux États-Unis, le promoteur cherche un pays en dehors des States pour financer le combat. Sa chance porte le nom de Fred Weymar, conseiller américain influent auprès du maréchal, qui comprend vite qu'un tel barnum sera un coup de pub immense pour la notoriété du pays. Les fonds sont libérés, l'affaire est entendue, le combat aura lieu le 24 septembre 1974 à Kinshasa !

Ce n'est pas la première fois qu'un combat pour les titres mondiaux des lourds, entre deux Américains, est disputé en dehors du pays de l'oncle Sam. En janvier 1973, George Foreman arrache les titres WBA, WBC et The Ring des mains de Joe Frazier à Kingston en Jamaïque. Le combat ne dure que 2 rounds et Foreman, champion olympique en 1968, affirme son statut de boxeur effrayant. Son visage est dur et ne laisse transparaître ni le doute ni aucune forme d'amabilité. Big George, 25 ans, ne passe pas le 2e round lors des huit combats précédant le voyage à Kinshasa.

Ali, de son côté, est sur la pente descendante. Revenu aux rings en 1970 après ses trois années de suspension[2], il n'est plus du tout le boxeur soyeux et virevoltant des années soixante. De 1970 à 1974, The Greatest est dans le creux de la vague, ses défaites face à Frazier en 1971 et Ken Norton en 1973 mettent à mal sa réputation. Toute la presse américaine le donne perdant, beaucoup craignent même pour sa santé, mais il est toujours la plus grande star de la discipline et reste légitime pour une chance mondiale.

King vend le combat comme une occasion parfaite pour les membres de la communauté noire de revenir sur la terre mère. Un promoteur noir qui organise un combat entre deux Afro-Américains en Afrique, les prémices du *back to Africa* si populaire au moment où j'écris ses lignes. Ali va plus loin. Dès son arrivée à Kin, il adopte une communication habile et se met le public zaïrois dans la poche : « J'ai le sentiment que George Foreman est un étranger qui vient chez nous pour m'affronter dans notre pays. »

La descente d'avion de Foreman renforce la posture de son adversaire. Le Texan débarque avec son chien, un berger allemand nommé Dago, devant les caméras de la télé locale. Les Zaïrois, traumatisés par les chiens de l'armée belge, sont offensés et font de George l'ennemi, l'étranger qu'il faut battre à tout prix.

Pendant de longues semaines, dès début septembre, les camps d'entraînement, basés à Nsele, doivent permettre aux deux boxeurs et à leur suite de s'acclimater aux 30 degrés de moyenne avant le lever du soleil et à plus de 50 % d'humidité. Le climat est une chose, mais l'ambiance doit aussi être gérée. Les Zaïrois n'hésitent pas à accompagner chaleureusement Ali sur les routes lors de ses footings matinaux. Presque toutes ces sessions en salle sont publiques sous les yeux des notables du régime, une assistance qu'Ali régale de nombreuses punchlines ! Foreman est moins à l'aise avec tout ce folklore, mais il intimide la presse et le public avec son travail au sac de frappe. Plusieurs sacs seront usés par Foreman durant le camp. Son coach Dick Sadler, chargé de le tenir, est souvent balancé de droite à gauche au rythme des coups de son protégé.

Tout semble idyllique pour les organisateurs jusqu'au 16 septembre. Huit jours avant le combat, Foreman se blesse. Son sparring-partner Bill McMurray lui donne un coup de coude non intentionnel qui provoque une grosse coupure au-dessus de l'œil droit du champion. Onze points de suture sont nécessaires et la date du combat doit être repoussée. Problème,

UNDERCARD AUX ÉTATS-UNIS

Seulement un combat a été programmé à Kinshasa en *undercard* du combat Ali vs Foreman. Le Congolais Shako Mamba bat le Français Antonio Oke par K.O. en 6 rounds. Les téléspectateurs américains ont, eux, eu droit à un lever de rideau un peu plus élaboré. Trois combats diffusés depuis la ville de Pittsfield dans le Massachusetts :

- Paul Osborne vs Al Romano ;
- Bob Stewart vs Kenny Jones ;
- Joey Hadley vs Gene Orten.

Comme souvent en boxe anglaise, un gros *main event* n'est pas toujours gage d'une bonne réunion…

MIEUX QUE WOODSTOCK ?

B. B. King, Miriam Makeba, James Brown… voici quelques-uns des artistes présents lors du festival musical Zaïre 74. Imaginé et conçu par le trompettiste sud-africain Hugh Masekela et le producteur Stewart Levine, l'événement, maintenu autour de la date initiale du combat (22 au 24 septembre), est un prélude extraordinaire, avec en toile de fond l'envie de réunir l'Afrique et sa diaspora. 31 groupes et artistes se produisent pendant 3 jours, plus de 60 000 personnes par soir au stade du 20-Mai. L'organisation parfois romanesque a été immortalisée par un documentaire intitulé *Soul Power*, sorti en 2009, et plusieurs extraits de concerts sont visibles dans le documentaire oscarisé *When We Were Kings* de Leon Gast.

MOBUTU FINALEMENT ABSENT

Omniprésent du début à la fin, Mobutu Sese Seko n'a pourtant pas assisté au combat dans le stade du 20-Mai. Vénéré par toute la population zaïroise qui voyait en lui non seulement le père de la nation, mais aussi une figure mystique et éternelle, Mobutu doit, de temps à autre, mater certains récalcitrants qui tentent de s'organiser pour le renverser. Très exposé pendant toute la promotion, il craint un attentat sur sa personne le soir du combat et préfère regarder son œuvre depuis le confort de son salon.

Foreman n'en peut plus, il exècre Kinshasa, il sent le traquenard et préfère rentrer aux États-Unis. Don King devient blême, il voit sa combine et les millions de dollars de recette s'envoler, Ali est dégoûté. Pour solutionner le problème, plusieurs sources affirment que Mobutu Sese Seko aurait ordonné à ses militaires de confisquer le passeport de George Foreman afin qu'il soit contraint de rester sur le sol africain cinq semaines de plus, jusqu'au 30 octobre 1974, nouvelle date officielle du combat.

L'exceptionnel festival musical Zaïre 74, prévu du 22 au 24 septembre en marge du duel est maintenu et Kinshasa voit débarquer toutes les stars américaines de la musique soul. Bill Withers, B. B. King, The Spinners et surtout James Brown se produisent aux côtés des célébrités africaines, comme Miriam Makeba, Zaiko Langa Langa, TPOK Jazz ou encore Tabu Ley Rochereau.

La nuit du 30 octobre, après des mois de hype, d'attente, de crispations, Ali et Foreman sont enfin au centre du ring. Le stade du 20-Mai est comble, plus de 60 000 spectateurs sont présents malgré l'horaire extrêmement tardif. Le combat démarre à 4 heures du matin en Afrique pour être diffusé en prime time aux États-Unis. Plus d'un milliard de personnes à travers le monde sont devant leur télévision, un quart de la population mondiale en 1974.

Ali démarre le combat en étant agressif et en restant au plus près de Foreman, ce qui n'est pas censé être à son avantage. Les droites répétitives de Mohamed désorientent quelque peu George, mais il n'est pas sérieusement touché. Excellent pour couper le ring, le champion limite les déplacements d'Ali et le force à changer de tactique dès la deuxième reprise. Le papillon et l'abeille[3] ont totalement disparu, sa vivacité, son jeu de jambes hypnotique ont laissé place à un tout autre plan de combat.

L'ancien champion reste acculé aux cordes, qui sont très distendues, et se protège comme il le peut face aux coups de massue de Foreman. Le corps et les bras d'Ali sont martelés, il souffre, mais le cache habilement et son adversaire ne score pas de points. Le but, fatiguer Foreman, l'asphyxier par ses propres coups, c'est le point clé du *rope-a-dope*[4]. Sans avoir averti son coin, Ali enchaîne les rounds sur la défensive, mais parvient à placer quelques directs précis au visage de son adversaire. Big George voit son œil gauche prendre du volume dès la 3e reprise. Ali accroche, il lutte, pose tout son poids sur Foreman pour l'épuiser et lui glisse quelques phrases à l'oreille pour l'agacer : « C'est tout ce que tu as, George ? On m'a dit que tu frappais plus fort que ça ! »

En réaction, Foreman redouble d'efforts et poursuit son travail de sape jusqu'au 5e round. La fatigue le guette, il manque d'air, son œil droit est bien gonflé, mais il n'est pas encore suffisamment mûr pour être cueilli. Au terme du 5e round, Foreman est pourtant proche du K.O., touché à plusieurs reprises par des coups durs d'Ali qui le font vaciller.

Les rounds 6 et 7 permettent au G.O.A.T.[5] de poser les dernières fondations de sa masterclass, quelques jabs bien sentis, des provocations verbales qui détruisent le moral et cette position sur les cordes, insoluble pour Foreman, qui n'a d'autre solution que frapper, frapper sans précision et désormais sans puissance.

Ali démarre le 8e round par plusieurs jabs au visage de Foreman qui tente un très large crochet du gauche, mais ne frappe que l'air chaud de Kinshasa. Soudainement, à vingt secondes de la fin de la reprise, Ali touche Foreman d'un direct du droit. Son œil s'aiguise, comme un chasseur qui sait que sa proie est prise au piège. Il quitte les cordes sur lesquelles il a passé le plus clair du combat et assène une combinaison de cinq coups, conclue par un crochet gauche et un direct du droit. Le champion entame sa chute et Ali pense furtivement à ajouter un coup supplémentaire, mais laisse finalement George s'écrouler de tout son long au sol en l'accompagnant du regard, un dernier geste d'une classe inouïe. L'arbitre compte. À huit, Foreman a encore un genou au sol et il est trop tard lorsqu'il se remet sur pied. Sept ans après avoir été destitué de son titre de champion du monde, Mohamed Ali reprend sa couronne !

Cinquante ans après, que reste-t-il de cet événement planétaire en République démocratique du Congo ? Pas grand-chose, finalement, les cris *Ali boma ye*, repris encore aujourd'hui en diverses circonstances, le stade Tata Raphaël tombé en désuétude. Pas de musée dédié, à Kinshasa, pas de littérature congolaise sur le sujet, pas même les images originales du combat tel qu'il a été diffusé à la télévision zaïroise. Étant d'origine congolaise, c'est le seul regret que j'ai à exprimer au sujet du Rumble in the Jungle. Beaucoup de « combats du siècle » ont eu lieu à travers l'histoire de la boxe, mais ce « cadeau du citoyen-président Mobutu Sese Seko au peuple zaïrois[6] » est, à bien des égards, LE COMBAT DU SIÈCLE !

Déclaration *postfight*

Après le combat, la pagaille sur le ring et le retour tumultueux jusqu'aux vestiaires, Mohamed Ali peut enfin respirer, mais pas pour longtemps puisqu'il a des choses à dire. Les caméras sont là évidemment, toute son équipe l'entoure et, lorsque le journaliste américain David Frost lui demande s'il souhaite raccrocher les gants après cette performance, Ali nous offre une diatribe qui résume son état d'esprit à l'instant T.

« Je pense sérieusement à prendre ma retraite, je n'ai plus de raison de combattre. Je vais conserver les titres pendant quelques mois puisqu'ils m'ont retiré mon titre injustement. JE VOUS AVAIS DIT QUE JE SUIS LE VRAI CHAMPION ! JE SUIS LE CHAMPION DU MONDE !!! INCLINEZ-VOUS ! VOUS, LES CRITIQUES, LES IDIOTS QUI ÉCRIVEZ POUR THE RING MAGAZINE*, LES "EXPERTS DE LA BOXE", INCLINEZ-VOUS ! Le décor était planté, vous l'avez décrit comme un grand boxeur, un immense puncheur, mais, à partir d'aujourd'hui, je veux que tout le monde reconnaisse ce que je représente pour la boxe ! Si vous voulez savoir quelque chose sur la boxe, n'allez pas voir ses "experts de la boxe", venez voir Mohamed Ali ! »*

Mohamed Ali, dans son vestiaire, quelques minutes après The Rumble in the Jungle.

ALI INFIDÈLE

Ce n'est un secret pour personne, la vie amoureuse de Mohamed Ali a connu de nombreux soubresauts : quatre mariages, neuf enfants et de nombreuses relations extraconjugales. « J'ai trois ou quatre copines que je loge, et alors ? Si elles étaient blanches, je comprendrais que cela pose problème, mais elles ne le sont pas. Qu'on me critique sur le Vietnam, qu'on me critique sur ma religion ou tout un tas d'autres trucs, mais pas là-dessus. »
En 1974, Ali est marié depuis sept ans à Khalilah Ali, sa deuxième épouse et la mère de quatre de ses enfants. À Kinshasa, il fait la connaissance de Veronica Porché, avec qui il aura une relation suivie. Son divorce avec Khalilah est prononcé en 1977 et il épouse Porché dans la foulée. Le couple avait déjà accueilli un enfant, Hana. Une deuxième fille naîtra de cette union, Laila Ali, boxeuse professionnelle.

« Le Rumble in the Jungle fait partie de l'histoire afro-américaine... »

INTERVIEW | KHALILAH CAMACHO ALI

Bavarde, très bavarde et sans concession, Khalilah Camacho Ali déborde d'enthousiasme lorsqu'elle doit fouiller dans sa mémoire pour évoquer le duel entre Ali et Foreman. Mariée à Mohamed Ali pendant dix ans, mère de quatre de ses enfants, elle a aussi été un soutien indispensable durant ses années de suspension, son retour difficile au plus haut niveau et, forcément, à Kinshasa où sa force de persuasion a aidé le G.O. A.T. à s'imposer.

Quelle a été la première réaction de Mohamed lorsqu'il a appris que le combat aurait lieu en Afrique ?

Il m'en a tout de suite parlé et j'étais très excitée par l'idée. Nous étions en plein mouvement de lutte pour les droits civiques des Noirs aux États-Unis. Nous avons vu ça comme une opportunité de retourner sur la terre de nos ancêtres et de voir ce qui existe en Afrique. En Amérique, nous manifestions avec des pancartes « black power », *en Afrique, ils vivaient déjà le* « black power ». *J'ai tout de suite dit à Ali que ce serait une bonne occasion pour inviter plusieurs de nos amis afro-américains à faire le voyage avec nous, pour qu'ils voient l'Afrique de leurs yeux, pour la première fois de leur vie.*

Que saviez-vous du Zaïre avant d'y aller ?

Rien ! Absolument rien. J'avais lu des choses sur le Congo belge avant qu'il ne devienne le Zaïre. J'adore ce nom, d'ailleurs, Zaïre. C'était une magnifique idée de revenir à un nom typiquement africain pour ce pays, j'aurais aimé que ce soit toujours le cas. Ils utilisent le nom Congo qui leur a été donné par les Blancs, je n'ai pas aimé cette transition.

Racontez-moi vos premiers instants à Kinshasa...

Je suis descendue de l'avion et j'ai embrassé le sol ! Il y avait énormément de monde, mais je me suis tout de suite sentie comme chez moi. Nous avons été accueillis par des proches du président Mobutu qui nous ont rapidement mis à l'aise, je lui ai tout de suite demandé de pouvoir aller faire un safari pour observer les animaux sauvages. Lorsque Mohamed s'entraînait, nous partions par petits groupes. Nous avons visité la ville de Goma et le Kivu pour faire des safaris. J'ai aussi voulu voir Kinshasa en profondeur, voir tous les petits quartiers, j'ai visité Nsele, la ville où nous logions. Nous avions la chance d'être un peu à l'écart de la ville. J'ai appris à cuisiner quelques plats locaux. Le simple fait d'en parler me donne envie d'y retourner !

Mobutu avait une réputation d'homme très dur, inflexible. C'est aussi ce que vous avez ressenti ?

Pas du tout. Mais il devait forcément se montrer aimable envers ses invités. En revanche, il a su nous faire comprendre qu'il était le chef suprême. Nous devions parfois porter des vêtements traditionnels zaïrois avec son visage dessus. Il a été très agréable et m'a même offert plusieurs cannes, des cannes au bois très précieux qui coûterait sûrement très cher aujourd'hui.

À quoi ressemblait une journée typique de Mohamed au Zaïre ?

Tout était mis en place pour qu'il s'acclimate au plus vite. Donc, le plus souvent, il courait très tôt le matin, si possible avant le lever du soleil. L'humidité et l'air étaient si différents, ça lui a demandé quelques jours pour s'y faire. Il faisait une à deux séances quotidiennes, avec toujours beaucoup de monde pour y assister. Le midi, il s'offrait une pause pour déjeuner et il a tout de suite remarqué que la nourriture était beaucoup plus saine qu'en Amérique. Et puis, après son entraînement, il ne pouvait pas s'empêcher d'aller discuter avec les Zaïrois, il voulait les rencontrer, partager un peu de leur quotidien, ils l'aimaient tellement, la connexion était parfaite.

En public, Ali était extrêmement confiant à propos du combat. L'était-il autant en privé avec vous ?

Il était réellement confiant, mais il a eu besoin d'un rappel à l'ordre. Je vais vous dire la vérité. Je lui ai clairement dit : « Tu ne peux pas perdre en Afrique ! Tu ne peux pas perdre face à George Foreman ! » Vous savez, parfois, les athlètes de haut niveau ont des périodes où ils sont un peu fainéants, Mohamed a eu ce genre de phase en 1971 lorsqu'il a affronté Joe Frazier. Je l'ai challengé, je lui ai aussi dit qu'il devait faire appel à Dieu pour ce combat, car lui seul pouvait lui assurer la victoire. Il a appris quatre nouvelles prières du Saint Coran.

Entre son retour sur le ring en 1970 et le combat à Kinshasa en 1974, Ali a connu une période compliquée de sa carrière. Kinshasa était une aubaine pour lui ?

Ces années ont été difficiles, il a perdu contre Frazier et, ensuite, il n'a plus combattu pour le titre mondial pendant trois ans. Pendant cette période, le plus complexe était qu'il reste en forme, on faisait le maximum pour le garder à un poids correct parce que nous étions convaincus qu'à l'instant où il montrerait des signes de faiblesse on lui proposerait de combattre pour la ceinture mondiale. Le premier combat perdu face à Frazier a été une bonne leçon pour lui, une bonne dose d'humilité, Ali était invaincu jusqu'alors et il avait enfin compris qu'il fallait en vouloir beaucoup plus que son adversaire pour rester au plus haut niveau.

Était-ce si difficile de remotiver Ali ?

Il fallait piquer son orgueil. Lorsqu'il s'entraînait aux États-Unis, j'ai fait faire un t-shirt spécial où il était écrit « Je l'aime parce que c'est le meilleur » avec la tête de George Foreman dessus. Il était furieux, mais je lui ai dit que, tant qu'il ne s'entraînait pas sérieusement, je garderais ce t-shirt sur le dos ! Je l'ai enlevé seulement la veille de notre départ pour le Zaïre et il savait que j'aurais pu le mettre en Afrique aussi, s'il ne s'entraînait pas correctement.

Que pensiez-vous de George Foreman, à l'époque ?

Il faisait peur à beaucoup de monde, mais ses victoires par K.O. m'importaient peu. C'était un très bon boxeur, un homme droit, un mari loyal, et Ali n'était pas comme ça (rires). George pouvait vraiment mettre K.O. une mule, mais il faut pouvoir toucher son adversaire pour le mettre K.O. Le style d'Ali ne lui convenait pas du tout, tous ces mouvements, cette vitesse, il ne pouvait pas tenir face à cette manière de boxer.

Plusieurs journalistes américains présents à Kinshasa affirment que Mobutu aurait fait confisquer le passeport de George Foreman afin qu'il reste au Zaïre après sa blessure. Est-ce vrai ?

Je ne sais pas exactement ce qui s'est passé pour George. Certains affirment que Mobutu avait aussi confisqué le passeport d'Ali, mais je peux vous assurer que j'avais constamment le sien avec moi. Mobutu pouvait arrêter n'importe qui sans avoir à confisquer un passeport (rires).

Parlez-moi du festival Zaïre 74, trois jours de musique, de rencontres exceptionnelles entre les stars américaines et les stars africaines.

Le festival et le combat ont été organisés simultanément. Avec Ali et nos contacts dans le milieu du show-business, nous avons aidé Lloyd Price, un des producteurs de l'événement, pour avoir certains artistes sur place. James Brown, par exemple, était un de nos artistes favoris, il était honoré de pouvoir se produire en Afrique. Évidemment, Miriam Makeba devait en être, Bill Withers, également. Le plus beau dans tout ça, c'était de voir tous ces artistes noirs américains se produire sur la terre de nos ancêtres.

Quelle était l'atmosphère au sein du camp Ali, à quelques heures du combat ?

Je n'étais pas avec lui, les dernières heures avant le combat. Il était à Nsele dans notre camp de base et j'étais déjà à Kinshasa aux abords du stade. Il avait besoin de ce moment pour se concentrer, je l'ai eu au téléphone brièvement pour lui dire de faire une sieste, de manger correctement et de se lever pour faire sa prière. À ce moment-là, on ne peut plus rien faire, tout est entre les mains de Dieu.

Initialement, le plan d'Ali était d'utiliser sa vitesse, ses mouvements, mais il a totalement changé d'idée en utilisant le *rope-a-dope*...

(Elle coupe.) Son coin ne comprenait pas ce qui se passait ! Mohamed était persuadé qu'il parviendrait à épuiser Foreman. Durant les sessions d'entraînement, déjà, il s'exerçait à encaisser les coups répétitifs de ses sparring-partners. Avant d'utiliser sa vitesse et son coup d'œil, il devait absolument fatiguer Foreman et ça s'est avéré être la meilleure stratégie.

Dans le film *Ali* réalisé par Michael Mann, votre personnage est au bord des larmes, meurtri par chacun des coups encaissés par Mohamed...

(Elle coupe.) Ça ne s'est pas exactement passé comme ça. Les réalisateurs et producteurs de ce film n'avaient pas fait de recherche sur moi et ne m'ont pas consultée. Le combat était dur à regarder, mais je suis restée optimiste tout le long et le K.O. a été une libération !

Est-ce qu'il s'agit de sa plus belle victoire par K.O. ?

En termes de stratégie et de dramaturgie, je pense que c'était sa plus belle victoire par K.O. ! Mais souvenez-vous aussi de sa victoire contre Sonny Liston pour son premier titre mondial !

Ali et Foreman sont devenus amis après le combat. À quoi ressemblait cette amitié, étaient-ils si proches qu'on l'entend ?

Je pense que leur amitié était sincère. Ils ne s'appelaient pas tous les jours, mais ils s'appréciaient vraiment. George Foreman est une bonne personne, un très bon chrétien, un père de famille formidable et j'admirais ça chez lui, il a une morale qu'Ali n'a pas toujours eue.

JE PENSE QUE LEUR AMITIÉ ÉTAIT SINCÈRE. ILS NE S'APPELAIENT PAS TOUS LES JOURS, MAIS ILS S'APPRÉCIAIENT VRAIMENT.

Si vous deviez résumer le Rumble in the Jungle en une phrase, que diriez-vous ?

« Nous avons marqué l'histoire ! » Aller en Afrique était la meilleure manière d'éveiller les consciences des noirs américains. C'était une expérience à la fois spirituelle et historique, au-delà d'un combat. Le Rumble in the Jungle fait partie de l'histoire afro-américaine et c'était un moment magnifique.

Qui est le plus grand *K.O. artist* de l'histoire ?

(Rires.) Je vais essayer d'être la plus honnête et impartiale possible, même si j'ai été mariée à Ali et nous avons eu quatre enfants ensemble (rires). À mes yeux, Mohamed Ali est le plus grand boxeur de tous les temps parce qu'il mettait K.O. ses adversaires sans les blesser, il n'y avait jamais de mauvaises intentions derrière ses poings. Ceci étant dit, il y a beaucoup de K.O. artists*. Sonny Liston en était un, Foreman était peut-être le plus impressionnant, mais Mohamed Ali sera toujours mon champion.*

Qu'est-ce qu'un K.O., selon vous ?

Un K.O., c'est quelque chose qui fait très mal (rires)... c'est surtout quelque chose de dangereux parce qu'on peut mourir d'un K.O.

1. Le zaïre est la monnaie du pays entre 1967 et 1997.
2. Ali a été destitué de ses titres de champion du monde et suspendu de 1967 à 1970 pour son refus d'intégrer l'armée américaine à l'occasion de la guerre du Vietnam.
3. « Vole comme un papillon, pique comme une abeille », phrase emblématique de Mohamed Ali décrivant parfaitement son style aérien.
4. Nom de la tactique utilisée par Ali face à Foreman.
5. G.O.A.T. : *greatest of all times*, meilleur de tous les temps, un des surnoms de Mohamed Ali.
6. Phrase utilisée sur les affiches publicitaires au Zaïre à l'occasion du combat.

Rédemption

4 209 Rosemary Lane, Houston, Texas. Tous les jours, c'est à cette adresse qu'une poignée de fidèles se réunit dans la modeste Church of the Lord Jesus Christ, pour prier et louer Dieu. En 1980, c'est aussi là que l'on peut retrouver George Foreman, en prêcheur totalement investi. Sa carrure détonne, sa fameuse moustache et son afro ont disparu et sa chemise laisse apparaître un léger embonpoint. Sur l'autel, micro en main, il clame haut et fort sa dévotion pour le Christ : « Jésus Christ m'a enlevé toutes mes villas, mes belles voitures et m'a donné l'amour de mes frères, il m'a donné une confiance totale en son amour, il m'a donné quelque chose d'inestimable, je dois tout ça à Dieu ! »

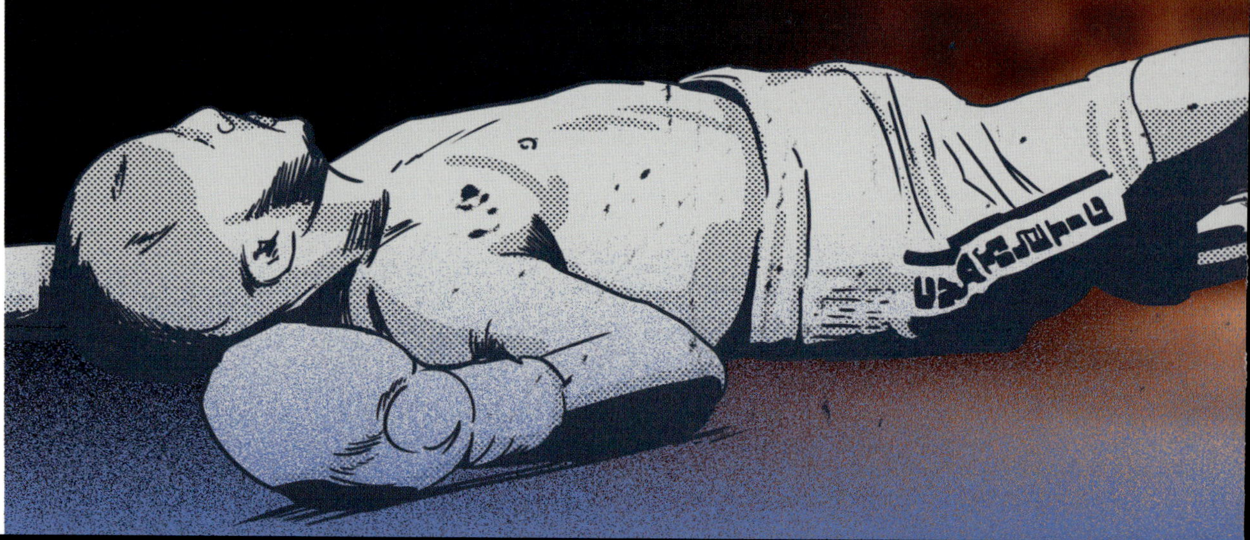

TALE OF THE TAPE

Samedi 5 novembre 1994

MGM Grand Garden Arena, Las Vegas

CHAMPIONNAT DU MONDE IBF, WBA DES POIDS LOURDS

12 rounds

Arbitre : Joe Cortez

George Foreman Big George	VS	Michael Moorer Double M
72-4	Bilan	35-0
45 ans	Âge	26 ans
Droitier	Stance	Gaucher
191 cm	Taille	188 cm
199 cm	Allonge	198 cm
113,3 kg	Poids	100,6 kg

Cela fait trois ans que Foreman n'a plus combattu, en 1977, après sa défaite face à Jimmy Young à Porto Rico. L'ancien champion du monde des poids lourds a une révélation[1] qui le pousse à troquer les gants pour la Sainte Bible. Sa pause durera dix ans, une décennie de transformation sur le plan spirituel pour l'homme qui s'identifiait à Sonny Liston. C'est en voulant l'imiter qu'il adopte l'attitude féroce et renfermée qui a marqué la première partie de sa carrière de boxeur. George Foreman est désormais un homme souriant, au discours positif, capable de prêcher en pleine rue pour évangéliser les passants.

La foi n'a pas de prix, mais les pertes financières de Foreman durant cette période sont colossales, près de 20 millions de dollars engloutis. En 1987, Big George fait donc son retour sur le ring, à 38 ans, il souhaite boxer pour réunir suffisamment d'argent afin d'aider à la construction d'un centre dédié aux jeunes en difficulté. Face à Steve Zouski, le public retrouve un Foreman métamorphosé physiquement, en surpoids et mal préparé, son comeback est moqué, mais il s'impose par un *technical knock-out*.

Une chose n'a pas changé, le punch est toujours là. L'adage veut que ce soit le dernier superpouvoir à quitter le corps d'un vieux *K.O. artist*. Entre mars 1987 et avril 1991, George Foreman remporte 23 de ses 24 combats par K.O.[2], face à une opposition certes modeste, mais ces succès lui permettent de disputer un nouveau championnat du monde. Face à Evander Holyfield, il s'incline lors de sa première occasion de retrouver le sommet de la hiérarchie.

Foreman est aussi dominé par Tommy Morrison en 1993, à 44 ans. L'année suivante, plusieurs circonstances vont lui permettre d'obtenir une nouvelle chance mondiale. Mike Tyson est en prison, Evander Holyfield et Riddick Bowe sont en plein cœur de leur fantastique trilogie et Lennox Lewis sort d'une défaite contre Oliver McCall. Fin négociateur et obnubilé par son ambition, Big George parvient à convaincre le promoteur Bob Arum qu'il serait le challenger parfait pour Michael Moorer.

À 26 ans, Moorer est un champion du monde des lourds en mal de reconnaissance. Son parcours est pourtant jalonné de succès. Élève d'Emanuel Steward au célèbre Kronk Gym[3], Michael Moorer domine d'abord la catégorie de poids mi-lourds. De 1988 à 1990, Double M s'impose par K.O. face à tous les challengers qui lui seront opposés, dix succès de suite qui le poussent à tenter sa chance chez les lourds. Un changement de division qui va lui monter à la tête. Moorer n'écoute plus Steward et le quitte en 1991. Plusieurs entraîneurs tenteront de s'occuper de lui sans parvenir à capter son attention. Tous remettent en question sa mentalité. Moorer est un excellent boxeur techniquement, mais manque de volonté et de hargne, deux éléments indispensables pour une conquête mondiale. C'est finalement le très colérique Teddy Atlas qui le prend en main et son succès face à Holyfield en avril 1994 lui permet d'arborer les ceintures IBF et WBA des poids lourds[4]. Il est le premier champion du monde des poids lourds gaucher.

Sa première défense de ces ceintures sera contre George Foreman, un Foreman qui génère toujours autant de scepticisme. En plus de sa seconde carrière de boxeur, Big George est l'égérie de nombreuses marques en tous genres et occupe le poste de consultant pour la chaîne HBO, deux jobs très chronophages. Ses collègues journalistes Jim Lampley et Larry Merchant, avec qui il commente les combats pour le programme *World Championship Boxing*, sont les premiers à douter : « George n'a pas obtenu cette chance mondiale pour ses talents de boxeur. Il n'a pas boxé depuis un an et demi et n'oublions pas qu'il a perdu contre Tommy Morrison… mais George est une star. Les stars et les vieux ont droit à des privilèges. Il y a beaucoup de champions, mais peu de véritables stars et c'est pour ça que George est là. »

Cette tirade signée Larry Merchant, à quelques instants du combat, est rude, mais traduit parfaitement la pensée des suiveurs du noble art. Moorer est ultra-favori, personne à Las Vegas n'ose imaginer qu'un homme de 45 ans puisse devenir champion du monde, surtout en battant un boxeur plus jeune de 19 ans.

L'entame de combat confirme les prédictions des observateurs. Après plusieurs jabs de Moorer, l'œil gauche de Foreman prend déjà du volume à la conclusion du 1er round. George choisit de rester debout pendant la minute de repos, donnant des difficultés à son *cutman*. À la deuxième reprise, Moorer ne suit pas les consignes de Teddy Atlas et ne reste pas à bonne distance. Il est touché plusieurs fois par Foreman, mais domine largement les échanges de coups.

La grosse erreur de Moorer prend racine au 3e round, il pense avoir pris la mesure de la puissance de Foreman et estime qu'il peut l'encaisser. Les rounds défilent et la précision des jabs du champion fait mouche, le rythme qu'il impose à son vieil adversaire est impossible à tenir. Moorer se rapproche de plus en plus de George sans se soucier des remises de ce dernier. Totalement dominé, Foreman est pourtant très serein dans son coin, comme s'il connaissait déjà le scénario de la fin du combat. En attendant, le 6e round est douloureux : son œil gauche, déjà enflé, se ferme complètement.

LA GROSSE ERREUR DE MOORER PREND RACINE AU 3E ROUND, IL PENSE AVOIR PRIS LA MESURE DE LA PUISSANCE DE FOREMAN ET ESTIME QU'IL PEUT L'ENCAISSER.

Avant le 7e round, Teddy Atlas répète inlassablement à son protégé qu'il ne doit pas rester en face de Foreman. Têtu, trop confiant, Moorer n'applique la consigne qu'à moitié. Le public du MGM Grand de Las Vegas, venu en majeure partie pour supporter Big George, est apathique, déçu par la physionomie du combat. Arrive alors la 10e reprise.

LE MEME SHORT QU'À KINSHASA

Les fans de boxe les plus observateurs ont tout de suite noté un détail important de la tenue de George Foreman face à Michael Moorer. Lorsqu'il quitte son peignoir sombre, Big George révèle un short de combat rouge, à ceinture violette et aux bandes de côté blanches. Pour exorciser les démons du Rumble in the jungle, Big George est allé jusqu'à porter le même short de combat qu'à Kinshasa. Un peu usé après vingt ans au placard, ce short a presque perdu l'inscription de la marque Everlast au milieu de la ceinture. Selon l'aveu de Foreman lui-même, la tenue ne le met pas à son avantage à cause des quelques kilos supplémentaires qu'il accuse sur la balance. Mais les initiales GF sont bien visibles et, surtout, la mention « Heavyweight Champion of the World ».

Moorer est statique et se tient encore face à son adversaire. Il est touché par un très large crochet, mais, trop lent et fatigué, George manque les deux crochets tentés quelques instants après. Chaque coup manqué lui fait perdre l'équilibre. À cet instant précis, Moorer est en avance sur les cartes des trois juges et n'a plus qu'à rester debout pour s'imposer. Mais, à 1 min 13 s de la fin du round, Foreman envoie un premier gauche-droite basique ; deux secondes plus tard, encore une combinaison gauche-droite avec un direct qui transperce le menton de Moorer. Le champion s'effondre sur le dos, à la surprise générale !

L'arbitre Joe Cortez compte jusqu'à dix, Moorer ne parvient pas à se redresser, le public explose de joie. D'un calme olympien, George Foreman lève discrètement les yeux au ciel avant de s'agenouiller dans le coin neutre pour prier.

Vingt ans après Kinshasa et avec Angelo Dundee[5] dans son coin, Big George retrouve enfin son titre de champion du monde. Une rédemption impossible pour beaucoup de monde, mais écrite dans les cieux pour Foreman. Le révérend/commentateur/publicitaire poursuivra sa carrière jusqu'en 1997 et raccrochera pour de bon après une défaite à la décision contre Shannon Briggs. Michael Moorer devient de nouveau champion du monde en 1996 après son succès face à Axel Schulz et clame encore aujourd'hui que la victoire de Foreman n'était qu'un coup de chance.

POURQUOI UNE PAUSE DE 10 ANS ?

Après sa défaite face à Jimmy Young en mars 1977, George Foreman prend soudainement la décision de faire une pause dans sa carrière, à 28 ans. Une décision étonnante, mais moins stupéfiante que la raison qui l'a poussé à se retirer. Quelques instants après son combat à Porto Rico, Foreman est victime d'un grand coup de chaleur dans son vestiaire, il affirmera plus tard avoir eu une expérience de mort imminente, décrivant un lieu semblable aux enfers. Sauvé par Dieu, George Foreman consacrera les dix années suivantes à sa nouvelle foi de chrétien en tant que révérend dans une église de Houston.

HOMME D'AFFAIRES À SUCCÈS

En plus de sa carrière de boxeur et de l'exercice du ministère, George Foreman est un businessman avisé. Qui n'a pas entendu parler des George Foreman Grill ? En partenariat avec l'entreprise Salton Inc, spécialisée dans la vente d'appareils électroménagers, le champion du monde commercialise des grills à partir de 1994. Plus de 100 millions d'exemplaires ont été vendus rien qu'aux États-Unis, à la fin des années 1990. Ce partenariat lui rapportait, selon ses propres estimations, pas moins de 8 millions de dollars par mois ! Bien plus que ses bourses de boxeur. Il a aussi lancé sa marque de vêtements, The George Foreman Signature Collection, et même une marque de produits ménagers, The George Foreman knockout. Ces idées entrepreneuriales ont été motivées par de grosses pertes financières sur des investissements faits pendant la première partie de sa carrière et par une phrase que son père lui répétait : « Si tu sais vendre, tu n'auras jamais faim. »

« Il va me laisser le mettre K.O... »

INTERVIEW | JIM LAMPLEY

Il a été la voix de la boxe aux États-Unis, de 1988 à 2018. Le journaliste américain Jim Lampley a commenté les plus grands combats diffusés par la chaîne HBO. Son amour pour le noble art remonte à sa prime jeunesse, où, très vite, il développe une passion pour les puncheurs. Son métier l'a amené à côtoyer les plus grands de très près, notamment George Foreman, qui était son consultant régulier au moment d'affronter Michael Moorer.

Est-ce que vous vous souvenez de la première fois où vous avez vu un combat de boxe ?

Je m'en souviens très clairement, c'était en 1955, j'avais 6 ans. Mon père était décédé, l'année précédente, et ma mère m'avait emmené à une fête entre adultes. Elle m'a mis devant un téléviseur pour que je regarde un combat de Sugar Ray Robinson face à Bobo Olson. Ma mère m'avait précisé que si mon père était vivant, il serait sûrement en train de regarder ce combat avec moi. C'est important pour notre discussion puisque mon premier contact visuel avec la boxe m'a permis de voir Robinson, un des plus grands puncheurs de l'histoire.

Vous êtes tout de suite tombé amoureux de ce sport ?

J'étais avant tout amoureux de l'idée de ma mère, qui était de m'occuper avec une des passions de mon père. J'ai continué de regarder Friday Night Fights *pendant des années et, avec le temps, je me suis passionné pour ces boxeurs de la fin des années 1950, les Dick Tiger, Robinson, Rocky Marciano. La rivalité entre les poids lourds Floyd Patterson et Sonny Liston m'a captivé. La victoire par K.O. en un round de Liston*[6] *était effrayante, elle m'a fait comprendre ce qui se passe lorsqu'un cogneur féroce est sur le ring. Très jeune déjà, j'avais compris ce que signifie être un* K.O. artist.

Vous êtes connu pour votre proximité avec les plus grands boxeurs de l'histoire. Vous étiez notamment proche de Mohamed Ali...

C'était mon ami, le genre d'ami sur lequel vous pouvez compter. Il a toujours été incroyablement gentil envers moi, mais il est véritablement devenu mon ami lorsqu'il s'est naturellement proposé pour jouer les nounous pour ma fille. J'étais le présentateur d'un prix à New York pour l'association des écrivains américains spécialistes de boxe en 1988, j'avais une journée monstrueuse, un tas de petites courses à faire dans Manhattan, cet après-midi-là, et ma fille de 8 ans était avec moi. Je ne pouvais pas lui infliger ça et quand j'ai demandé aux quelques personnes présentes si une d'entre elles pouvait garder un œil sur ma fille, Mohamed qui était là pour signer sa biographie et faire une apparition durant la cérémonie, s'est tout de suite porté volontaire. Je me suis absenté pendant deux heures et lorsque je suis revenu, elle était subjuguée par ses petits tours de magie et ses blagues. En rentrant après cette soirée, elle m'a demandé qui était ce monsieur… Je lui ai simplement dit que c'est l'homme le plus connu au monde !

Votre carrière de journaliste vous amène à intégrer HBO et son programme *World Championship Boxing*, qui était déjà iconique à la fin des années 1980, comment y trouvez-vous votre place ?

Avant HBO, j'étais à ABC de 1974 à 1987. En 1987, un nouveau chef des sports est arrivé et voulait tout faire pour me virer, il se demandait pourquoi je gagnais un si gros salaire. Pour lui, j'avais l'allure d'un petit bourgeois de la côte est et, pour me forcer à partir, il m'a mis au poste de commentateur des combats de boxe diffusés par la chaîne. Il pensait que je ne connaissais rien à la boxe et que les boxeurs seraient allergiques à ma présence au bord des rings (rires). ABC Sports venait tout juste de signer un contrat pour diffuser quatre combats d'un jeune poids lourd prometteur nommé Mike Tyson. L'année suivante, j'ai fait ma place naturellement à HBO parce que j'étais vu comme celui qui commentait les combats éclairs de Tyson.

Vous avez fait des heures d'interviews avec des boxeurs à quelques jours de leur combat. Quel point commun avez-vous remarqué chez tous les spécialistes du K.O. que vous avez questionnés ?

Les plus grands savent que le K.O., c'est une combinaison de plusieurs choses très variées. Ils savent que ce n'est pas qu'une question de puissance, ils sont conscients que le jeu de jambes compte, le timing. Ils sont aussi suffisamment intelligents pour comprendre que certains adversaires sont prêts à perdre tous les rounds sans prendre de risque, simplement pour éviter d'être mis K.O. Les meilleurs acceptent le fait qu'il faut parfois mettre le K.O. de côté et s'assurer de la victoire aux points. Mais, attention, tous savent qu'ils ont un don, un don naturel. Vous pouvez étudier toutes les techniques pendant vingt ans avec les meilleurs entraîneurs pour préparer les coups, les donner au bon endroit au moment parfait, vous ne serez pas aussi efficace que ceux qui ont une puissance naturelle.

LES PLUS GRANDS SAVENT QUE LE K.O., C'EST UNE COMBINAISON DE PLUSIEURS CHOSES TRÈS VARIÉES. ILS SAVENT QUE CE N'EST PAS QU'UNE QUESTION DE PUISSANCE.

Pendant vos années à HBO, vous avez très régulièrement travaillé avec George Foreman et il vous arrivait parfois d'avoir des échanges tendus en direct…

Oh oui ! George est quelqu'un qui a un très fort caractère. Il veut absolument mettre en avant son point de vue et s'il n'est pas d'accord avec vous, il ne va pas prendre de pincettes et je respecte ça très profondément. Il a été un excellent consultant lorsque nous travaillions ensemble. Lorsqu'il n'était pas d'accord avec moi sur un combat, j'arrivais toujours à comprendre ses raisons. Notre plus grosse dispute a eu lieu lors du combat entre Marco Antonio Barrera et Prince Naseem Hamed[7]*. Je m'étais montré élogieux envers la performance*

TALE OF THE TAPE

Samedi 29 avril 2017

Wembley Stadium, Londres

CHAMPIONNAT DU MONDE IBF, IBO
ET WBA DES POIDS LOURDS

12 rounds

Arbitre : David Fields

Anthony Joshua AJ	VS	Wladimir Klitschko Dr Steelhammer
18-0	Bilan	64-4
27 ans	Âge	41 ans
Droitier	Stance	Droitier
198 cm	Taille	198 cm
208 cm	Allonge	206 cm
113,3 kg	Poids	108,8 kg

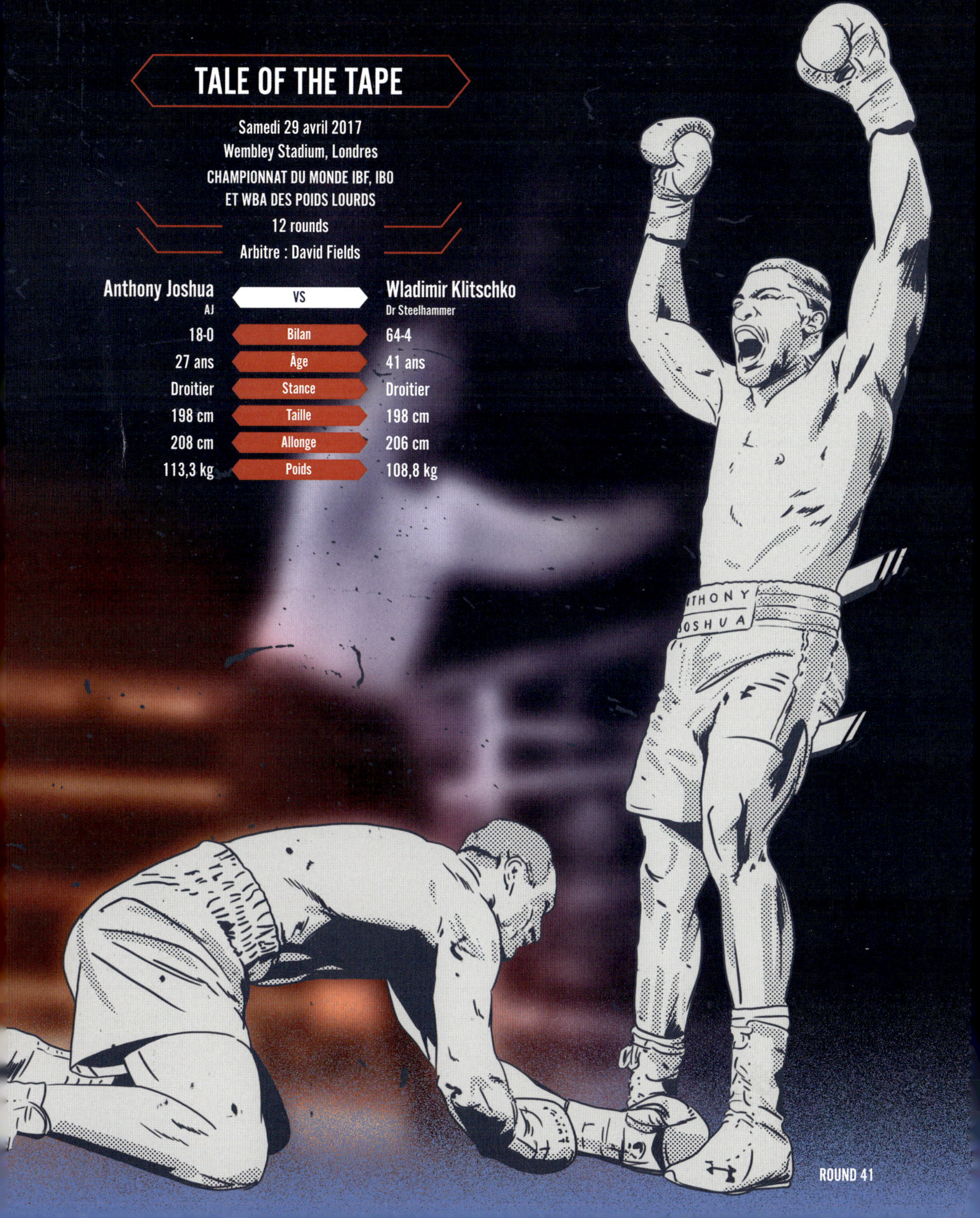

La compagnie Matchroom assure la promotion avec l'œil avisé d'Eddie Hearn, et Rob McCracken, entraîneur de Joshua lors des Jeux olympiques, est toujours dans son coin. Londres, Sheffield, Cardiff, Glasgow, peu importe le lieu où il se produit, Anthony Joshua fait salle comble. La ferveur qui l'entoure grandit d'un combat à l'autre, surtout grâce à sa capacité à conclure toutes ses oppositions avant la limite.

Le 31 mai 2014, la boxe britannique fait son grand retour à Wembley. Plus de 80 000 spectateurs assistent au Championnat du monde des super-moyens entre Carl Froch et George Groves. En sous-carte, Anthony Joshua livre son 6ᵉ combat professionnel, une victoire anodine contre Matt Legg dès le 1ᵉʳ round. Ce rendez-vous lui permet de prendre date, il s'imagine déjà avançant vers le ring, quelques années plus tard, pour un championnat du monde. Pour combattre à Wembley, l'élu du peuple doit patienter, son premier titre mondial arrive deux ans plus tard. L'Américain Charles Martin est le très surprenant propriétaire de la ceinture IBF des poids lourds et, en avril 2016, Joshua, qui n'a alors disputé que quinze combats chez les pros, le détrône pour devenir champion du monde, encore un succès par K.O., en 2 rounds.

AJ est champion, certes, mais personne n'est dupe. Cette ceinture n'est qu'un apéritif, il la défend tout de même deux fois contre une opposition relativement abordable. Dominic Breazeale est battu avant la limite en sept reprises et Eric Molina est stoppé en trois rounds. Le duel contre Molina a lieu en décembre de l'année 2016 à Manchester et un spectateur très particulier est présent au premier rang, c'est Wladimir Klitschko. Après la première réaction de Joshua au micro de Sky Sports, son promoteur Eddie Hearn invite l'Ukrainien à monter sur le ring et annonce officiellement la tenue d'un championnat du monde entre Joshua et Klitschko pour le 29 avril 2017.

Le cadet des frères Klitschko se trouve dans une période très complexe de sa carrière. En novembre 2015, Tyson Fury a mis fin à son règne interminable sur la catégorie poids lourds. De 2006 à 2015, Wladimir s'était emparé des titres WBA, IBF et WBO. Si on y ajoute son premier titre mondial (WBO) détenu de 2000 à 2003, Dr Steelhammer a été le maître du monde pendant 12 ans, 4 382 jours, 25 championnats du monde victorieux. Sa place au temple de la renommée de Canastota est assurée, mais, avant de raccrocher les gants, Klitschko veut sa revanche contre Fury. Une revanche qui n'arrivera jamais, le Gypsy King est contrôlé positif à une substance illicite quelques mois avant la date prévue et sombre ensuite dans une longue dépression en laissant les ceintures vacantes. Le temps de Klitschko est compté et lorsqu'il est contacté par Eddie Hearn, il accepte rapidement ce combat contre Anthony Joshua. Il a l'occasion de récupérer les titres WBA, IBO et IBF qui étaient en sa possession avant la défaite contre Fury. Deux médaillés d'or aux Jeux olympiques, un ancien champion vieillissant et un jeune tenant du titre qui cherche à s'affirmer en tant que roi des poids lourds, la recette est parfaite pour remplir Wembley.

La vision d'AJ devient réalité, ils sont 90 000 dans les tribunes du temple du football mondial pour le voir confirmer la domination britannique sur le milieu de la boxe. Pour la première fois depuis 2006, Klitschko est le challenger, il doit donc faire son entrée en premier. Toujours accompagné par son frère Vitali[1], Wladimir n'arbore pas son habituelle tunique rouge, il opte pour un short gris et un peignoir[2] noir. Joshua est tout de blanc vêtu, son entrée a quelque chose de divin. Placé sur une plate-forme où ses initiales géantes sont en feu, il s'élève dans les airs et salue toute la foule venue l'admirer. Lorsqu'il revient sur la terre ferme, le DJ de Wembley lance les premières notes de *Juicy*, morceau iconique de Notorious BIG. Le rappeur américain y raconte ses années de galères avant de percer dans le monde de la musique. Au moment de monter sur le ring, Joshua se souvient lui aussi de ses moments difficiles, son enfance au Nigeria, le divorce de ses parents, l'absence de son père et les mauvaises fréquentations dans les rues de Watford.

Tout s'emmêle et les émotions sont palpables lorsque les deux hymnes sont chantés. Le *God Save the Queen* est repris par tout le stade. AJ lui-même admettra avoir eu des frissons à quelques instants de combattre. Le ring se vide rapidement et le premier son de cloche retentit, Joshua et Klitschko s'avancent lentement vers le centre du ring et le premier round sert avant tout de laboratoire pour les deux boxeurs. Ils testent leurs feintes et leurs combinaisons. Les rounds 2 à 4 sont assez identiques et se résument à une bataille de jabs. Joshua tente parfois de passer son direct du droit ou une combinaison, mais ne touche jamais le visage de Klitschko avec un coup net. Wladimir est bondissant et semble avoir un très léger avantage sur ces rounds.

La 5e reprise est le premier tournant du combat. Klitschko est au centre du ring avant même le début du round et AJ sort de son coin de manière beaucoup plus agressive. Il passe une combinaison gauche-droite, suivie d'un crochet gauche et d'un direct du droit à la mâchoire de Wladimir. Tous les coups sont nets, mais l'Ukrainien ne flanche pas. Joshua enchaîne avec un nouveau crochet gauche en plein visage qui fait reculer Klitschko. Cette fois, l'ancien champion est touché. Il tente d'accrocher AJ sans y parvenir et l'Anglais lui assène un direct du droit qui lui fait fléchir les genoux.

LA CLÉ USB DE WLADIMIR KLITSCHKO

À 48 heures de son combat face à Anthony Joshua, Wladimir Klitschko s'est livré pour la première fois de sa carrière à une petite guerre psychologique en conférence de presse. Devant la foule de journalistes rassemblés dans les locaux de Sky Sports, l'ancien champion du monde ukrainien ne prend la parole que pendant 4 minutes sur près d'une heure de conférence, pour faire monter la pression de manière sibylline : « Je ne suis pas Nostradamus, mais je me sens tellement fort que mon obsession m'a poussé à enregistrer une vidéo la semaine dernière. Elle est sur cette clé USB, c'est ma prédiction pour ce combat. Cette clé sera scellée dans le peignoir que je porterai pour aller sur le ring. Ne me demandez pas ce qu'il y a dedans après le combat. La seule personne qui pourra l'ouvrir et en voir le contenu est celle qui achètera ce peignoir aux enchères. »

JOSHUA VS RUIZ, LA SURPRISE DES ANNÉES 2010

Il y a des soirs où ça ne veut pas. Le 1er juin 2019 devait être une fête pour Anthony Joshua, la célébration de ses grands débuts sur le sol américain, au Madison Square Garden de New York. Le champion du monde unifié des poids lourds devait affronter Jarrell Miller, mais trois contrôles antidopage positifs mettent le New-Yorkais sur la touche. C'est Andy Ruiz qui le remplace. L'Américano-Mexicain a déjà combattu pour une ceinture mondiale en 2016[3], mais il est loin d'être un challenger dangereux. Il n'a qu'un mois pour préparer le combat. Son travail vidéo consistait en une observation méticuleuse de certains combats de Mike Tyson face à des adversaires plus grands, puisque Ruiz (1,88 mètre) est plus petit de 10 centimètres et sa surcharge pondérale provoque les moqueries du public, qui crie à la mascarade.
Le soir du combat, Ruiz est rapidement envoyé au tapis dans le 3e round, mais il surprend Anthony Joshua en lui faisant goûter le sol du Garden à deux reprises avant le son de la cloche. Au round 7, Joshua est encore knockdown deux fois, et l'arbitre estime que l'Anglais n'est plus en mesure de continuer après une trop longue hésitation lors de leurs échanges verbaux. À la surprise générale, Andy Ruiz est déclaré vainqueur et champion du monde unifié des poids lourds, imitant les performances de Buster Douglas et Hasim Rahman.

Joshua est déchaîné, l'impact de ses coups éprouve Wladimir qui pose les deux genoux au sol simultanément. Pour la première fois en 11 ans, Klitschko est réellement mis en difficulté. Il se redresse rapidement et rejoint le coin neutre.

L'arbitre le compte et ordonne aux deux boxeurs de repartir au combat. Il reste 2 min 15 s et Joshua a une bête blessée face à lui. Le public s'attend à ce qu'il mette fin à l'opposition, mais Wladimir résiste, il reste à bonne distance en étant mobile. Anthony gaspille beaucoup d'énergie en envoyant des coups superflus et perd en lucidité, il respire très fort par la bouche et encaisse un très gros crochet gauche de Klitschko à 1 min 16 s de la fin du round. La dynamique s'inverse, à 1 min 1 s, Joshua baisse la tête et prend un uppercut de plein fouet. C'est à son tour d'être dans le rouge. Il accroche comme il peut, la minute restante est très dure pour l'Anglais. Il passe les 20 dernières secondes acculé aux cordes, encaissant les coups de l'Ukrainien. Klitschko est allé au tapis, il perd ce round sur les cartes des juges, mais rejoint son coin avec beaucoup plus de confiance à la conclusion de la reprise. Dans le camp adverse, Rob McCracken asperge le crâne de Joshua avec de l'eau froide pour le réveiller. Tout le coin sait qu'il est en danger et que le 6e round pourrait être le dernier.

Wladimir a tout de même gardé des séquelles de son knockdown. Il entame la 6e reprise en ayant une coupure au-dessus de l'œil gauche, mais il est beaucoup plus frais que son adversaire. Après trente secondes, Joshua perd son protège-dents, pas à cause d'un coup, simplement parce que sa bouche est grande ouverte, il cherche de l'oxygène, la minute de repos ne lui a pas suffi pour récupérer. L'arbitre demande un temps mort pour que le coin d'AJ puisse nettoyer le protège-dents avant de relancer le chrono, de précieuses secondes de répit pour l'Anglais.

VITALI ET WLADIMIR AU FRONT

Les frères Klitschko sont parmi les personnalités sportives les plus impliquées dans le conflit armé entre l'Ukraine et la Russie. Vitali, grand frère de Wladimir et ancien champion du monde des poids lourds, est en première ligne politiquement en raison de ses fonctions de maire de la ville de Kiev depuis 2014. Wladimir, lui, utilise son image dès qu'il le peut pour transmettre des messages de paix, d'espoir, mais aussi de résilience au peuple ukrainien, tout en mettant la communauté internationale face à ses responsabilités. Dès février 2022, il n'a pas hésité un seul instant lorsqu'il a fallu se porter volontaire pour intégrer la réserve de l'armée du pays. D'autres champions de boxe ukrainiens, comme Vasyl Lomachenko et Oleksandr Usyk, ont mis leur carrière entre parenthèses pour aider à l'effort de guerre, un sacrifice très chaleureusement salué par la communauté de boxe à travers le monde.

WEMBLEY LE TEMPLE DE LA BOXE EN ANGLETERRE

Un des plus grands combats de boxe accueillis dans l'ancien stade de Wembley[4] est une opposition sans titre mondial en jeu entre le Britannique Henry Cooper et un tout jeune Mohamed Ali, en 1963, devant 35 000 personnes. En 1995, Frank Bruno y remporte le titre de champion WBC des poids lourds contre Oliver McCall, et il faut ensuite attendre 2014 pour revoir de la boxe à Wembley dans le tout nouveau stade londonien. Carl Froch et George Groves réunissent 80 000 spectateurs en 2014 pour leur Championnat du monde unifié des super-moyens. Trois ans plus tard, Anthony Joshua et Wladimir Klitschko font de Wembley le grand temple anglais et européen du noble art en boxant sous les yeux de 90 000 fans émerveillés. Tyson Fury aura également droit à son heure de gloire en s'imposant contre Dillian Whyte sous la grande arche du stade en 2022. Pour tout boxeur britannique, gagner à Wembley est désormais un symbole de réussite ultime.

Le combat reprend et Klitschko tente une première fois de passer un direct du droit, camouflé par son bras avant. En effet, le poing gauche de l'Ukrainien se tient tout près du visage de Joshua pour mesurer la distance avant qu'il n'envoie son poing droit sans parvenir à toucher la cible. Quinze secondes plus tard, il exécute exactement la même combinaison. Cette fois, le direct du droit passe à travers la garde d'AJ et atterrit sur l'arcade de son œil gauche. L'impact est brutal et Anthony tombe sur le dos. La chute est lourde et le champion olympique 2012 n'arrive pas tout de suite à se redresser. Il se met à quatre pattes, ses genoux et ses poings sont comme cloués au sol.

Un pied après l'autre, il se remet debout et voit l'arbitre le compter. Il reste 1 min 40 s dans le round, autant dire une éternité lorsqu'on est en eaux troubles, comme Joshua. Il évite un gros crochet gauche et fait de son mieux pour rester à bonne distance même s'il est malmené. Wladimir le cadre parfaitement et choisit ses coups. L'Ukrainien ne fait aucun geste inutile et touche plusieurs fois Joshua. Il reste moins d'une minute. Il pense être à un coup dur de s'imposer par K.O., mais Anthony résiste. À travers les images, on peut presque sentir l'intensité avec laquelle il serre les dents pour sortir vivant du round.

Une fois assis sur son tabouret, un de ses hommes de coin lui applique une grande poche de glace sur la nuque, encore une fois pour le ranimer. La seconde partie de combat est censée avantager Klitschko. En 21 ans de carrière professionnelle, l'Ukrainien a remporté 8 combats par K.O. après la 7e reprise. Joshua est en territoire inconnu, il boxe pour la première fois de sa courte carrière au-delà du 7e round. De la 7e à la 10e reprise, le principal objectif de l'Anglais est de trouver son second souffle, et Klitschko attend le moment parfait pour le cueillir.

Le 11e round démarre avec un AJ regonflé d'énergie. Comme lors du 5e, son accélération est brusque et ses poings sont soudainement plus précis et font de gros dégâts sur Wladimir. Klitschko est touché dès les 30 premières secondes de la reprise et boxe à reculons. L'Anglais ne fait pas la même erreur qu'en début de combat, il est beaucoup plus efficace dans la sélection des frappes. À 1 min 50 s de la cloche, il délivre le coup dont tous les Anglais se souviendront en pensant à ce combat. Après un crochet gauche évité par Wladimir, Joshua passe un uppercut proche de la perfection qui ébranle l'Ukrainien. S'ensuit une combinaison de coups rapides qui envoie Klitschko au tapis pour la deuxième fois du combat.

Wladimir montre un cœur énorme sur cette séquence. Il se relève péniblement en s'appuyant sur les cordes. Au compte de huit, ses pas sont très hésitants. Le combat reprend et Joshua le touche encore avec un direct dans le menton. Klitschko craint tous les coups de son adversaire et fait une troisième descente après un enchaînement droite-gauche d'AJ. Wladimir cherche encore les cordes pour se relever. Une fois debout, il fait un signe de tête à l'arbitre pour lui faire comprendre qu'il peut et veut continuer. Moins d'une minute à boxer dans le round, Joshua accule Wladimir dans un coin et le martèle de coups. L'arbitre, tout près de l'action, décide très vite de s'interposer pour mettre fin au combat.

Les 90 000 spectateurs explosent de joie, Anthony Joshua devient champion du monde unifié des poids lourds au terme d'un des plus beaux combats de l'histoire de cette catégorie. Battu, Wladimir Klitschko a un temps pensé à demander une revanche, mais il préfère sagement se retirer à l'âge de 41 ans, en ayant au moins la fierté d'avoir terminé sa carrière debout face à un des meilleurs poids lourds de la nouvelle génération.

« Voir Wladimir battu avant la limite, ça m'a fait mal. »

INTERVIEW | TOM LOEFFLER

Les relations entre un promoteur et ses boxeurs ne sont pas toujours animées par l'affection et le respect mutuel. Pourtant, lorsqu'on écoute les mots choisis par Tom Loeffler pour évoquer son lien avec les frères Klitschko, on ressent à la fois l'estime et la déférence qu'il leur voue. Loeffler a été leur promoteur lorsqu'ils terrorisaient la catégorie poids lourds, mais aussi lorsque Wladimir s'est incliné contre Joshua alors qu'il tentait de reconquérir ses titres mondiaux.

Racontez-moi votre première rencontre avec Vitali et Wladimir Klitschko. Ils étaient déjà des professionnels établis et n'avaient pas besoin de promoteur, Vitali était même déjà champion du monde...

J'ai fait la connaissance de Vitali en premier et l'histoire qui entoure notre rencontre est intéressante. J'étais le manager d'Ed Mahone en 1999 lorsqu'ils se sont affrontés pour le titre de champion WBO des poids lourds à Oberhausen en Allemagne. Je travaillais aussi avec Mohamed Ali et j'étais associé dans une société d'agents de sportifs. Le manager de Vitali lui a expliqué que je collaborais avec Ali et lorsqu'il a battu Ed Mahone en trois rounds, je lui ai simplement dit que s'il voulait venir à Los Angeles, où nous étions basés, pour rendre visite à Mohamed, il serait le bienvenu. Six mois plus tard, il était à L.A. et nous sommes convenus d'un rendez-vous avec Ali pour qu'il puisse le rencontrer. Depuis ce jour-là, nous sommes devenus amis et cette amitié s'est transformée en partenariat, trois ans après. Nous avons fondé K2 Promotions ensemble, et le premier combat sur lequel nous avons travaillé était Vitali Klitschko vs Corrie Sanders à Los Angeles pour le titre de champion du monde WBC des lourds. C'était le 24 avril 2004 et, depuis cette date, j'ai assuré la promotion de tous les combats de Vitali et de Wladimir.

Votre travail était donc de les mettre en valeur, de créer un engouement autour d'eux pour qu'ils soient suivis par un très large public. Était-ce difficile de promouvoir deux boxeurs ukrainiens, très éloignés de la culture du *trash talk* américain, au caractère taiseux, voire froid ?

Vitali et Wladimir sont parmi les boxeurs les plus aimables avec lesquels j'ai pu travailler. Les arguments pour les promouvoir sont tout trouvés. Ils sont tous les deux très intelligents, ils ont leur doctorat en sciences du sport. L'anglais de Wladimir était meilleur que celui de Vitali, mais ils se débrouillaient globalement très bien en interview.

Wladimir avait remporté la médaille d'or aux J.O. d'Atlanta en 1996, donc il y avait énormément de curiosité autour de lui, et Vitali était un vrai guerrier, c'était le challenger officiel pour le titre WBC de Lennox Lewis en 2003. Avant le combat, personne ne savait qui était Vitali et 80 % du public dans la salle supportait Lennox, mais, à la fin, lorsque ce même public a vu à quel point Vitali était talentueux et vaillant, 80 % des gens criaient son nom. Je travaillais en fait avec deux spécimens très rares qui étaient très faciles à promouvoir.

Qu'est-ce qui les différencie en termes de boxe ?

Wladimir a un style plus classique, son riche passage dans les rangs amateurs a aidé à modeler sa manière de boxer. Vitali a été champion du monde de kickboxing avant de se lancer pleinement dans la boxe, il avait un style peu conventionnel et plus direct. Il avait surtout un des mentons les plus solides de l'histoire de la boxe. Contre Lennox Lewis, il a encaissé un uppercut dans le 6e round qui aurait mis K.O. n'importe qui. Vitali a pris ce coup et a continué d'avancer vers lui. Leur point commun, c'est qu'ils ont tous les deux un pourcentage de victoires par K.O. très élevé.

Est-ce que vous vous attendiez à ce qu'ils rencontrent autant de succès aux États-Unis et surtout en Europe ?

J'étais persuadé qu'ils allaient devenir des boxeurs très populaires. Ils ont une très belle allure, du charisme et, pour moi, il n'y avait pas de limites à leur potentiel parce que les performances sportives étaient au rendez-vous. Vitali est devenu champion du monde pour la première fois lorsqu'il a battu Herbie Hide à Londres en 1999 et Wladimir a fait quelque chose d'assez extraordinaire. Avant d'être entraîné par Emanuel Steward, il avait perdu trois fois, mais dès qu'ils ont travaillé ensemble, Wladimir s'est mis à enchaîner les victoires jusqu'à devenir le champion du monde des poids lourds au plus long règne de l'histoire. 25 défenses de titres, c'est énorme ! À eux deux, ils ont dominé la catégorie, Vitali avait le titre WBC et Wladimir possédait toutes les autres ceintures. Deux frères, au sommet de la boxe au niveau mondial de cette manière, c'est du jamais-vu.

Wladimir a défendu ses titres pendant douze ans. Est-ce que cela devient parfois routinier ou ennuyeux pour le public de voir un boxeur enchaîner les K.O. de cette manière ?

Wladimir remplissait des stades de football partout à travers l'Europe. Il a rempli le Madison Square Garden, il a combattu à Las Vegas et, là aussi, c'était plein. Les combats étaient toujours très attendus. En Ukraine, ils sont évidemment des héros pour toute la nation et, en Allemagne, les deux frères n'étaient pas juste des athlètes, ils étaient deux des plus grandes stars à se produire régulièrement devant une foule qui réclamait encore plus de combats. Les réunions dans lesquelles ils boxaient faisaient des records d'audience à la télévision allemande, peu importe l'adversaire.

Les frères Klitschko n'ont jamais défendu leurs ceintures chez eux en Ukraine. Aviez-vous discuté de la possibilité d'organiser un championnat du monde dans leur pays ?

Ils auraient beaucoup aimé combattre en Ukraine, mais les opportunités qu'ils avaient aux États-Unis et en Allemagne étaient beaucoup plus intéressantes financièrement pour eux. Ça aurait été trop compliqué d'organiser un combat en Ukraine, même si ça aurait rempli n'importe quel stade du pays. Lorsqu'ils combattaient, le match était projeté sur un écran géant à Kiev et des milliers de personnes se mettaient dans la rue pour regarder le combat, peu importe l'heure, tôt le matin lorsqu'ils étaient aux États-Unis ou tard le soir lorsque le combat avait lieu en Allemagne ou ailleurs en Europe.

Le très long règne de Wladimir Klitschko a pris fin contre Tyson Fury. Était-ce difficile pour lui d'accepter ce revers après une telle domination ?

Ça a été très dur, mais il avait une clause de revanche immédiate qui était inscrite au contrat en cas de défaite. Il comptait beaucoup dessus pour récupérer ses titres. Malheureusement, lorsque Wladimir a activé sa clause, Fury a, disons… disparu de la circulation. C'est vraiment dommage que Wladimir n'ait pas eu droit à sa revanche parce qu'il l'a attendu pendant deux ans, puis il a décidé d'accepter d'affronter Anthony Joshua, vu qu'on ne savait pas du tout ce qu'allait devenir Tyson Fury.

Pour affronter Joshua, Wladimir a dû mettre de côté son envie de revanche contre Fury. Quel était son état d'esprit lorsqu'il a accepté ce combat ?

Il faut que vous sachiez quelque chose d'important. Wladimir a régné pendant tellement longtemps sur la catégorie des poids lourds qu'il a vu défiler tous les prospects de la division dans son camp d'entraînement. Ils venaient tous pour faire les sparring-partners, Deontay Wilder, Anthony Joshua, Joseph Parker, Filip Hrgovic. Même Tyson Fury est passé pour observer et apprendre comment un grand champion s'entraîne, c'était quelques années avant leur combat. Tous les poids lourds que l'on voit actuellement au plus haut niveau sont passés à un moment ou à un autre entre les mains de Wladimir. Donc, naturellement, lorsqu'il devait affronter Joshua, il était très confiant parce qu'il le connaissait bien.

Ce combat avait quand même tout d'une passation de pouvoir entre deux générations…

C'est vrai, Wladimir était le champion plus vieux, Joshua avait la jeunesse pour lui et il était à domicile, il avait 90 000 personnes pour l'encourager à Wembley. Malgré ça, Wladimir n'est pas passé loin de la victoire.

Le 6e round aurait pu couronner Wladimir de nouveau…

(Il coupe) C'est passé si près ! Il a envoyé Joshua au tapis et je dois admettre qu'il a montré du cœur dans ce combat, un vrai cœur de champion. Il est revenu dans le combat et il a réussi à battre Wladimir avant la limite. C'était un événement énorme entre deux poids lourds légendaires.

Pour la première fois depuis plus de dix ans, vous n'étiez pas le coin fort de cette promotion. Wladimir a boxé chez son adversaire, a dû monter sur le ring en premier. Qu'est-ce que ça change dans la manière dont on aborde un combat ?

C'était particulier de se retrouver dans la peau d'un challenger après tant de temps. C'est très différent, ça change la dynamique mentale d'un boxeur et, d'un point de vue organisationnel, nous sommes un peu soumis à la volonté du camp adverse sur le choix de certains détails, comme les gants ou la taille du ring. Ça fait partie de la boxe, on devait le faire et on l'a fait, il faut savoir gagner lorsqu'on est champion et aussi lorsqu'on redevient challenger.

Wladimir est fier d'avoir terminé ce combat debout, même si l'arbitre y a mis fin parce qu'il prenait trop de coups. Vous étiez au premier rang. À quel point ce moment était difficile à vivre pour vous ?

Ça m'a pris aux tripes. Wladimir n'est pas n'importe quel boxeur pour moi, je suis très proche de lui et le voir battu avant la limite de cette manière, ça m'a fait mal. Heureusement, après le combat, il avait toujours son habituel sens de l'humour et il nous a dit qu'il était avant tout content d'être sorti de ce combat sans être trop amoché.

Je sais que vous êtes en contact avec lui régulièrement et vous l'avez rencontré récemment, lors d'un de ses passages aux États-Unis. Que vous raconte-t-il de son combat pour l'Ukraine ?

Je l'ai vu à Washington D.C. cette année et ça faisait plus de trois ans que je n'avais pas vu Wladimir. Le fait de le revoir m'a procuré beaucoup d'émotions parce que je suis devenu si proche de lui et de Vitali que je les considère comme mes frères. Tout ce que je peux vous dire, c'est qu'ils m'ont confirmé qu'ils sont bel et bien dans le combat le plus important de leur vie. Se battre pour la liberté de son pays, c'est quelque chose d'unique et, malheureusement dans leur cas, le temps ne joue pas en leur faveur. Wladimir était à Washington pour faire du lobbying auprès des politiciens qui doivent voter une loi concernant l'aide apportée à l'Ukraine. Il n'y a pas de meilleur ambassadeur que lui parce qu'il a été sur le terrain au front avec les soldats et il connaît parfaitement la situation. C'est lui qui est le plus à même de retranscrire ce qui se passe là-bas, aux politiciens de Washington.

Qui est le plus grand spécialiste du K.O. de l'histoire de la boxe ?

Je ne vais pas avoir l'air impartial (rires), mais je pense que Gennady Golovkin, lorsqu'il était au top niveau, était le meilleur spécialiste du K.O. ! Il avait tout ce dont un boxeur rêve si on parle de l'art d'infliger des knock-outs. Je n'ai jamais vu un boxeur aussi complet que lui, il pouvait mettre ses adversaires K.O. sur un seul coup, il avait un menton extrêmement solide. Gennady n'a jamais fait un voyage au tapis de toute sa vie, que ce soit chez les amateurs, en professionnel ou même à l'entraînement. Son intelligence dans le ring était au-dessus du lot, il avait toujours la bonne distance, le bon jeu de jambes, un des meilleurs jabs et aussi le timing parfait. J'étais son promoteur pendant dix ans et c'était un des boxeurs les plus dominants au monde pendant cette période.

Qu'est-ce qu'un K.O. ?

Un K.O., c'est la preuve de votre domination sur l'adversaire. C'est le moyen le plus efficace d'éviter le choix des juges, qui prennent parfois des décisions controversées. Un K.O., c'est quelque chose qui permet de clarifier le dénouement d'un combat, notamment lorsqu'il est très serré, comme lors de ce Joshua vs Klitschko.

1. Vitali Klitschko (45-2), ancien champion WBO et WBC des poids lourds.
2. Voir l'encadré, page 43.
3. Parker vs Ruiz pour la ceinture WBO des poids lourds.
4. La première version du stade de Wembley date de 1923.

Perfection

Évoquer la perfection en boxe anglaise a tout d'une ineptie. Dans un sport où il existe mille façons d'exceller, il est impossible d'atteindre le niveau suprême ou idéal sur un ring. Impossible de rester invaincu tout au long de sa carrière, même si les Floyd Mayweather Jr., Rocky Marciano ou autres Joe Calzaghe ont laissé derrière eux des bilans PROFESSIONNELS[1] vierges de défaites. Impossible aussi de rester insensible aux coups, d'éviter les erreurs, impossible de vaincre l'usure prématurée du corps due aux rigueurs du quadrilatère.

TALE OF THE TAPE

Mercredi 1er mai 1957
Chicago Stadium, Chicago
CHAMPIONNAT DU MONDE, POIDS MOYENS
15 rounds
National Boxing Association (1921-1962)
Arbitre : Frank Sikora

Ray Robinson Sugar	VS	Gene Fullmer The Mormon Mauler
140-5-2	Bilan	40-3
35 ans	Âge	25 ans
Droitier	Stance	Droitier
180 cm	Taille	173 cm
184 cm	Allonge	175 cm
72,5 kg	Poids	72,1 kg

L'histoire du noble art a pourtant connu un homme, un personnage unique, érigé aujourd'hui en figure tutélaire par les puristes et les historiens de la discipline. Walker Smith Jr. , c'est le nom de naissance de Sugar Ray Robinson[2]. Il serait le seul à s'être approché de la perfection, l'aurait même touchée du doigt.

Pour les plus jeunes fans de boxe, Sugar Ray Robinson, c'est ce vieux boxeur américain des poids *welterweight* et *middleweight* des années 1940-1950, qu'on aperçoit dans tous les « tops 10 des meilleurs boxeurs de l'histoire », sans vraiment savoir pourquoi. Mais Robinson avait tout ! Jeu de jambes ? Parfait. Mouvement du buste ? Parfait. Jab ? Ferme, vif et très redouté par ses adversaires. Technique ? Hors du commun et en avance sur son temps.

Robinson était capable de mettre K.O. son adversaire en boxant à reculons, d'adopter un style rustre de dur au mal au premier round, d'être contre-attaquant au deuxième puis d'atteindre des sommets d'esthétisme grâce à des mouvements fluides et déliés dans le troisième. Sa vitesse d'exécution et sa puissance, identiques des deux poings, semblaient tout droit sortis du futur. Oui, nous parlons bien d'un génie du ring, idole de Mohamed Ali et mis sur un piédestal par ses contemporains.

Sugar 1er[3], comme j'aime l'appeler, est un acharné de travail capable de combattre jusqu'à vingt fois en une année (1941) et de s'infliger un rythme d'entraînement quotidien des plus intenses. Selon lui, un bon boxeur doit s'exercer jusqu'au point où tous les gestes techniques deviennent réflexes ; en combat, tout doit être fait à l'instinct. Sa nature l'incite aussi à laisser sa fibre artistique s'exprimer à travers sa boxe, le rythme est primordial à ses yeux : « Le rythme, c'est tout dans la boxe. Chaque mouvement démarre avec les battements du cœur et ça doit être fait en rythme, dans la bonne cadence, sinon vous êtes en danger. »

En 25 ans passés sur les rings du monde entier (1940-1965), Robinson a livré 201[4] combats officiels et remporté les titres mondiaux des catégories de poids moyens et welters. Il surclasse l'opposition pourtant féroce de l'époque, sans être boosté par la mafia qui a la mainmise sur la boxe.

Son manque de connivence avec les décideurs de l'époque lui a fait perdre beaucoup de temps, il doit patienter jusqu'à son 76e combat professionnel (73 victoires, 1 défaite, 1 nul) pour obtenir sa première chance mondiale chez les welters[5]. Mais ce n'est pas le seul problème, Robinson est une équation risque/récompense très difficile à résoudre pour ceux qui sont censés l'affronter. Le risque de perdre est trop grand et la récompense, financière ou en termes de notoriété, est insuffisante.

La domination de Robinson chez les *welterweights* entre 1946 et 1950 représente véritablement son *prime*, les meilleures années de sa carrière entre 25 et 29 ans. Sur cette période, son bilan est de 37 combats, 36 victoires et seulement 1 nul. C'est un *prime* dont les images sont malheureusement trop rares, les combats télévisés aux États-Unis à cette époque ne concernant jamais sa catégorie de poids.

Lassé de surclasser son opposition et plus certainement épuisé d'avoir à descendre sous la limite des 66,7 kg, Sugar Ray monte en poids moyens (72,6 kg) et, là aussi, il rayonne. Son sixième et dernier combat face à son plus grand rival, Jake LaMotta, en 1951, lui permet d'ajouter la ceinture de champion du monde *middleweight* à son palmarès.

Les fifties nous offrent une documentation plus fournie de l'œuvre de Sugar Ray Robinson, malgré une retraite de deux ans et demi entre décembre 1952 et janvier 1955. On retrouve l'artiste[6] dans des oppositions de choix face à des boxeurs comme Carmen Basilio, Randy Turpin, Rocky Graziano ou encore Gene Fullmer.

Fullmer est un de ceux qui ont réussi à enrayer la machine. En janvier 1957, il s'impose via décision unanime et prend possession du titre des moyens. Quatre mois plus tard, la revanche est organisée à Chicago. Robinson, 35 ans, s'apprête à livrer son chef-d'œuvre.

Plus de 14 000 spectateurs peuplent les gradins du Chicago Stadium. Le tenant du titre, Gene Fullmer, est favori. En plus d'avoir déjà battu Sugar Ray, le mormon n'a jamais été mis K.O. et n'a fait qu'un seul passage au tapis[7] en 43 combats professionnels.

Pourtant, au milieu du 5e round, Ray lui assène un crochet gauche parfait au menton ! Fullmer est incapable de se relever ; pire encore, il n'a aucun souvenir de ce punch : « Je ne savais pas ce que ça faisait d'être réellement touché, je n'avais pas fait beaucoup de passages au tapis. Après ce K.O., je me souviens d'avoir été mis debout dans mon coin, j'ai aperçu Ray dans le coin d'en face, il avait l'air en superbe forme. Mon manager est monté sur le ring et je lui ai demandé ce qui m'était arrivé, il m'apprend que l'arbitre a compté jusqu'à dix. Jusque-là, je ne m'en étais pas rendu compte. »

Robinson dit lui-même qu'il s'agit du plus grand K.O. de sa carrière. De nouveau champion des *middleweights*, il reprend sa marche en avant et combat pendant les huit années suivantes. La perte définitive de son titre en 1960 face à Paul Pender sonne le début du déclin. Cinq ans plus tard, à 44 ans, usé par les combats de trop et sans le sou, Robinson tire sa révérence, lui qui a connu la grandeur, inventé l'extravagance qui caractérise beaucoup de boxeurs aujourd'hui. Il a perdu la totalité des 4 millions de dollars qu'il a accumulés grâce à son immense talent sur le ring et son image flamboyante en dehors.

Décédé en 1989 des suites de la maladie d'Alzheimer, Sugar Ray Robinson laisse derrière lui un héritage pugilistique tellement notable, si proche de l'excellence que l'expression *pound for pound* (toutes catégories confondues) a été créée afin de pouvoir le comparer aux boxeurs de toutes les autres catégories. Aujourd'hui encore, les autres boxeurs, toutes époques confondues, se comparent à Walker Smith Jr.

MASSACRE DE LA SAINT-VALENTIN

Sugar Ray Robinson et Jake LaMotta se sont affrontés à six reprises[8]. Inséparables comme deux tourtereaux, ils se retrouvent, pour la dernière fois, sur un ring le soir de la Saint-Valentin 1951 pour un rendez-vous sanglant. Sugar 1er veut devenir champion du monde des poids moyens et doit battre l'Italo-Américain, propriétaire de la ceinture depuis sa victoire face à Marcel Cerdan[9]. Dans cette rivalité, les rôles sont tout trouvés, LaMotta est le taureau, Robinson, le matador. Le combat est très serré ; après huit rounds, LaMotta est en avance sur les cartes de deux juges. Mais, à partir de la 11e reprise, Robinson fait parler sa classe, sa puissance et même sa férocité. Un déluge de coups s'abat sur le visage et les côtes de LaMotta. Son visage recouvert de sang et son incapacité à répondre aux attaques forcent l'arbitre à arrêter le combat dans le 13e round. Seule fierté pour le Raging Bull : ne jamais avoir posé un genou au sol face à Sugar Ray Robinson.

« Ce crochet gauche, c'est juste du grand art... »

INTERVIEW | SAÏD BENNAJEM

Pour entrer dans le détail de ce K.O. parfait, il nous fallait l'œil avisé d'un entraîneur. Incontournable dans le milieu du noble art français depuis plus de 30 ans, Saïd Bennajem sait distinguer l'excellence. Boxeur au sein de l'équipe de France olympique en 1992, puis professionnel dans les catégories welter et super-welter, il est aujourd'hui un des entraîneurs qui prônent le plus le détail et l'esthétisme auprès des jeunes boxeurs et boxeuses qu'il forme dans sa salle, le Boxing Beats d'Aubervilliers. Également consultant pour Canal+, il a accepté de décortiquer le combat entre Fullmer et Robinson de la manière la plus méticuleuse qu'il soit pour nous aider à comprendre pourquoi la notion de perfection est, dans ce cas, bien réelle.

D'entrée, Ray maîtrise le centre du ring et travaille avec son bras avant pour garder son adversaire à distance. Il ne le déclenche pas vraiment et on sent qu'il attend de contrer Gene Fullmer qui avance sans trop savoir comment il peut s'approcher à mi-distance.

Limité techniquement, Gene Fullmer veut, lui, travailler sur un coup et surprendre Sugar Ray, qui, je pense, a déjà une idée en tête pour le contre-attaquer. D'ailleurs, au milieu du premier round, un crochet gauche de Ray fait mouche en plein menton. À ce moment-là, il sait qu'il a trouvé la faille chez son adversaire, ce n'est qu'une question de temps.

Si on observe le poing droit de Fullmer tout au long du combat, on remarque que celui-ci n'est pas fixe sur le menton du côté droit pour se protéger et qu'il a tendance à le descendre. Les coups donnés avec le gauche de Sugar Ray sont précis ; en réalité, il n'a presque pas donné de coups puissants ou précis avec sa droite. On voit qu'il cherche à placer ce crochet du gauche, puisque les mouvements du poing droit de Fullmer laissent de l'espace pour qu'il puisse le passer.

Dans la cinquième reprise, rien n'indique que le K.O. va arriver aussi subitement. Le timing, l'anticipation et la précision du crochet gauche donné par Ray au moment du knockout, c'est juste du grand art.

On voit Ray Sugar faire un petit mouvement latéral du buste pour aller chercher son appui sur la jambe gauche et il déclenche avec une précision chirurgicale son crochet gauche dans un tout petit espace laissé par Fullmer. Dans ces cas-là, bien sûr, ça ne pardonne pas. Timing, anticipation, précision et surtout patience. Depuis le début du combat, on voit qu'il avait « prémédité » son geste.

INVENTEUR DE L'ENTOURAGE

Sugar Ray Robinson est l'inventeur du phénomène *d'entourage*. Lors de ses tournées de combats en Europe[10], le roi ne se déplace jamais sans sa cour : un secrétaire particulier ; son chauffeur ; un coiffeur personnel ; un masseur ; son coach de chant ; ses entraîneurs ; son professeur de golf ; George Gainford, son manager ; une personne chargée de siffler lorsqu'il s'entraîne ; sa mascotte, le nain Jimmy Karoubi.
Lors de sa première visite à Paris, Robinson se déplace dans la capitale à bord de sa Cadillac rose, qu'il a fait spécialement venir des États-Unis. De quoi créer l'hystérie lors de ses apparitions publiques et laisser un souvenir impérissable aux Parisiens.

DANSEUR DE MUSIC-HALL

Décembre 1952, à 31 ans, riche, auréolé des titres mondiaux chez les welters et les poids moyens, Sugar Ray Robinson décide de raccrocher les gants. Il veut désormais briller dans le show-business, encouragé notamment par son ami, le trompettiste Louis Armstrong. Sugar Ray entreprend une carrière de danseur de claquettes et de chanteur. Les premiers mois de sa tournée sont fructueux, mais l'engouement des débuts s'estompe rapidement. Après deux ans loin des rings, sa situation financière frôle la précarité, le fisc américain traque ses faits et gestes. Il se résout à remonter sur le ring en janvier 1955.

RÊVE PRÉMONITOIRE

Le matin du 24 juin 1947, Sugar Ray Robinson ne veut pas boxer. Il est pourtant censé défendre son tout récent titre de champion du monde *welterweight* pour la première fois contre Jimmy Doyle. La nuit précédente, Robinson fait un rêve qu'il pense prémonitoire : il en est persuadé, ses coups vont provoquer la mort de Jimmy Doyle sur le ring durant leur championnat du monde... Un prêtre et un pasteur parviennent à le convaincre qu'il doit combattre comme prévu et Sugar Ray s'impose par K.O. à la 8e reprise, un K.O. fatal. Doyle perd toute conscience instantanément, il est transporté à l'hôpital de Cleveland, où il est opéré au cerveau sans succès, et décède la nuit suivante. Très affecté par ce décès, Robinson enverra 50 $ chaque mois pendant dix ans à la famille de son défunt adversaire pour leur permettre d'acheter la maison que leur fils leur avait promise.

1. Mayweather Jr. : 38-6 en amateur, Marciano : 15-4 en amateur et Joe Calzaghe : 4-2 en amateur.
2. À 14 ans, Walker Smith Jr. emprunte la carte d'identité de Ray Robinson, un adolescent de 16 ans, pour s'inscrire à un tournoi de boxe scolaire et gardera ce nom le reste de sa vie.
3. Le surnom Sugar a été utilisé par d'autres boxeurs célèbres après Robinson, d'abord Sugar Ray Leonard puis Sugar Shane Mosley.
4. Selon BoxRec, le bilan officiel de Sugar Ray Robinson est de 174 victoires, 19 défaites et 6 matchs nuls.
5. Titre remporté via décision unanime le 20 décembre 1946 à New York contre Tommy Bell.
6. Robinson avait mis fin à sa carrière à 31 ans en 1952 pour poursuivre son rêve de show-business en tant que chanteur et danseur de claquettes.
7. Le seul passage au tapis encaissé par Fullmer a eu lieu en 1955 face à Eduardo Lausse.
8. Cinq victoires de Robinson pour un seul succès de Jake LaMotta en 1943.
9. LaMotta bat Cerdan le 16 juin 1949 pour remporter le titre de champion poids moyens.
10. De novembre à décembre 1950, 5 combats à Paris, à Bruxelles, à Genève et à Francfort ; de mai à juillet 1951, 7 combats à Paris, à Zurich, à Anvers, à Liège, à Berlin, à Turin et à Londres ; de septembre à novembre 1962, 3 combats à Londres, à Vienne et à Lyon ; d'octobre à décembre 1963, 5 combats à Paris, à Lyon, à Bruxelles et à Grenoble ; de septembre à novembre 1964, 7 combats à Paisley (Écosse), à Paris, à Londres, à Nice, à Caen, à Marseille et à Rome.

TALE OF THE TAPE

Samedi 29 juillet 2023
T-Mobile Arena, Las Vegas
CHAMPIONNAT DU MONDE WBC, WBO, IBF, WBA, CATÉGORIE POIDS WELTERS
12 rounds
Arbitre : Harvey Dock

Errol Spence Jr. The Truth	VS	Terence Crawford Bud
28-0	Bilan	39-0
33 ans	Âge	35 ans
Gaucher	Stance	Gaucher
177 cm	Taille	173 cm
183 cm	Allonge	188 cm
66,6 kg	Poids	66,2 kg

Lors d'une réunion, il arrive parfois que l'opposition qui provoque le plus de réactions n'ait pas eu lieu sur le ring. Le 16 novembre 2018, Maurice Hooker conserve son titre de champion WBO des super-légers en battant Alex Saucedo avant la limite, mais ce résultat arrive au second plan, loin derrière le vrai combat de la soirée. Un combat sans gants, qui oppose deux boxeurs en civil dans les coursives de la Chesapeake Energy Arena d'Oklahoma City. À vrai dire, ce n'est pas un combat, mais plutôt une joute verbale qui attire l'intérêt d'une bonne vingtaine de personnes présentes. Plusieurs journalistes et vidéastes amateurs immortalisent l'instant, dix bonnes minutes d'échanges virils et pas toujours corrects. Quelques heures après la réunion, les diverses vidéos de la discussion font le tour des réseaux sociaux et l'identité des deux débatteurs va agiter le milieu du noble art.

D'un côté, Errol Spence Jr., champion IBF des poids welters, 24 victoires, 0 défaite, de l'autre, Terence Crawford, champion WBO des poids welters, 34 victoires, 0 défaite. L'échange esquisse un potentiel *superfight* pour l'unification des deux titres, et se conclut de cette manière : Crawford : « Si on s'affronte, n'ose même pas me frapper au corps. » Spence : « Je vais te battre avant la limite, facilement. » Crawford : « Tu veux parier combien ? » Spence : « Je pose 100 000 dollars. » Crawford : « Mettons 1 million de dollars chacun ! » Spence : « Allez, 1 million de dollars, facile ! »

Maître Crawford

Les deux hommes se serrent la main comme s'ils étaient convenus d'un accord tacite pour un combat futur, mais Bob Arum, promoteur de Terence Crawford, interrompt les festivités et ramène tout ce beau monde à la réalité de la boxe. Ce duel entre deux champions de la catégorie, qui est une évidence pour les observateurs de ce sport, ne l'est pas forcément aux yeux de ceux qui tiennent les cordons de la bourse. Dans un sourire, Bob Arum glisse un dernier mot à Errol Spence Jr. avant de disperser la foule : « La chose la plus intelligente que tu puisses faire pour ta carrière, c'est de rester loin de Terence Crawford. »

Vous l'avez compris, le combat mettra plusieurs années à se matérialiser, presque cinq ans, mais le conseil du promoteur de légende est très avisé. Ceux qui se sont approchés de trop près de « Bud » Crawford dans un ring ont tous connu une très mauvaise expérience, surtout dans les catégories poids légers et super-légers. Sa moisson de titre démarre en 2014 avec la ceinture WBO des moins de 61,2 kg qu'il remporte en Écosse contre Ricky Burns. Il enchaîne avec deux défenses de cette couronne face à Yuriorkis Gamboa, qui fait quatre voyages au tapis avant d'être arrêté par l'arbitre, et à Raymundo Beltran, le tout en l'espace de huit mois. Début 2015, il attaque la catégorie du dessus, les super-légers (moins de 63,5 kg) et s'empare du titre WBO vacant. Il ne le lâchera plus avant de devenir champion incontesté. Le 19 août 2017, Julius Indongo ne tient que trois rounds contre Crawford, qui peut arborer à trente ans les quatre ceintures (WBC, WBA, WBO, IBF). Personne n'ose le défier et il doit se résoudre à monter encore d'une catégorie pour se frotter aux poids welters, l'année suivante. Là encore, il glane un titre mondial WBO dès sa première sortie à moins de 66,7 kg contre Jeff Horn.

L'ÉLÈVE CONTRE LE MAÎTRE

Tout au long de sa carrière, Errol Spence Jr. a régulièrement été comparé à Floyd Mayweather Jr. Même jeu de jambes, même *shoulder roll* et une précision des coups tout aussi spectaculaire. En 2014, Spence, qui n'est professionnel que depuis deux ans, s'entraîne au Mayweather Boxing Club à Las Vegas. Comme beaucoup d'autres jeunes boxeurs, il est parfois invité à faire quelques rounds de sparring sur le ring principal de la salle, surnommé la « *dog house* », en raison de la brutalité des oppositions. Déjà jugé comme un boxeur très prometteur, Errol a la chance d'être convoqué sur le quadrilatère par le propriétaire des lieux, Floyd lui-même, pour un assaut qui reste légendaire aux yeux de ceux qui y ont assisté. La session démarre au son des cris et des bruitages d'une vingtaine de personnes agglutinées tout autour du ring. La durée des rounds est très aléatoire et, après une première reprise de 7 minutes sans interruption où la tension monte entre les deux pugilistes, Mayweather ordonne à tous les spectateurs de quitter la salle. L'opposition reprend pour un deuxième round de près de 9 minutes sans pause, fait rare pour Mayweather, qui a toujours eu la réputation de surclasser ses partenaires d'entraînement. Plusieurs versions de ce qui s'est passé sur le ring existent, mais aucun des deux boxeurs n'a révélé le réel dénouement de cette session qui a boosté la crédibilité d'Errol Spence.

ÉDUCATION À LA DURE

Les relations entre Terence Crawford et sa mère Debra sont aujourd'hui très saines, mais l'enfance et l'adolescence du champion incontesté des poids welters ont été marquées par une éducation très dure, voire cruelle. Debra se refuse totalement à recevoir ou à donner une quelconque forme d'affection à son fils. Terence est réprimandé à coups de ceinture à la moindre bêtise. Lorsqu'il démarre la boxe au niveau amateur et que ses performances sont saluées par tout son entourage, seule sa mère minimise ses exploits. Pire encore, Debra allait jusqu'à payer de jeunes enfants du quartier dans lequel ils vivaient pour frapper son fils, 10 dollars par expédition punitive. En repensant à cette période, la mère de Terence Crawford affirme aujourd'hui que cette éducation a forgé le caractère de son fils et a fait de lui l'immense champion que l'on connaît.

En montant chez les *welterweights*, Crawford plonge dans une eau infestée de requins. Danny Garcia, Shawn Porter, Keith Thurman, Kell Brook ont tous porté au moins une des ceintures mondiales et sont les garants d'un niveau très élevé. Comme Crawford, Errol Spence Jr. devient champion du monde des poids welters en 2017. Il bat justement l'Anglais Kell Brook par K.O. au 10e round, chez lui à Sheffield pour obtenir le titre IBF. Lui aussi fait la chasse aux titres, il donne même un petit surnom à son aventure, *strap season*, que l'on peut traduire par « saison des ceintures ». Avant de poursuivre sa quête, il donne une leçon de boxe à Mikey Garcia, qui était considéré comme un des meilleurs boxeurs, toutes catégories confondues, en mars 2019. Six mois plus tard, Spence prend la ceinture WBC des mains de Shawn Porter. Il est champion unifié, mais sera victime d'un grave accident de la route[1], dont il sort indemne miraculeusement. Sa marche en avant se poursuit jusqu'à l'obtention du titre WBA contre Yordenis Ugas. Brook, Porter, Ugas, il ne manque plus qu'une seule ceinture pour compléter la *strap season*, celle de la WBO, qui appartient à Terence Crawford.

Un Crawford très agacé par le traitement qu'il subit de la part de son promoteur Bob Arum. Le duo se sépare brutalement en 2021. Pour « Bud », le président de Top Rank ne le soutient pas assez et ne sait pas comment assurer la promotion des boxeurs noirs. Selon lui, il aurait même délibérément fait en sorte qu'il ne devienne pas *bankable*. Désormais libre de s'engager avec un autre promoteur, Crawford prend soin d'inscrire sur son cahier des charges l'organisation d'un combat face à Spence. Les deux boxeurs ont une mentalité « à l'ancienne ». En 2018, ils s'étaient serré la main ; en 2023, c'est au téléphone qu'ils concluent cette fois un réel accord. Pendant 35 minutes, l'un et l'autre avancent leurs arguments et s'entendent sur les détails d'ordre pugilistique, le reste sera l'affaire des managers.

Une fois le contrat signé, il est temps de partir en camp d'entraînement. Pour Terence Crawford, c'est d'abord six semaines chez lui à Omaha dans le Nebraska et ensuite six autres loin des distractions, à Colorado Springs. La ville est perchée à plus de 1 800 mètres d'altitude, parfait pour le travail cardio. Son entraîneur Brian McIntyre aime lui mener la vie dure, pendant certains exercices au sac de frappe ou avec le médecine-ball. Il se donne pour objectif de faire abandonner son boxeur. Le but est en fait de l'amener à atteindre ce qu'il appelle la « *dog mentality* », une mentalité de chien de la casse qui ne lâchera jamais rien sur le ring. D'ailleurs, Terence Crawford met un point d'honneur à ramener un pitbull dans la salle pendant chacun de ses camps, au cas où il oublierait quel état d'esprit adopter.

Errol Spence reste à Dallas où il travaille sous les ordres de Derrick James au World Class Boxing Gym. Une salle où l'émulation[2] est de tous les instants. James s'occupe de plusieurs stars mondiales. Jermell Charlo, Ryan Garcia et anciennement Anthony Joshua ont suivi ses précieux conseils. Pour se donner encore un peu plus de courage, Errol Spence rend visite à son équipe de NFL favorite pendant son camp, les Dallas Cowboys, cinq fois vainqueurs du Super Bowl. Spence a combattu plusieurs fois dans leur stade et les stars du football américain lui vouent presque une forme d'admiration. Certains joueurs ont même prévu de faire le déplacement à Las Vegas pour l'encourager.

Le 29 juillet 2023, il n'est plus question d'admiration. Il s'agit non seulement de savoir qui va devenir champion incontesté des poids welters, mais aussi qui va être considéré comme le meilleur boxeur du monde, toutes catégories confondues. Crawford, 39-0, et Spence, 28-0, sont sur le ring de la T-Mobile Arena pour un combat que tout le monde espère homérique. Avant le premier son de cloche, certains affirment que le duel rappelle l'opposition entre Leonard et Hearns en 1981 dans la même catégorie. Mike Tyson dit sans accroc dans la voix qu'il s'agit là de la plus belle affiche de ses trente dernières années !

Le combat démarre avec les deux hommes qui boxent en gauchers. C'est la garde naturelle d'Errol Spence Jr., mais Terence Crawford, lui, a la particularité de pouvoir changer selon son bon vouloir et revient parfois en droitier. Le premier round est plutôt à l'avantage de « Bud ». À partir de la 2ᵉ reprise, le champion WBO accélère et l'écart de niveau se fait sentir. À trente secondes de la fin du 2ᵉ round, le bras avant de Crawford se délie, il touche aisément Spence, qui veut répliquer avec agressivité, mais il est contré par une combinaison gauche-droite. La gauche glisse derrière son oreille, le direct du droit arrive en plein dans son visage. Le coup n'est pas puissant, c'est le mauvais positionnement de ses jambes qui l'amène à faire un voyage au tapis. Errol est compté, il se relève sans difficulté, mais il craint l'attaque de Crawford lors des dix dernières secondes avant la minute de repos.

Spence rit jaune lorsqu'il rentre dans son coin, il hoche la tête pour faire mine d'avoir compris ce qu'il a à faire pour revenir dans le combat. Il réagit bien dans le 3ᵉ round où il parvient à coincer Crawford dans un coin et s'engage dans une bagarre sans retenue. L'échange de coups est dur et Terence s'en sort en repoussant Spence avec son jab. Crawford est impassible sur le ring, rien ne semble pouvoir l'affecter, pas même un coup un peu sous la ceinture. La précision de ses attaques dans le 4ᵉ round fait comprendre à tous les spectateurs qu'il est le maître sur le ring, Spence aussi donne l'impression qu'il se rend compte qu'il n'arrivera pas à cracker le code de Crawford. Errol saigne du nez, il est surclassé techniquement, mais il s'accroche jusqu'au 7ᵉ round. À l'entame de cette 7ᵉ reprise, Crawford compte déjà 55 % de réussite sur ses coups durs, 60 réussis sur 110 tentés, contre seulement 37 % pour son adversaire (46/123).

L'ÉCHANGE DE COUPS EST DUR ET TERENCE S'EN SORT EN REPOUSSANT SPENCE AVEC SON JAB. CRAWFORD EST IMPASSIBLE SUR LE RING, RIEN NE SEMBLE POUVOIR L'AFFECTER, PAS MÊME UN COUP UN PEU SOUS LA CEINTURE.

Le public oscille entre la stupéfaction, le silence complet et les habituels « ouh... », « ah... » pour accompagner les plus belles combinaisons de Terence Crawford. Il est en gestion, contrôle parfaitement le tempo et donne le sentiment qu'il peut mettre fin au combat au moment où il le souhaite. L'œil droit d'Errol Spence Jr. se ferme, mais il essaie encore une fois de se montrer agressif. La sentence est implacable. « Bud » le punit avec un uppercut du droit à la mâchoire et il se retrouve au sol pour la deuxième fois. Il a du mal à se redresser, son visage est désolant et l'arbitre l'a déjà averti : s'il continue d'encaisser autant de coups, le combat sera arrêté. En fin de round, alors qu'il ne reste que quelques secondes, Crawford fait descendre Spence une nouvelle fois avec un crochet du droit. Spence se relève immédiatement, mais il est très touché, il fait comprendre à l'arbitre qu'il veut bel et bien continuer. Pourtant, son coin aurait déjà pu prendre la décision de jeter l'éponge.

Crawford montre une once de compassion envers sa victime du soir, juste avant de rejoindre son coin. Il lui touche le gant. Le geste est aussi un encouragement à prendre la bonne décision, abandonner. Spence ne renoncera pas, alors, Terence Crawford accélère dans le 9e round. Une ultime salve de coups fait tituber Errol et force l'arbitre à mettre fin au combat. Terence Crawford porte son bilan à 40-0, il devient champion incontesté des *welterweights* six ans après avoir été sacré roi des super-légers. Sa performance dans un des combats les plus importants de la décennie est clinique et fait de lui le meilleur boxeur du monde actuellement, toutes catégories confondues.

TERENCE CRAWFORD, *BULLETPROOF*

Si vous avez un jour l'occasion de visiter Omaha, ne vous faites pas avoir par l'aspect rural et bucolique de la plus grande ville de l'État du Nebraska. Comme à New York, Los Angeles ou Chicago, certains quartiers sont gangrenés par la criminalité, et Terence Crawford a bien failli en être une des victimes. En 2008, « Bud » est au tout début de sa carrière professionnelle, et son attention n'est pas toujours à 100 % dans la boxe. Il lui arrive parfois de traîner en très mauvaise compagnie. Quelques jours avant de fêter ses 21 ans, Terence joue aux dés, un jeu très populaire dans les coins de rue de certains quartiers défavorisés.
Il joue, gagne une belle somme d'argent et décide de s'arrêter et de rentrer chez lui. Assis dans sa voiture, il fait l'erreur de rester près du coin de rue où les joueurs étaient massés et compte ses billets. D'un coup, une balle de 9 mm traverse sa vitre arrière et le touche à la tête, sous l'oreille droite. Touché par un tir de pistolet, Crawford reste conscient et se rend lui-même à l'hôpital, il prend le temps de prévenir sa mère et son entraîneur Brian McIntyre. Heureusement, la balle n'est pas restée sous son oreille et, après quelques points de suture, il est renvoyé chez lui. Il remonte sur le ring deux mois après et cet incident lui fait prendre conscience qu'il doit s'impliquer à 100 % dans sa carrière.

DERRICK JAMES, *AKA* GREGG POPOVICH

Depuis le hangar désaffecté qui lui sert de salle d'entraînement à Dallas, Derrick D. James a réussi à devenir un des coachs les plus demandés dans le monde de la boxe, ces dernières années. Sacré entraîneur de l'année en 2022 par l'association des journalistes spécialistes du noble art, il travaille dans son World Class Boxing Gym, avec des boxeurs comme Ryan Garcia et Jermell Charlo. Il a aussi été dans le coin d'Anthony Joshua pour deux combats. Aujourd'hui, il est malheureusement brouillé avec son meilleur élève, Errol Spence Jr. Le Texan comparait pourtant cette écurie de stars aux San Antonio Spurs de la grande époque : « Moi, je suis un Tim Duncan, Joshua est notre David Robinson, Ryan Garcia c'est Manu Ginobili et Derrick James est notre coach, c'est Gregg Popovich. »

L'ACCIDENT DE VOITURE D'ERROL SPENCE

Dans la nuit du 10 octobre 2019, quelques jours après avoir remporté son 26e combat professionnel face à Shawn Porter, Errol Spence est la seule victime d'un très grave accident de la route. Le boxeur roule à vitesse très élevée sur les routes de Dallas au volant de sa Ferrari 488 Spider et perd le contrôle du bolide, qui fait plusieurs tonneaux. Spence, qui ne portait pas sa ceinture de sécurité, est éjecté du véhicule. Fort heureusement, il est rapidement secouru et placé en soins intensifs. Il ne subit que des lacérations au visage et n'a aucun os cassé, malgré la violence de l'accident, un véritable miracle. Plusieurs examens montrent que Spence avait consommé trop d'alcool avant de reprendre le volant. Après six jours d'hospitalisation, il s'en sort sain et sauf, mais écope d'une peine de probation.

« Crawford a une vraie science du ring... »

INTERVIEW | JOHN DOVI

Passionné par la « belle boxe », John Dovi a été captivé par ce *superfight* entre Crawford et Spence. Les capacités techniques et tactiques de « Bud » l'ont subjugué. Et, depuis sa position de consultant sur ce combat pour la chaîne RMC Sport, il n'a pas hésité à laisser parler son enthousiasme devant le travail d'esthète de Terence Crawford.

Certains fans de boxe l'oublient, mais beaucoup de boxeurs à travers le monde décident de faire toute leur carrière en amateur, et c'était votre cas. Pouvez-vous détailler votre palmarès ?

J'ai été un boxeur olympique dans la catégorie des mi-lourds. Il paraît que c'est la meilleure catégorie, je ne sais pas pourquoi les gens disent ça, mais j'y crois (sourire). J'ai fait les Jeux de Sydney en 2000, où je perds en quart de finale de deux points contre le futur champion olympique. J'ai été vice-champion du monde en 1999 et médaillé de bronze aux mondiaux de 2001. Au niveau national, je suis sept fois champion de France.

Vous avez aussi été entraîneur de l'équipe de France avec beaucoup de succès...

J'ai été entraîneur de l'équipe de France pendant quinze ans. J'ai fait Pékin en 2008, j'étais sur la préparation de Londres en 2012, mais je n'ai pas fait ces J.O. à cause de problèmes en interne. J'étais bien présent à Rio en 2016 pour les six médailles que l'équipe de France a remportées et j'ai arrêté après les J.O. de Tokyo en 2021 où, malheureusement, ça ne s'est pas bien passé en termes de résultats.

Aviez-vous un goût particulier pour le K.O. lorsque vous étiez sur le ring ou en tant qu'entraîneur ?

Quand je boxais, je n'avais pas d'appétence pour le K.O. Je n'étais pas un frappeur ou un bagarreur, mais plutôt un technicien. Dans ma construction de combat, j'étais beaucoup plus sur l'esquive et la remise. Je voulais durer au lieu de chercher le K.O. à tout prix. J'ai tout de même quelques victoires avant la limite, pas beaucoup. Pour moi, la boxe, c'est un jeu d'échecs, la technique avant tout.

Vous avez longtemps été dans le circuit amateur en tant que coach. Tout le monde se croise et vous avez forcément entendu parler de Spence et de Crawford très tôt avant qu'ils ne passent professionnels...

Je connaissais Spence parce qu'il a fait les J.O. de Londres, il avait perdu en quart de finale. Je le connaissais parce qu'on l'avait rencontré sur plusieurs tournois contre l'équipe américaine. Je le trouvais pas mal, mais sans plus. Les Américains sont rarement impressionnants au niveau amateur. Il y en a toujours un qui sort du lot et qui est un peu plus fort que les autres, mais les États-Unis n'ont pas les boxeurs les plus craints. En revanche, on sait que, dans leur équipe, il y aura toujours une perle, comme Shakur Stevenson en 2016. Spence n'était pas forcément le mieux coté de leur équipe. En revanche, j'ai connu Crawford en pro lorsqu'il a battu Yuriorkis Gamboa en 2014.

La première fois que l'on entend parler d'un potentiel combat entre Spence et Crawford, c'est en 2018. Selon vous, était-ce une bonne idée vu l'écart physique entre Spence, le poids welter, et Crawford, qui venait de débarquer dans la catégorie ?

Spence a même démarré sa carrière en super-welters avant de descendre. J'étais surpris qu'on commence déjà à imaginer ce combat parce que, très peu de temps avant, il y avait deux catégories d'écart entre eux, c'était impensable.

Vous avez sûrement vu leur passe d'armes dans les coulisses d'une réunion de boxe…

Oui, bien sûr. Après, on connaît les Américains, ils sont friands de ce genre de choses. J'ai l'impression que c'est pour créer des buzz qui n'existent pas. Ça arrive parfois, deux mecs qui ne sont pas du tout dans la même catégorie vont se chambrer comme c'était le cas pour eux deux. Crawford a beaucoup chambré un des frères Charlo[3], qui est champion incontesté des poids super-welters. C'est la catégorie encore au-dessus, mais ils se chamaillent. C'est normal, ils viennent d'États différents aux États-Unis, il y a toujours une espèce de tension ou de rivalité entre les équipes, les entraîneurs. En plus de ça, ils se connaissent, surtout les stars, ils ont parfois fait des camps d'entraînement ensemble, et les mecs se jaugent, ils se taquinent.

Après cette vidéo qui a beaucoup fait parler, il se passe une attente de cinq ans avant de voir ce combat. Est-ce que, pour vous aussi, l'attente a été interminable ?

Pas pendant cinq ans. Je pense que la frustration a réellement duré trois ans. Quand ils s'embrouillent, c'est en 2018, mais ils ont d'autres chats à fouetter entre-temps. Je commence à vraiment avoir envie de voir ce combat lorsque Crawford grandit et change de catégorie. Avant ça, on parle de quelque chose qui est potentiellement réalisable, mais on en est loin. Quand Crawford affronte Jeff Horn et José Benavidez pour ces deux premiers combats dans la catégorie des welters, il y a une grosse attente, on voulait voir comment son corps allait réagir aux coups à ce nouveau poids. En voyant qu'il était capable de battre Benavidez avant la limite, on a commencé à y croire. Spence fait un combat de dingue contre Shawn Porter en 2019 pour la ceinture WBC. Donc, on avait le sentiment qu'ils avaient fait le ménage autour d'eux et qu'il ne restait que ce combat à faire.

Qu'est-ce qui rend ce combat si spécial ?

Ce qui fait de cette opposition un superfight, *c'est qu'on voulait savoir qui est le meilleur boxeur au monde à ce moment-là. Ils étaient tous les deux invaincus et il n'y a aucune contestation possible sur un de leurs combats précédents. Il faut aussi redire qu'ils ont fait le ménage chez les welters, c'était la catégorie la plus cotée, à ce moment-là. Porter, Thurman, Ugas, Mikey Garcia, c'était vraiment la catégorie la plus dangereuse, et les deux survivants étaient Spence et Crawford.*

Aviez-vous une préférence entre Spence et Crawford ?

J'ai toujours été un pro-Crawford. J'ai des préférences techniques, tactiques, mais aussi humaines. J'ai été touché par une partie de son histoire. Le fait qu'il fasse une œuvre caritative en Afrique, ça m'a beaucoup parlé. Un mec de cette trempe qui fait un retour aux sources, ça démontre beaucoup de choses. Au fur et à mesure, j'analysais de plus en plus ses combats et je me suis aussi rendu compte des grandes qualités pugilistiques qu'il peut avoir.

Techniquement, la première chose qui saute aux yeux chez Crawford, c'est sa capacité à exceller à la fois avec une garde de gaucher et de droitier. Ce n'est pas commun d'être parfait des deux côtés...

Crawford est le meilleur dans ce domaine. Beaucoup de boxeurs savent le faire, mais, moi, entraîneur, je n'ai jamais accepté que mes boxeurs changent de garde. Je déteste les gens qui changent de garde pour rien. Je disais souvent à mes boxeurs : « Soyez champions du monde en droitiers et, après, vous vous mettrez en gauchers. » Lorsqu'on change de garde, il y a un laps de temps où on perd un peu ses repères. Ça dure une fraction de seconde, mais, à chaque fois qu'un adversaire changeait de garde, je disais toujours à mes boxeurs d'attaquer, notamment avec le bras arrière. Ce n'est pas donné à tout le monde de le faire de manière qualitative, mais Crawford a ce don-là de pouvoir switcher de gaucher à droitier. Lui, je ne pourrais rien lui dire (rire), il arrive à gérer.

Les qualités techniques de Terence Crawford ne s'arrêtent pas à son changement de garde. Qu'avez-vous remarqué d'autre ?

Avec le temps, ses adversaires savent qu'il change de garde, donc ils s'adaptent. Crawford, c'est aussi une capacité à lire la boxe qui est bien au-dessus de la moyenne, une facilité à s'adapter à toutes les situations. Il est capable de mettre ses adversaires en porte-à-faux grâce à son timing et à son management de la distance. Il est aussi en mesure de porter des coups assez puissants pour les mettre hors du combat. Il a une vraie science du ring.

Comment définissez-vous la notion de science du ring ?

La science du ring, c'est la capacité d'adaptation par rapport à l'adversaire, liée aux qualités intrinsèques du boxeur. Je vous donne un exemple, tout le monde sait mettre un direct du gauche, mais le boxeur qui a une bonne science du ring ne mettra pas ce direct du gauche de la même manière selon l'adversaire qu'il a face à lui. Il aura une capacité à adapter son direct du gauche. Un œil qui n'est pas averti ne verra pas forcément la différence. Il y a aussi un aspect tactique qui entre en compte, si je sais que mon adversaire est faible au niveau du corps, il faut que je travaille au corps dès l'entame du combat. Normalement, les premiers rounds, c'est une phase d'observation, mais, si j'ai cette information, je dois travailler en bas, je peux remonter, mais je vais systématiquement terminer par un uppercut au corps. Une fois que j'ai fait mon travail de sape au corps, je vois qu'il se protège beaucoup plus et il laisse de l'espace pour les coups à la tête et, là, je peux penser à le finir.

À quel moment du combat réalisez-vous que Crawford est un cran au-dessus de Spence ?

Peut-être dès le 1er round. Crawford ne met pas beaucoup de coups dans cette première reprise, on est même tentés de penser que Spence est mieux rentré dans le combat que lui. Mais lorsqu'on observe l'attitude de Crawford, il y a une espèce de sérénité dans tout ce qu'il fait. Avec son Q.I. boxe, l'expérience qu'il a dans ces très grands combats, on sent qu'il est déjà en gestion, il ne veut pas s'offrir tout de suite. Spence, je l'ai toujours pris pour un bourricot, je dis ça gentiment, hein... C'est un boxeur physique, offensif, il tape. Ce n'est pas un technicien qui va faire des esquives, qui va boxer sur les jambes, il met la marche en avant et il est capable d'avoir une excellente régularité. Crawford a une fréquence de coups plus rapide, Spence a une fréquence plus lente, mais plus régulière. Il a des coups très lourds, c'est une espèce de marteau-piqueur. Il a essayé de prendre le dessus sur Crawford en l'usant physiquement, mais ça n'a pas fonctionné.

Lorsqu'un boxeur est surclassé comme l'a été Spence dans ce combat, est-ce qu'il existe une solution ?

(Souffle.) Quand je commentais le combat, je me disais : mais comment va-t-il faire ? Il a face à lui un des meilleurs boxeurs du monde, qui est capable de s'adapter à toutes les situations. Dès les premières reprises, on voit que Spence n'est pas dedans. Il a toujours un temps de retard, il est soit trop près ou trop loin, il n'arrive pas à gérer la distance. Contre un tel adversaire, c'est la mort assurée. La solution peut venir du coach, mais Derrick James, qui est le meilleur entraîneur du monde à ce moment, est désabusé. Il lui donne des consignes qui manquent de finesse et de réflexion. Ils restent à chaque fois sur le même schéma tactique qui ne fonctionne pas, alors qu'il faut toujours avoir un plan B, parce que les choses ne se passent jamais comme on les a imaginées sur le ring. En réalité, il aurait fallu qu'il pourrisse le combat, qu'il accroche, qu'il le fasse tomber, qu'il lui morde l'oreille (sourire), mais ce n'est pas son genre.

Vous avez évoqué la sérénité de Crawford. Comment expliquez-vous qu'il n'ait pas terminé le combat encore plus tôt ?

C'est vrai que, même quand il est à la bonne distance, il n'accélère pas. En plus de ça, il est un peu arrogant, il chambre, mais on le voit sur la retenue. J'ai pensé à deux choses, je me suis demandé s'il n'était pas en train de punir Spence parce qu'on a déjà vu des boxeurs qui étaient capables d'abréger un combat, mais qui ont préféré faire durer. Ou alors, il n'y croyait pas, il ne pouvait pas imaginer que ce serait aussi facile dans un combat si important et il a préféré rester vigilant.

Qui est le plus grand spécialiste du K.O. dans l'histoire de la boxe ?

C'est possible de ne pas répondre ? (Rire.) Il y en a tellement et les boxeurs que j'apprécie ne sont pas forcément ceux qui ont des ratios de K.O. impressionnants. Je ne sais pas qui est le plus grand spécialiste du K.O., mais mon préféré, c'est Artur Beterbiev. Tout le monde sait que j'aime beaucoup Beterbiev, parce que je le connais et aussi parce qu'il est arrivé en boxe olympique lorsque j'ai arrêté ma carrière en 2005. Je criais sur tous les toits que j'aurais bien aimé l'affronter, mais ce n'est pas vrai, heureusement que je suis parti à temps (rire). Blague à part, Beterbiev m'impressionne et Subriel Matias aussi, il a tué un adversaire sur le ring[4]. Ils ne sont pas explosifs, mais ils font mal sur chaque coup, ils ont un don de Dieu.

Qu'est-ce qu'un K.O. ?

Je ne me suis jamais posé cette question. Un K.O., c'est la fin de tout espoir. Jusqu'au K.O., tu espères encore gagner, même quand tu prends des coups, tu as envie d'y croire. Mais, quand tu prends un K.O., c'est terminé. C'est pareil quand tu es en train de dominer, si, d'un coup, tu es mis K.O., c'est la fin de tes espoirs de victoire.

1 et 2. Voir l'encadré, page 61

3. Jermell Charlo, champion WBA, WBC, WBO et IBF des super-welters.

4. Maxim Dadashev décède quatre jours après son combat contre Subriel Matias en juillet 2019 à la suite des blessures accumulées lors de leur combat.

Crise de foie

Les files d'attente pour le téléphone sont toujours longues à la prison d'Holmesburg en Pennsylvanie. Lorsque le prisonnier numéro Y4145 accède enfin au combiné et peut s'entretenir pendant dix minutes avec sa famille, il sent tout de suite que quelque chose cloche. Ses sœurs se passent le téléphone et mettent un peu de temps avant de finalement lui apprendre que leur frère Michael a été tué, la veille, dans les rues du nord de Philadelphie. Choqué par la nouvelle, Y4145 parvient à rester stoïque devant les autres prisonniers. Sa réputation dans l'établissement en dépend. Il rejoint sa cellule dans le calme et, dès que la porte se referme, il s'effondre. Oui, c'est bien derrière les barreaux que Bernard Hopkins, 19 ans, apprend l'assassinat de son frère au début de l'année 1984. Il est à l'ombre depuis deux ans et purge une peine qui peut durer jusqu'à 18 ans pour un vol à main armée.

TALE OF THE TAPE

Samedi 18 septembre 2004

MGM Grand, Las Vegas

CHAMPIONNAT DU MONDE IBF, WBA, WBC, WBO, MIDDLEWEIGHT

12 rounds

Arbitre : Kenny Bayless

Bernard Hopkins The Executioner	VS	Oscar de la Hoya The Golden Boy
44-2-1	Bilan	37-3
39 ans	Âge	31 ans
Droitier	Stance	Droitier
185 cm	Taille	180 cm
191 cm	Allonge	185 cm
70,7 kg	Poids	70,3 kg

Quelques semaines plus tard, l'homme qui a tué son frère est incarcéré dans la même prison, et Bernard n'a qu'une seule idée en tête : lui ôter la vie. Il est obligé de le faire, la rue parle, les autres prisonniers savent que l'assassin de son frère est là et, s'il ne l'élimine pas personnellement, sa réputation, et même sa vie dans le pénitencier, ne vaudra plus rien. Fort heureusement pour sa famille, pour lui-même et pour le monde de la boxe, Bernard Hopkins est rapidement transféré dans une autre prison de la région et ses envies de vengeance sont mises de côté. Il poursuit sa peine à la prison de Graterford et a la chance de rencontrer son premier mentor. Michael « Smokey » Wilson est lui aussi entré en prison à l'âge de 17 ans en 1970[1] pour meurtre. C'est ce monsieur qui parvient à convaincre Bernard que la boxe peut être sa porte de sortie pour éviter la récidive. Smokey est son coach et, avec son aide, il devient triple champion de boxe du système carcéral de Pennsylvanie. Il est libéré sur parole en 1988 et Smokey, son « Gandhi », comme il le surnomme, lui ordonne de ne jamais revenir en prison et de se donner un maximum de chance pour réussir dans le noble art.

Son aventure en boxe professionnelle démarre pourtant dans des circonstances bizarres. Hopkins, qui est censé évoluer en moyens ou super-moyens, perd son tout premier combat en 4 rounds contre Clinton Mitchell, un mi-lourd. Furieux contre son manager pour ce *matchmaking* désastreux, il décide de ne plus boxer pendant seize mois. Il revient en 1990 et entame sa vie de *journeyman* comme tant d'autres boxeurs. Il est abonné aux réunions organisées à Philadelphie et Atlantic City. En 1992, il fait un rapide crochet par Paris pour un combat au cirque d'Hiver contre Anibal Miranda, un succès aux points. L'année suivante, il parvient à se hisser au rang de challenger numéro 1 pour la

BARCELONE, 1992

Le destin d'Oscar de la Hoya bascule en Catalogne à l'été 1992, dans l'ombre de la Dream Team américaine de basket-ball. À 19 ans, il remporte le tournoi olympique de Barcelone dans la catégorie des poids légers, quelques semaines après avoir obtenu l'équivalent américain du baccalauréat. Il réalise cet exploit alors qu'il avait promis à sa mère, mourante, qu'il remporterait la médaille d'or en son honneur. Cette victoire attire de nouveau l'œil sur la boxe, qui n'avait pas la meilleure des réputations auprès des non-initiés au début des 1990. Les médias surnomment de la Hoya « The Golden Boy », un surnom qui est devenu sa marque déposée.

ASSOCIES DANS GOLDEN BOY PROMOTIONS

Lassé d'être bridé par son promoteur Bob Arum, Oscar de la Hoya décide de prendre son envol dès 2002 en créant sa propre société de promotion, Golden Boy Promotions, alors qu'il est encore actif sur les rings. Précurseur, il mise dans un premier temps sur son immense popularité et organise ses propres réunions avec grand succès, puis se tourne rapidement vers ses pairs. Un nombre incroyable de boxeurs de renom décident de faire confiance à Golden Boy, dont notamment Bernard Hopkins. Après avoir été son adversaire sur le ring, Oscar devient son promoteur associé jusqu'à la fin de sa carrière. Dès le milieu des années 2000, sa société est un acteur majeur du noble art. Une fois retraités, de la Hoya et Hopkins deviennent les promoteurs de certains des meilleurs prospects de ces quinze dernières années :

- Canelo Alvarez ;
- Jermell Charlo ;
- Marcos Maidana ;
- Deontay Wilder ;
- Jaime Munguia ;
- David Benavidez ;
- Errol Spence Jr.
- Ryan Garcia.

Les années 2020 sont plus difficiles pour Golden Boy Promotions. Certains des plus célèbres boxeurs sous contrat ont quitté la firme californienne. Ironiquement, ils pointent du doigt la frilosité des dirigeants lorsqu'il s'agit d'organiser de grands combats. La même raison qui a poussé de la Hoya à s'émanciper.

ceinture IBF des poids moyens, alors vacante. Il affronte Roy Jones Jr., et ce combat donne l'occasion à un plus large public de se familiariser avec le personnage Hopkins. B-Hop se fait remarquer en montant sur le ring avec un masque noir de bourreau sur le visage, il est « The Executioner », le boxeur qui exécute ses adversaires. Ce soir-là, Bernard est surclassé par la technique de Jones, mais son heure viendra, quelques années plus tard.

À PORTO RICO, BERNARD HOPKINS OSE L'IMPENSABLE. PENDANT LES CONFÉRENCES DE PRESSE, IL S'EMPARE DU DRAPEAU PORTORICAIN ET LE JETTE AU SOL.

Contre Segundo Mercado, en avril 1995, il devient enfin champion du monde IBF des −72,6 kg. Ce succès marque le début du plus long règne de l'histoire de la catégorie des poids moyens. Hopkins reste champion pendant 10 ans, 2 mois et 18 jours. C'est plus que Marvin Hagler, Carlos Monzon ou Gennady Golovkin, trois icônes de cette division. Il assure 20 défenses de titres contre 17 boxeurs différents. Sa dictature sur la catégorie est marquée par deux tentatives de putsch. D'abord, en 2001, Felix Trinidad monte des divisions welters et super-welters où il a été sacré champion du monde. Ils s'affrontent en finale d'un tournoi qui avait pour but de couronner un champion unifié des poids moyens[2]. Le puncheur portoricain est invaincu. Il est largement plus populaire et le peuple boricua base tous ses espoirs sportifs sur lui.

C'est à cette occasion qu'Hopkins va révéler une de ses armes favorites, la pression psychologique. Les deux boxeurs se croisent plusieurs fois lors d'une tournée promotionnelle. À New York, où la communauté portoricaine est très importante, et à Porto Rico, Bernard Hopkins ose l'impensable. Pendant les conférences de presse, il s'empare du drapeau portoricain et le jette au sol. Un geste très controversé qui provoque une émeute à San Juan et force les autorités locales à exfiltrer l'Américain. Ce manque de respect est totalement calculé de la part de Bernard, qui sait que, après ces incidents, Trinidad se sent investi d'une mission pour sa nation et veut combattre en surrégime pour forcer le K.O.

Le combat a lieu le 29 septembre 2001 au Madison Square Garden, un peu plus de deux semaines après les attentats qui ont touché le World Trade Center. Devant un public animé par un patriotisme exacerbé, Bernard l'emporte par *technical*

HOPKINS, *OLDY BUT GOODY*

Le 21 mai 2011, Bernard Hopkins affronte Jean Pascal pour le titre de champion du monde WBC des mi-lourds. L'Américain s'impose par décision unanime à Montréal chez Pascal et devient, à 46 ans, 4 mois et 6 jours, le plus vieux champion du monde de l'histoire de la boxe. Il bat le record de George Foreman, devenu champion du monde des poids lourds en 1994 à 45 ans. Hopkins bat son propre record à deux reprises en 2013 lorsqu'il remporte le titre IBF de la catégorie des mi-lourds face à Tavoris Cloud, à 48 ans, puis en 2014 après son succès contre Beibut Shumenov pour la ceinture WBA, à 49 ans.

knock-out au 12e round. Il est le seul boxeur à avoir battu « Tito » Trinidad avant la limite.

Trois ans plus tard, c'est un autre insurgé qui veut mettre fin au régime Hopkins. Oscar de la Hoya a un parcours similaire à celui de Trinidad juste avant de monter sur le ring contre B-Hop. Ex-champion dans les catégories du dessous, il prend le titre WBO des poids moyens après un combat beaucoup plus difficile que prévu contre l'Allemand Felix Sturm et veut devenir champion incontesté des poids moyens. Oscar, 31 ans, a déjà remporté 8 titres mondiaux dans 6 catégories de poids différentes, et il est le boxeur le plus rentable des années 2000. Peu importe l'adversaire, ses combats génèrent des recettes monstrueuses. Bernard Hopkins va d'ailleurs encaisser la plus belle bourse de combat de sa carrière, 10 millions de dollars. De la Hoya se taille la part du lion avec 30 millions de dollars. Les deux hommes se mettent d'accord pour un *catchweight* : c'est une limite de poids intermédiaire entre deux catégories, convenue par les deux parties. Au lieu des 72,6 kg habituels, la limite est fixée à 71,2 kg pour réduire l'avantage physique d'Hopkins, bien plus accoutumé à combattre en poids moyens.

Trois jours avant de monter sur le ring, le Golden Boy frôle la catastrophe. Il subit une large coupure à la main gauche après un entraînement, lorsque son *cutman* lui découpe ses bandages. La blessure requiert une injection de lidocaïne et onze points de suture. De la Hoya ne peut pas totalement serrer son poing. Le soir du combat, la retransmission prend du retard. De grandes discussions ont lieu dans le vestiaire d'Oscar entre ses hommes de coin et la commission athlétique pour savoir comment sa main gauche doit être bandée. Le boxeur ne veut pas que ses bandages croisent la cicatrice de la coupure. Une fois la solution trouvée, de la Hoya entre dans la salle en premier. Fait rare, il n'est pas le favori des bookmakers. Hopkins lui emboîte le pas en entrant au son de *My Way* de Frank Sinatra et ne porte pas son traditionnel masque de bourreau.

DE LA HOYA SE TORD DE DOULEUR PENDANT LE COMPTE DE L'ARBITRE ET TOUT INDIQUE QU'IL N'ARRIVERA PAS À SE RELEVER. À DIX, KENNY BAYLESS OFFICIALISE LA VICTOIRE PAR K.O.

Le combat est avant tout tactique sur les 8 premiers rounds. L'enjeu a largement pris le pas sur le duel, alors qu'Hopkins avait promis qu'il livrerait une première partie de combat à haute intensité pour remporter les premières reprises. La main gauche d'Oscar ne semble pas poser de problème, ses crochets gauches et ses jabs font reculer B-Hop les rares fois où ils arrivent à destination. Lors de la minute de repos précédant le 9e round, Bernard Hopkins est très confiant. Après quelques secondes à écouter attentivement les conseils de son entraîneur Bouie Fisher, il dit calmement « C'est mon round... », comme pour s'assurer qu'il a bien remporté la 8e reprise. Ou peut-être parce qu'il veut prévenir son coin que la conclusion de ce combat, qui n'a pas connu de coup d'éclat, arrive dans les trois minutes à venir.

B-Hop est précis à l'entame de la 9e reprise. Plusieurs de ses directs du droit arrivent nettement sur le visage d'Oscar. Il est en avance sur les cartes de deux des trois juges et il reste moins de 1 min 40 s au chrono au moment où Oscar de la Hoya va subitement au tapis. Le public est stupéfait et ne comprend pas comment ce knockdown est arrivé. Très peu de personnes présentes dans la salle ont réellement vu le coup qui fait descendre le tout récent champion WBO. De la Hoya se tord de douleur pendant le compte de l'arbitre et tout indique qu'il n'arrivera pas à se relever. À dix, Kenny Bayless officialise la victoire par K.O. d'Hopkins qui monte sur les cordes d'un coin neutre pour célébrer. Le public le siffle et n'a toujours pas vu le moment clé de ce 9e round.

Le ring se remplit de monde, les seconds de De la Hoya se précipitent vers lui pour l'aider à se redresser. Oscar est toujours en souffrance, allongé près des cordes. Après quelques secondes, il parvient à se mettre à quatre pattes et le médecin en profite pour tirer le haut de sa coquille de protection. Ce geste anodin, au premier abord, doit permettre au boxeur de respirer plus facilement. Il permet aussi de comprendre que le coup qui lui a fait mordre la poussière est un crochet gauche au foie.

Oscar reste dans cette position durant de longues secondes, pas seulement pour se remettre du K.O., mais aussi par frustration, voire par honte d'avoir été battu avant la limite pour la première fois de sa carrière. Il frappe le sol avec vigueur plusieurs fois puis se relève enfin. L'écran géant du MGM Grand montre des images plus précises du crochet gauche, et le public comprend. Il comprend, mais il n'imagine pas ce que représente la douleur paralysante que provoque un coup si puissant au foie. Le souffle est coupé dans l'instant et les jambes se dérobent, impossible de se relever. Tous les boxeurs qui ont un jour subi ce coup en gardent un souvenir traumatisant.

Avec ce K.O. atteint grâce à un des gestes techniques les plus ravageurs en boxe, Bernard Hopkins signe sa 19e défense des titres *middleweight* et devient par la même occasion champion incontesté de la catégorie en prenant la ceinture WBO d'Oscar de la Hoya, à 39 ans.

FINS DE CARRIÈRE DIFFICILES

Après sa défaite contre Floyd Mayweather Jr. en mai 2007, Oscar de la Hoya réclame une revanche qu'il n'obtiendra jamais. Floyd décide de faire une pause dans sa carrière et le Golden Boy affronte finalement Manny Pacquiao. L'expérience est brutale. À 35 ans, Oscar réalise qu'il n'est plus le boxeur flamboyant qu'il a été, Pac-Man le martyrise durant 8 rounds et le force à abandonner dans son coin.

La dernière image de De la Hoya sur un ring est celle d'un boxeur dépassé par les événements, mais elle n'est pas aussi tragique que celle de Bernard Hopkins. Son dernier combat a lieu en 2016 contre Joe Smith Jr. B-Hop a déjà montré des signes de vieillesse sur le ring lors de sa dernière sortie, une défaite par décision unanime contre Sergey Kovalev. Pour conclure ses 28 ans de carrière professionnelle, le boxeur de Philadelphie est mis K.O. après 8 rounds et termine même à l'extérieur du ring. L'arbitre ne compte pas jusqu'à 10, mais jusqu'à 20 pour lui permettre de revenir dans le quadrilatère, sans succès.

« Je savais que Bernard allait l'écraser... »

INTERVIEW | MICHAEL WILSON

Emprisonné pour un crime commis alors qu'il était encore mineur, Michael « Smokey » Wilson est celui qui a transformé la vie de Bernard Hopkins pendant son passage derrière les barreaux. Comme B-Hop, il a grandi dans un quartier très difficile de Philadelphie. Il a connu la violence des gangs et une très longue peine de prison. Grâce à la boxe, il a noué un lien à vie avec l'ancien champion, dont il a suivi toute la carrière, malgré plus de quatre décennies dans le système carcéral américain.

Combien de temps avez-vous passé en prison ?

46 ans, 6 mois et 1 jour. J'ai été mis en prison le 12 octobre 1970 à 17 ans, et la Cour suprême des États-Unis m'a libéré le 13 avril 2017.

Qu'est-ce qui vous a fait garder l'espoir d'un jour pouvoir sortir de prison ?

Pour être totalement honnête avec vous, même si le processus judiciaire par lequel je suis passé n'était pas juste, je n'avais pas d'autres choix que d'assumer ce qui s'était passé. J'étais conditionné pour passer le reste de ma vie en prison.

Vous étiez donc déjà en prison depuis plus de dix ans lorsque vous avez rencontré Bernard Hopkins à Graterford. Comment vous êtes-vous croisés ?

En fait, un ancien de mon quartier du nord de Philadelphie connaissait Bernard, il sortait avec la fille de sa belle-sœur. Lorsqu'il est arrivé à Graterford, cet ancien du quartier m'a demandé de l'entraîner parce qu'il savait que j'étais coach pour le programme de boxe de la prison et Bernard pratiquait déjà ce sport. Quand on s'est rencontrés, on était tous les deux sur la défensive, très méfiants. L'environnement d'une prison vous force à être comme ça. Il m'a serré la main comme un homme, pas de check bizarre, et ça m'a donné une indication du type de personne qu'il pouvait être. J'ai compris qu'il avait été à bonne école dans son quartier. J'avais un souci à l'œil quand on s'est vus pour la première fois et il m'a demandé ce qu'il m'était arrivé. Je lui ai répondu qu'un mec qui s'appelle Arthur McCleod avait mis son pouce dans mon œil lors d'un combat. Il s'est arrêté et il m'a dit : « Mais c'est mon oncle ! » Grâce à ça, on s'est tout de suite détendus.

Bernard était transféré d'une autre prison dans laquelle il aurait pu commettre un geste irréparable pour venger la mort de son frère. Quel était son état d'esprit lorsqu'il est arrivé ?

Il était très calme et il écoutait les anciens. Ça, je l'ai senti dès la première conversation que j'ai eue avec lui. Il n'était pas un de ces jeunes à qui on ne peut rien dire et qui sont têtus. De toute manière, quand un ancien du quartier te dit qu'un jeune va débarquer en prison et qu'il faut l'aider, tu dois le faire. Ce mec savait que Bernard se comporterait comme il faut avec moi, il était facile à coacher sur le ring, très attentif aux conseils.

Vous avez été le premier à lui faire comprendre qu'il pourrait s'en sortir grâce à la boxe, qu'il pourrait devenir champion du monde. Qu'avez-vous vu chez lui lorsque vous étiez son coach ?

Il était jeune et j'ai très vite vu qu'il avait une grande confiance en lui-même. Je lui ai demandé s'il avait déjà fait de la boxe en compétition et il m'a répondu que non, même pas dans le système AAU[3]. Mais il était prêt à apprendre pour intégrer rapidement le programme boxe et faire des combats amateurs. Je lui ai parlé de championnats du monde bien après.

IL M'A SERRÉ LA MAIN COMME UN HOMME, PAS DE CHECK BIZARRE, ET ÇA M'A DONNÉ UNE INDICATION DU TYPE DE PERSONNE QU'IL POUVAIT ÊTRE.

Comment était structuré le programme boxe de Graterford ?

En 1975, la prison a changé de directeur, et le nouveau a amené avec lui plusieurs programmes pour les prisonniers. Une des nouvelles activités était la boxe. Il y en avait avant son arrivée, mais ce n'était pas organisé comme une vraie compétition. Avec lui, on a eu la possibilité de faire des oppositions contre des équipes à l'extérieur de la prison, comme l'armée américaine. Et ces combats étaient considérés comme des combats amateurs.

Quel est votre palmarès dans ces tournois ?

Ça remonte à si longtemps (rires). J'étais déjà retraité quand Bernard arrive en prison, je me consacrais au coaching. Mais, sur le ring, j'étais bon et je le savais. J'ai gagné des titres dans trois catégories différentes, les poids super-welters, les moyens et les super-moyens en 1975, 1977 et 1981.

Vous êtes à l'origine de son surnom, « The Executioner », le bourreau. D'où vous est venue cette idée ?

Un bourreau, c'est une personne qui a accumulé les capacités et le talent nécessaires pour pratiquer la boxe comme si c'était sa seconde nature. C'était le cas pour Bernard, et quand il s'est approprié ce surnom, j'ai vraiment cru en ses chances de devenir un grand boxeur. C'est là que j'ai écrit au dos d'une photo qu'on avait pris ensemble en prison, le 12 avril 1984, « Tu seras le champion du monde des poids moyens un jour ». Juste après avoir battu Oscar de la Hoya, il a montré cette photo au Jay Leno Show *et notre histoire commune a été connue dans le monde entier.*

La ville de Philadelphie a son propre style de boxe. Qu'est-ce qu'un « *Philly fighter* » ?

Certains des meilleurs boxeurs de l'histoire viennent du nord de Philadelphie, c'est un fait. La plupart de ces gars ont appris à boxer dans la rue, même si boxer et se battre, ce sont deux choses totalement différentes. Les boxeurs de Philly sont durs et très résistants. Ils ne reculent jamais, je dis bien : jamais, devant un combat parce qu'ils sont le produit de leur environnement.

Ils viennent tous de quartiers très difficiles où il faut savoir se défendre et ça se voit sur le ring.

BERNARD ÉTAIT UN VRAI POIDS MOYEN NATUREL. EN PLUS DE ÇA, LES BOXEURS MANGENT APRÈS LA PESÉE, ILS REPRENNENT DU POIDS, DONC IL Y AVAIT UNE DIFFÉRENCE PHYSIQUE NOTABLE

Qui est le meilleur boxeur de l'histoire de la ville de Philly ?

Il y en a beaucoup, mais le premier qui vient en tête, c'est forcément Joe Frazier. Il représentait très bien la manière dont on boxe à Philadelphie. Il était agressif et ne reculait jamais. Malheureusement, certains boxeurs de la ville voulaient adopter ce style alors qu'ils n'en avaient pas forcément l'étoffe. Souvenez-vous de Meldrick Taylor contre Chavez. Je pense que l'arbitre a pris la bonne décision d'arrêter le combat. J'étais en prison lorsque ce combat a eu lieu, mais j'ai rencontré Meldrick des années après lorsque j'ai été libéré, et je peux vous dire qu'il est très abîmé.

Dans quelles conditions avez-vous vécu le combat de Bernard contre Oscar de la Hoya en 2004 ?

J'étais dans ma cellule et j'étais impatient de voir cette opposition. C'était l'occasion pour Bernard d'accomplir ce dont je lui avais parlé en 1984, être le champion incontesté des poids moyens. Oscar venait des catégories de poids inférieures et il avait gravi les échelons de fort belle manière. Mais je pense que la montée chez les poids moyens était trop difficile pour lui, c'est d'ailleurs pour ça qu'ils se sont affrontés à un catchweight, *il me semble. Bernard était un vrai poids moyen naturel. En plus de ça, les boxeurs mangent après la pesée, ils reprennent du poids, donc il y avait une différence physique notable. Je savais que Bernard allait l'écraser. Dès qu'il a senti la puissance des coups d'un vrai* middleweight, *c'était fini.*

Avec votre œil d'entraîneur, qu'avez-vous pensé du crochet gauche au foie qui lui a permis de gagner par K.O. ?

Il l'a exécuté pile comme il fallait. Oscar a fait une grosse erreur juste avant d'être mis K.O., il a voulu boxer presque toe-to-toe *avec Bernard. Juste avant d'encaisser le crochet au foie, Oscar était penché vers l'avant et c'était parfait pour que Bernard se décale sur la gauche et lui mette le coup au corps. Il s'était entraîné pendant des heures et des heures au sac de frappe, c'était un geste technique qu'il maîtrisait parfaitement. C'est ça, être un bourreau ! Retranscrire des heures d'entraînement sur le ring.*

À quel point êtes-vous fier du parcours de Bernard Hopkins depuis sa sortie de prison ?

Je suis très fier de lui, il fait des choses vraiment merveilleuses. Il a été béni par notre Créateur. C'était un gamin des quartiers du nord de Philly, qui a fait de la prison et, aujourd'hui, c'est un homme très respecté dans le monde de la boxe. Il représente toujours la ville de Philadelphie, même s'il fait du business partout dans le monde. Il n'a pas oublié d'où il vient et son parcours est une vraie success-story. C'est une lueur d'espoir pour tous les jeunes qui vivent exactement ce qu'il a vécu.

Qui est le plus grand spécialiste du K.O. de l'histoire de la boxe ?
Pour moi, c'est Julian Jackson. Lui... oh, mon Dieu, c'était une machine, il avait un punch de fou furieux.

Qu'est-ce qu'un K.O. ?
Le K.O., c'est le coup de grâce !

1. Michael « Smokey » Wilson a été libéré en 2017 après 47 ans en prison.
2. Middleweight Unification Series : Keith Holmes, Bernard Hopkins, Félix Trinidad et William Joppy sont réunis dans un tournoi organisé par Don King et remporté par Hopkins.
3. Amateur Athletic Union : organisme à but non lucratif qui a pour but la promotion et le développement du sport amateur aux États-Unis.

PARTIE 3 | LES *SUPERFIGHTS*

RAY LEONARD VS THOMAS HEARNS

Star Wars : l'unification des titres

TALE OF THE TAPE

Mercredi 16 septembre 1981
Caesars Palace, Outdoor Arena, Las Vegas
CHAMPIONNAT DU MONDE WBA, WBC, POIDS WELTERS
15 rounds
Arbitre : Davey Pearl

Ray Leonard Sugar	VS	Thomas Hearns The Hitman
30-1	Bilan	32-0
25 ans	Âge	22 ans
Droitier	Stance	Droitier
175 cm	Taille	185 cm
179 cm	Allonge	198 cm
66,2 kg	Poids	65,7 kg

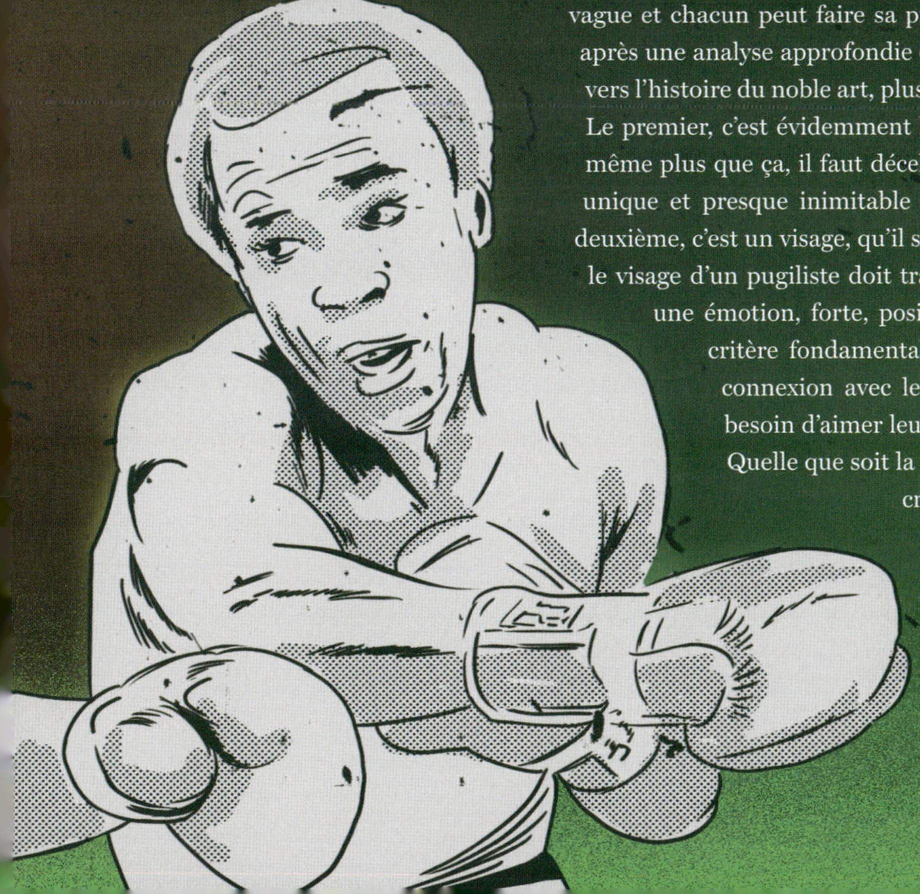

Comment crée-t-on une star en boxe anglaise ? La question est vague et chacun peut faire sa propre liste d'ingrédients, mais, après une analyse approfondie de profils divers et variés à travers l'histoire du noble art, plusieurs critères sautent aux yeux. Le premier, c'est évidemment le talent entre les cordes. C'est même plus que ça, il faut déceler chez ledit boxeur une façon unique et presque inimitable de pratiquer sa discipline. Le deuxième, c'est un visage, qu'il soit harmonieux ou disgracieux, le visage d'un pugiliste doit transmettre une sensation, voire une émotion, forte, positive ou négative. Le troisième critère fondamental, c'est la capacité à entrer en connexion avec le public. Les fans de boxe ont besoin d'aimer leurs stars ou d'aimer les détester. Quelle que soit la manière, il faut être capable de créer de l'engagement.

Pendant vingt ans, Sugar Ray Leonard a été la définition parfaite de ce que doit être une star dans le monde de la boxe. Les trois critères fondamentaux sont largement remplis. Leonard avait un style très inspiré de plusieurs de ses prédécesseurs, mais propre à lui-même. Bien qu'il ne soit pas l'inventeur du *bolo punch*[1], nombreux sont ceux qui estiment que ce geste technique est sa signature. Son visage lisse, l'afro de ses jeunes années et son sourire magnétique dégageaient un feeling hors du commun, et sa médaille d'or aux J.O. de 1976 à Montréal lui a permis de devenir le gendre idéal de toute l'Amérique en un été. En 1977, date de ses débuts en boxe professionnelle, Sugar Ray est tout de suite vu comme l'héritier de Mohamed Ali. C'est lui qui devra porter le noble art sur ses épaules dans la décennie à venir. Au début des années 1980, le Greatest vit une fin de carrière pénible, mais Leonard a bien repris le flambeau. Champion du monde des *welterweights* dès 1979, il livre deux combats mythiques face à Roberto Duran, l'année suivante, et son succès lors du deuxième affrontement le met sur un piédestal.

LEONARD, L'HOMME QUI VALAIT 100 MILLIONS

La boxe a toujours généré des revenus considérables, mais Sugar Ray Leonard est le premier boxeur de l'histoire à afficher des salaires inégalés, tous sports confondus, et ce dès le début de sa carrière. En février 1977, quelques mois après sa médaille d'or à Montréal, Leonard boxe pour une bourse de 40 000 dollars lors de son premier combat professionnel, du jamais-vu au milieu des années 1970. Deux ans plus tard, il touche ses premiers chèques à six chiffres et son patrimoine financier passe dans une autre galaxie à partir de 1979 et durant l'ère des *four kings* :

- 30/11/1979 - Wilfred Benitez = 1 million de dollars
- 31/03/1980 - Dave Green = 1 million de dollars
- 20/06/1980 - Roberto Duran I = 10 millions de dollars
- 25/11/1980 - Roberto Duran II = 7 millions de dollars
- 28/03/1981 - Larry Bonds = 1 million de dollars
- 25/06/1981 - Ayub Kalule = 2,5 millions de dollars
- 16/09/1981 - Thomas Hearns = 12 millions de dollars
- 15/02/1982 - Bruce Finch = 1 million de dollars
- 11/05/1984 - Kevin Howard = 2,5 millions de dollars
- 06/04/1987 - Marvin Hagler = 12 millions de dollars
- 07/11/1988 - Donnie Lalonde = 13 millions de dollars
- 12/06/1989 - Thomas Hearns II = 13 millions de dollars

En douze combats sur une décennie, Ray empoche 76 millions de dollars. L'avènement du pay per view lui permettra de franchir allègrement la barre des 100 millions de dollars remportés sur les rings, une première pour un boxeur.

C'est à cette période qu'une ombre semble se rapprocher de lui. Une ombre silencieuse, aux bras anormalement longs et aux jambes interminables, l'ombre de Thomas Hearns. Plus jeune que Leonard, beaucoup moins connu, mais très talentueux, Hearns avait, lui aussi, à sa manière, tout ce qu'il fallait pour devenir une star. Le chemin a juste été un peu moins linéaire, de son côté. Victime de rackets dans sa jeunesse, Thomas Hearns pousse les brûlantes[2] portes du Kronk Gym de Détroit pour apprendre à se défendre. En guise d'accueil, le patron de la salle Emanuel Steward lui envoie un sparring-partner qui lui brise le nez après quelques échanges de coups. Hearns replace lui-même l'os fracturé et repart au combat. Steward sait qu'il tient un spécimen rare. Contrairement à Leonard, Thomas ne remporte pas de médaille aux J.O. de 1976, il n'est même pas présent à Montréal à cause d'une fracture au nez et prend la décision de passer pro à 18 ans.

Dès ses premières sorties à l'échelon supérieur, il marque les esprits. Les férus de boxe du Michigan découvrent ce post-adolescent mesurant 1,85 mètre, une taille rare pour un *welterweight*, qui lui vaut le surnom de Motor City Cobra[3]. Sa précocité interpelle, son direct du droit est une arme létale qui lui permet de remporter 26 de ses 28 premiers combats avant la limite. En août 1980, à seulement 21 ans, il devient champion du monde WBA des poids welters en surclassant Pipino Cuevas. Thomas Hearns devient le premier grand champion de la ville de Détroit depuis Joe Louis. Plus qu'une ville, c'est toute la région du Midwest, privée d'icône sportive, qui voit en lui un étendard.

Un frémissement s'empare alors du monde de la boxe, Leonard et Hearns doivent absolument s'affronter, pour savoir qui est le meilleur de la division. Hearns veut ce combat. Sa soif de titre et de reconnaissance est trop grande pour reculer devant la potentielle unification des ceintures. Leonard, lui, se montre plus difficile : « J'affronterai Thomas Hearns lorsqu'il atteindra la popularité et le statut de Roberto Duran », dit-il.

Son entraîneur abonde dans son sens, estimant qu'il est préférable de patienter pour faire monter l'engouement auprès du public. Un public qui accuse rapidement le clan Leonard de craindre Hearns. Après quasiment un an de tractations, Sugar Ray accepte le combat. Il sait qu'une victoire serait la meilleure manière d'entrer définitivement dans la légende, à seulement 25 ans.

Le 16 septembre 1981, plus de 100 000 personnes débarquent à Las Vegas pour le combat, mais les tribunes du ring en plein air du Caesars Palace ne peuvent contenir qu'un peu plus de 15 000 spectateurs. Parmi les chanceux, plusieurs célébrités incontournables des eighties, Jack Nicholson, Burt Reynolds et John McEnroe, sont aux premières loges pour voir Hearns monter sur le ring en premier. Le champion WBA a perdu le tirage au sort ; en contrepartie, sa présentation au public sera faite en dernier. C'est le premier « *Superfight* » pour le duo Hearns-Steward.

ANGELO DUNDEE, L'HOMME QUI MURMURE À L'OREILLE DES PLUS GRANDS

La filiation pugilistique entre Mohamed Ali et Sugar Ray Leonard ne s'arrête pas aux bons mots lors des promotions de combats ou au jeu de jambes flashy. Les deux étoiles ont été façonnées et amenées au firmament de la boxe mondiale par un homme, Angelo Dundee. Présent dans le coin d'Ali de 1960 à 1981[6], Dundee a toujours eu l'intelligence de le laisser s'exprimer comme il le souhaitait sans le forcer à adopter un style contre-nature, sur le ring et en dehors. Il adoptera la même méthode avec Ray Leonard, qu'il voit, selon ses propres mots, comme un « Ali miniature ». Il est dans le coin de Leonard de 1977 à 1987 pour ses plus grands combats, face à Benitez, Duran ou encore Hagler. Sa phrase lors de la minute de repos entre la 12e et la 13e reprises du combat contre Hearns « *You're blowing it, son, you're blowing it…* » reste une des répliques cultes de l'ère des *four kings*.

CAESARS PALACE, UN RING LÉGENDAIRE

Aujourd'hui, la plupart des grands combats de boxe anglaise disputés à Las Vegas se font dans la grandiloquente T-Mobile Arena. Avant ça, il y eut le MGM Grand ou le Mandalay Bay, mais le lieu qui a fait de Vegas le nouvel endroit à la mode pour le noble art à partir des années 1970 est bien le Caesars Palace. Ce casino, créé en 1966, innove en se donnant les moyens d'accueillir diverses manifestations sportives. Ainsi, les clients de l'hôtel pouvaient assister à un match de hockey sur glace, à une soirée de catch et même à un grand prix de Formule 1 sur le parking géant du casino. Le premier événement de boxe anglaise à y avoir lieu est une opposition entre les équipes amateurs des États-Unis et de l'Union soviétique en 1969. La boxe pro y fait une entrée en grande pompe en 1976 à l'occasion du combat entre George Foreman et Ron Lyle. Mais les combats qui ont fait la légende du Caesars Palace ont tous eu lieu dans les années 1980, dans la fabuleuse enceinte en plein air qui pouvait accueillir un peu plus de 15 000 spectateurs. Elle a vu des duels comme Holmes vs Ali, Hagler vs Duran et, bien sûr, le premier combat entre Leonard et Hearns. L'attractivité du lieu s'estompe à partir de la fin des années 1990, avant de cesser toute activité liée à la boxe professionnelle en 2004.

Le niveau de stress est élevé, mais le petit sourire en coin du cobra, façon joker, à l'annonce de son nom, fait presque froid dans le dos.

Le premier round nous propose l'opposition de styles attendue. Leonard est très mobile, tourne autour d'Hearns, qui reste au centre du ring. Thomas touche Sugar Ray à plusieurs reprises sans faire de dégâts, la cloche retentit pour signifier la conclusion des 3 premières minutes et Leonard pose son gant droit sur la joue gauche de son adversaire, un geste mêlant dédain et condescendance. Sans hésiter un seul instant, Hearns le frappe avec une droite. Ce moment de tension lance véritablement le combat. Lors des deux rounds suivants, Hearns prend les commandes, son allonge de 198 centimètres lui permet de toucher facilement Leonard au corps et à la tête. Sugar Ray a du mal à contourner le jab de Thomas.

Leonard décide de prendre un risque dans la 4e reprise. Pendant 30 secondes, il s'inflige une séquence de combat rapproché, *toe-to-toe* face à un spécialiste du genre. L'échange de coups durs est tellement vif qu'il se prolonge même après la cloche. L'œil gauche de Leonard commence à gonfler, Hearns est toujours en tête et ose même singer le *bolo punch* de Ray.

La stratégie du duo Dundee-Leonard se dévoile progressivement. En restant mobile, il veut épuiser Hearns dans la première partie de combat pour dominer les 6 derniers rounds.

La 6e reprise leur donne raison, Sugar accule son adversaire dans un coin et le touche sérieusement avec un direct du gauche. Le combat change de physionomie, Leonard devient le chasseur, basé au centre du ring et Hearns se découvre une mobilité, mais il sort de ce round très affaibli.

À LA MINUTE DE REPOS AVANT LE 13E ROUND, L'HOMME DE COIN DIT SANS DÉTOUR « YOU'RE BLOWING IT, SON, YOU'RE BLOWING IT... » À L'OREILLE DE LEONARD, QUE L'ON PEUT AISÉMENT TRADUIRE PAR « TU ES EN TRAIN DE TOUT PERDRE, FISTON... ».

LA FAMILLE HEARNS

Thomas n'est pas le seul membre de la famille Hearns à être impliqué dans le monde de la boxe. Sa mère Lois Hearns s'est occupée de la promotion de nombreuses réunions dans la région de Détroit. C'est d'ailleurs sous la bannière d'Hearns Entertainment que Mike Tyson fait son combat contre Andrew Golota en octobre 2000. Son fils Ronald Hearns est lui aussi monté sur le ring, 34 combats professionnels entre 2004 et 2015 (28 victoires, 6 défaites), dont un combat pour la ceinture WBA des poids moyens perdu contre l'Allemand Felix Sturm.

Leonard a repris le dessus lors des rounds 7 et 8. Hearns est parfois à deux doigts du knockdown, il a souvent le dos appuyé aux cordes et fait tomber son protège-dents. Lorsqu'il a de nouveau les idées claires dans la 9e reprise, Thomas montre qu'il peut adapter sa boxe. Il n'est plus seulement un puncheur, ses déplacements sont justes, précis, son coup d'œil semble s'être affiné pendant le combat, son *flicker jab*[4] fait vivre un enfer à Leonard. Il est en avance sur les cartes des trois juges et tout le monde le sait, surtout Angelo Dundee. À la minute de repos avant le 13e round, l'homme de coin dit sans détour « *You're blowing it, son, you're blowing it...* » à l'oreille de Leonard, que l'on peut aisément traduire par « Tu es en train de tout perdre, fiston... ».

Déshydraté, épuisé et avec l'œil gauche quasiment fermé, Leonard va montrer son A.D.N. de champion. Il sonne Hearns avec une droite à l'entame du 13e round et enchaîne avec plusieurs combinaisons qui l'envoient à travers les cordes, mais l'arbitre n'y voit pas un knockdown. À dix secondes de la fin de la reprise, Hearns s'écroule à nouveau. Il est compté, mais survit à cet assaut. Leonard a deux rounds, six minutes au total pour conclure. Il doit absolument s'imposer par K.O., le pointage ne lui assure pas la victoire. Conscient de l'urgence de la situation et des dégâts infligés à Hearns, il se jette sur lui et le cogne avec un crochet droit très large. Hearns s'affaisse, Sugar Ray lève les bras au ciel avant de l'achever avec une grosse salve de coups. Le Motor City Cobra tient debout, mais il est K.O., à 1 min 30 s de la fin du 14e round. L'arbitre arrête le combat.

SANS DÉMÉRITER, THOMAS HEARNS A PROUVÉ QU'IL AVAIT SA PLACE AUX CÔTÉS DES LÉGENDES DE SA GÉNÉRATION.

Alors que le scénario lui était défavorable, Sugar Ray Leonard a trouvé les ressources nécessaires pour devenir champion unifié des poids welters et être considéré comme LE visage de la boxe mondiale. Sans démériter, Thomas Hearns a prouvé qu'il avait sa place aux côtés des légendes de sa génération. Malgré la défaite, le jeune champion déchu prend date, il deviendra le 3e des quatre rois, quelques années plus tard.

LEONARD VS HEARNS II

Huit ans après leur premier combat, Sugar Ray Leonard et Thomas Hearns se retrouvent une nouvelle fois à Las Vegas, sur le même ring, pour en découdre. Plusieurs choses ont changé depuis 1981 : d'abord, les deux hommes sont désormais trentenaires, leurs meilleures années sont derrière eux ; ils n'évoluent plus dans la division *welterweights*, mais sont tous deux champions des poids super-moyens[7] et ont déjà été couronnés dans cinq catégories différentes. Le jour du combat, Henry Hearns, petit frère de Thomas, est arrêté par la police de Détroit pour avoir tué par balle sa compagne dans la maison du boxeur, mais cette sombre nouvelle ne l'empêche pas de rester 100 % focus sur le combat. Hearns attend cette revanche depuis trop longtemps et rend une excellente copie. Il envoie Leonard au tapis à deux reprises dans le 3e et le 11e rounds. Pas de quoi convaincre les juges, qui donnent un match nul au terme des douze reprises.

« Je serai lié à Tommy jusqu'à la fin de mes jours... »

INTERVIEW | SUGAR RAY LEONARD

Il était le plus flashy des *four kings* et, aujourd'hui encore, sa carrière et surtout les batailles qu'il a livrées contre ses rivaux des années 1980 fascinent les fans de boxe. S'il y avait un mont Rushmore du noble art, le visage de Sugar Ray Leonard y aurait une place de choix. Et la sensibilité avec laquelle il évoque ses plus grands combats remet en perspective ce temps béni où les champions s'affrontaient sans hésiter.

Après avoir remporté votre médaille d'or olympique en 1976 à Montréal, vous étiez vu comme l'héritier de Mohamed Ali, autant pour votre talent de boxeur que pour votre personnalité. À quel point était-ce important pour vous d'être à la hauteur de cette comparaison ?

Dans un premier temps, cette comparaison m'a beaucoup étonné, je ne savais pas vraiment qu'on me voyait comme le nouveau Ali, c'était dingue pour moi. Après avoir gagné le titre aux J.O. en 1976, j'avais prévu d'aller à l'université du Maryland, je ne rêvais pas d'être boxeur professionnel. La raison pour laquelle je suis passé pro, c'était ma situation familiale à l'époque. Mon père était dans le coma, ma mère était très malade et nous n'avions pas un rond, rien du tout pour payer les factures. Je suis devenu professionnel pour gagner assez d'argent rapidement afin d'aider mes parents.

Votre surnom Sugar vient forcément de Sugar Ray Robinson, c'est de lui que vous êtes finalement l'héritier ?

Je suis un immense fan de Sugar Ray Robinson. Je l'appelle « le vrai Sugar ». Lorsque je l'ai rencontré pour la première fois, je suis allé lui demander : « Monsieur, j'utilise votre surnom, est-ce que ça vous pose un problème ? » Il m'a répondu que ce n'était absolument pas un problème pour lui et, depuis ce moment, j'ai été en admiration devant lui à chaque fois que l'on s'est croisés. C'était Sugar, quoi... il avait une dimension surhumaine à mes yeux. Son jeu de jambes, son style sur le ring et en dehors, tout était parfait.

Vous gagnez votre premier titre mondial en 1979 en battant Wilfred Benitez et, rapidement, dès votre deuxième défense de la ceinture, vous vous retrouvez face à Roberto Duran. Que saviez-vous de lui avant de l'affronter ?

Je l'avais déjà rencontré à plusieurs reprises avant même qu'un combat entre nous deux soit en projet et il a réussi à rentrer dans mon cerveau. À chaque fois qu'on se voyait, il m'envoyait des doigts d'honneur, il m'insultait, il disait des choses terribles à ma femme et, ça, ça m'a mis hors de moi. J'étais tellement énervé avant le premier combat que j'ai pensé que je pourrais le battre à son propre jeu, je me sentais capable de me tenir face à lui pour le défier. Du moins, c'est ce que je pensais. J'ai combattu toe-to-toe *contre lui, ce qui n'était pas du tout intelligent, et j'ai senti à quel point c'est un gros puncheur, même s'il venait de la catégorie poids légers. Il m'a frappé tellement fort que je regardais autour en me disant : « Mon Dieu, qui d'autre est sur ce ring ? » C'était complètement fou, mais, heureusement, je savais encaisser.*

Vous remportez la revanche à La Nouvelle-Orléans en le frustrant et en le poussant à bout mentalement. Tout le monde veut savoir si vous avez entendu Roberto Duran dire : « *No más.* »

Honnêtement (silence)... Non. Je ne l'ai pas entendu dire « No más *», mais, quand quelqu'un fait ce signe avec ses poings (il mime le geste de Duran pendant le combat), a priori, ça veut dire qu'il ne veut plus continuer. Je n'ai rien entendu, mais il a réagi comme quelqu'un qui ne voulait plus subir tout ce que je lui faisais. Ma victoire était plus mentale que physique et ça a marché.*

Quelle pression ressentiez-vous avant cette revanche ?

J'étais concentré à un point que vous n'imaginez même pas. Je voulais à la fois me venger de ma première défaite et récupérer mon titre de champion du monde et je savais exactement ce que j'avais à faire comme travail psychologique pour y arriver. Je bougeais partout, je lui envoyais le bolo punch *et il a entendu les gens dans le public se moquer de lui, l'insulter et ça l'a frustré. Je l'ai vu dans ses yeux, j'ai vu dans son regard qu'il ne voulait pas être sur le ring, ce soir-là. Vous savez, parfois, vous montez sur le ring et rien ne fonctionne, c'est un moment très difficile à vivre pour un boxeur s'il ne peut pas le gérer.*

Parlons un instant du *bolo punch*. Ce coup est effectivement très frustrant pour le boxeur qui le reçoit, beaucoup de gens pensent que vous en êtes l'inventeur, mais ce n'est pas le cas...

(Rires) Non, je ne suis pas du tout l'inventeur de ce coup. C'est quelque chose qui m'est venu naturellement, c'était facile et, lorsque je le faisais à Duran, les gens riaient de bon cœur. Personne n'aime être moqué, surtout lorsqu'on est sur le ring, et je savais que ça marchait parce que j'arrivais à lire de la confusion sur son visage. Il donnait l'impression de dire « je vais te botter le c... », son cerveau était rempli de pensées négatives et il en a eu marre, il n'en pouvait plus.

Vous avez rencontré Roberto Duran à de très nombreuses occasions après vos trois combats. Vous êtes même allé chez lui au Panama pour obtenir une explication claire de ce qui s'est passé lors du deuxième combat. Qu'en est-il ressorti ?

C'est très difficile de savoir exactement ce qui s'est passé ou de trouver une explication simple et logique. Ce dont je suis sûr, c'est que Roberto Duran a vécu quelque chose qui nous est tous arrivé. Parfois, on est à un stade de notre vie où on n'en peut plus. On veut juste tout lâcher et s'enfuir, on veut tout abandonner. Je ne suis pas un spécialiste, mais c'est ce que j'ai compris après avoir parlé avec lui.

À quoi ressemblait votre vie après votre victoire contre Duran ?

J'étais sur le toit du monde. C'est une de mes plus belles victoires, mais aussi une des plus étranges. Ce n'est pas toujours évident de repenser à toute cette période, mais je peux vous dire que j'ai adoré ces moments après mon succès. On me demandait partout : « Que s'est-il passé sur le ring ? » Et je disais « Je ne sais pas » avec un grand sourire.

Pendant votre moment de gloire, est-ce que vous vous sentiez menacé par la montée en puissance de Thomas Hearns ?

Il est monté en puissance très vite ! Mais, à ce moment-là, rien ne pouvait m'atteindre. J'avais une vision claire de ce qu'allait être la suite de ma carrière, je savais que si je restais discipliné, je continuerais de gagner. Donc, je ne me souciais pas du tout de lui.

Que pensiez-vous de sa boxe et de sa personnalité avant de l'affronter ?

Tommy, c'était un boxeur dominant physiquement. Il était plus grand que la plupart des autres challengers de la catégorie de poids welters. Il mesure presque 1,85 mètre. Son jab était fou, vraiment merveilleux, il était rapide et il pouvait encaisser des coups durs, il était complet, il avait tout ce qu'on ne veut pas voir chez un adversaire. En dehors du ring, Tommy et moi étions amis, il y avait du trash talk *de temps en temps, bien sûr, du vrai* trash talk *sans que ça aille trop loin. Aujourd'hui encore, il y a énormément de respect entre nous. Au moment où on se parle, je peux vous dire que j'étais au téléphone avec Tommy il y a quelques jours et nous sommes toujours en contact plus ou moins une fois par mois.*

Je vous sens très nostalgique lorsque vous parlez de votre relation avec Thomas Hearns…

Vous savez, c'est dur de repenser à tous ces moments parce qu'il faut se rendre compte de l'investissement personnel nécessaire pour battre un adversaire de la qualité de Tommy Hearns. Battre Tommy physiquement, c'était une chose, mais le battre mentalement ? Presque impossible.

Ce combat était aussi l'opposition de deux génies du coaching, Emanuel Steward dans le coin de Thomas Hearns et Angelo Dundee à vos côtés, parlez-moi de l'importance de Dundee lors de ce combat et, plus globalement, dans votre carrière…

Angelo Dundee était un atout majeur durant toute ma carrière. Je l'aime, je l'aime et je le respecte parce qu'il a toujours eu un caractère fort, positif qui me poussait à aller vers l'avant. Il gardait toujours son sang-froid, même quand j'étais dominé dans un combat, il savait me dire les mots justes qui résonnaient dans ma tête. Face à Duran lors du deuxième combat, il m'a dit exactement ce que j'avais besoin d'entendre au moment parfait, il a évidemment contribué à beaucoup de mes succès.

À la fin du 1er round, vous posez votre gant droit sur la joue d'Hearns, et sa réaction est épidermique après la cloche. Aviez-vous prévu de le provoquer pour le faire sortir du combat ?

Je ne me souvenais pas d'avoir fait ce geste jusqu'à ce que je revoie le combat. Je pense que c'est quelque chose que j'ai senti sur le moment, je savais que ça le ferait réagir. Mais ce n'est pas ça qui a fait la différence. Quand j'y repense, il m'a fallu tellement de volonté, tellement de résilience pour mettre K.O. Thomas Hearns. Très peu de gens se rendent compte de ce qui s'est passé sur le ring, ce soir-là.

Que s'est-il exactement passé ?

J'étais en mode survie. J'ai utilisé la tactique que je pensais la plus efficace, il n'y a pas de recette magique pour battre Tommy Hearns. Grâce à Dieu, j'avais assez de talent pour pouvoir boxer à distance, être précis, choisir mes coups, mais aussi pour être en quelque sorte le chasseur, le cadrer. C'était surprenant pour beaucoup de monde, mais j'ai fait ce qu'il y avait de mieux.

LE DÉCÈS DE MARVIN HAGLER M'A DÉTRUIT. AU MOMENT DE SA MORT, JE PENSAIS SINCÈREMENT QUE NOUS POURRIONS NOUS RÉUNIR À QUATRE ET RÉVÉLER AU MONDE TOUT CE QUI S'EST PASSÉ SUR LE RING.

Avant l'entame du 13e round, Angelo Dundee vous dit clairement que vous êtes en train de perdre, il dit sa fameuse phrase : « *You're blowing it, son...* »

(Il coupe) Quand on est boxeur, surtout au niveau auquel j'étais, on sait quand on est en train de perdre. Je savais très bien que j'étais en retard, pas besoin d'un raisonnement scientifique pour le savoir. Tommy était très fort sur les rounds précédents, il me dominait. Éviter son jab était quelque chose de presque impossible, j'ai dû faire de mon mieux pour m'accrocher, envoyer plus de coups, accélérer la cadence pour aller chercher cette victoire par K.O.

Qu'est-ce qui rend la glorieuse période des *four kings* si unique ?

En premier lieu, c'est la compétition, le niveau affiché lors de chacun des combats. Je pense aussi que c'est le respect que l'on a les uns envers les autres. Bien sûr, de temps en temps, on se chambre un peu, mais il y a un respect silencieux entre nous, parce qu'on sait ce qu'on a vécu sur le ring.

Comment la mort de Marvin Hagler vous a-t-elle affecté ?

Le décès de Marvin Hagler m'a détruit. Au moment de sa mort, je pensais sincèrement que nous pourrions nous réunir à quatre et révéler au monde tout ce qui s'est passé sur le ring, que ce soit dans les victoires ou les défaites. Sa mort nous a enlevé une partie de notre cœur.

Vous avez gagné contre les trois autres rois. Pouvez-vous les classer ?

(Silence) Chacun des combats avait un aspect compétitif différent. Pour moi, Hagler est numéro 1 de ce top 3. Je n'avais pas combattu depuis quatre ou cinq ans[5] lorsque je l'ai affronté et j'avais beaucoup de problèmes en tête. Vous savez, on peut chambrer avant un combat, mais, une fois que l'on monte sur le ring et que la cloche sonne, il faut faire le job.

Vous aviez peur avant d'affronter Hagler ?

Oh, bien sûr que j'avais peur et je n'ai pas honte de l'admettre. Je vais vous raconter exactement comment ça s'est passé face à Hagler. Lorsque le combat a démarré, je suis allé vers le centre du ring, je me suis mis en garde, j'étais extrêmement nerveux et j'ai envoyé mon premier jab « pop » (il mime le jab), je l'ai touché et, dans ma tête, je me suis dit « mais ça marche toujours ! », et ça a été le catalyseur pour moi, je me suis senti capable de gagner ce combat.

C'était un défi complètement fou d'aller affronter Hagler après autant de temps loin du ring…

Certains membres de ma famille étaient en larmes lorsque le combat a été officialisé. Ils étaient persuadés que je serais mis K.O. Plusieurs de mes amis étaient inquiets, ils se demandaient si je sortirais vivant du ring. Et c'est normal parce que, pendant cette période d'inactivité, je ne m'entraînais pas, je consommais énormément de drogue et je buvais beaucoup trop d'alcool. Lorsqu'on est loin du ring aussi longtemps, on perd tout physiquement et techniquement, alors si on y ajoute des addictions, c'est une catastrophe, mais j'ai réussi à surmonter ces épreuves avant le combat contre Marvin.

Où aviez-vous trouvé la motivation pour ce comeback ?

En 1983, j'ai commenté le combat Hagler-Duran. Je pensais qu'Hagler allait le laminer, mais les deux hommes ont livré un très beau combat, selon moi. Duran a perdu via décision unanime et, juste après l'annonce du résultat, il s'est penché vers moi pour me dire : « Ray, si tu le boxes, tu pourras le battre », et ça fait partie des choses qui m'ont réellement motivé, même si j'ai attendu encore quatre ans avant de l'affronter.

Vous n'aviez boxé qu'une seule fois entre l'âge de 26 et 31 ans (1982-1987). Comment revient-on à la boxe après avoir manqué ces années cruciales dans une carrière ?

Parfois, on se ment à soi-même. Tous les sportifs le savent et encore plus les boxeurs. C'est pareil dans la vie, on veut toujours un peu plus. Quand j'ai pris la décision de revenir, mon état d'esprit me disait clairement : « tu peux le faire, tu peux revenir », mais, en même temps, je savais que je n'avais rien fait pendant presque cinq ans. D'ailleurs, je pense que j'ai le record du nombre de comebacks dans le monde de la boxe (rires).

Revenons au top 3, qui est deuxième derrière Hagler ?

Tommy Hearns, c'est évident. Je serai lié à Tommy jusqu'à la fin de mes jours. Et Duran est troisième. Je pensais pouvoir boxer durement contre lui parce qu'il n'était pas un poids welter naturel, mais quand il m'a frappé, ça m'a vraiment bien réveillé.

Qu'est-ce qui vous manque le plus dans la boxe ?

Ce qui me manque le plus, c'est d'avoir cette possibilité de créer la surprise, de surpasser les attentes (silence). Je n'arrive pas à trouver les mots adéquats pour expliquer à quel point ce sentiment est bon. Être dans la meilleure forme possible et aller défier mes gars, Hagler, Hearns et Duran, ce sont des moments de vie que je n'oublierai jamais.

Aujourd'hui, quand vous regardez la boxe, qu'est-ce qui vous intéresse ?

La première chose qui m'intéresse, c'est l'attitude d'un boxeur, l'attitude et le caractère sont très importants dans la carrière d'un bon boxeur. Sur le ring comme dans la vie, il faut être concentré, j'appelle ça la « tunnel vision *». Souvent, j'arrive à savoir à l'avance quand un boxeur qui est censé gagner ne va pas s'imposer, je sens ces choses-là. Quand quelqu'un fait un voyage au tapis, ça révèle beaucoup de choses, la manière dont il se relève, s'il a envie de continuer, tout se passe dans la tête et dans le cœur.*

Si vous deviez garder en mémoire un seul de vos K.O., lequel serait-il ?

(Silence) J'ai envie de vous dire celui contre Tommy Hearns. Vous savez, même mon frère Roger, qui m'a donné envie de faire de la boxe et a vu ma progression, même lui n'aurait jamais pensé que je puisse battre Tommy Hearns par K.O.

Qui est le plus grand *K.O. artist* de l'histoire de la boxe ?

(Il souffle) Vous ne pouvez pas me demander ça (sourire). Je peux dire Earnie Shavers, Roberto Duran. Tommy Hearns est encore une fois à mentionner. Je n'arrive pas à décider qui est le meilleur, mais mon préféré, c'est Tommy sans contestation possible.

Qu'est-ce qu'un K.O. ?

Un K.O., c'est voir un film auquel on ne s'attendait absolument pas (rires).

1. Le *bolo punch* est un coup de poing semi-circulaire à mi-chemin entre un uppercut et un crochet.
2. Au sous-sol du Kronk Recreation Center, la température du Kronk Gym oscillait toujours entre 32 et 37 degrés.
3. La ville de Détroit est surnommée Motor City. Le cobra fait référence au physique longiligne de Thomas Hearns.
4. Jab très rapide.
5. Ray Leonard prend une première retraite en 1982 à 26 ans à cause d'un problème à l'œil. Il revient en 1984 pour un combat, mais décide de se retirer de nouveau avant de revenir en 1987 pour affronter Marvin Hagler.
6. Angelo Dundee n'a été absent du coin d'Ali que lors de deux de ses 61 combats, le premier face à Tunney Hunsaker en 1960 et le 33e contre Jimmy Ellis en 1971.
7. Sugar Ray Leonard était champion WBC des super-moyens et Thomas Hearns, champion WBO.

Trois soirs de novembre

RIDDICK BOWE VS EVANDER HOLYFIELD

TALE OF THE TAPE

Samedi 4 novembre 1995
Caesars Palace, Las Vegas
COMBAT POIDS LOURDS
12 rounds
Arbitre : Joe Cortez

Riddick Bowe Big Daddy	VS	Evander Holyfield The Real Deal
37-1	Bilan	31-2
28 ans	Âge	33 ans
Droitier	Stance	Droitier
196 cm	Taille	189 cm
206 cm	Allonge	198 cm
108,8 kg	Poids	96,6 kg

Trilogie : nom féminin, ensemble de trois œuvres, qu'elles soient littéraires, cinématographiques ou vidéoludiques, qui sont connectées et peuvent être vues comme une œuvre unique ou bien comme trois œuvres distinctes.

Définition pugilistique : ensemble de trois combats, où deux boxeurs éprouvent leurs forces physiques, morales et spirituelles, en ayant l'intime conviction que le bonheur n'est atteignable que par une victoire lors de la belle.

Pour le dingue de boxe que je suis, il n'y a rien de mieux qu'une bonne vieille trilogie. C'est en même temps poétique et tribal de voir deux hommes s'affronter autant de fois. Poétique parce qu'il y a forcément une certaine intimité qui se crée entre les boxeurs sur le ring, et tribal parce que l'idée de défendre son honneur, celui de sa famille, de défendre un titre ou les couleurs d'une nation devient de plus en plus pesante au fil des combats d'une trilogie.

C'est ce qui est arrivé à Evander Holyfield et Riddick Bowe, qui ont repoussé les limites du spectaculaire lors de trois soirées endiablées de novembre dans les années 1990. Avant le début de leur rivalité, la boxe poids lourds des nineties vit une période d'incertitude. Mike Tyson est en prison à partir de 1992 et Buster Douglas, l'homme qui l'a battu à Tokyo, deux ans plus tôt, a rapidement perdu les trois titres de champion contre Evander Holyfield. Nous sommes donc face à un boxeur qui doit absolument prouver qu'il est le meilleur poids lourd en l'absence de Tyson, mais Holyfield est un *heavyweight* sous-dimensionné. 1,89 mètre et à peine un peu plus de 90 kg de pugnacité sans limite. À chaque fois qu'il monte sur le ring, Holyfield est persuadé qu'il peut briser la volonté de son adversaire. Plus l'opposant est costaud physiquement, plus sa détermination grandit. Evander Holyfield est un éternel David dans une catégorie peuplée de Goliath.

HOLYFIELD, ROI DES LOURDS-LÉGERS

Avant de devenir champion du monde incontesté des poids lourds, Evander Holyfield a été un des plus illustres champions de la catégorie des lourds-légers. Après ses 4 premiers combats pros dans la division mi-lourds, il décide de monter chez les moins de 90,7 kg dans l'espoir de remporter son premier titre mondial. Il ne lui faudra qu'un an et sept victoires, dont six avant la limite, pour obtenir un championnat du monde WBA contre Dwight Muhammad Qawi en 1986, une victoire par décision partagée. Après une défense victorieuse contre son coéquipier de Team USA aux J.O. 1984, Henry Tillman, il défie Ricky Parkey, alors champion IBF, pour unifier les deux titres. Cette fois, il ne lui faut que 3 rounds pour s'imposer par *technical knock-out*. Holyfield atteint le statut de champion incontesté en avril 1988 lorsqu'il bat Carlos De Leon par arrêt de l'arbitre pour la ceinture WBC. Lassé par le manque de compétitivité et d'attractivité des lourds-légers, Holyfield fera ses débuts chez les lourds dès juillet 1988 avec une victoire contre James Tillis.

Il ne recule devant aucun défi, après l'obtention des titres mondiaux contre Douglas. Il bat deux des plus grands poids lourds de l'histoire par décision unanime. George Foreman et Larry Holmes sont tous les deux surclassés, mais, pour valider son statut de patron, le monde de la boxe exigeait des succès par K.O. contre ces deux anciens champions vieillissants. Les maniaques du noble art ont avant tout vu, dans ces deux combats, une preuve concrète qu'Evander n'a pas la puissance d'un vrai lourd. Pire encore, beaucoup estiment qu'il détient les titres qui appartiennent de fait à Mike Tyson. Iron Mike gère comme il le peut ses problèmes judiciaires et Holyfield décide d'affronter un autre boxeur né à Brooklyn, Riddick Bowe.

Bowe est un jeune poids lourd fringant, aux mensurations adéquates pour dominer la catégorie reine. Il frôle le double mètre en taille et la balance affiche toujours plus de 105 kg. Sa carrière pro est bâtie sur de solides fondations, puisqu'il a remporté une médaille d'argent lors des J.O. de Séoul en 1988. Mais il a un point faible : son manque de volonté. Bowe est souvent décrit comme pétri de talent, mais fainéant. Il est difficile à motiver pour aller courir et son coup de fourchette est redoutable. Tout au long de sa carrière, Riddick a eu des problèmes de gestion de son poids. Mais, lorsqu'il signe pour affronter Holyfield, Bowe est étonnamment sérieux. Il ne manque aucune séance d'entraînement et réussit tous les exercices qui lui sont imposés par son entraîneur.

Le 13 novembre 1992, Evander Holyfield aborde donc sa 4e défense de titre, contre Bowe, qui était son sparring-partner lorsqu'il était encore en amateur. Holyfield l'a aidé financièrement et partageait beaucoup de choses avec lui, tant sur les plans sportif que personnel. Cette proximité ne lui rendra pas service. Juste avant le début du combat, Bowe, sans états d'âme, dit à Evander : « Si tu n'es pas mobile dans le ring, je vais te mettre K.O. ! »

AU 10E ROUND, BOWE TOUCHE HOLYFIELD TRÈS PROPREMENT AVEC UN UPPERCUT DU DROIT QUI LE FAIT CHANCELER. RIDDICK ENCHAÎNE AVEC L'INTENTION DE L'ENVOYER AU TAPIS, EVANDER RESTE DEBOUT AVEC L'ÉNERGIE DU DÉSESPOIR.

Une des questions cruciales de ce premier combat est de savoir si Riddick Bowe peut résister à la cadence folle qu'impose Holyfield dans les rounds 1 à 4. La réponse saute vite aux yeux des spectateurs du Thomas & Mack Center : Bowe est clairement au même niveau d'intensité que le champion, qui voit rapidement son œil droit gonfler et gêner son champ de vision. Evander compte sur une des failles de Riddick. Il sait que son ancien sparring-partner est sujet aux pannes d'endurance en combat, mais la préparation parfaite du challenger lui permet de tenir la distance. Au 10e round, Bowe touche Holyfield très proprement avec un uppercut du droit qui le fait chanceler. Riddick enchaîne avec l'intention de l'envoyer au tapis, Evander reste debout avec l'énergie du désespoir. Après l'uppercut, il encaisse 42 coups, au corps, au visage, dans les bras. Certains font de gros dégâts, mais il reste debout, l'arbitre Joe Cortez le regarde très attentivement et pense à arrêter le combat, mais il lui laisse le bénéfice du doute. Cortez sait qu'Holyfield est connu pour encaisser et ensuite revenir grâce à son second souffle. Le champion a un moyen mnémotechnique très simple pour l'aider : « Si tu peux sentir la douleur, c'est que tu es toujours dans le combat, quand tu ne sens plus rien, c'est que tu es K.O... »

La tempête passée, Holyfield revient dans le *fight* et, dans les trente dernières secondes du 10e round, on se demande maintenant comment Bowe va tenir debout. Avec 10 secondes

THE FANMAN

Mais qui est donc le fou furieux en paramoteur qui a atterri sur les cordes en plein combat entre Riddick Bowe et Evander Holyfield, le 6 novembre 1993 ? Il s'agit de James Jarrett Miller, un parachutiste américain aussi connu sous le surnom de « The Fanman », populaire pour ses cascades en marge d'événements sportifs. Ce soir-là, Miller survole le ring en plein air du Caesars Palace à bonne distance avec son paramoteur pendant plus de dix minutes, il est même aperçu par les caméras aériennes du diffuseur du combat. Son but était d'atterrir directement sur le ring, mais, lorsqu'il s'approche de l'objectif, l'immense voile de son engin reste coincé dans les projecteurs qui éclairent le quadrilatère. Il reste bloqué dans les cordes, tout près du coin de Riddick Bowe et, rapidement, il est agrippé et frappé sans remords par l'entourage du boxeur. Les hommes de la Nation of Islam aussi s'en mêlent, ils craignent que leur leader Louis Farrakhan, présent au combat, soit la cible d'un attentat. Inconscient, il est finalement pris en charge par la sécurité du Caesars Palace et confié à la police, qui le libérera contre une simple caution de 200 dollars. L'année suivante, il aura plus de réussite en signant deux cascades similaires lors d'un match de NFL à Los Angeles et de FA Cup à Londres. Il réussira même à atterrir sur le toit de Buckingham Palace lors d'un autre happening.

de plus, le champion aurait peut-être pu venir à bout de son adversaire. À la conclusion de cette 10e reprise suffocante, Bowe tapote les abdominaux d'Evander, un signe de reconnaissance envers sa performance. Dans le 11e, Holyfield fait un voyage au tapis pour la première fois après huit ans chez les pros. Il est en retard sur les cartes des juges et a besoin d'un K.O. dans le 12e round s'il veut rester champion. Comme contre Foreman et Holmes, le K.O. n'arrivera pas. Bowe est sacré champion du monde des poids lourds à 25 ans !

Evander Holyfield pense à prendre sa retraite après ce combat, mais se ravise. Bowe, lui, devient une superstar. Sa notoriété l'amène à faire une tournée à travers le monde en tant qu'ambassadeur de bonne volonté. Il rencontre Nelson Mandela en Afrique du Sud, distribue du matériel médical en Somalie. Le néochampion a même droit à une audience avec le pape Jean-Paul II à Rome avant de rendre visite à l'armée américaine en Allemagne. Riddick livre ensuite deux combats sans importance en février et en mai 1993[1] avant de signer pour une revanche contre Evander.

Malheureusement pour lui, ses vieilles habitudes le rattrapent. Le poids de ses assiettes est devenu de plus en plus important au cours de l'année et se répercute sur sa ceinture abdominale. Pesé à 106 kg lors du premier combat, il grimpe à 112 kg pour la revanche, six kilos superflus qu'il paiera cher. Holyfield aussi a pris du volume, mais il s'agit de près de 6 kg de muscles (98 kg). Il s'est attaché les services d'Emanuel Steward, qui a rapidement ciblé les problèmes de poids de Bowe et compte bien en tirer un avantage : « Il faut le battre en boxant en rythme, avec vitesse et technique, forcer Bowe à bouger tous les kilos en plus qu'il a sur lui. »

Holyfield applique la consigne à la lettre et domine les six premiers rounds de la revanche. Bowe semble frustré et se permet plusieurs fois de continuer de boxer après le son de cloche signalant la fin d'une reprise et Evander le lui rend bien.

BOWE VS LEWIS, LE RENDEZ-VOUS MANQUE

Le combat entre Riddick Bowe et Lennox Lewis est un des grands rendez-vous manqués de la boxe des années 1990. Tout semblait pourtant réuni pour que les deux poids lourds se croisent sur un ring professionnel. Ils ont un passif chez les amateurs : le Britannique Lennox Lewis a battu Riddick Bowe en finale des J.O. à Séoul en 1988, une victoire après un arrêt de l'arbitre que l'on peut aisément qualifier de suspect, qui a forcément laissé un très mauvais souvenir à l'Américain.

Quatre ans plus tard, Bowe et Lewis sont tous les deux des professionnels talentueux. Lewis est sur le point d'affronter Razor Ruddock en octobre 1992 et Riddick se prépare à disputer son premier championnat du monde contre Holyfield en novembre de la même année. Bowe ne cesse de provoquer Lewis par médias interposés. Il va même jusqu'à affirmer que « Lennox n'est pas prêt pour un combat face à Ruddock, il n'est pas à ce niveau ». Pourtant, Lewis s'impose et devient le challenger numéro 1 pour le titre WBC, qui est entre les mains de Riddick après sa victoire contre Holyfield.

Après ce combat, Bowe signe un contrat de six combats pour 100 millions de dollars avec Time Warner Sports, et personne ne s'attend à ce que le duel contre Lewis ait lieu avant le 5e *fight* prévu. Problème, la WBC veut absolument que Bowe affronte son challenger officiel dans l'immédiat, faisant fi des obligations du boxeur américain. Pour respecter son contrat, Riddick Bowe jettera sa ceinture de champion WBC dans une poubelle, la rendant vacante, et l'un des combats les plus attendus entre deux des plus grands poids lourds de leur génération n'a jamais eu lieu.

À la conclusion du 4e round, les deux hommes poursuivent leur échange de coups pendant près de 10 secondes après le signal. Emanuel Steward doit monter sur le ring pour aider l'arbitre à les séparer et ramener son boxeur dans le coin.

Nous sommes dans le 7e round, il reste moins de deux minutes à boxer, lorsqu'un événement totalement hors du temps se produit. Un homme en paramoteur[2] atterrit sur les cordes du ring. L'arbitre Mills Lane est totalement perturbé. Il demande un temps mort, les deux boxeurs rejoignent leur coin alors qu'une foule d'une bonne vingtaine de personnes éloigne le perturbateur du ring et s'acharne sur lui à coups de poing et de pied. L'incident crée une pagaille monstrueuse dans une zone collée au ring et la femme de Riddick Bowe, assise tout près de la scène, fait un malaise. Elle est enceinte, et l'entourage du boxeur prend la décision de l'évacuer sur une civière.

Riddick Bowe, toujours sur le ring, se demande s'il doit la rejoindre, mais il ne veut pas utiliser cet incident comme excuse et reste dans le combat. Après 21 minutes d'interruption, l'action reprend et se conclut par une victoire logique d'Holyfield, qui récupère ses titres de champion.

Son deuxième règne est de courte durée puisqu'il perd les ceintures IBF et WBA en avril 1994 contre Michael Moorer. Pendant ce combat, il se plaint de douleurs à l'épaule gauche et a le souffle court. Un médecin lui diagnostique un problème au cœur et un autre l'estime apte à poursuivre sa carrière de boxeur. Holyfield passe de nouveaux tests intensifs et la commission athlétique du Nevada lui permet finalement de combattre.

4 novembre 1995, Bowe et Holyfield se retrouvent pour la belle, le *rubber match*. Pas de titre mondial en jeu, mais ce combat est la meilleure affiche possible chez les *heavyweights*. De plus, les fans de boxe ne peuvent pas rester sur un match nul 1-1 après deux oppositions. Ce troisième duel est très brutal. Comme lors des précédents combats, les deux boxeurs prolongent souvent les échanges de coups après le son de la cloche en fin de round. Evander montre très vite des signes de fatigue. La vérité est qu'il a été touché par l'hépatite A, et son médecin personnel lui avait clairement expliqué que son niveau d'énergie pourrait monter et descendre en plein combat. Au round 5, il semble totalement émoussé.

DANS LE 8E ROUND, C'EST À SON TOUR DE GOÛTER LE SOL. LE CROCHET DU DROIT DONT IL EST VICTIME EST TROP BRUTAL.

Holyfield jouit d'un regain de forme à la 6e reprise et envoie Riddick Bowe au tapis avec un crochet gauche au visage. Riddick est très affaibli, mais Evander ne parvient pas à l'éteindre, il subit une nouvelle baisse d'énergie. Dans le 8e round, c'est à son tour de goûter le sol. Le crochet du droit dont il est victime est trop brutal, il se relève au compte de neuf. Joe Cortez, qui est encore une fois l'arbitre, lui demande de s'avancer vers lui. Holyfield fait un pas très timide et l'action se poursuit. M. Cortez arrête le combat quelques secondes plus tard après le 2e knockdown.

Le succès par K.O. de Riddick Bowe lors de la belle est l'unique victoire par K.O. dans l'une des plus belles trilogies de l'histoire de la division poids lourds.

« Riddick lui a botté le cul... »

INTERVIEW | ROCK NEWMAN

On peut reprocher beaucoup de choses à Rock Newman, mais certainement pas d'avoir défendu les intérêts de ses clients sans relâche. Pendant huit ans, il a été l'impresario et le confident de Riddick Bowe. Il l'a accompagné quotidiennement dans sa quête du titre mondial des poids lourds et a été son bouclier médiatique pendant la trilogie face à Evander Holyfield. Entre nostalgie, agacement et mise au point, celui qui était surnommé Rock and Roll par Bowe, raconte leur association avec beaucoup de passion.

Quand et comment a démarré votre collaboration avec Riddick Bowe ?

À l'époque où j'ai rencontré Riddick, je travaillais avec Butch Lewis[3] et Michael Spinks[4]. Butch et d'autres grands promoteurs, comme Don King, Bob Arum et la famille Duva, avaient un œil sur lui. J'ai connu Bowe lors du tournoi qualificatif pour les Jeux olympiques de Séoul en 1988. J'ai commencé à tisser une relation avec lui pour permettre à Butch Lewis de le signer. Je suivais ses performances en Corée du Sud, et notamment le vol dont il a été victime en finale contre Lennox Lewis. Pour l'anecdote, leur coach Ken Adams leur avait dit de ne pas avoir de réaction exagérée, quoi qu'il arrive sur le ring. Donc, lorsque l'arbitre a arrêté le combat et donné la victoire à Lewis, Bowe a juste haussé les épaules et ça a donné l'impression qu'il n'en avait rien à faire, qu'il n'était pas vraiment dévoué à son sport.

Bowe a participé à ce tournoi olympique dans des conditions particulières mentalement et physiquement. Pouvez-vous me préciser exactement pourquoi ?

Oui, il était blessé à la main droite. J'ai essayé de le convaincre de ne pas aller aux J.O. parce que je pensais qu'il pourrait aggraver sa blessure et mettre fin à son rêve de passer professionnel. En plus de ça, son frère qui vivait avec lui était mourant, il était atteint du sida. C'était très dur pour lui, mais il tenait à y aller.

Revenons à votre début de collaboration : quand l'avez-vous signé ?

Il est revenu de Séoul avec une réputation totalement souillée, mais j'ai continué d'inciter Butch Lewis à le signer. Il ne voulait pas en entendre parler et, dans le même temps, je savais que Riddick avait des discussions avec d'autres promoteurs qui voulaient le signer pour une bouchée de pain. Je n'avais plus envie de travailler dans le monde de la boxe, à moins de collaborer avec un boxeur qui aurait le potentiel pour devenir champion du monde des poids lourds, et Bowe avait le profil idéal. Je lui ai fait une belle offre avec une prime à la signature, la possibilité de le faire déménager dans une belle maison, et nous avons signé un contrat, le 19 décembre 1988, pour que je devienne son manager.

À quel point était-il difficile à motiver pour aller à l'entraînement et faire le travail inhérent à la pratique de la boxe à haut niveau ?

(Rires) Oh, mon garçon... (souffle) Riddick était un fan de Mohamed Ali dès l'âge de 13 ans, il rêvait d'être comme lui. Il voulait la célébrité et la gloire d'Ali, mais il n'a jamais fait connaissance avec le concept de discipline, de travail et de dévouement qu'il fallait s'infliger pour être un Mohamed Ali. Écoutez-moi bien, Riddick était le genre d'athlète qui devait être motivé heure par heure ! Malgré toute l'affection que j'ai pour lui, je dois vous admettre qu'il n'était pas quelqu'un de naturellement motivé. Il fallait le piéger pour l'amener sur le chemin du succès.

Donnez-moi un exemple de piège que vous avez utilisé pour le motiver.

Très peu de temps après son premier combat professionnel en mars 1989[5], il voulait acheter un grand 4 x 4 noir de la marque Jeep avec un gigantesque système sonore. Pour le motiver, j'ai imprimé toutes les photos possibles de ce modèle de voiture pour les placarder dans la salle lors des camps d'entraînement, j'ai enregistré un tas de vidéos de publicité Jeep pour les passer dans les écrans. Bowe avait besoin d'avoir la récompense sous les yeux, ça l'inspirait à se réveiller le matin pour faire son travail. Je vais vous en raconter une autre, après son 4e combat pro, il a décidé qu'il prendrait sa retraite...

Comment est-ce possible ?

Je vous le dis ! Il y pensait pendant toute la préparation, il n'avait pas envie d'en faire plus. À partir de ce moment, j'ai compris qu'entre lui et moi ce serait un duel psychologique permanent pour le motiver et l'amener à exploiter l'énorme talent qu'il avait. Je vous le répète, malgré toute l'affection que j'ai pour Riddick, c'était un travail très, très dur !

Riddick était tout de même très motivé lors de sa préparation avant le premier combat contre Evander Holyfield...

C'est vrai, je dois l'admettre, il avait beaucoup plus envie que d'habitude. J'avais organisé son camp d'entraînement dans la ville de Bend dans l'Oregon. C'est au milieu de nulle part et très loin de toutes les sollicitations qu'il pouvait avoir. Nous y sommes allés et tout était parfait, le ring, les sparring-partners, nos logements étaient au top et, surtout, nous étions I-SO-LÉS ! Pour compléter l'équipe, j'ai fait venir Mackie Shilstone, qui était un gourou du fitness, Dick Gregory, qui était un gourou de la nutrition. Le révérend Willie Wilson était avec nous pour guider Riddick spirituellement et je peux vous assurer que le camp de préparation pour le 1er combat contre Holyfield était le meilleur que l'on ait eu. Riddick travaillait très dur et il est monté sur le ring avec une forme optimale.

Parlez-moi de la brutalité de ce premier championnat du monde pour Bowe...

Dans le premier round, Bowe était un peu attentiste, mais, lorsqu'il est revenu dans le coin pour la minute de repos, il m'a fait un clin d'œil pour me faire comprendre qu'il se sentait bien et qu'il était prêt à faire son boulot. C'est exactement ce qu'il a fait, il a été fantastique face à un Holyfield qui était beaucoup plus expérimenté et qui avait un cœur plus gros que celui de dix êtres humains réunis. Je vais vous dire quelque chose qui fera peut-être polémique, mais, à l'époque, j'étais absolument convaincu qu'Holyfield avait pris des stéroïdes pour ce combat et je le suis encore aujourd'hui. Toutes les observations physiques que j'ai pu faire me l'ont prouvé : ses pommettes avaient pris du volume, son dos également, il a perdu ses cheveux, tout ça, ce sont des signes qui ne trompent pas. Durant le combat, Evander a encaissé des coups très violents, qu'un simple mortel ne peut pas encaisser. Mais, peu importe ce que vous croyez, Holyfield était tout de même un guerrier et un grand boxeur.

Evander et son équipe connaissaient très bien Riddick et avaient préparé un plan très spécifique pour ce combat, comment avez-vous fait pour le contrecarrer ?

Ils pensaient que, une fois arrivé à la moitié du combat, Riddick perdrait son énergie, sa concentration et sa puissance. Ils connaissaient Bowe parce qu'il avait été le sparring-partner d'Evander lorsqu'il était amateur. Il tenait bien pendant 1 ou 2 rounds, allez, 3 au maximum, mais, après ça, il n'y arrivait plus. Ce qu'ils ne savaient pas, c'est que nous avions préparé Riddick comme si c'était un combat en 15 rounds, et non 12 comme prévu. Grâce aux exercices de Mackie Shilstone et Eddie Futch, il est devenu plus fort au fil des rounds.

Le 10e round est complètement fou. Comment l'avez-vous vécu ?

En réalité, il y a eu deux rounds en un dans le 10e. Pendant 1 minute et 45 secondes, Bowe dominait, mais Holyfield a réussi à rester debout, malgré tous les coups qu'il a reçus, et Riddick s'est fatigué. Evander a récupéré très rapidement, et c'est un autre indicateur des effets des stéroïdes, et il a dominé pendant 1 minute et 15 secondes. Heureusement, Bowe est reparti au combat plus fort dans les 11e et 12e rounds, grâce à son camp d'entraînement. Alors, c'est facile d'en parler maintenant plus de trente ans après les faits, mais je savais pertinemment qu'il serait fort dans les deux derniers rounds pour gagner.

Que signifiait le titre de champion du monde des poids lourds pour Riddick ?

C'était comme un rêve... Riddick me disait qu'il s'attendait à ce qu'il y ait des projecteurs sur lui à tout moment, pas au sens figuré, au sens propre du terme (rires). Il pensait qu'une lumière le suivrait partout. Imaginez un peu, c'était un jeune homme qui a grandi au 250, avenue Lott à Brooklyn, dans un petit appartement de deux chambres avec sa mère et cinq ou six de ses frères et sœurs. Sa fiancée habitait aussi avec eux et ils ont eu deux enfants dans cet appartement. Ce titre a bouleversé sa vie. Riddick adorait la parade de Macy's à New York, le jour de Thanksgiving. Lorsqu'il a gagné le titre en 1992, il était le grand marshall de la parade, c'est très futile, mais il réalisait un rêve de gosse.

Vous vous êtes ensuite lancé dans une tournée à travers le monde, afin de faire de Bowe un ambassadeur de bonne volonté, et on vous l'a beaucoup reproché...

Le titre mondial lui a permis d'avoir une visibilité incroyable et il pouvait potentiellement aider à changer le monde ! On est allés rendre visite à Nelson Mandela, aux troupes américaines en Allemagne, on a donné plus de 2 millions de dollars de matériel et de nourriture en Somalie, on a rencontré le pape, et je voulais qu'il ait une image de grand champion en dehors du ring. Je sais que beaucoup de journalistes affirment que ce voyage a ruiné sa carrière. C'est tellement stupide de dire ça, on m'a accusé d'être plus préoccupé par l'image de Riddick que par ses talents de boxeur, c'est complètement faux. Lors de son retour après cette tournée, il a affronté Jesse Ferguson, et son entraîneur Eddie Futch l'a trouvé en parfaite forme.

Bowe est tout de même revenu de cette tournée avec beaucoup de kilos superflus, il avait un lien particulier avec la nourriture ?

Vous savez, Bowe me disait toujours : « Lorsque je m'entraîne pour un combat, je t'appartiens, Rock, je respecte toutes tes règles. Mais lorsque je ne m'entraîne pas, je fais absolument ce que je veux. » Riddick ne buvait pas d'alcool et ne prenait aucune drogue, mais, mon Dieu, il ingurgitait des quantités astronomiques de nourriture. Il pouvait manger à tout moment de la journée, il était obsédé par la bouffe.

Cette obsession l'a handicapé pendant presque toute sa carrière ?

Ce n'était pas uniquement la nourriture, comme je vous le disais au début, c'était surtout une question de volonté. Le soir de sa victoire en 1992, j'ai eu une discussion avec lui juste avant que nous allions fêter son titre. Je lui ai demandé s'il savait qui était son plus grand adversaire, il m'a répondu Lennox Lewis, je lui ai dit : « Non, ton plus grand adversaire, c'est toi-même. Lennox voudrait que tu restes à la maison et que tu prennes du poids. Il va falloir que tu te protèges au lieu de t'autodétruire. » Dès qu'il a remporté la ceinture et qu'il a commencé à amasser beaucoup d'argent, il s'est demandé pourquoi il devait continuer de se lever tôt et d'aller courir dans le froid, il n'a vraiment jamais développé la discipline nécessaire pour rester champion du monde des poids lourds.

Expliquez-moi pourquoi vous avez jeté la ceinture de champion du monde WBC dans une poubelle ?

Je m'en souviens comme si c'était hier. Six mois avant que Bowe affronte Holyfield pour devenir champion du monde, le président de la WBC José Sulaiman souhaitait me rencontrer. Nous avons eu un rendez-vous à Los Angeles et il m'a mis une pression monumentale en me disant : « Tu t'es bien débrouillé en tant que manager de Riddick, mais je pense que tu ferais mieux d'aligner tes intérêts avec ceux de Don King. Tu devrais laisser Don assurer la promotion de Bowe. » J'ai sacrifié toute ma vie pour mettre ce boxeur en position de devenir champion du monde, Riddick était challenger numéro 1 et on me demandait de céder ma place ? Impossible. Lorsque j'ai refusé de signer avec Don King malgré l'insistance de José Sulaiman, Riddick est devenu numéro 2 du classement derrière Razor Ruddock, comme par hasard. C'est de la corruption pure et simple, et, très honnêtement, je ne voulais pas juste jeter la ceinture WBC, je voulais que Bowe les jette toutes à la poubelle !

VOUS SAVEZ, BOWE ME DISAIT TOUJOURS : « LORSQUE JE M'ENTRAÎNE POUR UN COMBAT, JE T'APPARTIENS, ROCK, JE RESPECTE TOUTES TES RÈGLES. MAIS LORSQUE JE NE M'ENTRAÎNE PAS, JE FAIS ABSOLUMENT CE QUE JE VEUX. »

Lorsqu'il est enfin devenu champion, ces ceintures représentaient beaucoup pour Riddick. Comment l'avez-vous convaincu de faire ce geste qui a été très mal perçu ?

Bowe était très fier d'avoir des ceintures sur les épaules, il ne voulait pas toutes les jeter. Il était sans contestation possible le vrai champion du monde des lourds ! Il avait battu Holyfield, qui s'était imposé contre Buster Douglas juste avant et Douglas avait mis K.O. Mike Tyson. Après l'obtention du titre WBC, Sulaiman voulait nous forcer à affronter un boxeur de l'écurie de Don King, sous peine d'être destitués du titre. Je me suis dit que NOUS allions destituer la WBC en jetant la ceinture à la poubelle. C'était notre manière de combattre ce système pourri.

Parlons du deuxième combat contre Holyfield. Comment avez-vous vécu l'intrusion du *fanman* ?

Je suis convaincu que, s'il n'y avait pas eu cette intrusion, Bowe aurait battu Holyfield avant la limite. Nous étions en plein milieu du combat, j'étais au premier rang avec mes invités, Jesse Jackson, Louis Farrakhan et d'autres. D'un coup, je vois une agitation qui vient juste au-dessus de ma tête. J'étais concentré sur le combat, je ne l'avais pas vu faire plusieurs tours dans les airs. Je ne savais pas du tout ce qui se passait. J'ai compris ensuite que son parachute est resté coincé dans les projecteurs qui surplombaient le ring, les lumières ont commencé à sauter, des morceaux de verre ont atterri sur le ring, c'était une pagaille monstrueuse.

À quel point était-ce difficile pour Bowe de reprendre le combat ?

Les deux boxeurs sont allés dans leurs coins, je me suis approché pour parler à Riddick et, soudainement, il fait mine de quitter le ring. Je l'ai arrêté pour lui expliquer que, s'il partait maintenant, il serait déclaré perdant. Sa femme avait perdu connaissance dans les tribunes alors qu'elle était enceinte et elle a été évacuée par une ambulance. Mettez-vous à sa place, il était dans l'obligation de prendre une décision drastique entre poursuivre son championnat du monde ou se rendre au chevet de sa femme. Il y a eu une très longue interruption qui a permis à l'équipe d'Holyfield de soigner toutes les douleurs qu'il avait eues en début de combat alors qu'il était en difficulté. Lorsque le combat a repris, Bowe était froid, mais ils sont allés au terme des 12 rounds et c'était vraiment très serré. Bowe aurait pu être déclaré vainqueur, mais je ne me suis jamais plaint qu'ils aient donné la victoire à Evander.

Saviez-vous qu'Holyfield était atteint par l'hépatite A lors du 3e combat ?

Je ne savais pas et je ne le sais toujours pas aujourd'hui. S'il dit qu'il était atteint par l'hépatite A et que ça a facilité la victoire de Bowe, c'est vraiment des conneries ! Tout ce que je sais, c'est que Riddick lui a botté le cul, je déteste quand les boxeurs se trouvent des excuses cent ans plus tard. Vous savez que George Foreman dit qu'il y avait quelque chose de bizarre dans son eau lorsqu'il a combattu Ali à Kinshasa ? Parfois, les boxeurs n'assument jamais leurs défaites, il faut toujours qu'il y ait une explication mystérieuse pour justifier un échec.

JE SUIS CONVAINCU QUE, S'IL N'Y AVAIT PAS EU CETTE INTRUSION, BOWE AURAIT BATTU HOLYFIELD AVANT LA LIMITE.

Conclure cette rivalité par un K.O. a dû être jouissif...

Honnêtement, lors de ce 3e combat, Bowe et Holyfield n'étaient plus dans leur prime. *Riddick a fait son premier voyage au tapis en carrière, Evander l'avait touché avec un excellent crochet du gauche. Le coup qui a éteint Holyfield était une droite de Bowe. À ce moment précis, ils étaient tous les deux en train d'armer leur bras arrière et si Holyfield avait touché Riddick en premier, je pense qu'il l'aurait mis K.O. ! Heureusement, Bowe a été plus rapide.*

À quel rang classez-vous cette trilogie dans l'histoire des rivalités en boxe ?

C'est une des trois plus belles trilogies de l'histoire de la boxe. Il y aura toujours Ali vs Frazier en premier, la rivalité entre Robinson et LaMotta aussi est en haut du classement, mais, en termes de trilogie, Bowe vs Holyfield fait partie du top.

Riddick est sorti très marqué de ces trois combats. Il a vite pris sa retraite après, à seulement 29 ans. Pensez-vous qu'il aurait pu prolonger sa carrière s'il n'avait jamais affronté Holyfield ?

Selon les statistiques, Evander est celui qui a encaissé le plus de coups durant ces trois combats, mais c'était un guerrier totalement discipliné qui restait tout le temps en forme. A contrario, Riddick enchaînait les prises de poids massives et les régimes difficiles, ça avait autant d'effet sur son corps qu'une consommation abusive de drogue ou d'alcool. Il devait perdre en moyenne 25 kg avant chaque combat. Ce problème lui a enlevé sa vivacité et sa force, ce ne sont pas ces trois combats qui l'ont poussé à prendre sa retraite si vite, mais tout ce qu'il faisait en dehors du ring.

Qui est le plus grand spécialiste du K.O., selon vous ?

(Souffle.) Le premier nom qui me vient en tête est celui de Julian Jackson. Il avait une capacité à mettre ses adversaires K.O. sur un coup qui était exceptionnelle. Toutes catégories confondues, je pense que c'est le boxeur qui avait les mains les plus lourdes et il était très méchant. Je dois aussi mentionner les noms d'Earnie Shavers, Sonny Liston et Joe Louis. Sugar Ray Robinson était le plus grand spécialiste du K.O. à reculons (rires). Il reculait et envoyait une droite ou une gauche qui se terminait en K.O.

Qu'est-ce qu'un K.O. ?

Un K.O., c'est la domination. Il y a d'autres formes de domination sur le ring, mais le K.O. ne laisse aucun doute !

1. Riddick Bowe bat Michael Dokes par *technical knock-out* au 1er round en février 1993 et bat Jesse Ferguson par K.O. au 2e round en mai 1993.
2. Voir l'encadré, page 91.
3. Butch Lewis (1946-2011), promoteur et manager des frères Spinks, Leon et Michael.
4. Michael Spinks, 32-1, ancien champion du monde dans les catégories des poids lourds-légers et des poids lourds.
5. Victoire de Riddick Bowe face à Lionel Butler par arrêt de l'arbitre au 2e round.

TALE OF THE TAPE

Lundi 15 avril 1985
Caesars Palace, Outdoor Arena, Las Vegas
CHAMPIONNAT DU MONDE IBF, WBA, WBC DES POIDS MOYENS
12 rounds
Arbitre : Richard Steele

Marvin Hagler Marvelous	VS	Thomas Hearns The Hitman
60-2-2	Bilan	40-1
30 ans	Âge	26 ans
Gaucher	Stance	Droitier
173 cm	Taille	185 cm
191 cm	Allonge	198 cm
72,1 kg	Poids	72,5 kg

Reconnaissance

La vie de boxeur professionnel peut être injuste à bien des égards. Tout le monde n'a pas la possibilité de vivre aisément grâce à ses poings, et certains sont forcés de mener de front deux carrières. C'était le cas de Marvin Hagler. Dans les années 1970, l'Américain a travaillé durant huit ans dans le bâtiment en parallèle de ses activités de pugiliste, huit années à se demander s'il percerait un jour dans ce monde impitoyable, si tous les efforts et les sacrifices qu'il fournissait au quotidien lui apporteraient gloire, richesse et reconnaissance.

À la fin de la décennie 1970, Hagler entrevoit la gloire lorsqu'il affronte Vito Antuofermo pour le titre de champion des poids moyens. Cette première chance de titre lui est offerte lors du 50e combat de sa carrière. Le combat est largement dominé par l'Américain, mais les juges donnent match nul. Hagler s'estime floué. Ce résultat, qu'il voit comme une défaite, le force à changer radicalement d'attitude : le titre, et la reconnaissance qui va avec, il ira les chercher avec violence. Il devient plus dur, plus méchant sur le ring et dans ses interactions avec les personnes en dehors de son cercle.

Le premier shoot de bonheur de Marvin Hagler arrive dix mois plus tard. Il se rend à Londres et bat Alan Minter par *technical knockout* en 3 rounds, histoire de ne laisser aucun doute et d'enfin pouvoir être appelé champion. La ceinture est à lui, mais il ne la reçoit que dans les vestiaires. Le public de la Wembley Arena, vexé de voir son champion britannique laminé, ne lui permet pas de lever les bras au centre du ring pour célébrer son sacre. Les projectiles en tous genres jetés en direction du quadrilatère forcent les bobbies à exfiltrer Hagler, qui voit une nouvelle fois la reconnaissance lui échapper.

Cet affront renforce encore le sentiment d'injustice qui marquera la carrière d'Hagler, mais c'est aussi ce fait divers qui lance un des plus grands règnes chez les 72,6 kg. Au début de sa domination, Hagler fait face à un problème récurrent pour certains champions, le manque d'adversaire. Cette phrase de Joe Frazier résume sa situation : « Marvin, tu as trois éléments contre toi. 1 : tu es gaucher, 2 : tu es bon et 3 : tu es un homme noir. »

C'est vrai, les adversaires prestigieux ne se bousculent pas au portillon, il faut attendre la 8e défense de titre d'Hagler pour retrouver un nom ô combien étoilé, Roberto Duran. Quelques années avant son combat contre le Panaméen, Marvin pousse sa quête de reconnaissance encore plus loin en changeant de nom. Il inclut son surnom Marvelous (merveilleux) dans son patronyme pour devenir officiellement Marvelous Marvin Hagler. Le combat contre Duran, un succès via décision unanime en 15 rounds en novembre 1983, enrichit son C.V. et fait prendre conscience aux autres rois, Hearns et Leonard, que le chemin vers l'immortalité pugilistique passe forcément par une victoire contre lui.

Malheureusement, les deux illustres *welterweights* mettent du temps à relever le défi. En 1982, Sugar Ray Leonard prend sa première retraite sportive à 26 ans à la suite d'un décollement de la rétine. Thomas Hearns accepte d'affronter Hagler, mais le rendez-vous, fixé au mois de mai 1982, est annulé. Hearns souffre d'une blessure à l'auriculaire de la main droite, de quoi rendre furieux le champion *middleweight* : « Hearns se plaint de son petit doigt, il annule un combat pour ça ? ! Vous savez ce que feraient certaines personnes pour 1 million de dollars ? J'en connais qui se couperaient le petit doigt pour aller combattre. »

« L'OBJECTIF D'UN CAMP D'ENTRAÎNEMENT, C'EST DE QUITTER SON QUOTIDIEN, C'EST COMME ALLER EN PRISON. IL N'EST PAS QUESTION D'AIMER FAIRE UN CAMP DIFFICILE, IL FAUT LE FAIRE, C'EST TOUT ! »

C'est grâce à Bob Arum que le combat Hagler-Hearns est finalement reprogrammé au 15 avril 1985. Pour générer un certain engouement, les deux boxeurs sont embarqués dans une tournée promotionnelle usante. En deux semaines, la caravane du *fight* Hagler vs Hearns passe à travers une vingtaine de villes et chaque arrêt donne lieu à une conférence de presse, un face-à-face et des invectives des deux côtés. Plus les jours passent, plus l'entente cordiale qui régnait entre Marvin et Thomas se transforme en animosité, jusqu'à devenir de la haine. Hagler n'est pas très loquace et se contente de porter une casquette rouge vif, au message clair : « WAR », la guerre est déclarée.

Hearns se retrouve donc seul pourvoyeur de punchlines pour la presse, qui suit chacune des allocutions.

Hagler n'a qu'une seule hâte, quitter cette opération de communication pour partir en camp d'entraînement à Cap Cod dans le Massachusetts, une période d'isolation qu'il juge indispensable : « L'objectif d'un camp d'entraînement, c'est de quitter son quotidien, c'est comme aller en prison. Il n'est pas question d'aimer faire un camp difficile, il faut le faire, c'est tout ! »

En plus des sacrifices habituels, Marvelous met l'accent sur la solitude, seuls ses hommes de coin Goody et Pat Petronelli ainsi que quelques sparring-partners sont en sa compagnie. Tommy Hearns fait son camp à Las Vegas, où il est très exposé au public et aux tentations. À quelques jours du combat, il est aperçu à une table de jeu dans un casino à 23 heures. Sa confiance est inébranlable, entre autres parce qu'il a à son actif une brillante victoire par K.O. contre Roberto Duran. Hearns est tellement confiant qu'il se laisse déborder par son entourage. Quelques heures avant de monter sur le ring, le boxeur du Kronk Gym se fait masser les jambes par un de ses amis, de quoi rendre furieux son coach Emanuel Steward. Steward doit aussi composer avec plusieurs dizaines de personnes invitées par Hearns dans le vestiaire qui gênent l'échauffement.

Juste avant le premier son de cloche, une scène improbable se produit dans le coin d'Hagler, le champion se frappe violemment la tête et le torse, comme pour préparer son corps aux impacts à venir.

CHANGEMENT D'IDENTITÉ

La carrière de Marvin Hagler est marquée par l'empreinte du manque de reconnaissance. Manque de reconnaissance du milieu de la boxe, du public et surtout des médias. Lors de la 4e défense de ses titres WBC et WBA des moyens, Hagler affronte William « Caveman » Lee. Juste avant de monter sur le ring, le champion est à l'échauffement dans son vestiaire et voit clairement sur sa télévision qu'il est fait mention du surnom de William Lee, le challenger, mais pas de son surnom Marvelous. En tant que champion, Hagler exige d'avoir son surnom mentionné à la télévision, mais le diffuseur estime que l'acronyme Marvelous Marvin Hagler est trop long. Son surnom ne sera mentionné à l'antenne que s'il fait un changement officiel auprès des tribunaux américains. Dans une volonté extrémiste de s'affirmer et d'imposer son identité au monde du noble art, Marvin Nathaniel Hagler devient officiellement Marvelous Marvin Hagler en 1982.

HAGLER VS MUGABI

Le 10 mars 1986 à Las Vegas, Marvin Hagler livre un des plus grands combats de sa carrière. Cette fois, ce n'est pas avec un des trois autres rois qu'il partage le ring, mais avec John Mugabi. L'Ougandais de 26 ans convoite les trois titres mondiaux (IBF, WBC, WBA) détenus par Hagler et se présente face à lui avec un bilan de 25 victoires et 0 défaite. Surnommé « The Beast », Mugabi est un des plus grands boxeurs de l'histoire du continent africain. Il a une boxe explosive, divertissante à souhait, et conclut tous ses combats par K.O. Hagler a 32 ans et commence à montrer quelques signes d'usure. Ce combat est le 66e de sa carrière pro, mais aussi sa 12e défense de titre. Les deux hommes font preuve de talent, de volonté et ajoutent la résilience inhérente aux championnats du monde âpres et disputés. Plus expérimenté, Marvin Hagler s'impose par K.O. à la 11e reprise et conserve ses titres. Ce combat motivera Sugar Ray Leonard à sortir de sa retraite pour affronter Hagler, l'année suivante.

L'arbitre ordonne au responsable de l'horloge de lancer le premier round et, après avoir fait quelques pas vers le centre du ring, Hagler envoie d'entrée un gros crochet du droit, qui rate Hearns de peu. Un coup qui donne le ton des 3 premières minutes du combat. 180 secondes légendaires, inoubliables pour ceux qui ont eu la chance de les vivre à la télévision ou, encore mieux, au bord du ring. 3 minutes durant lesquelles les deux boxeurs mettent de côté le noble art et laissent parler leur rage. Le rythme des coups échangés est frénétique, le ring du Caesars Palace est pris d'une fièvre, dont le seul antidote sera un K.O. En 3 minutes, Marvin Hagler et Thomas Hearns ont condensé l'intensité et la furie de tout un combat, le plus beau round de l'histoire de la boxe !

Les deux hommes ont été durement touchés et ont largement entamé leur barre d'énergie. Hagler sort de ce round avec une large coupure au front, sur laquelle son coin essaie de travailler. Le dénouement du combat sera déterminé par la taille du cœur et la solidité du menton. La deuxième reprise voit Marvelous boxer en droitier, en avançant constamment et surtout en passant à travers le jab de Thomas Hearns. Ce dernier est mobile, mais il est touché à plusieurs reprises dans les derniers instants du round.

Le challenger est toujours très mobile à l'entame du 3e round. Une reprise qui est rapidement interrompue par M. Richard Steele, l'arbitre, qui demande un temps mort et veut donner au médecin l'opportunité d'inspecter la coupure d'Hagler. R.A.S., le combat doit continuer, impossible de couper court à ce poème de violence et d'acharnement. Plus tard dans le round, Hagler assène une violente droite à la tempe d'Hearns, qui essaie de s'échapper en tournant le dos à son adversaire. Complètement sonné, Tommy encaisse un autre direct du droit en plein menton et son corps se ramollit avant de s'étendre au sol sur le dos. Il se relève très péniblement et bat le compte de dix, mais n'est plus en état de continuer le combat. Richard Steele prend la sage décision d'arrêter le *fight*.

HAGLER VS LEONARD

Les amateurs de noble art des années 1980 l'auront attendu longtemps, très longtemps, ce choc entre Marvin Hagler et Sugar Ray Leonard. Entre 1982 et 1986, Leonard prend sa retraite à deux reprises et lorsqu'il affirme qu'il ne sortira de sa retraite que pour affronter Hagler en 1986, c'est Marvelous qui écarte l'idée d'un combat puisqu'il pense lui aussi à raccrocher les gants. Attiré par l'idée de battre le plus célèbre des *four kings* et par les 20 millions de dollars de bourse, Marvin Hagler accepte le défi et, le 6 avril 1987, les deux pugilistes croisent le fer sur le ring du Caesars Palace.
Avant de combattre, Leonard a trois exigences :

- Un ring aux dimensions plus larges ;
- Des gants plus épais ;
- 12 rounds au lieu de 15.

Hagler les accepte toutes !
Ce combat est le premier de Leonard dans la catégorie poids moyens, et la majeure partie des journalistes présents donnent Hagler vainqueur, sans savoir que Sugar Ray avait secrètement organisé des test-matchs face à des poids moyens du top 20 mondial de l'époque pour retrouver son meilleur niveau. Le résultat du combat sera un des plus controversés de l'histoire de la boxe, tant il a été difficile de juger la rencontre. Deux juges rendent une carte de 115-113, l'une en faveur de Leonard et l'autre pour Hagler, et le troisième juge rend une carte à 118-110, donnant 10 rounds sur douze à Sugar Ray, et donc la victoire. Dégoûté par le résultat et mis de côté par Leonard, qui décide une nouvelle fois de mettre un terme à sa carrière au lieu d'accepter une revanche, Marvin Hagler prend sa retraite après ce combat, à l'âge de 32 ans.

Hearns est porté comme un enfant par un membre de son entourage pour s'asseoir sur le tabouret de son coin, et Hagler est porté en triomphe pour sa onzième défense du titre de champion du monde des poids moyens. Tout était parfait, ce 15 avril 1985, le seul regret par rapport à ce combat est peut-être qu'il n'ait pas duré plus longtemps.

« Ce combat le hante encore... »

INTERVIEW | JACKIE KALLEN

Jackie Kallen n'était pas du tout prédestinée à travailler dans le monde de la boxe, mais elle y a finalement consacré quarante-cinq ans de sa vie. Née dans une famille juive de la classe moyenne de Détroit, elle a été une des plus proches collaboratrices de Thomas Hearns durant toute sa carrière, avant de devenir son amie. Jackie était là dans les moments de gloire, mais aussi dans les périodes beaucoup plus compliquées de la vie de celui qu'elle appelle affectueusement Tommy, notamment après le combat contre Marvin Hagler.

Vous avez démarré votre vie professionnelle dans les années 1970 en tant que journaliste spécialisée dans le show-business. Pouvez-vous me dire de quoi était fait votre quotidien ?

J'ai même commencé dans les années 1960, j'ai écrit pour un journal quotidien pendant plus de vingt-cinq ans. Mon travail était de suivre l'actualité de toutes les célébrités. J'ai eu la chance d'interviewer certaines des plus grandes personnalités du monde du spectacle, Sylvester Stallone, Arnold Schwarzenegger, Michael Jackson, Elvis Presley, Frank Sinatra, des présidents américains, de grands athlètes. J'ai pu couvrir des événements, comme la soirée des Oscars à Hollywood, les Grammys. C'était ma passion et j'ai eu une carrière formidable dans ce milieu.

Comment une jeune femme comme vous passe de ce milieu très glamour au métier d'attachée de presse pour Thomas Hearns et le Kronk Gym à Détroit ?

C'était par pur hasard. Un des spécialistes de sport de notre journal était malade. Il ne pouvait pas venir travailler et mon rédacteur en chef m'a demandé si je pouvais écrire un papier pour la rubrique sportive. J'ai dit oui sans hésiter et ça m'a amenée à rencontrer Tommy Hearns alors qu'il n'était qu'un tout jeune boxeur. Il venait de passer professionnel. Avec le temps, j'ai fini par devenir son attachée de presse et je le suis toujours aujourd'hui après quarante-cinq ans.

Les femmes ont longtemps eu du mal à se faire une place dans le monde de la boxe

et vous étiez un cas unique en tant qu'attachée de presse d'une salle aussi mythique que le Kronk Gym. Comment étiez-vous perçue par le milieu ?

Mon travail avec le Kronk Gym a commencé à la fin des années 1970 et personne ne connaissait cette salle. Je ne bossais qu'avec deux boxeurs sur place, Tommy Hearns et un jeune poids moyen nommé Mickey Goodwin. Les boxeurs m'ont vite acceptée et, en y repensant, ce n'était pas évident. En dehors de la salle, beaucoup de monde ne comprenait pas pourquoi une femme voudrait de ce travail. Le tournant est arrivé au début des années 1980. On a eu Hilmer Kenty, Milton McCrory, Jimmy Paul et plein d'autres boxeurs, et mon travail était de répandre la bonne parole à propos de tous ces combattants venant de Détroit. Petit à petit, la salle a commencé à être très populaire et les gens savaient que, à Détroit, il y a ce gym qui abrite de nombreux champions. C'était vraiment attrayant pour moi d'aider à faire du Kronk Gym une marque forte, d'aider à développer l'image des jeunes boxeurs que l'on formait.

Comment décririez-vous cette salle à quelqu'un qui n'a jamais eu la chance d'y entrer ?

La première fois que j'y suis allée, j'avais les yeux écarquillés. Il faisait extrêmement chaud ! La salle est au sous-sol d'un centre aéré et la température était constamment maintenue à plus de 35 degrés pour que les boxeurs puissent transpirer plus facilement et qu'ils perdent le poids qu'il fallait pour leurs combats. Pour quelqu'un qui n'était pas familier de cet environnement, ça pouvait être intimidant, c'était très, très bruyant, entre le son des boxeurs qui travaillaient au sac de frappe, la musique, les coachs qui criaient leurs consignes. Et puis la salle avait une odeur particulière, je ne saurais pas comment la décrire, mais ça sentait la testostérone. Pour moi qui venais de la banlieue et qui n'étais pas habituée à ça, ça m'a sortie de ma zone de confort, mais je m'y suis vite adaptée parce que j'ai compris que c'était un endroit où on travaillait dur.

Justement, parlez-moi des séances d'entraînement que vous avez pu voir…

Tout le monde voulait atteindre son meilleur niveau et ce qui était beau à voir, c'est qu'ils se motivaient et s'entraidaient tous pour devenir meilleurs. Et les sessions sparring… Mon Dieu, elles étaient souvent meilleures que les vrais combats. Je ne peux pas vous révéler trop de choses parce que ça restera toujours secret, mais certains duels à l'entraînement sont restés des classiques parce qu'il y avait de grands noms qui s'affrontaient et livraient des combats dantesques. Et j'avais la possibilité de voir ça tous les jours, c'était très excitant et motivant !

Quelle était la personnalité de Thomas Hearns en dehors du ring lorsque vous l'avez rencontré pour la première fois ?

Il était très silencieux, il parlait doucement et faisait attention à chaque mot qu'il prononçait. C'était un garçon très réservé lorsqu'il était en ma compagnie. C'est seulement après six mois à le côtoyer qu'il s'est ouvert un peu plus et, à la fin de ma première année au Kronk Gym, nous étions les meilleurs amis du monde. Aujourd'hui, quarante-cinq ans plus tard, nous sommes comme des frère et sœur. Je passe toujours beaucoup de temps avec lui, on se rend des services. Si j'ai besoin de sa présence à un événement, il vient sans poser de question et s'il a besoin d'aide chez lui pour n'importe quoi, un plombier, un électricien, etc., il sait qu'il peut compter sur moi. Nous nous sommes rencontrés très jeunes et, maintenant, nous sommes tous les deux des grands-parents (rires).

Vous me décrivez un Thomas Hearns bien loin de celui qu'on a connu sur le ring…

Tommy est une des personnes les plus sympathiques au monde, il est génial avec ses fans, mais, lorsqu'il était sur le ring, c'était une autre personne. Il avait un regard qui ferait peur à n'importe qui. Lorsqu'il te regardait, tu savais qu'il était là pour te faire du mal, qu'il allait faire tout ce qu'il pouvait pour gagner. Il avait un tel punch ! Il a mis K.O. au 1er round ses 18 premiers adversaires. Il s'entraînait plus dur que les autres dans la salle, il était toujours le premier arrivé et le dernier à partir. Il a dédié énormément de temps à sa carrière et il ne jouait pas avec à la boxe. Il montait sur le ring pour faire du mal, pas par méchanceté, mais, pendant la durée du combat, c'était son devoir de mettre K.O. l'adversaire. Vous savez, beaucoup d'adversaires de Tommy étaient impressionnés par son attitude, un peu comme avec Mike Tyson, il faisait peur !

Il avait une relation très forte avec Emanuel Steward, rien ne les séparait. Comment ce lien très fort s'est noué entre eux ?

Il était vraiment le père que Tommy a toujours voulu. Tommy fait partie d'une famille de neuf enfants, ils ont tous été élevés par leur mère Lois, qui est une femme formidable. Mais, lorsqu'il allait à la salle et qu'il était guidé par Emanuel, il retrouvait une figure paternelle, un mentor à qui il pouvait parler de tout et surtout quelqu'un en qui il avait confiance. Cette relation de confiance est primordiale dans ce sport.

Thomas est devenu connu mondialement après son premier combat contre Sugar Ray Leonard…

(Elle coupe.) Oui, c'était en 1981 et si ce combat s'était déroulé en douze rounds au lieu de quinze, Tommy l'aurait remporté, je tiens à le dire. De toute manière, c'est de l'histoire ancienne et nous connaissons le résultat. C'était sa première défaite et il était dévasté !

C'était un combat d'unification à l'enjeu exceptionnel, à quel point Thomas était-il excité à l'idée d'affronter Leonard ?

Ray Leonard était le petit chéri de l'Amérique après les J.O., c'était le gendre idéal, toujours avec la photo de son petit garçon sur la chaussette. Il représentait le rêve américain, en quelque sorte. Thomas avait l'image du garçon dur, issu des quartiers difficiles de Détroit. Tout le monde supportait Ray, et Tommy le savait. Il savait qu'il était considéré comme le méchant et Ray, le gentil, ça ne le dérangeait pas parce qu'il est entré dans ce combat avec la seule volonté de faire son travail. Il disait exactement : « Je ne suis pas là pour remporter un concours de popularité, je suis là pour gagner ce combat ! » Il y est allé et il a fait un combat fabuleux, mais il a perdu. La première défaite est toujours très difficile à encaisser.

Parlons du combat contre Roberto Duran, pensez-vous que ce K.O. est le plus grand moment de sa carrière ?

C'est mon combat préféré de Tommy ! La chute de Duran, la tête la première sur le sol au deuxième round, a été vue et revue des millions de fois, c'est un classique. Duran était peut-être le meilleur poids léger de l'histoire de la boxe, mais, lorsqu'il a affronté Tommy, il avait changé de catégorie. Tommy faisait 1,85 mètre, il était bien trop grand pour Duran et il l'a cogné au moment parfait. À ce moment-là de sa carrière, Tommy avait une confiance en lui extraordinaire, il avait fait un camp d'entraînement de très bonne qualité et il était toujours de bonne humeur. Dans le vestiaire, avant de monter sur le ring, il dansait et rigolait avec ses amis. Ce combat, c'est un de ses plus beaux moments sur le ring, nous étions tous très fiers de lui.

L'année suivante, en 1985, il affronte Marvin Hagler, le battage médiatique autour de ce combat était extraordinaire, notamment grâce à une longue tournée promotionnelle à travers les États-Unis. Quel souvenir gardez-vous de cette période ?

J'étais avec lui sur chacune des dates et il affichait, là aussi, une très grande confiance. Il n'hésitait pas à parler et à dire exactement ce qu'il comptait faire à Marvin Hagler. Pas une seule fois, lorsqu'il s'est avancé vers un pupitre pour s'exprimer, il n'a montré de la crainte.

IL S'EST CASSÉ LA MAIN DÈS LE DÉBUT DU COMBAT. LORSQU'IL S'EST CASSÉ LA MAIN DROITE AU 1ER ROUND, ÇA L'A SORTI DU FIGHT. SA MAIN DROITE ÉTAIT UNE ARME TRÈS PUISSANTE ET, TOUT À COUP, APRÈS SEULEMENT 3 MINUTES, IL NE POUVAIT PLUS L'UTILISER.

Durant cette tournée, et même durant le camp d'entraînement, Thomas Hearns était toujours accompagné d'un entourage très large, comment gériez-vous les trop nombreuses personnes qui l'entouraient ?

Waouh, il avait vraiment beaucoup, beaucoup, beaucoup de monde qui l'entourait dans les années 1980. Il y avait énormément de distractions, ses amis, les amis amenaient leurs copines. Il y avait beaucoup de profiteurs, ceux qui sont là quand tout va bien et disparaissent quand les choses sont plus difficiles. Ça aurait pu vraiment l'embêter dans la préparation de ce combat, certains experts disent qu'il s'était trop entraîné avant Hagler, qu'il courait trop, qu'il n'avait pas les jambes… Il y a toujours tout un tas de théories qui apparaissent après un combat pour expliquer une défaite.

Le combat est court, mais il est resté légendaire, notamment pour la violence du 1er round…

(Elle coupe.) Il s'est cassé la main dès le début du combat. Lorsqu'il s'est cassé la main droite au 1er round, ça l'a sorti du fight. *Sa main droite était une arme très puissante et, tout à coup, après seulement 3 minutes, il ne pouvait plus l'utiliser. Il était comme… handicapé par cette blessure, mais il a combattu aussi dur qu'il a pu pendant ces trois rounds. Il a réussi à provoquer une coupure au front de Marvin, c'était juste un combat rempli d'actions incroyables.*

Racontez-moi comment vous avez vécu le moment du K.O…

Je regarde souvent ce combat… (silence) et je n'aime pas trop parler de ce K.O. Tout ce que je peux vous dire, c'est que ce combat est difficile à regarder, voir Tommy porté comme un enfant vers son coin après la défaite est une image que je déteste. Tommy lui-même n'aime pas cette image, il aurait préféré marcher par ses propres moyens, mais un de ses amis est monté sur le ring et l'a porté ! Vous vous rendez compte ? Ça l'a toujours dérangé, ça donnait l'impression qu'il était dans un état pitoyable. Ce combat le hante encore, il a toujours voulu une revanche, mais, évidemment, ça n'est jamais arrivé.

ILS SONT LES QUATRE ROIS DEPUIS PLUS DE QUARANTE ANS, PERDRE UN D'ENTRE EUX A ÉTÉ VRAIMENT COMPLIQUÉ À GÉRER MORALEMENT. CES MECS SONT ENCORE TROP JEUNES POUR MOURIR, ILS ONT LA SOIXANTAINE, ON NE DEVRAIT PAS COMMENCER À LES ENTERRER SI TÔT.

Quelle a été la réaction de Thomas lorsqu'il a appris la mort de Marvin Hagler ?

(Souffle.) C'était dur, nous étions tous très touchés et lui, encore plus. Tommy, Ray, Marvin et Duran ont un lien entre eux. Ils sont les quatre rois depuis plus de quarante ans, perdre un d'entre eux a été vraiment compliqué à gérer moralement. Ces mecs sont encore trop jeunes pour mourir, ils ont la soixantaine, on ne devrait pas commencer à les enterrer si tôt.

Pouvez-vous me parler de l'incident impliquant le frère de Thomas (Henry Hearns) qui a eu lieu juste avant son deuxième combat contre Ray Leonard ? Comment a-t-il géré cette nouvelle extrêmement perturbante ?

Nous avons tout fait pour lui cacher l'information le plus longtemps possible avant le combat, mais c'était sur toutes les chaînes de télévision et il a fini par l'apprendre. C'était impossible de parler d'autre chose avec les journalistes, ils voulaient savoir exactement ce qui s'était passé, c'était dingue. Henry avait assassiné sa compagne dans la maison de Tommy et avec le pistolet de Tommy. C'était une période très sombre, très triste. On a essayé de le protéger de tout ça du mieux qu'on pouvait, on a fait en sorte de s'occuper des choses urgentes, comme nettoyer la maison avant que Tommy ne revienne... C'était rude.

Quelle doit être la place de Thomas Hearns dans l'histoire de la boxe ?

Je pense vraiment qu'il doit être proche du sommet avec les meilleurs boxeurs de l'histoire des welterweights. *Il était phénoménal, il a combattu dans plein d'autres catégories, il est passé de* welterweights *à poids moyens, il est redescendu en super-welters, puis remonté en super-moyens, il est allé chez les mi-lourds... (souffle) et il a été capable de remporter des titres mondiaux dans toutes les divisions dans lesquelles il a boxé !*

Qui est le plus grand spécialiste du K.O. de l'histoire ?

Oh... Sacrée question, ça pourrait être George Foreman, Earnie Shavers, peut-être Mike Tyson. Tous ces poids lourds étaient spectaculaires. Je pourrais dire Thomas Hearns, ce serait la réponse évidente pour moi, mais je tenais à donner d'autres noms qu'on doit absolument évoquer lorsqu'on parle de K.O. Mais la puissance qu'avait Tommy en tant que welterweight *était incroyable donc, au final, je pense que c'est lui !*

Qu'est-ce qu'un K.O. ?

Un K.O., c'est la meilleure manière de gagner !

Kid Dynamite

« Personne n'est invincible, mais, pour me battre, il faudra trouver quelque chose qui n'existe pas encore aujourd'hui. Il se passera beaucoup de temps avant que quelqu'un arrive à gagner contre moi. Joe Louis était peut-être ce qui se rapproche le plus d'un champion invincible, mais je m'entraîne tellement, j'apprends tous les jours et je donne tout ce que j'ai pour la boxe. S'il y a un homme meilleur que moi, ce que je ne crois pas, je dirais humblement qu'il est le plus fort. »

TALE OF THE TAPE

Samedi 22 novembre 1986
Hilton Hotel, Las Vegas
CHAMPIONNAT DU MONDE WBC, POIDS LOURDS
12 rounds
Arbitre : Mills Lane

Mike Tyson Iron Mike	VS	Trevor Berbick -
27-0	Bilan	31-4-1
20 ans	Âge	32 ans
Droitier	Stance	Droitier
178 cm	Taille	188 cm
180 cm	Allonge	198 cm
100,2 kg	Poids	98,8 kg

Cette déclaration, marquante à la fois par l'assurance qu'elle dégage et par son aspect prophétique, a pour auteur un post-adolescent encore un peu mal à l'aise face aux caméras. Son sourire laisse apparaître des dents du bonheur et plusieurs incisives en argent. Une grande raie traverse le côté gauche de ses cheveux courts. Nous sommes en décembre 1985, et celui que les médias appellent encore Michael Tyson n'a que 19 ans. Son visage juvénile transmet déjà une énergie magnétique inexplicable, et même son timbre de voix aigu, accompagné d'un zozotement, n'enlève rien à son charisme. Le Tyson interviewé par le journaliste américain Bryant Gumbel n'est encore qu'un prospect, un diamant brut à polir qui sort de sa première année chez les professionnels. Une année où il remporte ses 15 premiers combats par K.O., dont 11 par knock-out dès la première reprise. C'est aussi un jeune homme triste, meurtri par le décès de son mentor, Monsieur Cus D'Amato.

Constantine « Cus » D'Amato est un de ces druides faiseurs de champions que seule la boxe peut nous offrir. Né dans le Bronx au début du XXe siècle, il ouvre sa propre salle dès l'âge de 22 ans, un gym dans lequel il vit et se tue à la tâche pour faire émerger des talents locaux. En 1952, il guide Floyd Patterson vers la médaille d'or olympique à Helsinki dans la catégorie poids moyens, et, quatre ans plus tard, le duo Patterson-D'Amato conquiert le titre mondial des poids lourds en professionnel. L'entraîneur italo-américain fait de Patterson le plus jeune champion du monde *heavyweight* de l'histoire à 21 ans et 10 mois. D'Amato amènera aussi le Portoricain José Torres à une ceinture mondiale, celle des mi-lourds, mais son plus grand projet, son fils prodige sera à tout jamais Mike Tyson.

Ces deux âmes se rencontrent à un moment où chacune avait besoin de se nourrir de l'autre. Tyson est un délinquant de 13 ans déjà arrêté 38 fois par la police et passe d'un centre de détention pour jeunes à l'autre à une vitesse éclair. D'Amato n'a plus de champions sous la main depuis les retraites de Patterson et de Torres.

Mike est amené au Catskill Boxing Club par son conseiller dans le centre de détention. C'est là qu'il rencontre pour la première fois son guide et entrevoit un réel futur dans la boxe. Cus le sort des rues de New York, l'héberge à Catskill dans la maison de son amie Camille Ewald pour lui offrir un véritable cadre familial, ce qu'il n'a jamais connu jusqu'alors. L'entraîneur va même jusqu'à adopter légalement son protégé lorsqu'il perd sa mère à l'âge de 16 ans. Il reconstruit la confiance de cet enfant moqué, agressé sexuellement et marqué à vie par les horreurs de son environnement.

Il construit Tyson en tant qu'homme, mais aussi en tant que boxeur et lui fait adopter le « *peek-a-boo style* ». Ce style permet au boxeur d'avoir une défense solide tout en étant constamment dans une position offensive et agressive. Tyson boxe en avançant, ses mouvements du buste et de la tête sont cliniques, rapides et il devient un excellent contre-attaquant en prenant un minimum de risques. En résumé, la défense hermétique et la précision des contre-attaques de Tyson feront sa renommée.

Cus est là au quotidien, mais il n'est plus en mesure de tenir les pattes d'ours et d'abattre tout le travail d'accompagnement d'un homme de coin. Cette mission incombe pendant une courte période à Teddy Atlas, mais une altercation entre Atlas et Tyson force D'Amato à mettre Kevin Rooney[1] dans l'ombre du surdoué.

Avec Rooney, Mike passe à travers les rangs amateurs, tel un ouragan. Les K.O. en moins de 10 secondes sont communs et il remporte les Golden Gloves[2] en 1984. Son passage chez les professionnels devient une évidence et, le 6 mars 1985, le « Kid Dynamite » remporte le premier de ses 58 combats en carrière.

15 victoires en 1985, 13 en 1986, Tyson est hyperactif et le phénomène impressionne. Son physique, atypique pour un poids lourd, rappelle celui de Rocky Marciano. Son mètre quatre-vingts est une bouffée d'air frais dans une division poids lourds en déclin, quelques années après la retraite de Mohammed Ali. La chaîne de télévision HBO voit même en Tyson celui qui doit porter la catégorie sur ses épaules et l'intègre à la hâte dans un tournoi nouvellement créé pour couronner un champion incontesté, les Heavyweight Unification Series[3].

CUS D'AMATO S'ÉTEINT EN AYANT UNE CERTITUDE : SON FILS SERA CHAMPION DU MONDE DES POIDS LOURDS.

L'avenir semble radieux pour Tyson, son premier combat dans ce tournoi l'oppose à Trevor Berbick, alors champion du monde WBC. Mais son cœur saigne toujours, la date de son combat pour le titre mondial correspond, à quelques semaines près, à l'anniversaire de la mort de celui qui a donné un sens à sa vie. Le 4 novembre 1985, Cus D'Amato s'éteint en ayant une certitude : son fils sera champion du monde des poids lourds.

L'OBSESSION DE L'UNIFICATION

Nous sommes au milieu des années 1980 et la boxe poids lourds est en perte de vitesse. En octobre 1985, Tony Tubbs (WBA), Michael Spinks (IBF) et Pinklon Thomas (WBC) détiennent les titres mondiaux. Pour redynamiser la catégorie et établir une hiérarchie claire, les trois grandes fédérations mondiales trouvent un accord inédit dans l'histoire de la boxe. Un tournoi imaginé et produit par la chaîne HBO, avec l'aide du promoteur Don King, doit couronner un nouveau champion incontesté, chose qui n'est plus arrivée dans la catégorie reine depuis 1978 avec Leon Spinks[4]. À partir de mars 1985, les Heavyweight Unification Series rassemblent les trois champions de l'époque et plusieurs challengers bien classés. L'espoir secret des dirigeants d'HBO est d'intégrer le jeune et fringant Mike Tyson, alors sous contrat avec la chaîne ABC Sports. C'est chose faite lorsqu'il bat Alonso Ratliff, en septembre 1986, pour se qualifier, deux mois avant d'affronter Trevor Berbick. Le tournoi, qui donna lieu à dix combats, couronnera Iron Mike champion incontesté après sa victoire contre Tony Tucker, le 1er août 1987.

- **Trevor Berbick bat Pinklon Thomas (22/03/1986) à Las Vegas et devient champion WBC.**
- **Michael Spinks bat Larry Holmes (19/04/1986) à Las Vegas et conserve son titre IBF.**
- **Tim Witherspoon bat Frank Bruno (19/07/1986) à Londres et conserve son titre WBA.**
- **Michael Spinks bat Steffen Tangstad (06/09/1986) à Las Vegas et conserve son titre IBF.**
- **Mike Tyson bat Trevor Berbick (22/11/1986) à Las Vegas et devient champion WBC.**
- **James Smith bat Tim Witherspoon (12/12/1986) à New York et devient champion WBA.**
- **Mike Tyson bat James Smith (07/03/1987) à Las Vegas et devient champion WBC et WBA.**
- **Tony Tucker bat Buster Douglas (30/05/1987) à Las Vegas et devient champion IBF (titre retiré à Michael Spinks).**
- **Mike Tyson bat Pinklon Thomas (30/05/1987) à Las Vegas pour conserver ses titres WBC et WBA.**
- **Mike Tyson bat Tony Tucker (01/08/1987) à Las Vegas et devient champion incontesté WBC, WBA, IBF.**

Face à lui se dresse un champion effacé. Berbick n'est pas aimé, mais il n'est pas non plus détesté. Ce quidam de luxe a sur son C.V. plusieurs lignes intéressantes. En avril 1981, il obtient sa première chance pour le titre mondial WBC, mais s'incline nettement face au champion Larry Holmes. En décembre de la même année, c'est lui qui envoie Mohamed Ali à la retraite. Sa victoire par décision unanime face au Greatest le relance, mais il lui faut treize combats pour obtenir son deuxième championnat du monde contre Pinklon Thomas. En mars 1986, il domine l'Américain Thomas et revêt enfin la couronne mondiale, à 32 ans.

Le soir du 22 novembre 1986, Tyson, qui n'est professionnel que depuis 21 mois et n'a alors jamais affronté un adversaire du calibre de Berbick, est donné nettement favori. Berbick, inactif depuis 244 jours avant ce combat, se présente avec Angelo Dundee dans son coin. Dundee fait partie de la longue liste d'entraîneurs usés par le Jamaïcain qui s'avance vers le ring, tel un agneau pascal. Mike a presque l'air intimidé par son premier *ring walk* avant un combat de cette importance. Des années plus tard, il admettra ressentir une peur immense au moment de cheminer vers le quadrilatère. Tyson sait qu'il doit faire très forte impression sur le grand public, mais il ressent aussi une forte pression à l'idée de combattre sous les yeux des autres pugilistes présents dans la salle pour assister à son avènement. Michael Spinks, Hector Camacho, Larry Holmes, Hearns, Archie Moore et surtout Mohamed Ali sont autour du ring, un peu comme une famille mafieuse qui s'apprête à intégrer un nouveau membre.

Les deux hommes sont vêtus d'un short noir, mais impossible de les confondre, dix centimètres les séparent. Dès la première minute du combat, Tyson touche Berbick avec une droite et passe même une combinaison droite-gauche facilement. Le champion en titre ne propose rien d'excitant pour les juges et, à 1 min 46 s de la fin du round, Mike fait reculer son adversaire avec une autre droite très solide, mais Berbick n'est pas sonné. Les crochets larges de Tyson font mal, le son de ses coups résonne différemment dans le Las Vegas Hilton. Même ses coups manqués, comme l'uppercut qu'il tente et qui glisse sur le visage de Berbick, provoquent une vive réaction des spectateurs.

Moins de trente secondes dans le round d'ouverture, Tyson met à mal son vis-à-vis dans le plus pur style *peek-a-boo*. Il touche avec un crochet gauche et enchaîne sur une combinaison de

KEVIN ROONEY, L'AUTRE HOMME FORT DU CLAN TYSON

Si Cus D'Amato est indéniablement le mentor de Mike Tyson, celui qui l'a façonné quotidiennement et a été le plus à son contact direct lors de sa montée en puissance n'est autre que Kevin Rooney. Cet ancien boxeur dans la catégorie *welterweight* (21-4-1) est un disciple de D'Amato et devient l'entraîneur de Tyson en 1982 alors que le prodige n'a que 16 ans. Il supervise la fin de sa carrière amateur (44 combats) et le guide lors de ses premières années en tant que professionnel, notamment jusqu'à l'obtention des trois titres mondiaux en 1987. Ensemble, leur bilan est immaculé, 35 victoires en 35 combats, 31 succès par K.O. Techniquement, Rooney mettait l'accent sur la mobilité de Tyson avec une exigence presque obsessionnelle sur la mobilité du haut du corps et la tête de son élève en phase défensive. Offensivement, Rooney était le professeur parfait pour le « *peek-a-boo style* » prôné par D'Amato. Sous l'influence de Don King, Mike Tyson se sépare de son entraîneur et de presque tous les autres membres du staff liés à Cus[5] en 1988. Kevin Rooney remportera son procès pour rupture de contrat abusive contre Tyson et empochera des dommages et intérêts à hauteur de 4 millions de dollars.

quatre coups qui fait perdre l'équilibre à Berbick. Cette fois, le Jamaïcain est bien sonné, mais reste debout et survit aux trois premières minutes.

À l'interround, Angelo Dundee demande frénétiquement à ce qu'une poche de glace soit posée sur la nuque de son boxeur. Il s'agite, fait de grands gestes, hurle même : « Où est la putain d'éponge... !! »

BERBICK GOÛTE LE SOL UNE PREMIÈRE FOIS, L'ARBITRE LE COMPTE, IL SE REDRESSE, MAIS SES APPUIS SONT TRÈS FRAGILES.

Dans le coin, personne ne réagit, le 1er round a totalement refroidi les espoirs du clan Berbick, qui n'a jamais été touché de cette manière.

La deuxième reprise amorce sa fin de règne, Tyson l'agresse sans patienter. Son premier coup est un direct à la tempe et, comme lors du round précédent, il poursuit avec une combinaison de quatre coups, conclut par un crochet du droit très court et sec. Berbick goûte le sol une première fois, l'arbitre le compte, il se redresse, mais ses appuis sont très fragiles. Il accroche, tente quelques jabs, trop timides pour ébranler les certitudes de Mike. Le Kid Dynamite ne se précipite pas pour finaliser son travail d'orfèvre. Trevor Berbick fait un second voyage au tapis après un crochet gauche de Tyson qui atterrit sur son front et semble le sonner à retardement. Il a toutes les peines du monde pour se relever. Sa première tentative échoue, il retombe dans les cordes. La deuxième est presque risible, tant son sens de l'orientation est bouleversé. Il tente de se mettre à genoux pour enfin y parvenir à son troisième essai, mais Mills Lane arrête le combat.

À 20 ans et 4 mois, Mike Tyson devient le plus jeune champion du monde des poids lourds de l'histoire. Dans son interview d'après-*fight*, qui aura été plus longue que le combat, Mike Tyson exprime une de ses pensées divines aux téléspectateurs : « Je suis le plus jeune champion du monde des poids lourds de l'histoire. Mon record ne sera jamais battu. Ce record est important pour moi parce que je veux être éternel. »

« Il fallait avoir le visage de Mike pendant son punch »

INTERVIEW LORI GRINKER

« Je ne connais rien à la boxe. » Voilà les premiers mots de Lori Grinker, photojournaliste et réalisatrice de documentaires, lorsque je l'ai contactée pour obtenir son témoignage à propos de Mike Tyson. Pourtant, elle est la toute première personne à l'avoir photographié avec un œil professionnel, alors qu'il n'était encore qu'un préadolescent en plein apprentissage de son métier sous les ordres de Cus D'Amato. Ses clichés, qui datent du début des années 1980, racontent l'histoire d'un jeune garçon attachant qui cherchait sa voie et a fini par la trouver. Au fil des années, sa relation avec Mike l'a amenée à avoir des clichés exclusifs, le soir du 22 novembre 1986, date du couronnement de Tyson.

J'étais une étudiante de 23 ans à la New School University, Parsons School of Design à New York en 1981. J'étais à un moment de ma vie où je me posais beaucoup de questions sur mon avenir, je ne savais pas si je voulais travailler dans le milieu de la communication, dans le monde du design ou en tant qu'illustratrice. En parallèle, j'avais pris quelques cours de photojournalisme et, durant le semestre, un de mes devoirs était de trouver un sujet intéressant à couvrir et d'essayer d'être publiée dans un journal ou un magazine. J'ai eu la chance de rencontrer Jim Jacobs, qui n'était pas encore le manager de Mike Tyson. Il est intervenu lors d'un séminaire sur Mohamed Ali dans mon université. Il était là en tant que propriétaire d'une société de production appelée Big Fights Inc. et il manageait quelques boxeurs peu connus. Il n'arrêtait pas de parler de Cus D'Amato et de tous les enfants qui apprenaient à boxer grâce à lui à Catskill dans le nord de l'État de New York. J'avais le sentiment que ça pourrait être un sujet intéressant à photographier et je lui ai demandé si je pouvais m'y rendre et voir certains des enfants.

Jim a contacté Cus qui a accepté ma demande et m'a ouvert les portes. J'ai commencé par prendre des photos d'un tout jeune boxeur de 10 ans, nommé Billy Hamm, et j'ai réussi à les faire publier. Un des enfants du groupe était Mike Tyson, il avait à peu près 14 ans. Il était toujours en arrière-plan sur les clichés de groupe, mais Cus me répétait qu'il fallait que je prenne des photos de lui parce qu'il deviendrait le futur champion du monde des poids lourds.

La première fois que je me suis vraiment intéressée à Mike, je l'ai trouvé très timide. Il avait un visage tout mignon et il était énorme physiquement ! Lors des tournois entre clubs de la région de New York, les officiels avaient du mal à trouver des adversaires de taille équivalente à celle de Mike et il y avait toujours des éducateurs sceptiques à propos de son âge tellement il était déjà musculeux.

SA CONCENTRATION, SA SOIF D'APPRENDRE SE LISAIENT SUR SON VISAGE, C'ÉTAIT UN VISUEL TRÈS FORT. LES MOUVEMENTS DE SA TÊTE ET DE SES MAINS ÉTAIENT IMPRESSIONNANTS, MÊME POUR MOI QUI NE CONNAISSAIS RIEN À LA BOXE.

Catskill est une toute petite ville et la salle dans laquelle Mike s'entraînait était au-dessus du commissariat de police. La maison où il vivait était une immense bâtisse blanche de l'ère victorienne, il y avait beaucoup d'hectares de terrain et des panneaux solaires alors que nous étions dans les années 1980. La cheffe de la maison, c'était Camille Ewald, la femme de Cus, mais leur relation était secrète. Tout le monde l'écoutait, les enfants hébergés dans la maison avaient leurs corvées et Mike n'y échappait pas. Cette maison était très chaleureuse. À chaque fois que j'y suis allée pour travailler, j'y ai passé un bon moment, tout le monde rigolait beaucoup, et c'est normal que Mike voie ce lieu comme la maison de son enfance.

J'ai un bon souvenir de certaines de ses séances d'entraînement à l'adolescence. Je vois encore Cus

L'ENTRAINEMENT MILITAIRE DE TYSON SOUS CUS D'AMATO

Pour faire de Mike Tyson le plus jeune champion du monde poids lourds de l'histoire, Cus D'Amato le contraint à une vie d'ascète, rythmée chaque jour par plusieurs types d'entraînements. La journée type d'Iron Mike en période d'entraînement intensif avant ses combats s'articule comme suit :

- 4 h du matin : réveil, étirements, 10 sprints fractionnés et 10 box jumps.
- 4 h 30 : 6,5 km de course + 1,5 km de marche.
- 5 h 30 : sieste.
- 10 h : petit déjeuner (flocons d'avoine + lait).
- 12 h : entraînement en salle de boxe, travail technique, sparring (10 rounds).
- 14 h : déjeuner (riz et poulet ou steak haché + pâtes et du jus de fruits).
- 15 h : entraînement en salle de boxe, travail technique pendant une heure suivi d'une heure d'exercice sur vélo.
- 17 h : musculation au poids de corps, 2 000 squats, 2 500 sit ups, 500 à 800 dips, 500 pompes, 500 shrugs avec des poids de 30 kg, 10 minutes de musculation cervicale.
- 19 h : dîner (riz et poulet ou steak haché + pâtes et du jus de fruits).
- 20 h 30 : 30 à 45 minutes d'exercice sur vélo.
- 21 h 30 : fin de journée.

lui parler en le regardant droit dans les yeux. J'ai bien gardé en tête ces moments où il travaillait avec Teddy Atlas et ensuite avec Kevin Rooney. Sa concentration, sa soif d'apprendre se lisaient sur son visage, c'était un visuel très fort. Les mouvements de sa tête et de ses mains étaient impressionnants, même pour moi qui ne connaissais rien à la boxe.

Je n'ai pas été la photographe attitrée de Mike au début de sa carrière, contrairement à ce que beaucoup de monde pense. Je le photographiais régulièrement le week-end lorsque je suis devenue professionnelle, mais ce n'était pas mon seul sujet. Je l'ai suivi lorsqu'il est passé pro en 1985 et la société Big Fights Inc. qui gérait ses intérêts m'a permis de couvrir ses premiers combats. J'allais à Las Vegas ou à Atlantic City, souvent à mes propres frais, mais plusieurs médias à travers le monde ont fait appel à mes services lorsqu'il a commencé à devenir très célèbre. En réalité, je l'ai énormément photographié en 1981 lorsqu'il avait encore 14 ans et ensuite de 1985 à 1990, puis j'ai arrêté.

J'ÉTAIS UNE DES DEUX SEULES FEMMES ET, SURTOUT, NOUS ÉTIONS AGGLUTINÉS LES UNS AUX AUTRES. JE NE POUVAIS MÊME PAS ÉCARTER LES BRAS POUR TENIR MON APPAREIL CORRECTEMENT.

J'étais présente le 22 novembre 1986 à Vegas, et il faut savoir que, malgré mon travail sur Tyson, je ne suis pas du tout une photojournaliste spécialisée dans le sport. J'étais collée au ring et je dois vous admettre que c'était trop pour moi. Il y avait des personnalités, comme Howard Cosell, qui analysaient le combat. J'étais une des deux seules femmes et, surtout, nous étions agglutinés les uns aux autres. Je ne pouvais même pas écarter les bras pour tenir mon appareil correctement. L'enjeu sur un combat de Mike Tyson lorsqu'on est photographe, c'est d'être au bon endroit autour du ring pour avoir la photo du K.O. avec le meilleur angle et, surtout, de ne pas rater le moment clé, parce que les combats étaient parfois très courts et on pouvait se faire surprendre. Il fallait avoir le visage de Mike pendant son punch, il avait toujours une expression très forte. Je pense que j'ai fait un bon travail ce soir-là même si ma photo du K.O. avec Trevor Berbick au sol est légèrement floue dans la partie basse, j'avais la corde du ring dans mon champ de vision.

Grâce à la relation que j'avais tissée avec Jim Jacobs, j'ai pu les rejoindre dans les vestiaires après le combat, ils avaient organisé une petite fête. Il n'y avait pas beaucoup de monde autour de lui, juste les dirigeants de Big Fights Inc., Jim Jacobs et Bill Cayton, la femme de Bill, les entraîneurs et quelques amis. C'était une fête très innocente, alors qu'il devenait le plus jeune champion du monde des poids lourds de l'histoire. J'avais l'impression d'être à une boom d'adolescents avec du soda et des ballons, pas d'alcool. Mike n'arrêtait pas de toucher sa ceinture, il était émerveillé et c'est normal après tout, il venait de réaliser son rêve et la prophétie de Cus. J'ai une photo que personne d'autre n'a, où il est assis dans son vestiaire avec la ceinture sur ses genoux et un grand sourire aux lèvres. Il est au téléphone avec Camille Ewald, qui était devenue sa maman de substitution, j'aimerais me souvenir de ce qu'il lui a dit, mais ça ne m'est jamais revenu en tête, je le regrette.

JE RESPECTE PROFONDÉMENT CETTE DISCIPLINE PARCE QUE J'AI COMPRIS QU'ELLE DEMANDE BEAUCOUP DE RÉFLEXION ET D'INTELLIGENCE.

Aussi étrange que ça puisse paraître pour beaucoup de gens qui m'entourent, fréquenter un si grand champion de près ne m'a pas donné envie de suivre la boxe davantage. Mais je respecte profondément cette discipline parce que j'ai compris qu'elle demande beaucoup de réflexion et d'intelligence. En suivant Mike et en voyant son attention sur les détails, il était clair pour moi qu'il ne s'agissait pas juste de monter sur le ring et de taper l'adversaire, il faut beaucoup de talent, de patience et un travail acharné pour devenir un bon boxeur.

Pour moi, un K.O., c'est quelque chose d'imprévisible et de stressant, parce que, à chaque fois que j'ai photographié Mike à ce moment fatidique, dans la seconde suivante, je me demandais si j'étais au bon endroit pour avoir une belle photo. C'est très joyeux lorsqu'on voit le boxeur qui a gagné, mais c'est aussi vraiment horrible parce qu'il y a l'adversaire qui est K.O., au sol et en souffrance, alors que la foule crie de joie. Ça rappelle un peu l'Empire romain et les gladiateurs. J'aimais aussi le respect qu'ils se témoignent après le combat, lorsque les deux pugilistes se serrent la main et se prennent dans les bras. Après tout, les deux hommes qui montent sur le ring savent pourquoi ils se présentent, ils y vont pour tenter de gagner par K.O.

« C'est très joyeux lorsqu'on voit le boxeur qui a gagné, mais c'est aussi vraiment horrible parce qu'il y a l'adversaire qui est K.O., au sol et en souffrance, alors que la foule crie de joie. Ça rappelle un peu l'Empire romain et les gladiateurs. »

Lori Grinker

1. Voir l'encadré, page 114.
2. Les Golden Gloves sont une compétition de boxe amateur aux États-Unis.
3. Voir l'encadré, page 113.
4. Leon Spinks devient champion du monde incontesté des poids lourds en battant Mohamed Ali via décision partagée, le 15 février 1978, à Las Vegas.
5. Le seul membre du staff originel de Tyson à continuer l'aventure après la rupture avec Rooney est Jay Bright.

La surprise du siècle

« Le 8 janvier 1990, je suis monté à bord d'un avion pour aller à Tokyo. Je hurlais et tapais des pieds. Je ne voulais pas aller combattre, tout ce qui m'intéressait à ce moment-là, c'était faire la fête et baiser des femmes. »

Ces mots très crus tirés de l'autobiographie[1] de Mike Tyson peignent une bien triste fresque de ce à quoi ressemble la vie du boxeur au tournant de la décennie 1990. L'insouciance, l'admiration et l'énergie cosmique dégagée par le Kid Dynamite ont laissé place au désordre le plus complet en dehors du ring. Mais comment ce jeune homme plein d'entrain à chaque combat, champion incontesté des poids lourds, au sommet de sa gloire et encore au début de sa vingtaine a pu soudainement se muer en boxeur blasé et indiscipliné ? Plusieurs étapes et incidents impactants ont bouleversé la vie et l'état d'esprit de Tyson.

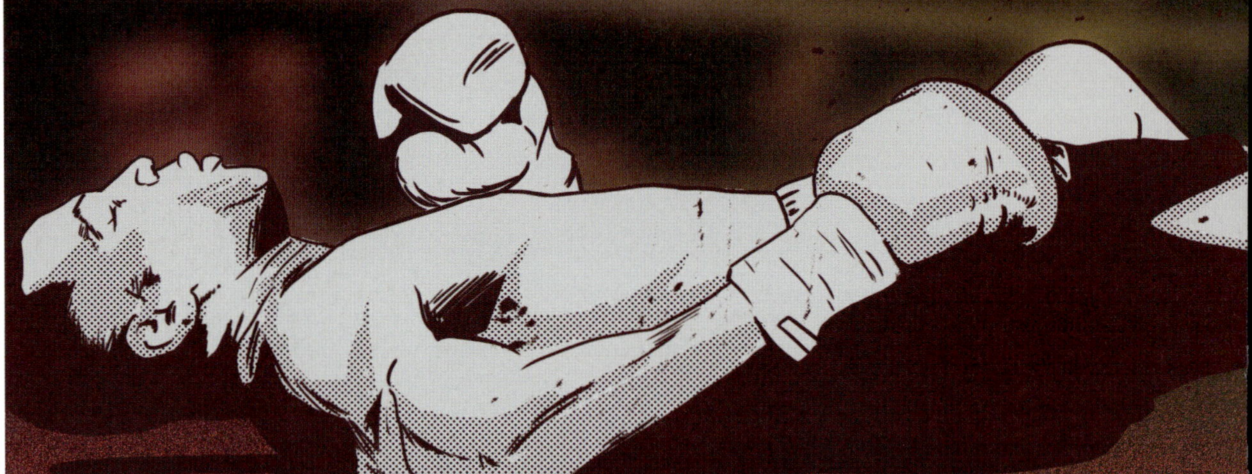

TALE OF THE TAPE

Dimanche 11 février 1990
Tokyo Dome, Tokyo
CHAMPIONNAT DU MONDE IBF, WBA,
WBC DES POIDS LOURDS
12 rounds
Arbitre : Octavio Meyran

Mike Tyson Iron Mike	VS	James Douglas Buster
37-0	Bilan	28-4-1
23 ans	Âge	29 ans
Droitier	Stance	Droitier
178 cm	Taille	192 cm
180 cm	Allonge	211 cm
99,7 kg	Poids	104,7 kg

En premier lieu, le décès de Jimmy Jacobs en mars 1988. Jacobs est le tout premier manager de Tyson et un ami proche de Cus D'Amato. Après son décès prématuré à l'âge de 58 ans, il laisse la carrière du champion entre les mains de son associé, M. Bill Cayton. Mais Mike n'aime pas les manières de faire de Cayton et le congédie pour faire appel aux services de Don King. L'homme à la coupe hirsute fait partie des courtisans depuis des années. La fonction de promoteur qu'il occupe depuis 1986 auprès de Tyson lui facilite la tâche pour accéder à la position idéale de manager en 1989. Pour King, c'est plus de profit et surtout plus de pouvoir sur la carrière du « roi soleil ». Un pouvoir quelque peu contesté par la présence de Kevin Rooney. L'entraîneur de Mike est un descendant direct de D'Amato en termes pugilistiques, mais il gêne beaucoup trop les plans du néomanager. La solution est vite trouvée, King force la main de son nouveau poulain pour qu'il se débarrasse non seulement de Rooney, mais aussi de tout l'entourage qui a contribué à son ascension vers les titres mondiaux depuis l'adolescence. Ce déracinement lui fait perdre tous ses repères, mais il voit en King un nouveau grand frère de substitution. Le promoteur s'engouffre dans cette brèche pour instaurer un régime totalitaire sur la carrière du *champ*.

Mike sort aussi d'un mariage court et chaotique avec la starlette Robin Givens[2]. Un divorce est prononcé en février 1989, mais Tyson tente toujours de la reconquérir. Jusque-là, tous ces soubresauts n'ont pas altéré ses performances sur le ring, il est toujours invaincu (37-0) et reste sur six défenses des titres WBC, WBA et IBF[3]. Pour sa septième sortie en tant que champion incontesté, Tyson doit se rendre à Tokyo, début 1990. Il connaît déjà le Japon puisqu'il a battu Tony Tubbs au Tokyo Dome, en mars 1988. Une véritable Tyson *mania* s'était emparée de la capitale nipponne et, forcément, question business, le chèque de 12 millions de dollars garantis pour le boxeur donne envie de renouveler l'expérience au pays du Soleil-Levant. Pour Tyson et Don King, le combat à Tokyo n'est qu'un rapide voyage d'affaires, le réel but du déplacement est d'empocher un bon paquet de dollars et de mettre l'eau à la bouche du monde de la boxe avant un duel Tyson vs Holyfield. Challenger numéro 1 au titre de champion du monde des poids lourds, Evander Holyfield, a lui aussi posé ses valises à Tokyo pour assister au combat. Il n'attend qu'une chose, un succès de Tyson net et rapide pour ensuite aller le défier.

Pour s'assurer de la bonne tenue de cette vaste séquence de communication, Don King choisit un adversaire sur mesure, suffisamment crédible pour monter sur le ring face à son poulain, mais incapable de réellement l'inquiéter, ce sera James « Buster » Douglas. Douglas est le challenger numéro sept, selon le classement établi par *The Ring Magazine*. Son bilan de 28 victoires, 4 défaites et 1 nul est respectable, d'autant qu'il a déjà combattu pour une ceinture mondiale. C'était en mai 1987 contre Tony Tucker pour le titre vacant de l'IBF, une défaite par *technical knock-out* en 10 rounds. Douglas a toujours eu la réputation de démarrer les combats très fort avant de tomber en panne d'endurance.

Dire que personne ne croit en une victoire de Douglas est un euphémisme. Jim Lampley et Larry Merchant, les commentateurs du combat pour la chaîne HBO, ne font même pas semblant pour vendre le combat aux téléspectateurs. Ils s'attendent tous les deux à voir une destruction *made in* Tyson en 90 secondes. Certains membres de la presse internationale laissent même éclater leur frustration, jugeant inutile un déplacement aussi long vers le Japon pour un combat censé durer moins d'un round. Les bookmakers américains estiment les chances de succès de « Buster » Douglas à 42 contre 1, l'équivalent d'une cote à 43, soit à peine un peu plus de 2 % de chance de s'imposer.

En plus de ça, le challenger vit une préparation troublée par le décès de sa maman 23 jours avant le combat et la mère de son fils souffre d'une maladie rénale. Touché psychologiquement, Douglas choisit tout de même d'aller au bout de sa mission impossible !

Tyson aussi est atteint mentalement, mais par d'autres maux. La discipline qui était la sienne pendant toute sa carrière est aux oubliettes, le champion prend ce combat à la légère. Pendant un mois sur le sol japonais, Mike passe plus de temps avec des femmes dans sa chambre d'hôtel que sur le ring pour s'entraîner. Les menus diététiques ont laissé place aux rails de cocaïne, substance dont il abuse sans se cacher de son entourage, qui n'est plus capable de le raisonner. Dans son autobiographie, le chanteur Bobby Brown affirme avoir rencontré Tyson la veille du combat lors d'une soirée mémorable. L'ex-mari de feu Whitney Houston dit que Mike refusait d'aller se coucher tôt, jugeant que Douglas était un amateur qu'il pourrait battre même s'il ne dormait pas pendant cinq semaines.

Pourtant, un sommeil réparateur aurait été de bon aloi avant de monter sur le ring peu après 12 heures. Décalage horaire oblige, les deux boxeurs doivent croiser le fer à l'heure du déjeuner à Tokyo, afin que le combat puisse être retransmis en prime time aux États-Unis. Le stade n'est pas plein, mais les 40 000 personnes présentes sous le dôme de Tokyo sont à moins d'une heure d'une des plus grandes surprises de l'histoire du sport. Malgré sa nuit mouvementée, Tyson n'affiche pas de cernes sous les yeux.

MARIAGE CHAOTIQUE AVEC ROBIN GIVENS

Courant 1987, Mike Tyson jette son dévolu sur Robin Givens, jeune actrice dans la sitcom *Head of the Class*. Givens a grandi dans un cadre sain, elle est diplômée et fait aussi du mannequinat. Bref, tout l'oppose à Tyson. Pourtant, ils se marient très rapidement après leur rencontre, en février 1988, lors d'une cérémonie privée. Le couple est glamour. Ils posent en une des magazines et apparaissent même ensemble dans une publicité pour Pepsi, mais l'envers du décor est beaucoup plus sombre. Selon Givens, Mike se montrait déjà violent avant même leur mariage. Plusieurs épisodes ont marqué leur vie de couple erratique et, après des mois de rumeurs dans la presse, ils décident de faire face en répondant à une interview en prime time sur ABC. Les propos tenus par Givens font peur et sont sans détour : « La vie avec Michael est une torture, un enfer, c'est pire que tout ce que j'aurais pu imaginer. Michael est un maniaco-dépressif, c'est un fait. Il a un côté effrayant, il est intimidant pour ne pas dire plus. Il me secoue, me pousse, il envoie des coups. » Assis à ses côtés, Mike ne bouge pas une oreille, mais il bout de l'intérieur. Le couple divorce en février 1989, Tyson se sent honteux, abandonné, et tente constamment de reconquérir son ex-femme. La boxe n'est plus sa priorité.

Il fait le long chemin vers le ring, toujours vêtu de son short noir, chaussures noires sans chaussettes et une simple serviette trouée à travers laquelle il passe sa tête et qui couvre son torse et son dos. Iron Mike gagnait beaucoup de ses combats grâce à l'intimidation. Son regard à quelques instants d'un combat avait un pouvoir paralysant sur l'adversaire, mais Douglas ne s'échappe pas et veut faire preuve de bravoure en le regardant droit dans les yeux.

Dès le 1er round, Douglas touche Mike Tyson à plusieurs reprises, des coups nets qui donnent l'impression que le champion n'est pas totalement entré dans le combat. Tyson n'est pas suffisamment mobile dans les premiers rounds et son coin remarque tout de suite que son rythme, son activité très intense et son timing habituel ne sont pas du tout au rendez-vous. Une image en close-up de la télévision américaine pendant une minute de repos montre Mike Tyson levant les yeux au ciel, tel un monsieur Je-sais-tout, lorsque son coach Aaron Snowell lui explique qu'il doit boxer sur la pointe des pieds. « Buster » Douglas est dominant, sans aucune contestation possible, sur les quatre premiers rounds, son allonge fait beaucoup de dégâts, au point que l'œil gauche de Tyson commence à prendre du volume. Ses hommes de coin n'avaient évidemment pas prévu un tel scénario. D'ailleurs, leur manque de vigilance en est la preuve, aucune des trois personnes présentes aux côtés de Tyson ce jour-là ne pouvait assumer le rôle de *cutman* et personne n'avait prévu le matériel nécessaire pour stopper le gonflement de l'œil.

Le public japonais autour des événements sportifs a toujours été plutôt calme. À partir du 5e round, la foule est silencieuse, comme abasourdie par le spectacle auquel elle assiste. Comment la machine à K.O. pouvait-elle s'enrayer ?

ÉPUISÉ PAR DE LONGUES SEMAINES DE FÊTES, D'ORGIES ET DE CONSOMMATION DE DROGUES, TYSON N'A PLUS SES SUPERPOUVOIRS DE FINISSEUR.

Le sursaut d'orgueil du champion intervient dans la 8e reprise, Douglas se montre trop confiant et baisse sa garde l'espace d'un instant. Ça suffit pour permettre à Tyson de l'envoyer au tapis grâce à un uppercut du droit court et sec. Douglas tombe sur le dos, il est conscient et frappe le sol avec son poing gauche, pour montrer son mécontentement. L'arbitre est comme à son chevet pour

TYSON ET KING, RELATION TOXIQUE

La collaboration très mouvementée entre Mike Tyson et Don King est un des moments forts de la carrière d'Iron Mike médiatiquement. Profitant de la mort du premier manager du champion, Don King prend en main la destinée du *baddest man on the planet*[10] en 1989, après plusieurs années dans le rôle de promoteur. Personnage incontournable de l'histoire de la boxe, King est souvent décrit comme faussement affable et diaboliquement intelligent. Son emprise sur les boxeurs qu'il manage est sectaire et son opportunisme, poussé à l'extrême. Il n'hésitera pas à essorer Tyson jusqu'à la dernière goutte.

Après la défaite face à Buster Douglas, Mike doit lutter contre son addiction à la cocaïne, divers problèmes judiciaires et des dettes qui s'accumulent. Pour « aider » son poulain à se refaire, King lui organise plusieurs combats face à des boxeurs indignes de son rang[11]. Les recettes sont juteuses et la majeure partie tombe dans les poches de King sans que Tyson s'en rende compte. Il est jugé coupable de viol en 1992 et sort de prison trois ans plus tard. Don King est là pour le remettre en selle. Ou plutôt pour profiter de ses dernières années de gloire avant de l'abandonner sans nouvelles. Mike s'en rend compte trop tard, il en vient aux mains avec son promoteur puis décide de le traîner devant les tribunaux en 1998 et réclame 100 millions de dollars en réparation. Il n'en recevra que 14. Il aura fallu près de dix ans de collaboration à Mike Tyson pour arriver à un constat amer sur Don King : « J'ai découvert que la personne que je voyais comme un père de substitution, comme un frère de sang se révèle être un vrai négrier, un vendu, il a fait plus de mal aux boxeurs noirs que n'importe quel autre promoteur dans l'histoire de la boxe. »

le compter, 4… 5… 6… Il se retourne pour regarder le responsable du chrono, 7… 8… 9…

Douglas a encore le gant droit au sol, mais le retire juste avant qu'Octavio Meyran ne le déclare battu par K.O. La cloche a retenti dans la seconde suivante pour signifier la fin du 8e round. Une vive polémique naîtra après le combat. Le clan Tyson estime que le compte de l'arbitre était beaucoup trop lent après ce knockdown.

L'IMPOSSIBLE EST ARRIVÉ, JAMES « BUSTER » DOUGLAS, INCONNU DU GRAND PUBLIC, EST CHAMPION DU MONDE INCONTESTÉ DES POIDS LOURDS APRÈS AVOIR BATTU MIKE TYSON PAR K.O.

Épuisé par de longues semaines de fêtes, d'orgies et de consommation de drogues, Tyson n'a plus ses superpouvoirs de finisseur. La 9e reprise est sans saveur, il est lent, emprunté et son œil gauche est sur le point d'être totalement fermé par les assauts de son adversaire. Douglas est comme transformé, il sait qu'il a face à lui un boxeur proche de la rupture.

« Buster » démarre le 10e round avec plusieurs jabs droits au visage de Tyson, qui n'est plus du tout en mesure de bouger sa tête. Douglas le touche durement avec un uppercut d'une précision chirurgicale et enchaîne avec une combinaison de quatre coups alors que Tyson s'écroule sur le dos dans le coin du challenger. Les entraîneurs de Douglas lui crient : « Reste au sol ! T'es fini ! » Comme lors du round 8, Octavio Meyran est au plus près du boxeur à terre pour compter. À 7, Tyson est encore à genoux pour récupérer son protège-dents, il le remet dans sa bouche comme il peut, se relève, mais, trop tard, l'arbitre le déclare battu par K.O.

L'impossible est arrivé, James « Buster » Douglas, inconnu du grand public, est champion du monde incontesté des poids lourds après avoir battu Mike Tyson par K.O. Cette défaite, la plus grande surprise de l'histoire de la boxe, est un tournant dans la carrière et la vie déjà bien tumultueuse d'Iron Mike. La WBA et la WBC mettront quelques jours à reconnaître James Douglas comme champion à la suite de la polémique du compte long de l'arbitre dans le 8e round. Incapable de reproduire une performance similaire, « Buster » Douglas aura un règne de courte durée en tant que champion[4].

« L'alcool, les femmes et tout ce qu'il avait comme problèmes ont eu raison de lui... »

INTERVIEW | AARON SNOWELL

Entraîneur chevronné, habitué à travailler avec des puncheurs et jamais effrayé à l'idée de devoir canaliser de fortes têtes, Aaron Snowell a travaillé avec Mike Tyson de 1988 à 1991. La collaboration a connu plusieurs rebondissements et Snowell était aux premières loges, dans le coin, à Tokyo, lorsque Mike Tyson a goûté à son premier revers par K.O. Il raconte en détail cette période très mouvementée de la vie d'Iron Mike.

Quelle était votre réputation en tant que coach lorsque vous avez accepté d'entraîner Mike Tyson en 1988 ?

J'avais déjà entraîné plusieurs champions avant de m'occuper de Tyson. J'étais en charge de la préparation de Julian Jackson, ancien champion du monde des super-welters et des poids moyens. C'était un puncheur redoutable. Je coachais aussi Tim Witherspoon, qui a été champion du monde des poids lourds WBC, WBA, et Ricky Parkey, qui a été champion du monde des cruiserweights *et possédait le record du K.O. le plus rapide dans l'histoire de la boxe en huit secondes. J'étais plutôt habitué à travailler avec des* knockout artists.

Vous étiez donc un entraîneur reconnu, mais comment votre collaboration avec Iron Mike a démarré ?

Je connaissais Mike depuis longtemps, pas personnellement, mais nos rapports étaient cordiaux, on s'entendait très bien. C'est lui-même qui m'a demandé directement de l'aider. Il était en plein divorce avec Robin Givens et avait pris vraiment beaucoup de poids. Il pesait plus de 135 kg quand j'ai commencé à travailler avec lui et il a fait appel à moi pour l'aider à perdre les kilos en trop. C'est comme ça que notre collaboration a démarré. Je l'ai fait descendre à un poids correct et il a décidé de me garder comme coach pour son premier combat contre Frank Bruno[5] *à Las Vegas.*

Parlez-moi du camp d'entraînement pour préparer le combat face à Buster Douglas. Combien de temps a-t-il duré et était-il aussi intense que d'habitude ?

Le camp a eu lieu à Las Vegas et a démarré douze semaines avant le combat. Tout était réuni sur le papier pour qu'il soit de très bonne qualité. Mike avait pour habitude de faire des camps très durs, mais, pour préparer Douglas, il ne s'entraînait pas très sérieusement, il quittait le camp de temps en temps, il disparaissait pour passer du temps loin du ring.

IMAGINEZ LA SCÈNE, MIKE TYSON, CHAMPION DU MONDE DES POIDS LOURDS, QUI VA VOIR SON EX-FEMME.

Justement, comment un coach gère la personnalité de Tyson et tout le drama qui l'entourait à cette époque ?

Il fallait y aller un jour après l'autre, ne pas faire de plan de travail précis sur plusieurs jours au risque de voir tout s'effondrer s'il décidait de manquer une séance. Heureusement, l'équipe autour de lui était de qualité, nous étions plusieurs à pouvoir lui parler, l'apaiser et l'aider à conserver un mental solide. Le principal problème, c'est qu'il était fou amoureux de Robin Givens et quand l'amour vous appelle, vous devez y aller ! (Rires.) Et Tyson est parti plus d'une fois. Ils avaient officiellement divorcé, mais il la voyait toujours, ils passaient beaucoup de temps au téléphone et lorsqu'elle lui demandait de venir la voir, elle appelait aussi les médias. Imaginez la scène, Mike Tyson, champion du monde des poids lourds, qui va voir son ex-femme. Il descend de l'avion et toutes les télévisions, la presse est là pour le cueillir, c'était une pagaille monstre à chaque fois parce qu'elle alertait un maximum de médias. Peu importe où elle était, lorsqu'elle appelait Mike, il y allait, et c'était la même folie à chaque fois.

Est-ce que la situation s'est apaisée, une fois que vous êtes arrivés au Japon ?

Pas vraiment (rires). Toute l'équipe, les coachs, les sparring-partners avaient pris l'avion pour Tokyo sans Mike, il nous a rejoints plus tard. Il ne voulait être qu'avec Robin Givens, il n'avait pas envie de s'entraîner et, je vais même plus loin, il ne voulait pas combattre.

Est-il vrai que, à un certain point durant le camp d'entraînement, Tyson ne voulait plus que vous l'accompagniez pour son jogging quotidien ?

Lorsqu'il avait du poids à perdre, on courait tout le temps ensemble. C'est ce que font habituellement les coachs, soit ils courent avec leur boxeur, soit ils les attendent à l'arrivée pour chronométrer les performances de l'athlète, mesurer les progrès en cardio, savoir quand ils sont à leur meilleur niveau et quand ils ont un coup de moins bien, c'est essentiel pour connaître l'étendue du travail à faire. Et, c'est vrai, pendant la préparation, Mike ne voulait plus que je sois à ses côtés, il ne voulait pas être dérangé.

Le camp a en fait été très difficile puisque, au Japon, Mike Tyson a fait un voyage au tapis lors d'une séance d'entraînement. C'était impensable de le voir aussi vulnérable dans un ring...

Ce n'était pas une simple séance, c'était lors d'un entraînement public sous les yeux des médias au Japon. Il a été touché par Greg Page[6]. Pour être totalement honnête, c'était en partie une glissade et en partie un knockdown à la suite du coup envoyé par son sparring-partner. Ce n'était pas la première fois que Tyson était mis en difficulté à l'entraînement. Même lorsqu'il était entraîné par Kevin Rooney, il lui est arrivé d'être touché durement, mais il a toujours été capable de surpasser ces petits incidents. Je vais vous dire une phrase prononcée par l'entraîneur de John L. Sullivan[7] *lorsqu'il a été battu : « L'alcool et les femmes ont eu raison de John L. Sullivan en une soirée ! » Et c'est exactement ce qui est arrivé à Mike Tyson, l'alcool, les femmes et tout ce qu'il avait comme problèmes ont eu raison de lui en une journée à Tokyo.*

La situation était très difficile à gérer, mais vous aviez sa confiance. Est-ce que, à un moment, vous avez pris le temps de simplement discuter de tout ça avec lui, pour le remettre dans le droit chemin ?

Bien sûr, nous avons eu une conversation entre quatre yeux et je lui ai dit ceci : « Tu n'es pas Superman, tu dois t'entraîner régulièrement et rester en forme, sinon tu vas te faire botter le cul comme n'importe qui d'autre. » Il m'a répondu : « Ne t'inquiète pas pour ça, si je perds, je prendrai mes responsabilités et j'assumerai la défaite. »

Comment décririez-vous le style de boxe de Mike Tyson ?

Il avait un style… bizarre. Et, pour perfectionner ce style particulier, les mouvements uniques qu'il était capable de faire sur le ring, il fallait absolument faire les exercices fondamentaux liés à ce style, le peek-a-boo style. *Le boxeur doit avoir sa garde au niveau du menton et le regard juste au-dessus des gants, il faut contrôler le centre du ring et mettre la pression sur l'adversaire en avançant et en faisant des mouvements du buste et de la tête qui créent des ouvertures idéales pour un contre-attaquant, comme l'était Tyson. Beaucoup de gens l'oublient, mais Mike était un des plus grands contre-attaquants de l'histoire des poids lourds. Pour maîtriser ce style, il faut à tout prix être dans une forme optimale, parce qu'il est énergivore. Il faut constamment être en mouvement et mettre la pression sur l'adversaire. Si vous n'êtes pas en forme, vous vivez un combat très pénible.*

Pourquoi Tyson ne portait jamais de peignoir ou de chaussettes pour aller sur le ring ?

Il n'aimait pas ça. C'était sa décision et il a créé une sorte de mythe autour de sa tenue. Il n'aimait pas non plus porter un casque de protection à l'entraînement, parce que, comme le disait Cus D'Amato, le casque crée un faux sentiment de sécurité pour le boxeur. Quand un boxeur se fait trop toucher au visage à l'entraînement avec un casque, il n'apprend pas forcément à bouger la tête. A contrario, lorsqu'il prend un ou deux coups solides au visage sans casque, ça fait réfléchir et ça le force à apprendre les mouvements de tête.

L'ŒIL N'ÉTAIT PAS VRAIMENT PROBLÉMATIQUE, LE RÉEL SOUCI ÉTAIT LES ERREURS QU'IL FAISAIT ET QUI L'AMENAIENT À ENCAISSER DES COUPS.

Parlons du début du combat, quel œil portez-vous sur les premiers rounds ?

Mike a boxé les premiers rounds avec les pieds ancrés au sol, il n'était pas sur la pointe des pieds, prêt à user de sa vivacité, comme d'habitude. Il arrivait tout de même à mettre la pression sur Douglas, mais, vous savez, tous les boxeurs ont un style d'adversaire qui leur donne des difficultés et, là, c'était le cas pour Tyson. Malgré ses difficultés, il a réussi à l'envoyer au tapis avec un uppercut, c'est un de ses coups préférés. Douglas est allé au sol, et le combat aurait dû s'arrêter là.

Avant de revenir sur le knockdown de Douglas, nous devons parler de la fin du 4e round. L'œil gauche de Tyson commence à gonfler et vous n'étiez pas équipés pour soigner ce type de blessure dans le coin, notamment avec l'aide d'un Enswell[8] ou d'un *cutman*...

Vous savez, cette situation était assez ironique parce que j'ai aidé le docteur Michael Sabia, l'inventeur de l'Enswell, à développer cet outil. Le cutman *en charge, ce jour-là, dans le coin, avait oublié son matériel, j'ai dû inventer quelque chose pour soigner cet œil gonflé. J'ai rempli d'eau très froide un gant en latex pour l'appliquer sur l'œil de Mike, c'était mieux que rien. L'œil n'était pas vraiment problématique, le réel souci était les erreurs qu'il faisait et qui l'amenaient à encaisser des coups. Il ne faisait pas les mouvements adéquats et il avait les pieds ancrés au sol. Et, pour perfectionner le* peek-a-boo style, *il faut s'y entraîner sans cesse et être dans une parfaite forme physique. En face, Buster Douglas a fait le combat de sa vie, il n'a jamais pu refaire une telle performance.*

CE DONT JE SUIS SÛR, C'EST QUE L'UPPERCUT DE BUSTER DOUGLAS A TOUCHÉ MIKE TYSON DIRECTEMENT AU MENTON DE LA MANIÈRE LA PLUS PRÉCISE POSSIBLE.

BUSTER DOUGLAS, UN RÈGNE DE COURTE DURÉE

À la suite de sa victoire inattendue, Buster Douglas n'a pas eu beaucoup de temps pour profiter de sa nouvelle notoriété. Après une petite tournée médiatique et quelques opérations commerciales, Douglas se voit proposer un montant faramineux pour une revanche contre Tyson, mais il refuse, il ne souhaite plus être associé de près ou de loin avec le clan Tyson-Don King. Son choix se porte sur Evander Holyfield, alors challenger numéro 1, et le combat a lieu en octobre 1990, huit mois après le miracle de Tokyo. Douglas se présente sur le ring en méforme, il pèse 111 kg, sept de plus qu'en février face à Tyson. Il s'incline par K.O. en 3 rounds et décide de mettre un terme à sa carrière à 30 ans. Après plusieurs années d'inactivité, Douglas atteint les 180 kg sur la balance et frôle la mort à la suite d'un coma diabétique. Il reprend sa vie en main et réussit un retour à la compétition en 1996, 8 victoires, 1 défaite, avant de définitivement raccrocher les gants en 1999.

Au 8e round, Tyson envoie Buster Douglas au tapis. Avant toute la polémique du compte long, quel a été le sentiment de votre coin lorsque vous avez vu Douglas se relever ?

Il se relève, c'est vrai, mais s'il avait eu un Mike Tyson en condition optimale, c'est-à-dire un des meilleurs finisseurs de l'histoire de la boxe, il aurait été assailli de coups comme jamais il ne l'a été auparavant. Si vous prenez le temps de regarder la vidéo du combat ou des photos de cet instant précis, Mike le fait descendre, il se met dans le coin neutre, mais il avait absolument tout donné dans le coup avec lequel il le touche durement. Il a son protège-dents qui sort de la bouche, il est complètement épuisé.

Dans la 10e reprise, Tyson encaisse un uppercut et fait à son tour un voyage au tapis. Son protège-dents est au sol. Pensez-vous qu'il aurait pu battre le compte de 10 s'il n'avait pas eu du mal à retrouver son protège-dents ?

Très honnêtement, je ne sais pas. Ce dont je suis sûr, c'est que l'uppercut de Buster Douglas a touché Mike Tyson directement au menton de la manière la plus précise possible. Un boxeur moyen aurait été directement mis K.O. par un tel punch sans pouvoir tenter de se relever. Plusieurs photos de ce coup existent, l'uppercut est vraiment propre et net sur le menton. Alors, oui, il a pris quelques secondes pour rechercher son protège-dents, il s'est mis sur un genou et s'est relevé et peut-être que, sans ces secondes, il aurait pu battre le compte de l'arbitre, mais il a été déclaré K.O. debout. L'arbitre a vu qu'il n'était pas apte à continuer et a arrêté le combat.

IL A LAISSÉ UNE TRACE INDÉLÉBILE SUR CE SPORT. LORSQU'ON PARLE DE NOTORIÉTÉ, DANS L'HISTOIRE DE LA BOXE, IL Y A ALI ET, ENSUITE, C'EST TYSON. CES DEUX HOMMES ONT FAIT DES CHOSES QUI SERONT RACONTÉES POUR L'ÉTERNITÉ.

Quelle était l'atmosphère dans les vestiaires après le combat ?

Tout le monde était énervé à cause du compte trop long de l'arbitre dans le 8e round. On pensait tous que le combat aurait dû s'arrêter là ou qu'au moins une revanche devrait avoir lieu. Mike Tyson n'a jamais eu l'opportunité de prendre sa revanche contre Douglas. Je pense que le Buster Douglas qui s'est présenté contre Evander Holyfield, quelques mois après, pour sa première défense des titres, n'aurait pas fait long feu contre Tyson.

Pourquoi votre collaboration s'est arrêtée en 1991 ?

1991, c'est la date à laquelle il est allé en prison et, quand il est sorti en 1995, j'étais très occupé avec mes boxeurs, dont certains étaient champions du monde. Lorsque Mike a été libéré, j'entraînais Frankie Randall[9] qui venait tout juste de battre Julio Cesar Chavez lors de l'inauguration du MGM Grand. Tyson a souhaité prendre un autre chemin, c'était son choix et je le respecte.

Si vous deviez définir le génie de Mike Tyson pour le K.O. en une phrase, que diriez-vous ?

Je ne vais utiliser qu'un seul mot : phénoménal ! Il a remporté 88 % de ses combats par K.O. Il est le seul à avoir mis K.O. Larry Holmes, un boxeur qui a un nombre incalculable de défenses du titre mondial. Terrasser Michael Spinks, comme il l'a fait, en 91 secondes dans le 1er round, tout ça, c'est hors du commun. Son règne de champion incontesté de 1987 à 1990 est incroyable, mais n'oublions pas ce qu'il a fait lorsqu'il n'était encore qu'un prospect. Son K.O. sur Marvis Frazier, par exemple, le fils de Joe Frazier, c'est inoubliable. Il a laissé une trace indélébile sur ce sport. Lorsqu'on parle de notoriété, dans l'histoire de la boxe, il y a Ali et, ensuite, c'est Tyson. Ces deux hommes ont fait des choses qui seront racontées pour l'éternité.

Est-il pour autant le plus grand *K.O. artist* de l'histoire ?

Il est tout proche du sommet avec Joe Louis et Rocky Marciano. Je ne peux pas définir un ordre, mais Louis, Marciano et Tyson sont des références.

Pour vous, qu'est-ce qu'un K.O. ?

Un K.O., c'est le moment spécifique où un boxeur réussit le coup parfait, en termes de précision et de timing, sur un nerf qui éteint le système nerveux et provoque un black-out. Aucun K.O. n'est identique à un autre !

1. Mike Tyson, *The Undisputed Truth*, paru en 2013.
2. Voir l'encadré, page 123.
3. Titres défendus face à Tyrell Biggs, Larry Holmes, Tony Tubbs, Michael Spinks, Frank Bruno et Carl Williams.
4. Voir l'encadré, page 129.
5. Tyson vs Bruno, combat pour les titres WBA, WBC, IBF des poids lourds, le 25 février 1989.
6. Greg Page, ancien boxeur (58 victoires, 17 défaites, 1 nul), champion du monde WBA des poids lourds en 1984.
7. John L. Sullivan, ancien boxeur, considéré comme le premier champion du monde de l'ère moderne en 1882.
8. Outil indispensable du *cutman*, l'Enswell est un morceau de métal conservé dans la glace muni d'une petite poignée, qui aide à réduire le gonflement du visage, des yeux et de la tête.
9. Frankie Randall, ancien boxeur (58 victoires, 18 défaites, 1 nul), ancien champion du monde WBC et WBA des *super lightweights*.
10. « L'homme le plus mauvais sur Terre », un des surnoms donnés à Mike Tyson.
11. Mike Tyson affronte Henry Tillman, Alex Stewart et Donovan Ruddock (deux fois) entre juin 1990 et juin 1991.

TALE OF THE TAPE

Samedi 8 juin 2002

The Pyramid, Memphis

CHAMPIONNAT DU MONDE WBC, IBF, IBO ET THE RING DES POIDS LOURDS

12 rounds

Arbitre : Eddie Cotton

Mike Tyson Iron Mike	VS	Lennox Lewis The Lion
49-3	Bilan	39-2-1
35 ans	Âge	36 ans
Droitier	Stance	Droitier
178 cm	Taille	196 cm
180 cm	Allonge	213 cm
106,1 kg	Poids	112,9 kg

Hors de contrôle

« Je vais lui ôter sa putain de vie ! Les anciens adversaires de Lennox Lewis n'ont pas vu ce que j'ai vu dans ma vie. Je suis fait pour ça, j'ai été au Valhalla[1], j'ai vu les personnes les plus cruelles et vicieuses au monde et elles m'ont accepté comme un des leurs. Il ne peut pas me stopper, j'le baise. Je vais être victorieux et destructeur, façon Mike Tyson. »

Le Tyson du début des années 2000 est un homme constamment en colère. Ces phrases, prononcées lors d'une interview promotionnelle quelques mois avant son combat face à Lennox Lewis, ont le goût acide de la peur mêlée à la haine. Iron Mike va au-delà du *trash talk*, il est menaçant. Menaçant envers Lewis, envers le journaliste qui mène l'entretien, envers son propre entourage qui tente de le calmer. Il estime être seul contre tous, une posture qu'il a adoptée depuis sa sortie de prison en 1995. Pendant un peu moins de trois ans, l'ancien champion du monde incontesté a connu l'âpreté du système carcéral américain, après avoir été reconnu coupable de viol en 1992[2]. À l'air libre, Mike veut tout croquer, sur le ring et en dehors. Son retour convaincant à la compétition en août 1995 rassure la planète boxe. Le noble art a besoin de cet animal médiatique devenu incontrôlable, mais toujours aussi *bankable*.

Six ans après sa défaite contre Buster Douglas, Tyson retrouve enfin le sommet de la hiérarchie mondiale. Son succès en 3 rounds contre Frank Bruno lui donne le droit d'arborer la ceinture de champion WBC. Un titre qui lui est rapidement retiré, puisque la fédération basée au Mexique voit d'un mauvais œil le combat suivant face à Bruce Seldon, alors champion WBA. L'unification des titres prévue n'a pas lieu, mais Mike passe moins de deux minutes sur le ring pour récupérer la ceinture WBA. C'est ce titre-là qu'il défendra lors de son premier duel contre Evander Holyfield.

Tyson vs Holyfield, c'est l'opposition de deux conceptions de la boxe. Le cœur, l'abnégation, l'héroïsme de l'un. Contre la rage, la brutalité et la volonté de nuire à l'intégrité physique de l'autre. En fin de compte, c'est le bien contre le mal... Le statut de champion du monde n'est que secondaire dans cette rivalité[3].

Le monde veut savoir qui du ying et du yang sortira vainqueur et, à deux reprises, Holyfield s'impose. Le second duel, tristement connu comme celui de la morsure d'oreille, montrera l'aspect bestial et primaire de la faillite mentale de Tyson, en mondovision.

Après plus d'un an de suspension, Mike retrouve une licence et, entre janvier 1999 et octobre 2001, il livre six combats face à des adversaires très loin de son pedigree en termes de niveau et de notoriété. L'attrait de ces échéances réside dans les frasques et les comportements outranciers qu'exhibe Tyson à chaque fois qu'il est en action. Contre François Botha, il est tout proche de casser le bras du Sud-Africain pendant un accrochage. Lors de sa victoire face à Lou Savarese, il fait faire un voyage au tapis à l'arbitre, à la suite d'un coup involontaire, alors que celui-ci tentait de s'interposer pour mettre fin au combat. La victoire par K.O. contre Andrew Golota est finalement un no-contest après le test positif de Tyson à la marijuana. Iron Mike est hors de contrôle, mais, dans ses rares moments de lucidité, il garde un œil sur les titres mondiaux, qui sont alors entre les mains de Lennox Lewis. Après un de ses combats sans panache, il n'hésite pas à l'agresser verbalement à distance : « Lennox Lewis, je suis prêt pour toi ! Je suis le meilleur de tous les temps, je suis le champion le plus brutal,

TYSON ET LA PRISON

Accusé de viol par une jeune mannequin nommée Desiree Washington en 1991, Tyson est jugé coupable en mars 1992 et doit purger une peine de six ans de prison. Derrière les barreaux de l'Indiana Youth Center, il n'y a plus d'icône, plus de titres de champion du monde et les millions de dollars glanés sur le ring ne sont qu'une vaste chimère. Pourtant, Tyson décrit sa période de détention comme les « trois plus belles années de sa vie » : « Je n'avais plus ma vie luxueuse, mais j'avais l'esprit tranquille. L'argent n'a aucun sens quand vous n'êtes pas en paix. J'étais loin de tout le stress qui m'entourait lorsque j'étais libre. » Comme beaucoup de prisonniers, Mike s'entretient physiquement comme il le peut. Il n'a pas accès au matériel d'entraînement spécifique des boxeurs et ses poings sont considérés comme des armes blanches. Son travail d'endurance se résume à courir pendant des heures dans sa petite cellule. Il réussit à passer de 130 à 98 kg sur la balance en deux ans et demi. Il n'est pas isolé, ses interactions avec le reste de la population carcérale sont courtoises, mais il provoque plusieurs altercations avec les gardiens de la prison, dont il n'apprécie pas les familiarités. Parmi ses visiteurs, il peut compter sur le rappeur Tupac Shakur. Il lit énormément, découvre l'Islam et devient musulman. Il sort de prison en mars 1995 pour bonne conduite avec, sur son corps, des tatouages d'Arthur Ashe, Che Guevara et Mao Zedong. Son retour sur le ring a lieu dès le mois d'août de la même année face à Peter McNeeley, un succès qui a tout de suite réveillé son ego : « Je suis de retour, bande d'enfoirés, vous ne m'avez pas brisé ! »

le plus impitoyable et le plus vicieux de tous les temps. Lennox est conquérant ? Non, c'est moi, Alexandre le conquérant. Je suis comme Sonny Liston et Jack Dempsey. Je suis féroce, je veux manger ses enfants, je veux son cœur. »

Drôle de manière de plaider sa cause pour obtenir une nouvelle chance mondiale, mais les appels du pied toujours plus trash font leur chemin et attirent l'attention du Britannique. Lennox Lewis veut la peau de Tyson, et ce depuis de longues années. Né à Londres, de parents jamaïcains, Lennox Claudius Lewis a grandi au Canada à partir de l'âge de 12 ans. C'est d'ailleurs le pays à la feuille d'érable qu'il représente à deux reprises aux Jeux olympiques de 1984 et 1988. Sa longue carrière de boxeur amateur l'amène à côtoyer tous les phénomènes de sa génération, et Mike Tyson ne fait pas exception. En 1984, Lewis n'a que 18 ans lorsqu'il passe quatre jours à Catskill pour s'entraîner avec et contre Tyson. Encore vivant à l'époque, Cus D'Amato est alors persuadé que ces deux jeunes boxeurs s'affronteront au niveau professionnel.

Avant de passer pro, Lewis croise le fer avec un autre prodige poids lourd américain. En finale des J.O. de Séoul en 1988, il obtient l'or olympique en battant Riddick Bowe par arrêt de l'arbitre. Il quitte le Canada pour passer professionnel l'année suivante et sa victoire face à Donovan Ruddock, en octobre 1992, le place en parfaite position pour affronter Bowe de nouveau, puisqu'il est le tenant du titre au sein de la WBC. Mais l'Américain décide abruptement de laisser la ceinture vacante et Lewis devient champion du monde en dominant Tony Tucker.

Lennox est un très bon champion. Pourtant, lors de sa 4e défense de titre, il s'incline par *technical knockout* contre l'improbable Oliver McCall. Il lui faut deux ans pour récupérer sa ceinture lors d'une revanche. Entre-temps, il change d'entraîneur et opte pour le style plus direct d'Emanuel Steward. Son deuxième règne sera époustouflant. Neuf défenses de titre, dont notamment deux combats face à Evander Holyfield en 1999, un match nul et une victoire par décision unanime, qui lui permettent de devenir champion du monde incontesté des poids lourds. Rien ne semble pouvoir l'arrêter, mais, un soir d'avril 2001, l'Anglais trouve Hasim Rahman sur sa route. Comme contre McCall en 1994, Lewis trébuche face à un challenger inattendu, une défaite par K.O. en 5 rounds. Les titres sont récupérés huit mois plus tard lors d'une revanche, mais ce revers laisse plusieurs questions sans réponses.

Notamment sur le caractère de Lennox, est-il un champion trop sage ? Trop civilisé pour faire régner la terreur sur la division poids lourds ? Il s'exprime bien, joue aux échecs, c'est un commandeur de l'ordre de l'Empire britannique, autant d'attributs remarquables lorsqu'on postule à l'entrée au sein d'un *gentlemen club*, mais qui n'ont aucune valeur aux yeux des fans de boxe les plus hardcore. Le meilleur moyen pour Lewis de répondre à ces interrogations et d'éclipser Tyson, c'est de le battre, sans laisser de place au doute.

Comme toujours, les négociations pour organiser le combat sont très difficiles. Au-delà de l'aspect financier, il s'agit aussi de trouver un accord entre deux mastodontes télévisuels. Lennox Lewis est sous contrat avec la chaîne HBO et Mike Tyson est lié à la chaîne Showtime. Les deux antennes ennemies veulent l'exclusivité sur ce combat, ce sera finalement une codiffusion, pour la première fois de l'histoire de la télévision américaine.

Rendez-vous est pris à New York en janvier 2002 pour un événement promotionnel où les deux boxeurs feront leur premier face-à-face sous les yeux de la presse. Tyson est annoncé et monte sur l'estrade, suivi d'une horde d'accompagnateurs tous très agités. Lewis, tout endimanché, apparaît à son tour sur l'estrade et fait face à son futur adversaire. Quelques mètres les séparent, mais Tyson ne résiste pas à la pulsion qui le force à aller provoquer une bagarre générale. Les agents de sécurité de l'Anglais, la police, l'équipe de Tyson, tous sont impliqués. Lewis expliquera par ailleurs avoir été mordu à la cuisse par Mike pendant l'incident, on ne se refait pas.

Résultat, le combat prévu en avril doit être reprogrammé pour le mois de juin et change de lieu. Las Vegas ne veut plus accueillir le *fight* et retire la licence de Tyson. New York et Atlantic City tournent la tête lorsque les promoteurs tentent de sonder le Madison Square Garden ou un des casinos de la ville du New Jersey. Lewis vs Tyson aura finalement lieu à Memphis dans le Tennessee, une ville hôte inédite pour un championnat du monde d'une telle envergure.

Le 8 juin 2002, c'est un sentiment particulier qui s'empare de la Pyramid. L'ancienne salle des Memphis Grizzlies (NBA) accueille un combat, entre deux boxeurs de plus de 35 ans, dont les plus belles années sont derrière eux. Pourtant, le duel passionne bien au-delà même du public du noble art.

Les officiels qui veillent à la bonne tenue de l'événement décident de séparer les deux coins sur le ring par une rangée d'agents de sécurité, une sorte de rideau de fer humain qui traverse le quadrilatère pour éviter tout problème entre les deux boxeurs avant le premier son de cloche.

Chaque pugiliste monte dans sa partie du ring et ne peut en sortir. Jimmy Lennon Jr. endosse son rôle d'annonceur pour Mike Tyson et Michael Buffer assure l'introduction pour Lennox Lewis. Le champion incontesté ne quitte pas Tyson des yeux un seul instant au-dessus du cordon de sécurité. Il le sait, sa « *street* crédibilité » se joue ce soir et, aussi puéril et futile soit cet enjeu, c'est une de ses principales motivations.

TYSON EST LENT, MANQUE DE PRÉCISION, SA CONFIANCE S'EFFRITE À CHAQUE COUP ENCAISSÉ. LENNOX LEWIS EST MAJESTUEUX.

Tyson est très agressif dans le 1er round. Après seulement vingt secondes, il parvient à coincer Lewis dans un coin, mais Lennox s'en sort grâce à plusieurs uppercuts. Mike est surpris par cette riposte et confesse à son coin qu'il a été durement touché au terme des trois minutes inaugurales. Dès le 2e round, la plupart des observateurs autour du ring voient déjà se dessiner le dénouement du *fight*. Tyson est lent, manque de précision, sa confiance s'effrite à chaque coup encaissé. Lennox Lewis est majestueux, il utilise parfaitement son avantage physique sur Tyson en s'appuyant sur lui. 18 centimètres les séparent et Lennox peut façonner ses combinaisons sur une allonge de 213 centimètres.

Au 4e round, Tyson est déjà épuisé, son œil droit est gonflé et il est malmené par Lewis lors de chaque accrochage. Après 2 min 45 s très douloureuses, Lennox touche Tyson durement grâce à un crochet du droit. Les genoux d'Iron Mike fléchissent, et Lewis s'appuie sur lui comme pour le forcer à faire un voyage au tapis. Il s'allonge sur le dos, l'arbitre a clairement vu la manœuvre de Lewis et ne compte pas Tyson, mais son visage transpire l'incompréhension et le désespoir. Il retire un point à Lennox.

Lors de la minute de repos avant la 5e reprise, Emanuel Steward est furieux contre son boxeur, il lui frappe le torse : « Tu vas te faire toucher par un coup sorti de nulle part ! Accélère, le mec est fini ! Tu as un homme mort face à toi. »

Toujours plus facile à dire qu'à faire lorsqu'on est homme de coin. Lennox n'accélère pas pour deux raisons. La première est factuelle, il s'est cassé la main droite en tout début de combat et ne peut donc pas aller chercher le coup dur tout de suite. La seconde révèle un côté plus sombre du gentleman Lewis. Il prend plaisir à infliger une punition à celui qui menaçait ses enfants pour promouvoir le combat. Mike est totalement surclassé, il souffre autant pendant les rounds que lors des minutes de repos, où son coin, désorganisé, essaie de soigner les trop nombreuses coupures et les gonflements.

Dans le 8e round, c'est avec un uppercut que Lewis fait plier les genoux de Mike. Pas de voyage au tapis, mais l'arbitre le compte debout, le champion incontesté a 1 min 25 s pour parachever sa plus belle œuvre. À 50 secondes de la fin du round, il envoie son plus beau direct du droit du combat et accompagne Tyson vers le sol. La fierté de la bête blessée l'oblige à essayer de se redresser, mais le compte de l'arbitre arrive à dix alors qu'il a encore un genou à terre.

Lennox Lewis confirme qu'il est un des plus grands boxeurs poids lourds de sa génération en mettant une fin définitive à la mystique qui entourait Mike Tyson.

TYSON VS HOLYFIELD I ET II

Son retour en 1995 ouvre le champ à un duel face à Evander Holyfield. Les deux hommes devaient s'affronter dès 1991, mais la défaite de Tyson contre Douglas avait mis fin au projet. Cinq ans plus tard, tout est enfin réuni pour organiser le *superfight* le plus attendu de la décennie. Tyson est redevenu champion du monde après sa victoire contre Bruce Seldon[5]. Holyfield veut de nouveau arborer les couronnes mondiales deux ans après la perte des titres WBA et IBF contre Michael Moorer.
Lors du premier combat en novembre 1996, Tyson est victime d'une coupure près de l'œil gauche due à un choc de tête involontaire. Il est beaucoup moins précis qu'Holyfield qui boxe en contre et s'impose par arrêt de l'arbitre au 11e round.
La revanche a lieu sept mois plus tard et reste un des moments les plus rocambolesques de l'histoire de la boxe et du sport, aussi connu comme « le combat de la morsure d'oreille ».
Dans le 3e round, Iron Mike a déjà une coupure à la paupière de l'œil droit due à un coup de tête involontaire de son adversaire. Lors d'un accrochage, on voit clairement Tyson ouvrir la bouche et mordre l'oreille droite d'Holyfield. Furieux, Evander laisse éclater sa frustration, son oreille saigne abondamment, l'arbitre stoppe le chrono, mais Tyson veut continuer le combat et bouscule Holyfield vers les cordes, alors qu'il lui tournait le dos. Mills Lane fait intervenir le médecin officiel. Il pense à disqualifier Tyson, mais opte pour une déduction de deux points. Le combat reprend avec moins de trente secondes dans le round, les deux boxeurs s'accrochent et Mike mord, cette fois, l'oreille gauche d'Holyfield. L'arbitre ne le voit pas directement et disqualifie Tyson lors de la minute de repos précédant le 4e round. Mike affirme que ces morsures étaient une réponse aux nombreux coups de tête donnés par son adversaire. Après ce triste incident, la commission athlétique du Nevada lui retire sa licence[6] et lui inflige une amende de 3 millions de dollars. Plus de dix ans après le combat, Tyson présentera ses excuses sur le plateau télé du *Oprah Winfrey Show* (2009), des excuses acceptées par Holyfield.

« On se regarde avec Jean-Claude et on se dit que c'est fini pour Tyson sur un ring... »

INTERVIEW | CHRISTIAN DELCOURT

Christian Delcourt a bercé les nuits de millions de Français fans de boxe pendant plus de vingt ans. Accompagné par Jean-Claude Bouttier, il a été l'interlocuteur des plus grands boxeurs des années 1990-2000, et sa passion pour le storytelling l'a amené à créer des séquences inédites pour Canal+. Ce fut le cas plusieurs fois avec Mike Tyson en marge de ses combats.

Combien de temps avez-vous passé à Canal+ ?
Je suis arrivé en juillet 1989, il y avait très peu de journalistes. Thierry Gilardi, Pierre Sled, Jean-Philippe Lustyk, Philippe Doucet qui est arrivé juste avant moi et Charles Biétry. J'ai vu tous les autres arriver. Quand je suis parti en 2010, on était à peu près 150.

Le service boxe de Canal+ avait une tradition. Tous les journalistes qui souhaitaient commenter des combats devaient disputer au moins un round avec le consultant et ancien boxeur Jean-Claude Bouttier[4]. Comment se sont passées vos trois minutes ?
Jean-Claude me disait tout le temps : « Tu ne peux pas commenter de la boxe si t'es pas monté sur le ring. » J'ai tout de même fait un peu de boxe française parce que j'étais prof d'éducation physique, mais c'était une séance de deux heures par semaine, pas grand-chose. Au départ, Jean-Claude voulait qu'on fasse trois rounds de 3 minutes et, au final, on n'en a fait qu'un seul. Je ne l'ai jamais touché une seule fois ! Il avait la cinquantaine, sa carrière de boxeur était terminée depuis au moins vingt ans. Il s'amusait avec moi et, à un moment, il m'a touché un peu plus fort au plexus, j'ai pris ce coup et j'ai eu le sternum fêlé. Il n'y a qu'un seul témoin de ce round, c'est un ami de Jean-Claude. Heureusement, parce que beaucoup de monde n'y croirait pas (sourire).

Jean-Claude Bouttier était une figure de la boxe en France, déjà lorsqu'il était sur les rings, mais aussi pour son travail au micro avec vous...
On a travaillé plus de vingt ans ensemble. Jean-Claude, ce n'était pas juste un collègue ou un ami, c'était comme mon frère. Une des choses que je trouvais admirables chez lui, c'est qu'il ne mettait jamais en avant sa carrière de boxeur, il

n'en parlait pas. C'était quelque chose qu'il avait vécu intensément, mais il était passé à autre chose. Jean-Claude, c'était aussi un passeport incroyable dans le milieu de la boxe ! C'est une vraie icône dans le monde entier pour les amateurs de noble art, les journalistes, les officiels. Tout le monde connaissait Jean-Claude.

Canal+ avait une relation plus ou moins privilégiée avec Mike Tyson tout au long de sa carrière, en tant que diffuseur de ses combats en France. Quelle a été votre première interaction avec lui ?

Les combats de la fin des années 1980 étaient commentés par Charles Biétry. J'ai commencé à commenter la boxe pour Canal en 1990. D'ailleurs, j'étais le journaliste de secours dans nos locaux à Paris pour le combat entre Tyson et Douglas à Tokyo. Ensuite, il y a eu sa période en prison. Donc, je ne l'ai pas rencontré, mais j'ai préparé toute l'interview de Charles qui était allé le voir au pénitencier. La première fois que je l'ai vu physiquement, c'était en 1995, lors de son combat de retour contre Peter McNeeley à Las Vegas. Nos regards se sont croisés pour une raison assez drôle, mais je ne peux pas dire que c'était une interaction.

JE N'ARRIVAIS PAS À Y CROIRE, JE ME SUIS LEVÉ POUR REGARDER DE PLUS PRÈS ET C'ÉTAIT BIEN ÇA, UN MORCEAU D'OREILLE AU SOL.

Pour quelle raison ?

Il y avait 75 caméras lors de sa première conférence de presse, je les ai comptées. Les journalistes télé étaient tous à au moins 25 mètres, il fallait absolument respecter les règles. Moi, j'étais un peu plus débrouillard, j'avais un caméraman américain et je lui ai dit que je voulais des images exclusives. On s'est approchés de l'estrade, on était en contre-plongée juste en face de Tyson et il remarque qu'il y a une caméra tout près de lui. Il commence à me fixer et il fait craquer son cou… Il m'a fait tellement peur. Ça a duré 20 secondes, je me suis dit : « Oh putain, qu'est-ce que j'ai fait ? »

Vous étiez donc là aussi lorsqu'il a mordu l'oreille d'Evander Holyfield. Comment avez-vous vécu cette scène surréaliste ?

J'étais à trois mètres du ring et j'ai vu l'oreille d'Holyfield tomber. Je n'arrivais pas à y croire, je me suis levé pour regarder de plus près et c'était bien ça, un morceau d'oreille au sol. Lorsque l'arbitre a arrêté le combat et qu'il y a eu la cohue sur le ring, j'ai vu un type donner un coup de pied dans le morceau d'oreille qui est tombé par terre. J'ai un souvenir très clair de ce moment. Ensuite, une personne a récupéré ce morceau et devait soi-disant le mettre dans du chloroforme dans une petite bouteille, mais, finalement, l'oreille a été volée avant d'être récupérée, quelque temps après.

Quel est votre meilleur souvenir de Mike Tyson ?

C'est en 2000. Tyson me reconnaissait, il savait que j'étais le blond qui travaille pour une chaîne française et il aimait bien la France. Il combattait à Manchester contre Julius Francis et j'avais eu l'idée de faire un entretien croisé entre Éric Cantona et Mike Tyson.

Éric Cantona était un fan de Tyson ?

Je ne sais pas s'il était fan de Tyson, mais il adorait la boxe. Et, surtout, il n'était jamais revenu à Manchester, trois ans après la fin de sa carrière là-bas. J'ai appelé Richard Aujard, un photographe que je connaissais très bien, pour qu'il en parle avec Éric et il a accepté en cinq minutes. J'ai aussi eu l'idée de faire venir un fan absolu de Tyson avec nous, pour faire un sujet qui avait pour angle « un fan à la découverte d'un combat de Tyson ». Il s'appelle Olivier Robert et il avait un album de photos incroyables sur toute la vie de Mike, des photos vraiment inédites.

Comment s'est passé le retour de King Éric à Manchester ?

D'abord, j'ai prévenu le clan Tyson, pour qu'on puisse faire l'interview. On leur a expliqué qui était Éric Cantona et on leur a bien précisé qu'il n'était pas revenu à Manchester depuis trois ans, que ce serait un gros événement et l'idée leur a plu, ils ont accepté. On va le chercher à l'aéroport avec son frère Joël et Richard Aujard, et, dès qu'on arrive près de l'hôtel, dans la rue, il y a des supporters de Manchester United qui voient Éric Cantona, ils se mettent à crier : « Hey, The King ! ÉRIC ! ÉRIC ! » Une demi-heure après, il y avait déjà cinquante fans qui étaient dans l'hôtel et qui cherchaient la chambre où pouvait être leur idole. La direction de l'hôtel a été obligée de faire venir la police pour bloquer l'accès. Sauf que c'était déjà trop tard, la rumeur s'est répandue à une vitesse incroyable, Éric Cantona était bien de retour à Manchester. On a été obligés de courir dans les rues pour aller manger dans un restaurant italien tout près. Le restaurant a fermé ses portes pour qu'on soit tranquilles, mais on entendait les « OUH, AH, CANTONA ! » derrière la baie vitrée (rires). Après ça, on est rentrés à l'hôtel avec l'aide de la police.

Y a-t-il eu d'autres péripéties avec Éric Cantona ?

Pas de péripéties, mais un moment fort en émotions. En rentrant à l'hôtel après ce dîner, le fan de Tyson a demandé à Éric de venir dans sa chambre, il voulait lui montrer quelque chose. On ouvre la porte et Olivier Robert avait décoré toute la pièce avec des posters, des accessoires, des t-shirts et des gants à l'effigie de Mike Tyson. Éric regarde ça et il est émerveillé. Il se rend compte que c'est un vrai fanatique, quelqu'un qui voue un culte à une personnalité. Éric a été idolâtré à Manchester et il prenait conscience de ce que certaines personnes pouvaient ressentir pour lui. Des larmes ont commencé à couler de ses yeux, on a tous eu des larmes aux yeux et j'ai dit à mon caméraman de ne pas filmer ça, c'était un moment pour nous. On est restés 30 minutes dans cette chambre et Éric était vraiment marqué.

L'HOMME AUX MILLE VIES

Mike Tyson ne fait pas exception. Comme presque toutes les autres légendes de la boxe, sa fin de carrière se fait sans gloire. Après la défaite contre Lewis en 2002, il glane tout de même sa 50e et dernière victoire face à Clifford Etienne en 2003. Suivront deux défaites en 2004 et 2005 aux mains de Kevin McBride et de Danny Williams. À 39 ans, il tire le rideau sur une carrière de 20 ans[7].
Surendetté, il accepte d'être l'égérie de plusieurs compagnies américaines, une pratique qu'il avait parfois boudée durant ses années dans le quadrilatère. Il tente de se lancer dans la promotion de combats avec Iron Mike Productions en 2013, mais l'expérience est de courte durée. Des autobiographies et documentaires au long cours sur sa vie sont présentés au public avec sa collaboration et il rencontrera un joli succès avec son one-man-show *The Undisputed Truth* (2013). Entre diverses apparitions pour les plus grandes fédérations de catch et dans des films, Mike Tyson est aussi producteur de marijuana depuis 2018. Sa marque Tyson 2.0 vend des produits haut de gamme dérivés du cannabis. Un *coffee shop* à son nom a été inauguré à Amsterdam en 2023. Parmi les produits phares, les clients pourront trouver des gommes à mâcher en forme d'oreilles, les Mike Bites[8].

Personnellement, c'est le plus grand moment de ma carrière de journaliste.

Avez-vous réussi l'entretien croisé avec Tyson ?

Malheureusement, non, l'entretien devait être le plus grand moment de notre reportage, mais, dans la nuit, vers 1 heure du matin, la veille du combat, Éric m'appelle et me dit que sa fille a eu un souci de santé très urgent. Il a dû rentrer à Barcelone. En revanche, Tyson a rencontré Olivier Robert.

Racontez-moi cette rencontre...

Il y en a eu deux. La première a eu lieu à quelques jours du combat. Tyson faisait son entraînement pour la presse dans un hôtel à Londres avant de monter vers Manchester. J'étais là avec le fan et, dès qu'on arrive dans la salle, il se met à crier « OH, MIKE ! OH, MIKE ! I HAVE YOUR BOOK! » en brandissant son album. Tyson était sur le ring, il s'est tourné vers nous et ne comprenait rien à ce qui se passait. On a failli se faire expulser de la salle (sourire). À partir de là, mon but, c'était d'avoir une séquence où Tyson croiserait son fan avec son livre. On savait que Mike ne passerait pas par la sortie principale, donc on l'a attendu dans les cuisines et, bingo, après son entraînement, il débarque. Je pousse le fan vers lui et les gardes du corps sortent les dents. Heureusement, Mike me reconnaît un peu et la situation se calme. Ils se dirigent tous vers l'ascenseur et, là encore, je pousse le fan et mon caméraman avec Tyson et ils montent tous ensemble, ça fait une séquence folle.

Vous les avez retrouvés par la suite ?

Oui, on a laissé Tyson prendre sa douche. Il nous a rejoints brièvement dans un couloir de son étage et il a ouvert le fameux album. Dedans, il y avait notamment des photos de Mike lorsqu'il a mordu Holyfield et tous les deux ont bien ri en les revoyant. C'est une séquence qui a fait le tour du monde et, lorsqu'on est sortis de là, tous les journalistes anglais et américains voulaient nous racheter les images, mais c'était hors de question !

Comment s'est passée la deuxième rencontre ?

J'avais prévenu le clan Tyson que, finalement, Éric Cantona ne pouvait pas venir. La demi-sœur de Mike, avec qui j'étais en contact, me dit qu'il veut bien voir son fan qui était là avec moi. Les gardes du corps nous encerclent et ne veulent pas nous laisser repartir, parce que Mike voulait l'album d'Olivier Robert. Nous, évidemment, on était partants pour faire cet entretien. Du coup, ils réveillent Tyson alors qu'il était 20 heures, la veille de son combat. Ils font l'interview avec Olivier et Mike regarde une nouvelle fois le bouquin qu'il avait découvert à Londres. En tournant les pages, il voit une photo de son père qu'il n'a jamais vu en vrai parce qu'il l'avait abandonné. D'un coup, il dit : « Mais c'est mon père ! Je veux cet album ! » C'est mon plus grand moment avec Tyson. Un tel entretien à la veille d'un combat, normalement, ça n'existe pas !

JE N'AVAIS JAMAIS VU ÇA. UNE QUINZAINE DE BODYBUILDERS AVEC UN T-SHIRT JAUNE QUI SÉPARENT LE RING EN DEUX POUR ÉVITER TOUT PROBLÈME ENTRE LES DEUX COINS.

Vous souhaitiez donc toujours trouver un angle différent pour couvrir les combats de Mike Tyson. Quel angle avez-vous pris pour raconter l'histoire du duel contre Lennox Lewis en 2002 ?

Après avoir tenté Éric Cantona et le fan Olivier Robert, j'ai dit à Thierry Gilardi, qui était notre rédacteur en chef, que je voulais faire venir un sculpteur avec nous à Memphis. Ce sculpteur, c'est Jean-Baptiste Seckler, et une de ses spécialités, c'était la réalisation de bustes de célébrités. Il avait fait un buste de Mike Tyson et je voulais l'amener avec nous pour qu'il puisse lui offrir en main propre. J'ai une nouvelle fois prévenu la demi-sœur de Tyson pour qu'on puisse s'organiser.

Comment Jean-Baptiste Seckler a pu lui offrir son buste ?

C'était impossible de voir Tyson avant le combat. Donc, le soir du match, on s'est mis à notre place de commentateurs avec Jean-Claude Bouttier et Jean-Baptiste Seckler, qui avait ramené le buste. Tyson s'approche du ring et lorsqu'il monte les marches et passe les cordes, Jean-Baptiste prend son buste et le porte à bout de bras en criant « MIKE! THIS IS FOR YOU! » et Tyson se tourne vers nous ! Il était à quelques minutes d'un des combats les plus importants de sa carrière et, pendant un instant, il n'avait d'yeux que pour Jean-Baptiste et son buste, c'est un truc de fou ! Les journalistes à côté de nous se sont dit : « Mais qu'est-ce qu'ils nous font encore, ceux-là ? » (Rire.)

Le dispositif de sécurité était très élaboré pour ce combat. Sur le ring, les deux boxeurs ont dû être séparés par un mur humain…

(Il coupe.) Je n'avais JAMAIS vu ça. Une quinzaine de bodybuilders avec un t-shirt jaune qui séparent le ring en deux pour éviter tout problème entre les deux coins. Jamais dans l'histoire de la boxe, ça ne s'est vu. En même temps, il se passait toujours quelque chose de fou lors des combats de Tyson, donc les organisateurs avaient bien fait de prendre ces précautions.

Et, sportivement, quel œil portiez-vous sur ce combat ?

Avec Jean-Claude, on attendait peut-être un coup. Un coup magique qui pourrait permettre à Tyson de créer la surprise. Quand on le voit, on sait que ce n'est pas forcément le Tyson au top niveau. C'est un combat qui est arrivé cinq, voire dix ans trop tard. L'électricité était là parce que ces deux poids lourds étaient toujours très forts, toute la ville ne parlait que de ça. Cette fois, pas d'entraînement public ou de rencontre avec les fans, etc. Il y a eu une simple conférence de presse et on a senti que c'était un autre Tyson. Il était redevenu très méchant et Lewis était encore un peu plus arrogant. Et puis, personnellement, j'avais envie qu'il termine bien sa carrière. Plus de quinze ans après ses débuts, je voulais que son histoire soit belle.

Malheureusement, Tyson s'incline par K.O. au 8e round, malgré une très bonne résistance…

(Il coupe.) Plus les rounds défilent, plus on se rend compte que Tyson ne va pas y arriver. En même temps, la logique, c'était que Lewis devait gagner. Techniquement, Lennox a pris le contrôle du combat avec son jab, parce qu'il avait une allonge phénoménale. Les coups de Mike étaient désordonnés et, avec Jean-Claude, on avait peur pour lui au début du 8e round. Tyson est touché une première fois et il fait l'ascenseur. Il est suffisamment solide pour ne pas être knockdown, mais l'arbitre le compte debout. Il encaisse ce coup, mais il ne le digère pas. Un peu après, Lewis lui met une droite foudroyante, c'est un geste parfait, et Tyson s'effondre au ralenti ! On se regarde avec Jean-Claude et on se dit que c'est fini pour lui sur un ring de boxe.

TYSON ÉTAIT UN SPÉCIALISTE DE LA DESTRUCTION, C'EST UNE MACHINE DE GUERRE. UN K.O., C'EST DIFFÉRENT, C'EST QUELQUE CHOSE DE PUR, JE POURRAIS MÊME DIRE QU'IL Y A DE LA NOBLESSE DANS LE K.O.

Qu'est-il arrivé au buste de Jean-Baptiste Seckler ?

À la fin du combat, on devait voir Tyson dans son vestiaire, mais, évidemment, après une telle défaite, on n'a pas eu l'accès. On l'a attendu à l'extérieur parce qu'on savait qu'il allait repartir en limousine. Au moment où il passe devant nous, Jean-Baptiste crie encore pour attirer son attention et la voiture s'arrête d'un coup. Mike sort de la limousine et Jean-Baptiste lui dit « That's for you, my brother », « c'est pour toi, mon frère », et il lui donne le buste. Un autre très grand moment !

Mike Tyson est le plus grand spécialiste du K.O., selon vous ?

Vous allez être étonné, mais je ne pense pas que ce soit Mike le numéro 1. Tyson était un spécialiste de la destruction, c'est une machine de guerre. Un K.O., c'est différent, c'est quelque chose de pur, je pourrais même dire qu'il y a de la noblesse dans le K.O. Attention, Tyson était aussi un roi du K.O., mais, dans ma carrière, j'ai eu la chance de voir deux boxeurs, Julian Jackson et Gerald McClellan... Waouh, eux, ce sont les plus grands spécialistes du K.O. pour moi, et Gerald McClellan est même un cran au-dessus.

Qu'est-ce qu'un K.O. ?

Le K.O., c'est pas un coup qui vient du ciel, c'est un coup qui vient du plus profond de l'intérieur d'un boxeur.

1. Dans la mythologie nordique, le Valhalla est l'endroit où les guerriers défunts les plus braves et valeureux sont amenés.
2. Voir l'encadré, page 134.
3. Voir l'encadré, page 137.
4. Jean-Claude Bouttier (1944-2019) : 64 victoires, 7 défaites, 1 nul. Champion de France et champion d'Europe des poids moyens en 1971.
5. Victoire par *technical knockout* au 1er round face à Bruce Seldon pour le titre WBA des poids lourds. La ceinture WBC remportée par Tyson face à Frank Bruno, quelques mois avant, lui avait été retirée.
6. Tyson récupère sa licence le 18 octobre 1998.
7. Tyson termine sa carrière avec un bilan de 50 victoires (dont 44 par K.O.) et 6 défaites.
8. Traduction : Mike mords.

TALE OF THE TAPE

Samedi 2 mai 2009
MGM Grand, Grand Garden Arena, Las Vegas
CHAMPIONNAT DU MONDE IBO, SUPER LIGHTWEIGHT
12 rounds
Arbitre : Kenny Bayless

Manny Pacquiao Pac-Man	VS	Ricky Hatton The Hitman
48-3-2	Bilan	45-1
30 ans	Âge	30 ans
Gaucher	Stance	Droitier
166 cm	Taille	171 cm
170 cm	Allonge	165 cm
62,5 kg	Poids	63,5 kg

Court-circuit

Éteindre la lumière. Cette expression est une des plus parlantes lorsque l'on évoque le K.O. en boxe, en MMA et même dans d'autres sports de contact, comme le rugby ou le football américain. L'image est plutôt bien choisie après tout : l'agresseur plonge sa victime dans un noir total de manière instantanée, abrupte même. Dans ce chapitre, l'agresseur est un Philippin aux poings aussi rapides que la lumière. La victime, un Anglais dont le menton a servi d'interrupteur pour une violente extinction des feux. Pacquiao, Hatton, deux boxeurs que tout oppose, sauf peut-être un paramètre. Ces deux puncheurs sont obsédés par l'attaque à outrance sur le ring.

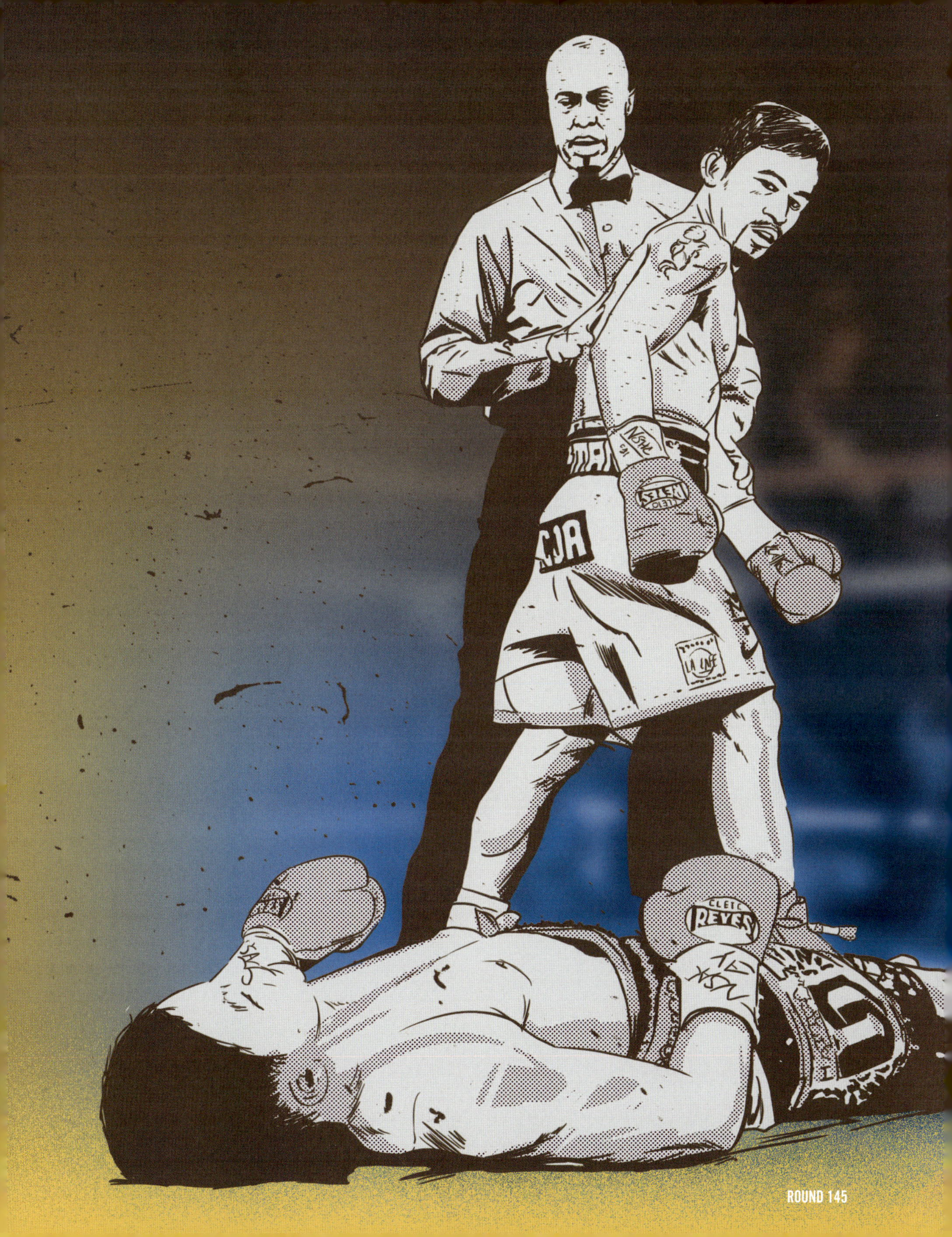
REYES

C'est bien leur seul point commun puisque, à y regarder de plus près, il faut admettre que le chemin vers les sommets a été un peu moins évident pour Manny Pacquiao. Avant de se lancer à corps perdu dans la boxe, Manny vendait des donuts sur le bord des routes de General Santos City aux Philippines. Les beignets étaient achetés 5 centimes l'un et revendus à 10 centimes aux passants. À peine de quoi faire survivre sa famille. Le noble art arrive dans sa vie alors qu'il a douze ans. Avec son oncle, il regarde le combat entre Mike Tyson et Buster Douglas et se passionne rapidement pour la discipline. Il est entraîné par cet oncle de manière spartiate dans un tout petit appartement, mais les conditions de vie de sa famille le forcent à se sacrifier. Il quitte General Santos City dès l'âge de 14 ans pour se rendre à Manille, la capitale. Il trouve un petit job dans le bâtiment, mais vit dans la rue pendant plusieurs semaines. L'argent qu'il gagne est la plupart du temps envoyé à sa mère, restée à GenSan[1].

PACQUIAO, LE TOUCHE-À-TOUT

Tout ce qui concerne Manny Pacquiao de près ou de loin attire énormément d'attention aux Philippines, et sa célébrité dépasse très largement le cadre du sport. Rapidement, après ses premiers succès en boxe, Manny s'est découvert des talents d'acteur, il n'est pas rare de le voir apparaître dans des séries à la télévision, et même au cinéma. En 2009, il tient le rôle principal du film *Wapakman*, dans lequel il joue un superhéros. Manny aime aussi pousser la chansonnette lors de soirées karaoké interminables avec ses proches. Sa passion pour la musique l'amène à enregistrer plusieurs singles, qui ont eu un succès mesuré. Lorsqu'il n'est pas en short pour boxer, Pac-Man enfile un plus large short pour jouer au basketball, sport national aux Philippines. En 2014, il rejoint même la Philippine Basketball Association, ligue professionnelle locale, en tant qu'entraîneur-joueur d'une des équipes. Boxeur, acteur, chanteur, basketteur, ajoutez à tout ça un rôle majeur dans la vie politique du pays. Il est député de 2010 à 2016, sénateur de 2016 à 2022, année où il se présente même à l'élection présidentielle. 4 millions de Philippins ont voté en sa faveur, mais il termine 3e sur les cinq candidats.

LORS DE LA PESÉE AVANT SON TOUT PREMIER COMBAT PROFESSIONNEL[2], IL EST OBLIGÉ DE DISSIMULER DES POIDS DANS SES POCHES POUR GAGNER QUELQUES KILOS SUR LA BALANCE AFIN D'OFFICIALISER SA PARTICIPATION.

Côté boxe, il parvient à mener une carrière amateur impressionnante malgré ses difficultés, 60 victoires et 4 défaites. Son talent est repéré dans les tournois locaux et l'équipe nationale de boxe olympique le prend en charge pendant une courte période, avant son passage chez les professionnels. Une étape pour laquelle son corps n'est pas du tout prêt. Bien avant sa majorité, Manny décide de boxer chez les grands. Il a 16 ans, il est très mal nourri et sa croissance est loin d'être terminée puisqu'il ne mesure que 1,49 mètre et pèse 44 kg. C'est 3 kg de moins que la limite de la plus basse catégorie, les poids paille (47,6 kg). Lors de la pesée avant son tout premier combat professionnel[2], il est obligé de dissimuler des poids dans ses poches pour gagner quelques kilos sur la balance afin d'officialiser sa participation.

Ses premiers combats sont diffusés sur Vintage Television, une chaîne très populaire aux Philippines dans les années 1990 et son style flashy attire la sympathie du public. Son côté va-t-en-guerre lui vaut aussi d'encaisser plusieurs K.O. très tôt dans sa carrière. Une défaite avant la limite en 3 rounds contre Rustico Torrecampo lors de son 12e combat pro et une déroute contre Boonsai Sangsurat en 1999 alors qu'il avait déjà remporté son premier titre mondial[3]. Sa notoriété est bien établie en Asie du Sud-Est, mais elle reste confinée au monde du sport. Le véritable tournant de la vie de Pacquiao a lieu en 2001. C'est l'année où il rencontre le coach qui transformera sa carrière, Freddie Roach[4]. C'est aussi l'année où il est appelé en remplacement de dernière minute pour un Championnat du monde IBF des poids super-coqs à Las Vegas. Il n'a que deux semaines pour se préparer, pourtant il remporte le combat par *technical knockout* au 6e round contre Lehlo Ledwaba.

Il défend cette ceinture à quatre reprises puis décide de changer de catégorie pour défier une légende des poids plume, le Mexicain Marco Antonio Barrera. Sa victoire contre Barrera en 2003 fait exploser sa popularité aux Philippines, et la suite de son aventure lui fait atteindre le statut d'icône intouchable. Il entame sa rivalité avec Juan Manuel Marquez[5], il offre aussi une trilogie de combats spectaculaires contre une autre légende mexicaine, Erik Morales[6]. Chacun de ses retours victorieux au pays donne lieu à de grands rassemblements à Manille d'abord, puis dans son fief de General Santos City pendant plusieurs jours. Manny vit à cent à l'heure et veut tout croquer dans le monde du noble art, à tel point qu'il se sent prêt à prendre un risque considérable pour s'adjuger le statut honorifique de « visage de la boxe mondiale ».

Sur une idée du journaliste américain Larry Merchant[7], le clan Pacquiao se voit proposer l'opportunité d'affronter le monument vivant Oscar de la Hoya. L'occasion est plus que parfaite pour faire de Manny une star planétaire. Victoire ou défaite, une performance aussi spectaculaire que lors de ces dernières sorties ne ferait qu'alimenter sa légende. Problème, en 2008, lorsque ce combat est évoqué, Pacquiao est le champion du monde WBC des poids légers (moins de 61,2 kg), de la Hoya est un welter (moins de 66,7 kg). La différence de poids est bien trop grande pour qu'un combat crédible puisse voir le jour, il y a deux catégories d'écart. Mais, là encore, Manny accepte de relever le défi.

Le 6 décembre 2008, le MGM Grand de Las Vegas est rempli à ras bord. La recette de la billetterie s'élève à 17 millions de dollars. 1,25 million de foyers américains ont commandé le pay per view pour observer ce combat surnommé « The Dream Match ». De la Hoya monte sur le ring en pesant 65 kg, un poids très inhabituel pour lui, il paraît frêle et déshydraté. Manny a limité sa montée à 64 kg pour rester aussi vif et puissant que dans la catégorie des légers. Dès les premiers échanges de coups, la différence entre les deux boxeurs est nette. Pacquiao est plus petit de 14 centimètres, il est plus léger, mais il est surtout beaucoup plus rapide. Ce combat, qui devait être le match de boxe de rêve, est en fait l'opposition entre une vieille gloire boxant au ralenti et une machine futuriste.

La vitesse, la précision et le débit des coups du Philippin sont aveuglants pour un de la Hoya totalement perdu. Il a à peine le temps d'encaisser une combinaison que Manny en déclenche une autre. Le monde entier est stupéfait en voyant ce petit bonhomme de 1,66 mètre surclasser Oscar.

Après huit rounds pénibles pour l'Américain, son coin, composé pour l'occasion par deux légendes du coaching, Nacho Beristain et Angelo Dundee, lui fait comprendre qu'il vaut mieux arrêter les frais. À 35 ans, et après 16 années d'une carrière couronnée de nombreux succès, le Golden Boy se lève de son tabouret lors de la minute de repos avant le 9ᵉ round et se dirige vers le coin de Pacquiao pour admettre sa défaite. C'est la dernière image d'Oscar de la Hoya sur un ring.

Une anecdote incroyable permet de donner une indication du niveau de popularité de Manny Pacquiao à la suite de cette victoire. Quelques semaines après le faste et les célébrations de son retour aux Philippines, le boxeur organise le baptême de sa fille Queen Elizabeth à GenSan. L'événement n'attire pas seulement une bonne partie de la ville, de très nombreuses caméras de télévision couvrent la cérémonie dans une cathédrale bondée de monde. Le plus intrigant, c'est la présence de 48 parrains pour l'enfant, des parrains tous plus prestigieux les uns que les autres. Ces personnalités, issues du monde des médias, du sport et du divertissement aux Philippines, se sont bousculées pour obtenir ce titre. Même le gouvernement est représenté parmi les invités, le vice-président du pays a fait le déplacement. Manny est la personnalité la plus importante du pays, mais cela implique aussi de trop nombreuses sollicitations. Pour chaque préparation de combat, il préfère rejoindre Los Angeles, où est basé son coach.

Pour sa 18ᵉ collaboration avec Freddie Roach, Pacquiao revient dans une catégorie plus proche de son poids naturel, les super-légers. Il affronte donc l'Anglais Ricky Hatton, une pointure de cette division, champion du monde unifié (IBF, WBA) à moins de 63,5 kg. Il a lui aussi réussi une montée chez les poids welters en remportant une ceinture[8], mais il traverse une période compliquée de sa carrière. En décembre 2007, il subit sa première défaite contre Floyd Mayweather Jr., un revers par *technical knockout* au 10ᵉ round. Il quitte Billy Graham, l'entraîneur qui l'a formé à Manchester dès l'âge de 17 ans et l'a amené au plus haut niveau. Hatton a besoin de changement, il veut un discours nouveau dans son coin pour faire évoluer sa boxe à 30 ans, un âge où les automatismes peuvent enfermer un pugiliste. Il opte pour un personnage haut en couleur du monde du noble art, le père de son ancien adversaire, Floyd Mayweather Senior.

Floyd Sr. s'autoproclame meilleur entraîneur de tous les temps. Qu'on lui attribue ce titre ou non, on ne peut pas occulter le fait qu'il est celui qui a formé son fils et en a fait l'immense champion invaincu que l'on connaît. Mayweather Sr. ne prend pas de pincettes lorsqu'il livre son diagnostic sur Hatton : « La boxe, c'est toucher sans se faire toucher, c'est pas de la bagarre. Ricky est beaucoup trop agressif, la première fois que j'ai tenu les pattes d'ours avec lui, il a failli me mettre K.O. parce qu'il ne savait pas taper dessus correctement. »

Sa principale mission est d'améliorer la défense de Ricky, tout en conservant son agressivité. Il enchaîne les leçons aux paos pour travailler la vitesse de ses coups et optimiser la qualité de ses combinaisons. La nouvelle paire fonctionne plutôt bien malgré les retards à répétition de l'entraîneur. Ils gagnent un combat ensemble contre Paulie Malignaggi (*technical knockout*, 11ᵉ round) en novembre 2008. Pour préparer l'échéance à venir face à Pacquiao, Floyd Mayweather Sr. passe un mois à Manchester pour la première partie du camp, puis le duo fignole les derniers détails à Las Vegas pendant quatre semaines, jusqu'au 2 mai 2009.

Juste avant le premier son de cloche, Michael Buffer annonce, comme il sait si bien le faire, le nom des deux acteurs principaux. Avant de crier le nom de Pacquiao, il conclut sa présentation en affirmant « voici le meilleur boxeur du monde, toutes catégories confondues », et il n'a pas tort. Les fans anglais et les supporters philippins ont investi le MGM Grand et s'apprêtent à voir deux pugilistes ultra-offensifs en action. Avant même la première seconde du round, Manny veut déjà prendre le centre du ring, l'arbitre Kenny Bayless doit lui demander de reculer vers son coin.

Manny est gaucher, Ricky, lui, a une garde conventionnelle de droitier et, dès les premiers instants, l'Anglais pourchasse Pacquiao à travers le ring pour le mettre sous pression. Il l'accroche dès qu'il en a l'occasion et place quelques coups qui n'ont pas d'impact. Manny s'échappe rapidement à chaque fois et tente de toucher Hatton lorsqu'il s'approche à bonne distance.

IL RESTE 38 SECONDES ET PACQUIAO ENCHAÎNE LES COMBINAISONS À UNE VITESSE EXCEPTIONNELLE, RICKY EST ÉTOUFFÉ PAR LES POINGS DE MANNY ET FAIT UNE DEUXIÈME DESCENTE À 10 SECONDES DE LA FIN.

MAYWEATHER VS PACQUIAO : LE FIASCO DU SIÈCLE

Dès la fin de l'année 2008, Mayweather vs Pacquiao est le combat le plus attendu par le monde de la boxe. Pourtant, l'opposition entre ces deux champions de la catégorie *welterweight* n'aura lieu qu'en 2015, la faute à de longues négociations sur chaque petit détail, dont notamment :

- Le partage de la bourse : 60 % pour Mayweather, 40 % pour Pacquiao.
- Les tests antidopage : après beaucoup de réticence de la part de Pacquiao, les deux boxeurs acceptent de subir 19 tests antidopage avant et après le combat. Tous les tests se sont révélés négatifs.
- Le lieu : deux stades de plus de 70 000 places sont évoqués, ceux de Dallas et de La Nouvelle-Orléans, mais le combat a finalement lieu au MGM Grand devant 17 000 spectateurs.
- Les diffuseurs : Showtime, diffuseur des combats de Mayweather, et HBO, propriétaire des droits de Pacquiao, diffusent simultanément la soirée aux États-Unis.

Le pay per view du combat est commandé par 4,6 millions de personnes aux États-Unis, générant plus de 410 millions de dollars, un record qui tient encore aujourd'hui. Les revenus de billetterie dépassent les 70 millions de dollars, des sommes jamais atteintes, pour un combat insipide. Sept ans d'attente pour assister à douze rounds mettant en avant le style défensif de Mayweather et les coups dans le vide de Pacquiao.

Le champion philippin a très vite cerné la boxe du Mancunien, il va tout faire pour l'attirer et ensuite le contrer lorsqu'il se montre trop agressif. Et ça marche, Manny touche très nettement son adversaire à chaque fois qu'il tente de provoquer un corps-à-corps. Hatton arrive à acculer Pacquiao contre les cordes plusieurs fois dans ce round 1, mais il ne place aucun coup significatif. Il reste 1 min 20 s avant la minute de repos et le visage d'Hatton est déjà rougi par les coups qu'il a reçus. À une minute de la cloche, Manny touche pour la première fois le visage de Ricky avec son bras arrière. Dans la foulée, Hatton fait une nouvelle approche très approximative et se fait cueillir par un crochet du droit qui l'envoie au tapis. Il est debout au compte de huit et Manny est déjà tout près de lui, il pense pouvoir finir le travail, mais l'arbitre lui demande encore une fois de reculer avant de relancer le combat. Il reste 38 secondes et Pacquiao enchaîne les combinaisons à une vitesse exceptionnelle, Ricky est étouffé par les poings de Manny et fait une deuxième descente à 10 secondes de la fin.

PACQUIAO DONNE L'IMPRESSION DE BOXER EN ACCÉLÉRÉ ALORS QU'HATTON EST EN VITESSE NORMALE. SES MOUVEMENTS DU BUSTE ET DE LA TÊTE SONT PHÉNOMÉNAUX.

Il se relève une nouvelle fois à huit et, alors qu'il aurait pu attendre le son de la cloche, va une nouvelle fois à l'abordage de manière inconsidérée. Heureusement pour lui, les coups de Pacquiao n'arrivent pas à destination. Floyd Sr. est furieux dans le coin, il reproche à son boxeur d'avoir totalement oublié le plan établi pendant les huit semaines d'entraînement. Le 2e round démarre et Ricky Hatton décide de combattre le feu par le feu, il reprend le même schéma qu'à la 1re reprise et les conséquences sont identiques. La précision et le timing des coups de Pacquiao provoquent les réactions du public. La fanfare anglaise qui accompagne Hatton est totalement silencieuse.

Ricky s'estime plus puissant que son adversaire et tente tout pour transformer le combat en bagarre. Mais, encore une fois, la maîtrise et la vivacité de Manny sont impossibles à appréhender. Pacquiao donne l'impression de boxer en accéléré alors qu'Hatton est en vitesse normale. Ses mouvements du buste et de la tête sont phénoménaux. Le clap des dix dernières secondes du round 2 retentit et, deux secondes plus tard, Ricky Hatton est plongé dans le noir !

Manny Pacquiao lui pulvérise le menton avec un crochet du gauche, le Britannique s'étale de tout son long sur son dos au centre du ring. L'arrière de sa tête a violemment heurté le tapis, ses yeux sont toujours ouverts, mais son âme a momentanément quitté son corps. Kenny Bayless signifie directement la fin du combat et lui retire son protège-dents. Sur un coup préparé avec minutie, Pacquiao signe sa plus belle victoire avant la limite. Il se met dans un coin neutre pour prier, alors qu'Hatton est toujours inconscient sur le dos. Sa situation devient inquiétante et ses hommes de coin, aidés par les médecins, le mettent en position latérale de sécurité. Sa famille au bord du ring est très affectée, particulièrement sa compagne Jennifer, en larmes, jusqu'au moment où Ricky reprend ses esprits et peut s'asseoir sur un tabouret. Ce K.O. spectaculaire est élu knock-out de l'année 2009 et reste jusqu'à aujourd'hui un des plus purs de l'histoire de la boxe.

« J'ai ressenti beaucoup d'inquiétude pour sa santé... »

INTERVIEW | MANNY PACQUIAO

Aussi insaisissable que sur le ring, Manny Pacquiao s'est fait désirer pour répondre à cet entretien. Essayer d'entrer en contact avec la légende philippine, c'est se heurter à de nombreux intermédiaires plus ou moins fiables et compter les rendez-vous manqués. Mais, une fois qu'il donne son accord, il n'élude aucune question ou presque sur sa carrière. Le bon, sa victoire par K.O. contre Ricky Hatton, et le moins bon, la conclusion de sa rivalité avec Juan Manuel Marquez.

Je pense qu'il est juste de dire que vous êtes devenu une superstar mondiale lorsque vous avez battu Oscar de la Hoya en 2008. Quelle est l'importance de ce combat dans votre carrière ?

C'est le combat qui me fait passer dans une autre galaxie, sportivement et en termes de notoriété, il n'y a aucun doute là-dessus. Avant ça, le combat contre Marco Antonio Barrera avait fait comprendre à tout le milieu de la boxe que je pourrais atteindre les sommets, mais de la Hoya... ça m'a propulsé et il y a plusieurs raisons. D'abord, le fait de battre une icône comme Oscar aux États-Unis. Il faut se rendre compte de qui il était, de son niveau de popularité. Et puis, pour ce combat, je suis passé des moins de 61,2 kg (poids légers) aux moins de 66,7 kg (poids welters) en seulement six mois, ça avait surpris beaucoup de monde. Mes managers, mon coach, mon promoteur et moi-même, nous avons tous été très critiqués pour avoir accepté de faire ce combat. Notre choix avait fait scandale, tout le monde disait que j'allais être largement battu, voire que je me mettais en danger parce que c'était le poids naturel de De la Hoya, et l'écart physique entre nous deux serait trop difficile à combler. Cette victoire est vraiment très importante pour moi parce qu'elle m'a permis de me faire un nom partout dans le monde.

Cinq mois après cet exploit, vous redescendez dans la catégorie des super-légers (moins de 63,5 kg) pour affronter Ricky Hatton. Votre statut avait changé, vous étiez l'attraction principale du combat. Étiez-vous tout de même méfiant à l'égard d'Hatton ?

À ce stade de ma carrière, j'avais suffisamment d'expérience pour savoir qu'il ne faut prendre personne à la légère. N'importe quel boxeur peut être une menace lorsqu'on est sur le ring, surtout un champion du monde comme Ricky Hatton. Je n'ai rien changé à ma manière de faire, j'étais très sérieux à l'entraînement, c'est une erreur que font certains boxeurs après un très grand succès. Tu viens de gagner et, ensuite, tu prends une longue pause ou alors tu ne t'entraînes pas aussi dur qu'avant. Heureusement, je n'ai jamais eu cette mentalité et mon entourage a toujours été présent pour me ramener à mes responsabilités.

Dès le 1er round de ce combat, Hatton est totalement dépassé. Vous l'envoyez au tapis deux fois. Avez-vous envisagé de le mettre K.O. dès la 1re reprise ?

Je n'y ai pas vraiment réfléchi. À ce moment-là, je me contente d'envoyer des coups. Je savais qu'il n'avait pas de quoi me répondre, je ne craignais pas de contre, donc j'ai juste accéléré. Lorsque la cloche a sonné, je suis rentré dans mon coin, je savais que je retournerais dans le 2e round avec les mêmes intentions, la même agressivité pour lâcher une bombe qui allait le mettre K.O.

Que vous dit votre entraîneur Freddie Roach lors de la minute de repos ?

Honnêtement, je ne m'en souviens plus, mais je pense qu'il a dû essayer de me calmer, il m'a sûrement dit de bien choisir mes coups, il me disait ça très souvent quand il sentait que le combat s'emballait. J'étais très concentré, la situation était vraiment sous contrôle et je me souviens d'avoir eu le sentiment que rien ne pourrait m'arriver.

Le coup de poing décisif qui met K.O. Hatton a tout d'une bombe, en effet. Quelle a été votre réaction lorsque vous avez compris que vous mettiez fin au combat ?

J'étais choqué ! Choqué surtout par la manière dont Hatton est tombé. J'ai vu sa tête cogner le sol et Dieu sait si c'est douloureux. Ensuite, j'ai ressenti beaucoup d'inquiétude pour sa santé, mais je ne pouvais concrètement rien faire pour l'aider, à part prier.

Est-ce votre plus belle victoire ?

Je ne sais pas, en tout cas, c'est un de mes plus beaux K.O., c'est certain. Le K.O. sur un coup de cette manière, c'est rare, je sais que ça a marqué beaucoup de monde. Comme je vous le disais, ça m'a marqué, moi-même.

Quel a été votre adversaire le plus dur ?

(Réfléchit.) Antonio Margarito. C'est lui parce que je n'ai jamais été aussi lourd sur un ring que ce soir-là, je pesais plus de 65 kg et lui était encore plus lourd[9], il me semble, parce que c'était pour le titre des super-welters (moins de 69,9 kg). Il était très grand, au moins 1,80 mètre alors que je suis à 1,66 mètre. Ce combat était très difficile parce que c'est celui où j'ai le plus ressenti l'impact des coups. J'ai gagné ce combat, mais je n'ai pas pu m'imposer avant la limite.

Revenons un instant sur votre relation avec Freddie Roach. comment démarre votre collaboration ?

C'était au début des années 2000, j'étais à San Francisco et on m'avait parlé d'une salle à Los Angeles, le Wild Card Boxing Gym. J'ai pris un bus pour y aller, six heures de route dans un Greyhound. Lorsque je suis arrivé dans la salle, je parlais très peu anglais, mais je me suis débrouillé pour lui demander : « Monsieur Freddie, est-ce que je peux travailler avec vous ? » Il a accepté de me donner la leçon aux paos et il m'a tout de suite dit : « Ce que tu fais c'est incroyable ! » Et on a commencé à travailler ensemble.

C'est intéressant que votre histoire démarre grâce à une leçon aux paos. Ces fameuses leçons avec Freddie Roach sont devenues presque légendaires...

J'adorais ça et Freddie aussi ! C'est un excellent exercice pour travailler la coordination, les combinaisons offensives et défensives. Je poussais jusqu'à 28, 30, 36 rounds par jour à l'entraînement.

Vous avez pourtant connu une petite période où vous ne souhaitiez plus qu'il soit dans votre coin. C'est « Buboy » Fernandez qui a pris sa place (1 combat contre Lucas Matthysse).

C'était une expérimentation. Ça faisait plus de 16 ans que l'on travaillait ensemble avec Freddie et je voulais voir ce que « Buboy » pouvait m'apporter. « Buboy » est un de mes plus proches amis, nous avons tout connu ensemble depuis General Santos City. Il est avec moi depuis le début de cette aventure et il a toujours été dans mon coin. Freddie lui a enseigné beaucoup de choses et j'estimais qu'il avait fait ses preuves pour être l'entraîneur en chef. Freddie est revenu lors du combat suivant contre Adrien Broner.

Quelle est la chose la plus importante que Freddie vous ait enseignée ?

Il m'a apporté tellement de choses techniquement et sur le plan mental. Il m'a fait comprendre très vite que, pour arriver au sommet, il fallait que je travaille dur, que je ne triche pas sur le niveau d'investissement que je mettais à chaque entraînement, à chaque sortie pour courir, à chaque séance de musculation.

MANNY PACQUIAO, OCTUPLE CHAMPION DU MONDE

Manny Pacquiao est le seul boxeur de l'histoire multiséculaire de ce sport à avoir remporté des titres mondiaux dans 8 catégories de poids différentes. Douze ceintures au total allant des poids mouches (moins de 50,8 kg) aux super-welters (moins de 69,8 kg).

- Poids mouches (moins de 50,8 kg), WBC, 4 décembre 1998, vs Chatchai Sasakul (K.O., 8/12) ;
- Super-coqs (moins de 55,3 kg), IBF, 23 juin 2001, vs Lehlohonolo Ledwaba (TKO, 6/12) ;
- Poids plumes (moins de 57,2 kg), The Ring, 15 novembre 2003, vs Marco Antonio Barrera (TKO, 11/12) ;
- Super-plumes (moins de 59 kg), WBC et The Ring, 15 mars 2008, vs Juan Manuel Marquez (SD, 12/12) ;
- Poids légers (moins de 61,2 kg), WBC, 28 juin 2008, vs David Diaz (TKO, 9/12) ;
- Super-légers (moins de 63,5 kg), The Ring, 2 mai 2009, vs Ricky Hatton (K.O., 2/12) ;
- *Welterweight* (moins de 66,7 kg), WBO, 14 novembre 2009, vs Miguel Angel Cotto (TKO, 12/12) ;
- *Super welterweight* (moins de 69,9 kg), WBC, 13 novembre 2010, vs Antonio Margarito (UD, 12/12) ;
- *Welterweight* (moins de 66,7 kg), WBO (2e règne), 12 avril 2014, vs Timothy Bradley (UD, 12/12) ;
- *Welterweight* (moins de 66,7 kg), WBO (3e règne), 5 novembre 2016, vs Jessie Vargas (UD, 12/12) ;
- *Welterweight* (moins de 66,7 kg), WBA, 20 juillet 2019, vs Keith Thurman (SD, 12/12).

MAIS SI ON ANALYSE L'ENSEMBLE, C'EST GIGANTESQUE, ON PARLE DE PRESQUE 20 KG DE DIFFÉRENCE ENTRE MON PREMIER CHAMPIONNAT DU MONDE DANS LES ANNÉES 1990 ET MON COMBAT FACE À MARGARITO.

Avec lui, vous avez réussi l'exploit d'être sacré champion du monde dans huit catégories de poids différentes. Quand vous prenez du recul aujourd'hui, n'avez-vous pas l'impression que c'est un record complètement fou ?

Ça n'a jamais été fait dans l'histoire de la boxe et c'est probablement une des choses les plus difficiles que j'aie eu à faire dans ma vie. Lorsqu'on regarde les différences de poids d'une catégorie à la suivante, ça n'a l'air de rien, quelques kilos à peine. Mais si on analyse l'ensemble, c'est gigantesque, on parle de presque 20 kg de différence entre mon premier championnat du monde dans les années 1990 et mon combat face à Margarito[10]*. Il n'y a pas de secret ou de recette miracle, c'est le fruit de mon travail, encore une fois, même si je sais que je suis un monstre de la nature.*

D'où vous vient votre puissance et comment avez-vous réussi à la conserver, malgré les prises de poids à travers les années ?

Je pense que l'on naît avec ou, en tout cas, une partie de cette puissance est en nous, c'est naturel. J'avais aussi des techniques spécifiques pour améliorer ma puissance. Par exemple, un sac de frappe très, très dur ! Quand je le frappais, c'était comme si je cognais un arbre. Je ne sais pas vraiment comment j'ai pu conserver cette puissance à travers les catégories, mais c'était un travail minutieux. Freddie était surtout inquiet à propos de ma vitesse. Prendre autant de poids, ça peut ralentir et, à chaque changement de division, il avait un petit stress parce que c'était un de mes atouts majeurs.

De vos quatre combats face à Juan Manuel Marquez, lequel est votre préféré ?

Bon… je pense qu'on peut tout de suite éliminer le 4e. Chaque combat a été spécial, je ne peux pas vous dire lequel a été mon préféré. J'ai aimé tous ces combats, ma rivalité avec Marquez a été un vrai plaisir. C'est un très grand boxeur et nous avons proposé un très beau spectacle ensemble.

Je tiens tout de même à savoir ce que vous ressentez quand vous pensez au 4e combat contre Marquez. Vous avez infligé de nombreux K.O. à vos adversaires. Qu'est-ce que ça vous a fait d'être du mauvais côté ?

Ça fait partie du sport, c'est comme ça. J'étais du bon côté contre Hatton, et Marquez m'a mis du mauvais côté, il n'y a rien à dire de plus, c'est la boxe.

Selon vous, qui est le plus grand spécialiste du K.O. dans l'histoire de la boxe ?

(Souffle.) Je ne sais pas, honnêtement, c'est trop difficile de choisir un seul boxeur dans toute l'histoire de ce sport.

Qu'est-ce qu'un K.O. ?

Regardez Pacquiao vs Hatton et Marquez vs Pacquiao IV. Un K.O., c'est quand tu te fais cueillir et, d'un coup, la lumière s'éteint. Quand tu te réveilles, le compte de dix est déjà loin.

1. Abréviation de General Santos City.
2. Victoire par décision unanime contre Edmund « Enting » Ignacio, le 22 janvier 1995.
3. Titre de champion WBC des *flyweights* remporté en 1998.
4. Voir l'interview de Manny Pacquiao, page 151.
5. Voir le chapitre « *¡Si se puede!* ».
6. 2 victoires avant la limite entre 2005 et 2006.
7. Commentateur star pour la chaîne HBO.
8. Victoire pour le titre WBA des welters contre Luis Collazo le 13 mai 2006.
9. Antonio Margarito avait été pesé à 68 kg face à Manny Pacquiao.
10. Voir l'encadré, page 153.

¡Si se puede!

Walt Disney disait en son temps qu'il faut chérir son obsession pour réussir. Le producteur et réalisateur de génie ne pensait pas à Juan Manuel Marquez lorsqu'il a prononcé ces mots, pourtant, le boxeur mexicain a réellement donné l'impression de prendre goût à la rivalité qu'il a entretenue avec Manny Pacquiao, malgré les désillusions, avant de finalement s'imposer. Quatre combats, quatre scénarios haletants, 42 rounds partagés et un final fascinant.

Avant d'entamer son idylle pugilistique avec Pacquiao, Juan Manuel Marquez a dû surmonter une première partie de carrière où rien ne lui a été livré sur un plateau. Il démarre en 1993 chez les professionnels par une défaite via disqualification[1], pas le meilleur des départs, mais il enchaîne avec six ans d'invincibilité. Son bilan de 29 victoires et 1 défaite est impressionnant, à tel point qu'il est surnommé « le meilleur boxeur sans titre mondial » pendant cette période. Son talent, bien qu'indéniable, reste dans l'ombre de deux autres boxeurs mexicains de sa génération, Erik Morales et Marco Antonio Barrera, qui, eux, sont déjà champions du monde. Pendant 22 mois, Juan Manuel est le challenger officiel de Prince Naseem Hamed pour la ceinture WBO des poids plumes, mais le Britannique n'acceptera jamais de l'affronter.

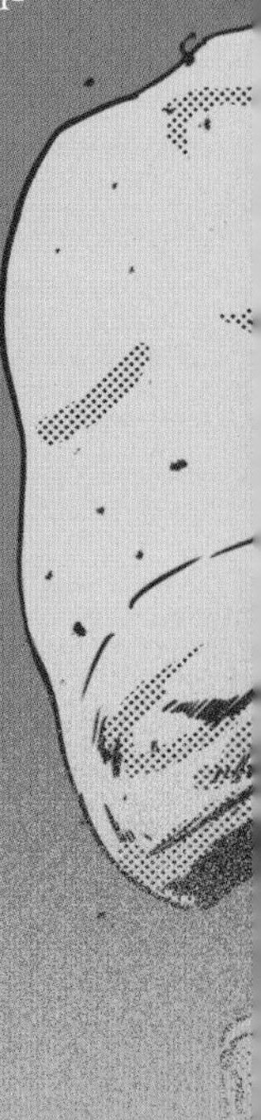

TALE OF THE TAPE

Samedi 8 décembre 2012

MGM Grand, Grand Garden Arena, Las Vegas

COMBAT INTERNATIONAL, CATÉGORIE POIDS WELTERS

12 rounds

Arbitre : Kenny Bayless

Manny Pacquiao Pac-Man	VS	Juan Manuel Marquez Dinamita
54-4-2	Bilan	54-6-1
33 ans	Âge	39 ans
Gaucher	Stance	Droitier
166 cm	Taille	170 cm
170 cm	Allonge	170 cm
66,6 kg	Poids	64,8 kg

La première chance mondiale de Marquez se présente en 1999. Il affronte Freddie Norwood pour la ceinture WBA, mais s'incline par décision unanime. Il doit attendre quatre ans pour disputer un nouveau championnat du monde. Dans cet intervalle, il remporte dix combats, mais ses bourses ne sont pas assez importantes. Il poursuit donc en parallèle son métier de comptable à Mexico City. Le 1er février 2003 face à Manuel Medina, il ne laisse pas son sort entre les mains des juges et s'impose par arrêt de l'arbitre à la 7e reprise pour s'emparer du titre de champion IBF des *featherweights*. La même année, il devient champion unifié de cette division en battant Derrick Gainer. Ses revenus sont bien plus intéressants et Marquez décide de consacrer 100 % de son temps à la boxe.

Juan Manuel étrenne ses deux couronnes mondiales pour la première fois en mai 2004 à Las Vegas, contre Manny Pacquiao. À ce moment-là, Manny n'est pas encore la star planétaire qu'il est aujourd'hui. Il est déjà champion du monde dans des catégories inférieures, mais n'a fait ses débuts aux États-Unis que trois ans auparavant. Sa célébrité aux Philippines est en revanche sans limites, à 25 ans, il porte les espoirs de plus de 115 millions de Philippins à chaque combat. Sa réputation est celle d'un boxeur à la fois doté d'une rapidité aveuglante et d'une puissance quasiment inédite dans une petite catégorie de poids. Il a aussi pour habitude de cabosser ses sparring-partners. Lors de sa préparation pour ce premier duel, plusieurs d'entre eux quittent le camp d'entraînement avec des côtes brisées et les K.O. sont réguliers sur le ring du Wild Card Boxing Gym[2]. Marquez s'est entraîné à 4 800 mètres d'altitude, dans les montagnes du sud du Mexique, un excellent moyen d'augmenter naturellement son taux d'hématocrite.

Le premier round de ce combat aurait pu tuer dans l'œuf une des plus belles tétralogies de l'histoire de notre sport. Dès l'entame, Manny Pacquiao est bondissant, sa vitesse surprend Marquez, qui est cueilli à froid. Pour la première fois de sa carrière, il va au tapis trois fois dans le même round ! La règle des trois knockdowns[3] n'étant pas appliquée, l'arbitre lui laisse le bénéfice du doute. Juan Manuel rejoint son coin avec le nez ensanglanté, son short blanc porte aussi les stigmates des trois minutes inaugurales, mais il n'est pas sonné.

Face à lui, dans le coin, le très expérimenté Nacho Beristain fait un travail miraculeux pour stopper son saignement de nez et remotiver son champion pour les 11 rounds à venir. Marquez est dans le trou, impossible pour lui d'envisager une victoire après cette première reprise chaotique, il va pourtant tutoyer la remontada. L'occasion est trop belle pour lui de montrer qu'il peut aussi prendre part à un combat dramatique, comme ses compatriotes Morales et Barrera. Il livre 33 minutes de combat prodigieuses et prend le dessus sur Pacquiao. Le Philippin est même victime d'une coupure à l'arcade droite. La décision des juges, un match nul, signe l'acte de naissance de leur rivalité. Aucun camp ne s'en satisfait. Marquez estime avoir réussi le plus beau comeback de sa carrière, mais il devra se contenter de ce nul qui lui permet de conserver ses ceintures.

Quatre ans plus tard, ils se retrouvent, cette fois pour un Championnat du monde WBC dans la catégorie des poids super-plumes. Le combat est tout aussi engagé qu'en 2004, douze rounds guerriers au cours desquels Marquez fait un voyage au tapis, le quatrième en deux oppositions. Au dernier son de cloche, les deux champions lèvent les bras au ciel, chacun pensant encore une fois être vainqueur, mais les juges accordent la victoire à

Pacquiao. La frustration s'accentue, trois ans plus tard, lors du 3e combat, Manny s'impose encore, même si la décision des juges est très contestée. Le monde de la boxe réclame un 4e affrontement.

8 décembre 2012, l'épisode quatre doit mettre fin à tous les débats. Lorsque le premier son de cloche retentit, les deux boxeurs ont déjà disputé 36 rounds l'un contre l'autre, ils se connaissent parfaitement, chaque petit ajustement peut faire une différence majeure sur le ring. Cette fois, le combat a lieu dans la catégorie des poids welters, où Pacquiao est plus à l'aise. Autre paramètre important, la foule massée au MGM Grand de Las Vegas est pro-Marquez, ce qui n'a pas toujours été le cas lors des trois premières joutes. Le début de combat est très positif pour le Mexicain. Il se sent plus fort physiquement, mais aussi plus agile et rapide, ses coups touchent sans difficulté. Pourtant, lorsqu'on jette un coup d'œil sur les cartes des juges, le pointage des deux premières reprises favorise déjà le Philippin.

Le 3e round change la donne. Pacquiao est toujours sur l'offensive, il prend l'ascendant et touche Marquez plusieurs fois sans faire de gros dégâts. Ses feintes incessantes font beaucoup hésiter Juan Manuel. Marquez décide d'attaquer le corps de Pacquiao, un choix très intelligent pour le ralentir, qui lui permet aussi d'ouvrir une brèche. Après deux crochets gauches au corps qui font effet, Marquez feinte un troisième crochet gauche, Pacquiao baisse sa garde et Juan Manuel le cogne avec un large crochet du droit dans la tempe. Manny fait son premier voyage au tapis de la tétralogie.

Pacquiao n'est pas sonné, mais son orgueil est profondément touché et ça se lit sur son visage. Il se relève rapidement, claque ses gants l'un contre l'autre et veut terminer le round sur une

LE DRÔLE DE PETIT-DÉJEUNER DE JUAN MANUEL MARQUEZ

Chaque détail compte lorsqu'il s'agit d'améliorer sa performance sur le ring sans recourir au dopage. À titre d'exemple, Juan Manuel Marquez s'impose un petit-déjeuner des plus étranges lorsqu'il est en camp d'entraînement : 25 œufs de caille mixés avec du jus d'orange. Avant d'affronter Floyd Mayweather Jr. en 2009, le champion mexicain veut ajouter une « boisson » supplémentaire à son repas matinal, le but est d'atteindre un pic en termes d'énergie, le soir du combat. Pour ça, il fait appel à un médecin un peu particulier, ce docteur inspecte l'iris de ses deux yeux et décide de lui prescrire d'abord un traitement détox à base de thé aux herbes naturelles pendant un mois afin de nettoyer son estomac, puis il lui conseille de boire sa propre urine chaque matin. Un peu perturbé, Marquez s'exécute tout de même, il suit le traitement à la lettre et en ressent les bienfaits, même s'il s'incline contre Mayweather.

RAFAEL, L'AUTRE MARQUEZ

Juan Manuel n'est pas le seul champion du monde de la famille Marquez. Rafael, de deux ans son cadet a lui aussi brillé sur les rings, notamment grâce à son *knockout power*. 41 victoires, 37 par K.O., 9 défaites et deux ceintures mondiales remportées dans deux catégories différentes. Le titre IBF de la division poids coqs de 2003 à 2007 et les couronnes WBC, *Ring Magazine* et *lineal* chez les super-coqs. Comme son frère, sa carrière est marquée par une tétralogie très brutale contre Israel Vazquez. Les quatre duels ont eu lieu dans la division super-coqs. Le premier en mars 2007 était très attendu et n'a pas déçu. Marquez brise le nez de Vazquez dès le 1er round et finit par s'imposer après l'abandon de ce dernier à la 7e reprise. Cinq mois plus tard, les deux hommes se retrouvent et livrent le combat de l'année, remporté par Vazquez cette fois, par *technical knockout*. Le troisième rendez-vous en 2008, également élu combat de l'année, le seul qui soit allé au terme des douze rounds, est encore remporté par Vazquez. Deux ans plus tard, Rafael Marquez signe une victoire par K.O. pour conclure la rivalité.

meilleure note. Dans les dernières secondes de la reprise, le public hurle à l'unisson « *¡SI SE PUEDE!* », oui, c'est possible ! De quoi donner encore un peu plus de confiance à Marquez.

À la minute de repos, Nacho Beristain ne cède pas à l'euphorie, il avertit son boxeur fermement : « Ne fais pas n'importe quoi juste parce qu'il est touché ! » Don Nacho a trop d'expérience et sait qu'un adversaire vexé peut inverser la tendance en une seule combinaison. C'est malheureusement ce qui arrive dans le 5e round. Toute la confiance et l'ascendant psychologique accumulés par Marquez en début de combat s'évanouissent après un direct du gauche de Pacquiao. Le coup n'est pas dur, mais il est suffisamment précis pour faire perdre l'équilibre au Mexicain qui pose son gant gauche à terre, ce qui est considéré comme un knockdown. Marquez garde son calme, il profite du compte de l'arbitre pour avoir quelques secondes de répit puis il repart au combat. Dix secondes après son knockdown, il touche durement Pacquiao avec un direct du droit, mais le Philippin l'encaisse sans difficulté. Sentant que Marquez est proche de la rupture, Manny redouble d'agressivité. La fin du 5e round est très laborieuse pour Juan Manuel qui encaisse beaucoup de coups, il rejoint son coin avec une coupure sur le nez et un protège-dents maculé de sang.

Don Nacho fait ce qu'il peut pour stopper l'hémorragie nasale de son protégé. L'instant est critique, Juan Manuel Marquez voit s'échapper sa chance d'enfin s'imposer contre son meilleur ennemi. Après 18 minutes de combat, il n'est crédité que du gain de la 3e reprise par les juges, il touche beaucoup moins que Pacquiao. Marquez entre dans le 6e round sans pouvoir respirer par le nez et le sang coule rapidement de ses narines après les premiers échanges de coups. Juan Manuel est le genre de boxeur qui gagne un surplus de motivation à la vue de son propre sang, mais il est dominé pendant 2 minutes et 50 secondes dans ce 6e round.

À dix secondes du terme, Marquez veut tenter un dernier coup de poker pour essayer de voler le round, il attend une énième feinte de Pacquiao. Il sait que, à chaque feinte, Pacquiao se penche vers l'avant, parfois avec une garde ouverte. Et, comme prévu, à 2 min 59 s de la 6e reprise, Manny feinte une nouvelle fois en se penchant vers l'avant, sans rester en garde. Juan Manuel le contre avec un direct du droit en plein visage ! Pacquiao s'écroule face contre terre près des cordes, il perd conscience dès l'impact du coup.

Dans un élan d'empathie, deux officiels au bord du ring à quelques centimètres du Philippin, tendent les bras vers lui, comme pour l'aider à se relever. L'arbitre Kenny Bayless analyse très vite la situation et n'entame même pas de compte, il déclare Marquez vainqueur par K.O. !

Le Mexicain sprinte vers un coin neutre et monte sur les cordes pour lever les bras au ciel. Manny Pacquiao reste à plat ventre sans bouger pendant de longues secondes. Sa femme Jinkee se fraye un chemin comme elle peut pour s'approcher du ring et lui porter assistance. Pac-Man est mis sur le dos, il ouvre enfin les yeux, son assistant Buboy Fernandez se penche vers lui pour lui glisser quelques mots à l'oreille et l'aider à se redresser et à s'asseoir sur son tabouret.

Il règne un mélange de stupeur et de tragédie dans le camp Pacquiao, alors que la team Marquez est en extase. Il aura fallu 2 heures et 6 minutes à Juan Manuel Marquez sur le ring contre un des meilleurs boxeurs de sa génération pour venir à bout de son obsession, grâce à un des K.O. les plus mémorables des années 2010.

« Marquez m'a dit, je peux prendre ma retraite et mourir tranquille en ayant mis K.O. Manny Pacquiao. »

INTERVIEW | ANGEL HEREDIA

Angel « Memo » Heredia fait partie des nombreux hommes de l'ombre qui entourent les boxeurs. Préparateur physique très demandé dans le monde de la boxe, il a, par le passé, été un spécialiste du dopage pour les athlètes de haut niveau et impliqué dans l'affaire Balco[4], un sujet qu'il n'a pas souhaité aborder dans cet entretien. Aujourd'hui repenti, il s'implique même dans la lutte contre le dopage et jouit d'une excellente réputation, notamment grâce à son travail auprès de Juan Manuel Marquez lors de sa préparation pour ses deux derniers combats contre Manny Pacquiao.

Depuis combien de temps êtes-vous préparateur physique ?

Je fais ce métier dans le monde de la boxe depuis plus de douze ans maintenant. Avant ça, j'étais un athlète de haut niveau, je pratiquais le lancer du disque. J'ai toujours été un fan de boxe, en tant que Mexicain, c'est dans mon sang. Mon père a boxé un peu et il me parlait tout le temps de ce sport. Quand j'étais plus jeune et plus mince, beaucoup de gens me disaient que je ressemblais à Oscar de la Hoya (rire). C'est une de mes idoles dans le monde de la boxe et c'était une superstar dans les années 1990-2000. C'est assez incroyable qu'aujourd'hui je puisse travailler avec certains des boxeurs de sa compagnie de promotion.

Donnez-moi quelques noms de boxeurs avec qui vous avez travaillé depuis douze ans ?

J'ai travaillé avec 34 champions du monde. Lucian Bute, Juan Manuel Marquez, Jorge Arce sont devenus champions du monde en travaillant avec moi. Récemment, j'ai travaillé avec plusieurs boxeurs de la société de promotion de Manny Pacquiao. J'ai travaillé avec Yordenis Ugas, qui a justement battu Pacquiao en 2021 pour devenir champion du monde. David Benavidez, Edgar Berlanga, la liste est très longue (sourire). On me surnomme le changeur de cotes (rire), parce que, à chaque fois que les bookmakers savent que je suis dans le coin d'un boxeur, sa cote s'améliore. Beaucoup de monde me demande pourquoi tant de boxeurs veulent travailler avec moi, la réponse est simple, c'est parce qu'ils ont vu les résultats que j'ai et ils ont besoin d'être accompagnés par les meilleurs spécialistes.

Quelles étaient les faiblesses de Juan Manuel Marquez lorsque vous avez commencé à travailler avec lui ?

J'ai commencé à travailler avec Marquez avant le troisième combat contre Manny Pacquiao. Son équipe a fait appel à mes services parce qu'il commençait à prendre de l'âge, 38 ans. Il passait de la catégorie des poids super-légers à celle des welters, et son principal point faible était qu'il s'était entraîné de la même manière toute sa vie. Il a eu beaucoup de succès avant qu'on ne collabore, parce que c'est un très gros travailleur. Mais il ne connaissait pas les bonnes techniques de musculation, les exercices de sprint ou encore les bienfaits de la natation. Ce sont des choses qui, au premier abord, n'ont rien à voir avec la boxe, pourtant ces exercices peuvent impacter positivement les qualités d'un boxeur.

Comment a-t-il réagi lorsque vous lui avez présenté cette nouvelle manière de travailler ?

Il a fait preuve de beaucoup d'intelligence et d'ouverture d'esprit. Il s'est très vite adapté à mes méthodes et il voulait constamment être poussé dans ses retranchements. Marquez était très discipliné et il me donnait toujours 100 % de son énergie à chaque séance.

Est-ce qu'il y a tout de même un exercice qu'il n'aimait pas faire ?

(Rire.) Vous n'allez pas me croire, mais ce mec aimait tous les exercices que je lui demandais de faire. Pour être honnête avec vous, je dois admettre qu'il n'aimait pas beaucoup la natation. Ce n'était pas tellement de la nage, mais plutôt des exercices dans l'eau pour améliorer sa capacité pulmonaire. Il n'était pas le genre de mec qui nage régulièrement (sourire), mais il s'est toujours montré enthousiaste. Tout ça, c'était nouveau pour lui, faire de la musculation ou travailler avec un médecine-ball, il était totalement étranger à ça. Mais, au fur et à mesure du premier camp d'entraînement qu'on a fait ensemble, il se sentait de plus en plus fort. Il m'a alors dit qu'il avait l'impression de retrouver l'énergie qu'il avait quand il avait 22 ans.

JE LUI AI INTERDIT DE MANGER DE LA VIANDE ROUGE PENDANT SES CAMPS D'ENTRAÎNEMENT.

Avez-vous changé quelque chose dans sa nutrition ?

Oui, vous savez, au Mexique, le clenbuterol[5] est dans toutes les viandes, c'est une situation terrible pour les athlètes de haut niveau. Je lui ai interdit de manger de la viande rouge pendant ses camps d'entraînement. Hors période de préparation, je le limitais à 1 ou 2 fois par semaine au maximum, mais il devait être sûr que c'était une viande de qualité. C'était un sacrifice de plus, mais il était vraiment déterminé. Il a aussi fait du caisson hyperbare pour améliorer sa récupération, on est même allés jusqu'à faire du yoga !

Est-ce que vous croyez aux bienfaits de boire sa propre urine[6], comme le faisait Marquez avant de travailler avec vous ?

(Rire.) Oh, non, jamais de la vie ! C'est moi qui lui ai dit d'arrêter de faire cette merde (rire). Il m'a expliqué qu'un docteur lui avait conseillé ça. Ce mec ne pouvait pas être un docteur sérieux puisque, en buvant sa propre urine, il remettait

PACQUIAO, ATTEINT PAR LA MALADIE DE PARKINSON ?

La défaite de Manny Pacquiao par K.O. a été un traumatisme pour toute la nation philippine. Les questions autour de la suite de sa carrière sont nombreuses et, sur son archipel natal, certaines personnes se permettent de livrer des diagnostics très hasardeux. En janvier 2013, soit quelques semaines après la débâcle, le Dr Rustico Jimenez, président de l'Association des hôpitaux privés des Philippines, affirme publiquement que Manny Pacquiao souffre de certains symptômes de la maladie de Parkinson : « Si vous me demandez mon avis, peut-être qu'il est temps que notre héros national arrête. Même s'il a encore des réflexes très rapides, j'ai remarqué récemment, mais c'est juste mon point de vue, qu'il y avait des signes avant-coureurs de la maladie de Parkinson. Vous pouvez voir ces symptômes dans le mouvement des mains, souvent dans cette partie du corps plutôt qu'au cerveau. On observe des petits tics. »
Le Dr Jimenez donne ce diagnostic alors qu'il n'a jamais ausculté Manny Pacquiao et se base uniquement sur son analyse d'une interview du champion à la télévision. La femme et la mère du boxeur souhaitent qu'il mette fin à sa carrière, mais Pacquiao livrera onze combats supplémentaires avant de se retirer en 2021 sans montrer de signes apparents liés à la maladie dégénérative.

dans son corps des minéraux qu'il n'avait pas absorbés. Lorsque je lui ai dit ça, il m'a chaleureusement remercié parce qu'il en avait vraiment marre (rire).

Ce troisième combat contre Pacquiao, votre première collaboration avec Marquez, s'est conclu sur une défaite…

(Il coupe.) Beaucoup de monde nous voyait gagnants. Pour certains journalistes, c'est même le plus grand vol de l'histoire de la boxe. Pacquiao lui-même sait qu'il a perdu ce combat, mais c'est comme ça.

Après ça, vous avez dû composer avec un très grand sentiment de frustration chez Marquez, pas facile de préparer la 4e échéance avec un athlète obnubilé par un adversaire…

Marquez était atterré, il pleurait dans les vestiaires tellement cette défaite lui a fait mal. J'ai vu ce par quoi il a dû passer au quotidien pour livrer cette performance, donc je comprends que ce revers ait mis du temps à passer. Mais ça l'a aussi beaucoup aidé, il était toujours aussi motivé parce qu'il a réalisé qu'il n'était pas si éloigné du niveau de Pacquiao.

IL ÉTAIT OK ET IL M'A DEMANDÉ LE PROGRAMME LE PLUS DIFFICILE POSSIBLE. ON A FAIT 17 SEMAINES DE CAMP D'ENTRAÎNEMENT !

Quels ajustements avez-vous faits dans sa préparation pour le 4e combat ?

Quand on s'est réunis pour parler du camp, il m'a demandé de le rendre encore plus puissant physiquement, parce qu'il avait clairement l'intention de mettre Pacquiao K.O. Il voulait à tout prix éviter de laisser la décision entre les mains des juges. Je lui ai dit que c'était possible à condition qu'il sacrifie un peu de sa vitesse. Il était OK et il m'a demandé le programme le plus difficile possible. On a fait 17 semaines de camp d'entraînement !

Comment s'est-il senti au terme de ce très long camp ?

Il était bien, il avait progressé exactement comme je le souhaitais. Il avait usé plusieurs sparring-partners, mais je sentais qu'il était un peu anxieux à l'approche du combat. Dans l'avion pour aller de Mexico City à Las Vegas, il était à côté de moi et il m'a demandé : « Memo, est-ce que je suis prêt ? » Il était très sérieux et il voulait que je sois honnête avec lui. Je lui ai répondu qu'il allait envoyer Manny au tapis avec le premier coup dur qu'il arriverait à placer. Et c'est exactement ce qui s'est passé, au 3e round, il l'a mis au sol. Tout le monde était surpris parce que la plupart des spectateurs pensaient qu'il était intouchable.

La situation s'est ensuite un peu gâtée pour Marquez. Dans le 5e round, Pacquiao lui casse le nez. Comment avez-vous géré ça dans le coin ?

(Souffle.) C'était chaud ! Il saignait tellement qu'il ne pouvait plus respirer par le nez. Mais Juan Manuel est un immense champion et il savait que, à partir de ce moment-là, il devait absolument écourter le combat, le K.O. n'était plus une option, c'était la seule solution.

Racontez-moi la séquence du K.O. de votre point de vue...

Marquez connaissait Pacquiao par cœur, c'est normal après trois combats. Il savait que Manny allait s'avancer vers lui en ayant la garde basse, on en avait discuté à l'entraînement. Manny était fort sur ce 6e round, très agressif. Il ne restait que quelques secondes et nous étions en train de nous préparer à l'accueillir dans le coin pour le soigner. Nacho Beristain, son entraîneur, avait la vaseline en main, les Coton-Tiges pour traiter son saignement de nez et, d'un coup, BOOM !! On voit Pacquiao chuter, face contre terre ! On a tout de suite compris que c'était terminé, on s'est mis à sauter partout ! C'était un moment extraordinaire. Je me souviens qu'il y avait énormément de Philippins venus pour supporter Pacquiao, ils étaient tous en larmes, ça les avait vraiment affectés.

Manny Pacquiao a mis du temps à se relever. Avez-vous tout de même eu une pensée pour lui, à ce moment ?

Forcément, on a tous pensé à lui parce que l'image est dure à voir, mais, sur le moment, c'est la joie qui prime. La boxe, c'est un sport de guerriers et il y a toujours un risque que ce genre de frayeurs arrive. Fort heureusement, après quelques minutes, il s'est levé et il allait bien.

Quels sont les premiers mots que vous avez échangés avec lui une fois que l'euphorie est retombée ?

Il m'a dit qu'il voulait prendre sa retraite (sourire) et je le comprends. Il avait 39 ans, il était déjà millionnaire et il ne voyait pas l'intérêt d'en faire plus. Pour lui, l'héritage sportif compte plus que l'argent, on lui a proposé 150 millions de dollars pour affronter Pacquiao une 5e fois aux Philippines et il a refusé, parce qu'il avait déjà ce qu'il désirait plus que tout, une victoire contre son meilleur rival. Il m'a dit une phrase que je n'oublierai jamais, c'était : « Mon héritage sportif est complet, je peux prendre ma retraite et mourir tranquille en ayant mis K.O. Manny Pacquiao. »

Le comble pour vous, c'est que, après avoir travaillé avec Marquez pendant des années, vous travaillez aujourd'hui avec la société de promotion de Manny Pacquiao pour ses boxeurs...

Oui, j'ai une très bonne relation avec Manny Pacquiao, d'ailleurs. C'était un boxeur fantastique aussi. Lorsque j'ai commencé à travailler en tant que préparateur physique, il était au sommet de la boxe, il tuait tous ses adversaires et particulièrement les boxeurs mexicains. Manny et ses équipes respectent mon travail et c'est pour ça qu'ils font appel à moi pour leurs jeunes boxeurs.

Qui est le plus grand spécialiste du K.O. de l'histoire de la boxe ?

Marquez est un des spécialistes, je suis obligé de le mentionner. C'est peut-être le meilleur contre-attaquant de l'histoire de ce sport. Mais, en ce qui concerne les K.O., je pense que c'est Manny Pacquiao.

Qu'est-ce qu'un K.O. ?

Un K.O., c'est le fruit d'un long travail sur les faiblesses de l'adversaire. C'est un sentiment extraordinaire pour les fans et pour le boxeur qui gagne de cette manière.

1. Défaite contre Javier Duran le 29 mai 1993.
2. Salle d'entraînement fondée par Freddie Roach et camp de base de Manny Pacquiao aux États-Unis, à Los Angeles.
3. Un boxeur est automatiquement arrêté par l'arbitre après 3 voyages au tapis lorsque cette règle est en place.
4. Scandale de dopage qui a touché le sport américain en 2003, Balco était le nom du laboratoire californien au cœur de l'affaire.
5. Produit destiné à l'origine à un usage vétérinaire, utilisé pour améliorer la respiration chez les chevaux de course pour les rendre plus performants.
6. Voir l'encadré, page 159.

La rage aux poings

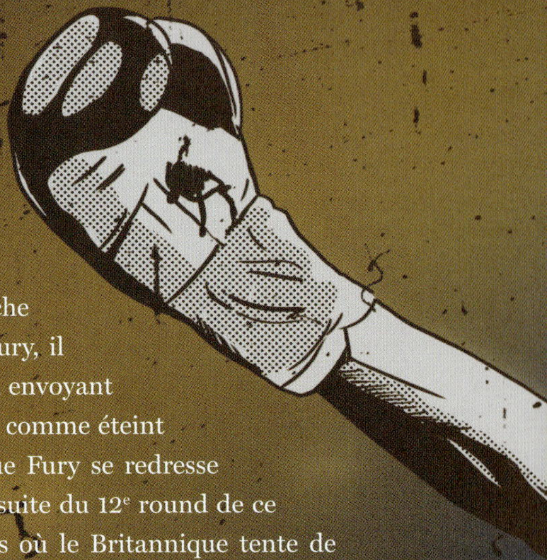

L'image est nette, après un enchaînement droite-gauche d'une violence rare, Deontay Wilder met K.O. Tyson Fury, il ne peut en être autrement. Wilder célèbre son succès en envoyant des baisers à la foule ! Pendant ce temps, l'Anglais reste comme éteint au sol. C'est pourtant au compte de six de l'arbitre que Fury se redresse subitement, comme électrifié par les cris du public. La suite du 12e round de ce Championnat du monde est irrespirable, deux minutes où le Britannique tente de survivre face aux coups incessants, mais imprécis, de Wilder. Ce 1er décembre 2018, le « Bronze Bomber » voit s'échapper ce qui aurait pu être la plus grande victoire de sa carrière. Les deux hommes se quittent sur un nul frustrant et se retrouveront à deux autres reprises sans que Wilder puisse s'imposer.

Cet acte manqué est en quelque sorte la genèse du K.O. le plus foudroyant de la carrière de Deontay Wilder. Avant de l'évoquer, il est important de noter que la boxe n'est pourtant pas son sport de prédilection. Né en Alabama, véritable terre de football américain, Wilder rêve de basketball jusqu'à l'âge de 19 ans. Quelques mois avant d'atteindre la vingtaine, Wilder devient père d'une petite Naieya. À sa naissance, le bébé est atteint de la spina bifida, une malformation congénitale de la colonne vertébrale. Les rêves de NFL ou de NBA sont enterrés, Wilder doit poursuivre ses études dans une université locale peu réputée pour former les meilleurs athlètes du pays et, surtout, trouver un moyen de financer le lourd traitement médical de sa fille.

TALE OF THE TAPE

Samedi 18 mai 2019

Barclays Center, Brooklyn

CHAMPIONNAT DU MONDE WBC, POIDS LOURDS

12 rounds

Arbitre : Harvey Dock

Deontay Wilder The Bronze Bomber	VS	Dominic Breazeale Trouble
40-0-1	Bilan	20-1
33 ans	Âge	33 ans
Droitier	Stance	Droitier
201 cm	Taille	201 cm
211 cm	Allonge	207 cm
101,1 kg	Poids	115,6 kg

C'est à ce moment qu'il choisit la boxe pour, selon lui, « faire beaucoup d'argent rapidement, comme les boxeurs à la télévision ». Sans savoir exactement comment décrocher les millions, sans même avoir pratiqué ne serait-ce qu'un instant cette discipline, Wilder entre au Skyy Boxing Gym de Northport. Sous les ordres de son mentor Jay Deas, Wilder se lance à corps perdu dans une nouvelle carrière. Première surprise pour le néophyte, s'il veut un jour décrocher de belles bourses, il doit d'abord boxer gratuitement, chez les amateurs. Deas le convainc qu'un beau passage en boxe olympique peut raccourcir le chemin sinueux vers les soirées étoilées. Entre 2006 et 2008, l'Américain va donc de tournoi en tournoi avec le peu de bagage technique qu'il parvient à assimiler dans un laps de temps très court. Golden Gloves, Championnats nationaux des États-Unis, qualifications pour l'équipe olympique des États-Unis, partout, les observateurs sont rebutés par ses limites techniques, mais choqués par sa puissance.

SPARRING-PARTNER DE WLADIMIR KLITSCHKO

Avant de posséder la ceinture mondiale, Deontay Wilder a écumé les camps d'entraînement de grands champions pour progresser et se confronter au plus haut niveau. En 2012, le Bronze Bomber est invité par la team Klitschko en Autriche pour être un des sparring-partners récurrents de Wladimir Klitschko, alors champion WBA, WBO et IBF des poids lourds. Et, d'après plusieurs témoins, l'Ukrainien surclasse largement Wilder. Dillian Whyte, autre sparring-partner présent, va même plus loin : « J'ai vu Wilder K.O., Wladimir l'avait complètement éteint. Deontay faisait en sorte de le bousculer, il voulait mettre de l'intensité et il a été cueilli. Ce n'était pas un knockdown comme il peut y en avoir à l'entraînement, il était K.O., propre et net ! »

WILDER, L'OUVRIER

En attendant de gagner sa vie grâce à la boxe, Deontay Wilder a dû subvenir à ses besoins et à ceux de sa fille atteinte de la spina bifida. Il a donc enchaîné les jobs alimentaires, d'abord chez IHOP (chaîne américaine de restaurants spécialisée dans les crêperies), puis Red Lobster et la marque de bière Budweiser, envers laquelle il garde une certaine gratitude : « Mon job le plus intéressant était celui de livreur pour Budweiser. J'étais encore boxeur amateur, je devais me lever à 4 h 30 du matin tous les jours et je devais soulever des litres et des litres de bière. Ils mettaient pas loin de 1 000 packs de bières dans mon camion, je voyais ça comme mon entraînement matinal. »

LE BRONZE LUI PERMET D'OBTENIR SES PREMIÈRES BELLES RENTRÉES D'ARGENT ET LUI CRÉE SON SURNOM, LE « BRONZE BOMBER », RÉFÉRENCE À JOE LOUIS

En à peine deux ans de boxe, Wilder se qualifie pour les J.O. 2008 et décroche une médaille de bronze dans la catégorie poids lourds à Pékin. Certes, l'or lui aurait directement ouvert les portes des grandes chaînes de télé à péage, mais le bronze lui permet d'obtenir ses premières belles rentrées d'argent et lui crée son surnom, le « Bronze Bomber », référence à Joe Louis, lui aussi natif de l'Alabama, surnommé en son temps le « Brown Bomber ».

Sa carrière chez les pros bascule le 17 janvier 2015, lorsqu'il domine Bermane Stiverne[1] pour devenir champion du monde WBC des poids lourds. Beaucoup voient son couronnement comme la confirmation d'une division *heavyweight* en grand déclin, mais Wilder s'en fiche, il tient son Graal et le conserve à coups de K.O. sauvages. Sept défenses consécutives conclues par K.O. avant de vivre le vilain ascenseur émotionnel raconté plus haut face à Tyson Fury. Si les férus de boxe anglaise connaissaient les lacunes évidentes de Deontay, elles ont éclaté aux yeux du grand public lors du combat contre le Gypsy King. Wilder est dominé de bout en bout par la maestria de son adversaire, mais il score deux knockdowns au 9e et donc au 12e round.

Une revanche est rapidement évoquée, mais Deontay Wilder souhaite d'abord profiter de sa nouvelle célébrité en s'offrant un combat de chauffe, qui lui permettrait aussi de régler un contentieux personnel. Dominic Breazeale entre en scène, ce poids lourd longiligne et volumineux a déjà tenté d'obtenir un titre mondial, c'était face à Anthony Joshua en 2016, une défaite cuisante via *technical knockout*. Sa deuxième chance mondiale, Breazeale l'a provoquée au sens propre comme au figuré. L'Américain est allé jusqu'à insulter Wilder chez lui en Alabama à l'occasion d'une réunion pour attirer son attention en 2016. Piqué au vif, Deontay sait que son chemin croisera celui de « Trouble ».

Trois ans après cette altercation, les deux géants se retrouvent sur le ring du Barclays Center de Brooklyn. Wilder prévient son challenger : « Ne ramène pas ta femme et tes enfants au combat, ça va mal se passer pour toi, ça va être fou… » Breazeale n'affiche aucune crainte et affirme de son côté qu'il compte envoyer le champion directement à la retraite.

Un mélange de gêne et de pudeur entoure l'entrée de Breazeale dans la salle le soir du combat. Le public, l'annonceur Jimmy Lennon Jr., les officiels, tous savent que le membre de l'équipe olympique de 2012, classé numéro 4 chez les lourds à cette époque, ne va pas faire long feu. Wilder, lui, entre tel un roi, couronne dorée sertie de diamants sur la tête, armure et cape sur le dos, un accoutrement qui lui jouera un mauvais tour, quelques mois plus tard[2]. La tenue royale du Bronze Bomber amuse Breazeale durant les présentations, mais il perdra très vite son sourire. Au moment de toucher les poings avant le premier coup de gong, Breazeale joue l'esbroufe et tarde à présenter ses gants contre ceux de Wilder, de quoi décupler sa rage.

Dès les premiers échanges de coups, la puissance de Wilder fait reculer Breazeale. Le challenger est attentiste durant la première minute. Après 1 min 20 s de combat, Deontay met à mal son adversaire avec un très large crochet du droit. L'imprécision des coups qui suivent permet à Breazeale d'obtenir un léger répit, de remiser et ensuite d'accrocher Wilder pour gagner des secondes supplémentaires. L'arbitre les sépare à deux reprises avant un gauche-droite d'une netteté époustouflante de la part du Bronze Bomber. Son jab touche le menton de Breazeale avant que son direct du droit ne l'assomme ! « Trouble » s'écroule sur le dos, les yeux vers le ciel, il tente de se relever avant le compte de dix, mais sa tentative est veine, l'arbitre Harvey Dock le déclare K.O. en un round et doit même le retenir une fois remis sur pied, tant son équilibre est incertain.

Wilder, au centre du ring, les bras grands ouverts, crie sa rage aussi fort qu'il le peut. Il vient de défendre son titre pour la 9e fois de suite en quatre ans et a réglé son différend avec Dominic Breazeale avant de partager le ring à nouveau avec Tyson Fury. La suite est moins glorieuse pour Dominic. Après ce K.O. traumatisant, il met deux ans à revenir à la compétition, mais s'incline une nouvelle fois face à Otto Wallin, le dernier combat de sa carrière.

« Sur le ring ? On se tue à petit feu. »

INTERVIEW | DEONTAY WILDER

Deontay Wilder est un des personnages les plus déroutants du monde de la boxe. À la fois rageur et éloquent, il a pris l'habitude de surprendre ses interlocuteurs avec des punchlines aussi brutales que son direct du droit. Ce même direct qu'il a envoyé au visage de Dominic Breazeale en guise de vengeance, quelques années après une passe d'armes entre les deux hommes.

Vous avez démarré la boxe sur le tard, à un âge où il est difficile d'envisager une carrière au plus haut niveau. Parlez-moi du moment où vous avez compris que votre puissance de frappe est hors du commun…

J'ai débuté la boxe à 21 ans et j'ai toujours été fort naturellement. Il y a une phrase qui dit « ne jugez pas un livre par sa couverture », c'est une phrase qui me définit très bien. J'étais très grand, beaucoup plus fin qu'aujourd'hui, mais j'ai toujours pu faire les mêmes choses que des gens plus volumineux que moi. Je voulais absolument passer professionnel rapidement pour subvenir aux besoins de ma fille malade. Lors de mes premières sessions de sparring, je mettais K.O. des boxeurs qui étaient des pros confirmés, seulement quelques semaines après avoir découvert ce sport. À partir de là, j'ai su que j'avais la puissance adéquate pour avoir une brillante carrière.

Si je vous écoute, cette puissance est un don, mais c'est un don que vous avez forcément dû travailler. Quels types d'exercices faites-vous pour garder cette force ?

Honnêtement, ma puissance me vient de Dieu, je ne travaille rien spécifiquement pour la garder. Je fais de la musculation évidemment, mais pas d'exercices strictement destinés à améliorer ou renforcer ma puissance. C'est un peu bizarre, je le reconnais, mais je suis béni. Vous savez, ma grand-mère m'a dit dès le plus jeune âge que je suis touché par la grâce. Elle me disait que je ne parlerais pas comme les autres, que je ne ferais pas les choses comme le commun des mortels, car j'ai été choisi pour faire de grandes actions sur cette Terre et elle avait totalement raison.

De tous les K.O. que vous avez infligés tout au long de votre carrière, lequel est le plus spectaculaire ?

Il y en a deux qui me reviennent tout de suite en tête. Le premier, c'est Dominic Breazeale et le second, Artur Szpilka. (Il réfléchit.) Je pense que j'ai vraiment fait du mal à Szpilka, je l'ai envoyé dans une autre ère avec ce K.O. Lorsque je l'ai touché, il s'est arrêté de respirer momentanément. J'ai vu beaucoup de choses tout au long de ma carrière en mettant K.O. mes adversaires, mais Szpilka était réellement proche de la mort.

Parlons du combat face à Dominic Breazeale. Un incident survenu avant le combat vous a grandement contrarié et a affecté votre préparation, expliquez-moi ce qui vous est arrivé…

Dominic et moi avions un vrai contentieux en dehors du ring. Deux ans avant notre combat, il est venu dans ma ville[3] *et s'est montré irrespectueux envers des membres de ma famille. Il était là parce qu'il combattait dans un show à Birmingham, nous lui avions donné l'opportunité de combattre sur cet événement où j'étais le* main event, *je défendais ma ceinture*[4]. *Il a remporté son combat et il a jugé bon de tenter un peu de* trash talk *envers moi. C'est une chose de célébrer sa victoire, c'en est une autre de menacer les gens dans le public, surtout des membres de ma famille. Il ne savait pas à quel point les gens qu'il menaçait pouvaient être connectés à certaines personnes peu recommandables. Il s'est vraiment mis en danger, il ne le sait pas et il ne le comprendra probablement jamais.*

STAR DE TÉLÉRÉALITÉ

Deontay Wilder a fait une apparition remarquée dans le programme de téléréalité américain *WAGS Atlanta*. En 2018, ce show, qui a pour but de romancer les pérégrinations de huit femmes ou fiancées d'athlètes professionnels, invite Telli Swift au casting. Cette femme d'affaires et philanthrope n'est autre que la fiancée de Wilder, qui apparaît le temps d'un épisode où la question du mariage lui est envoyée en pleine tête. Beaucoup moins féroce que sur le ring, Deontay use de tout son pouvoir de diplomatie pour apaiser le cœur de sa dulcinée. À ce jour, le couple a accueilli un enfant, mais n'est toujours pas marié…

Que s'est-il passé exactement ?

Après la soirée, mon petit frère Marsellos a eu une altercation avec lui dans les coulisses de la salle. Le conflit s'est poursuivi dans le hall d'un hôtel tout proche et Breazeale affirme que je suis venu l'attaquer, alors que c'est totalement faux. Le monde entier essaie déjà de faire un portrait négatif de ma personne, je n'ai pas besoin que quelqu'un en rajoute en racontant ce genre de mensonges. Ça m'a sérieusement énervé et heureusement que la boxe existe, grâce à ce sport, on peut régler nos problèmes en s'affrontant, on peut libérer nos énergies négatives en étant payés pour ça. Ce qu'il a fait m'a motivé à le mettre K.O.

Ça s'est ressenti durant le combat…

Lorsque je suis entré sur le ring, j'étais prêt à 150 %. L'électricité qui traversait mon corps était incontrôlable. Je crois que je n'ai jamais eu autant envie de cogner un adversaire et ça ne m'a pas éloigné de mon objectif de départ qui est avant tout de gagner le combat. Ce K.O. est précieux à mes yeux et l'histoire qui l'entoure l'est encore plus, c'est pour cela que, jusqu'à aujourd'hui, on en parle encore.

ALLEZ REVOIR CE MOMENT DU COMBAT, L'ARBITRE L'A SAUVÉ, FURY ÉTAIT AU SOL ET L'ARBITRE EST ALLÉ LUI DONNER LE COMPTE À L'OREILLE, IL LUI A DONNÉ UN PEU PLUS DE 10 SECONDES POUR SE RELEVER.

Parlons d'un autre moment fort de votre carrière, le 2e knockdown que vous infligez à Tyson Fury lors de votre 1er combat[5].

Nous étions dans le douzième et dernier round et je l'ai envoyé au tapis de la manière la plus radicale qu'il soit. Il était au sol, les bras en croix, les yeux révulsés, c'est un K.O., enfin pour moi, c'était censé être un K.O., combat terminé ! Mais l'arbitre Jack Reiss a dit qu'il avait fait ce qu'il y a de mieux pour le business et il a oublié toutes les règles à respecter en pareil cas, il aurait dû arrêter le combat instantanément. On voit ça dans plein d'autres combats, donc je ne comprends pas pourquoi, ce soir-là, ça n'a pas eu lieu.

Vous remettez en cause la décision de l'arbitre même si Fury s'est ensuite relevé ?

Bizarrement, ces décisions-là ne sont prises que lorsque c'est contre moi. Les gens ne veulent pas qu'il m'arrive des choses positives, mais ce n'est pas un problème, parce que Dieu me bénit en tout temps. Allez revoir ce moment du combat, l'arbitre l'a sauvé, Fury était au sol et l'arbitre est allé lui donner le compte à l'oreille, il lui a donné un peu plus de 10 secondes pour se relever. Mais si je dois tirer quelque chose de positif de tout ça, c'était tout de même une grande soirée de boxe, surtout pour les fans.

Il y a quelques années, vous aviez déclaré vouloir tuer quelqu'un sur un ring, vous faites souvent référence à Dieu, mais ce n'est pas très chrétien de vouloir tuer... Souhaitez-vous toujours mettre fin à la vie d'un adversaire ?

Ce qui doit arriver arrivera. La boxe, ce n'est pas qu'un sport, c'est avant tout un business. Lorsqu'on monte sur un ring, quel que soit le niveau, n'importe qui peut tuer son adversaire. La différence, c'est que je suis le seul qui le dit publiquement. Soyons pragmatiques un instant, tout le monde sait que la tête n'a pas été faite pour être frappée. Les gens sont tout de suite gênés lorsque je dis que je veux tuer quelqu'un, mais, concrètement, qu'est-ce que vous pensez qu'on fait sur le ring ? On se tue à petit feu. Si je ne tue pas mon adversaire par K.O., je le tue en le frappant à répétition à la tête. Il n'y aura peut-être pas d'effets directs après le combat, mais, sur le long terme, des maladies se développent. Démence, maladie de Parkinson, difficultés à s'exprimer correctement. Regardez certains des plus grands boxeurs de l'histoire, ils n'arrivent quasiment plus à parler ou à s'habiller par leurs propres moyens et n'ont plus d'argent. Ceux qui ont l'argent, ce sont évidemment les managers et les promoteurs. Eux peuvent toujours parler, ils peuvent prendre soin de leurs enfants et de leurs petits-enfants ! Mes mots sont durs, ils ne sont pas très chrétiens, mais c'est notre réalité !

Si vous pouviez affronter un autre maître du K.O. pour un combat de rêve, qui aimeriez-vous combattre ?

J'ai toujours dit que j'aimerais partager le ring avec Joe Louis. Il serait plus petit et plus léger que moi, mais il vient de l'Alabama comme moi, il était le Brown Bomber et je suis le Bronze Bomber[6]. Pour ces raisons, j'aurais aimé un duel face à Joe Louis.

NON… (SILENCE.) JE PENSE QUE C'EST MOI, LE PLUS GRAND MAÎTRE DU K.O. J'AI LE PUNCH LE PLUS DUR DE L'HISTOIRE DE LA BOXE, FIN DE LA DISCUSSION.

Joe Louis est-il, selon vous, le plus grand maître du K.O. ?

Non… (Silence.) Je pense que c'est moi, le plus grand maître du K.O. J'ai le punch le plus dur de l'histoire de la boxe, fin de la discussion. À l'époque de Joe Louis, les règles étaient différentes. Je suis un maître du K.O. sur un coup ! On ne parle pas d'une série de coups ou d'une combinaison, UN SEUL COUP ! Pour coucher l'adversaire et je n'ai jamais vu ça, quelles que soient les époques. J'en ai vu beaucoup mettre K.O. après plusieurs coups qui ouvrent la voie à un coup fatidique. Mais pas d'autres comme moi. Je dois m'octroyer ce titre de plus grand maître du K.O., je ne pense pas être trop égoïste ou arrogant, j'ai avant tout une immense confiance en mes capacités. J'ai déjà une statue à mon effigie à Tuscaloosa, mais, lorsque ma carrière sera terminée, je serai dans les livres d'histoire et je vais entrer au hall of fame *de la boxe !*

1. Boxeur canado-haïtien, détenteur du titre WBC des poids lourds en 2014-2015.
2. Wilder fera son entrée avec une tenue de 18 kg avant son 2e combat face à Fury, il blâmera cette tenue qui lui aurait « affaibli les jambes ».
3. Tuscaloosa, Alabama (États-Unis).
4. Combat face à Gerald Washington remporté par K.O. au 5e round.
5. Premier combat de la trilogie Wilder vs Fury, en décembre 2018, les deux hommes se quittent sur un match nul.
6. Bronze Bomber, surnom attribué à Deontay Wilder lorsqu'il remporte la médaille de bronze aux J.O. de Pékin en 2008.

Victime d'un tueur à gages

« Tant que je pourrai utiliser mes mains, je pourrai toujours manger. » Pour certains, la boxe n'est pas juste un moyen de s'élever ou de se sortir d'une condition de vie difficile, c'est une nécessité. Roberto Duran, fier auteur de cette citation, est un de ceux qui n'ont pas eu le choix. Il naît à Guararé, mais grandit à Panama City, capitale du Panama, plus précisément dans le *barrio* El Chorrillo. Ce quartier, très pauvre, accueille de nombreux immigrés depuis le début du XXe siècle. Beaucoup travaillent à proximité, sur le canal du Panama. C'est là que le tout jeune Roberto Duran cire des chaussures ou vend des journaux à la criée en échange de quelques dollars[1]. Inspiré par son grand frère, Duran fait ses premiers sparrings dès l'âge de 8 ans, parfois face à des boxeurs bien plus âgés que lui. À seulement 16 ans, après sept années chez les amateurs, il monte pour la première fois sur un ring professionnel.

Une première fois qui a failli être avortée. Avant de combattre, Duran est ausculté par le médecin officiel, qui voit une ampoule infectée sur sa main droite et l'empêche d'aller affronter Carlos Mendoza. Désespéré, Duran lui dit : « Par pitié, laissez-moi combattre, j'ai besoin de ces 25 dollars. »

TALE OF THE TAPE

Vendredi 15 juin 1984
Caesars Palace, Las Vegas
CHAMPIONNAT DU MONDE WBC,
POIDS SUPER-WELTERS
12 rounds
Arbitre : Carlos Padilla

Roberto Duran Manos de piedra	VS	Thomas Hearns The Hitman
77-5	Bilan	38-1
32 ans	Âge	25 ans
Droitier	Stance	Droitier
170 cm	Taille	185 cm
168 cm	Allonge	198 cm
69,8 kg	Poids	69,3 kg

DURAN ET SES MONSTRUEUSES CADENCES D'ENTRAÎNEMENT

Manos de piedra était un noceur invétéré et ce n'est un secret pour personne. Il n'a pas attendu d'être une idole pour se laisser happer par les méandres des nuits new-yorkaises, floridiennes ou panaméennes. Il a aussi en lui un très rigoureux sens du travail. Dans les années 1970, lorsqu'il dominait la catégorie poids légers, Roberto Duran préparait ses plus grandes échéances avec une minutie et une charge de travail irréprochables. Du lundi au samedi, il s'astreignait au régime suivant :

- 5 heures du matin : 9 à 16 kilomètres de jogging ;
- En salle à partir de 14 heures : 10 minutes d'échauffement et d'étirements ;
- 15 minutes non-stop de shadow boxing ;
- Sac de frappe : 7 rounds de 5 minutes (30 secondes de repos entre les reprises) ;
- Punching-ball : 5 rounds de 5 minutes (30 secondes de repos entre les reprises) ;
- 20 minutes de corde à sauter.

Les jours de sparring, Duran s'inflige des sessions de 25 rounds de 4 min 30 s face à des boxeurs de la catégorie poids moyens, 10 kg au-dessus des poids légers. Interrogé il y a quelques années, Mike Youngblood Williams, un de ses sparring-partners réguliers, disait tout simplement : « Bosser avec lui, c'est comme travailler avec un animal. La boxe n'est pas un simple job pour lui : c'est une croisade. »

Pour 25 dollars, Roberto Duran était prêt à faire beaucoup de choses à cette époque, y compris mettre en péril le futur d'un de ses poings. Il démarre donc sa carrière par ce combat en 4 rounds dans la catégorie poids coqs. Il est mince, presque rachitique et, à aucun moment, ses adversaires ne peuvent soupçonner la puissance de ses coups. Beaucoup de ses contemporains acceptent de l'affronter en pensant qu'il sera un adversaire facile, mais le Panaméen devient un maître du K.O. avant même d'avoir atteint la vingtaine. 27 de ses 31 premiers combats se terminent avant la limite. Dès l'âge de 21 ans, il remporte son premier titre mondial dans la catégorie poids légers[2], c'est LA division où sa puissance va le plus s'illustrer.

Il défend sa ceinture WBA des légers à douze reprises entre 1972 et 1978 et devient même champion unifié en dominant Esteban De Jesus pour lui prendre la ceinture WBC. Duran est intouchable chez les moins de 61,2 kg, à tel point qu'il est aujourd'hui encore considéré par beaucoup comme le meilleur poids léger de tous les temps. Le Panaméen n'a plus personne à affronter dans cette catégorie et décide donc de monter chez les poids welters. Un territoire inconnu, de nouveaux adversaires, une catégorie plus glamour aussi depuis l'émergence de Sugar Ray Leonard.

Pendant deux ans, Duran fait en quelque sorte campagne auprès du grand public pour prouver qu'il mérite une chance pour le titre des moins de 66,7 kg. Ce qui ressort de ses huit premiers combats chez les welters, au-delà de la férocité de ses coups et de ses K.O., c'est une attitude, un langage corporel qui avait pour but d'humilier l'adversaire. Duran ne veut pas simplement gagner par K.O., il veut prouver qu'il est plus « masculin » que l'homme qui lui fait face. C'est avec cette réputation qu'il entame la décennie 1980, et son premier combat face à Sugar Ray Leonard, peut-être le plus beau de sa carrière, met en avant toutes ses qualités. Titanesque, ce duel est un des plus glorieux chapitres de l'ère des *four kings*. Plus puissant, plus précis et certainement plus affamé de prouver qu'il peut être, à sa manière, le visage de la boxe mondiale, Roberto Duran exerce une terrible pression psychologique sur Leonard avant de monter sur le ring, pour mieux imposer sa volonté pendant les 15 rounds boxés *toe-to-toe* à Montréal. Il arrache la ceinture des mains de Sugar Ray.

Manos de piedra tutoie les sommets. À son retour au Panama, 700 000 de ses compatriotes l'accueillent et le portent aux nues, la fête est grandiose, ou plutôt les fêtes. Pendant trois mois, Duran voguera d'une nuit blanche à l'autre, usant de ses privilèges de champion et brûlant une bonne partie du million et demi de dollars remporté au Canada. Dans le même temps, Leonard active rapidement sa clause de revanche. Carlos Eleta, le manager de Duran accepte, pour sortir son poulain des soirées de débauche, qu'il enchaîne à un rythme impressionnant. Cinq mois après la baston canadienne, le « match retour » doit avoir lieu à La Nouvelle-Orléans. Duran se présente au premier jour de son camp d'entraînement avec 20 kg en trop, il ne veut pas s'entraîner et n'écoute plus les ordres de son coach Ray Arcel. À deux semaines de l'échéance, son poids est à un peu plus de 76 kg, encore dix de trop pour la limite des welters. Contraint à une diète surhumaine, Duran est fin prêt pour affronter Leonard. Un Sugar Ray transformé. L'Américain a retrouvé sa boxe virevoltante et, en 8 rounds, il fait exploser l'orgueil de Roberto. Dominé, humilié techniquement et sans solution face à celui qu'il considère comme une ballerine vêtue de gants de boxe, il se résout à commettre l'impensable… abandonner : « *No más*[3]. »

En deux mots, cinq lettres, Roberto Duran est passé du statut d'emblème de la nation panaméenne à celui de traître. Un judas trop lâche pour admettre sa défaillance. Jusqu'à aujourd'hui, Duran affirme qu'il a abandonné à cause d'une indigestion trop douloureuse, une excuse inventée par Freddie Brown, un de ses entraîneurs. Son manager affirmera plus tard que Duran a abandonné parce qu'il avait honte. Les versions divergent, la vérité se trouve certainement à mi-chemin.

À 29 ans, Duran décide de raccrocher les gants, il est riche, a offert la maison de ses rêves à sa mère et fait aisément vivre tout son entourage, du moins ceux qui n'ont pas quitté le bateau après le naufrage en Louisiane. Moralement, l'ancien champion est au plus bas et il doit aussi continuer d'assurer son train de vie. Moins d'un an après son retrait, il revient au ring, la traversée du désert est rude[4] après la débâcle contre Leonard, mais il peut toujours compter sur l'alcool pour étancher sa soif. Les plus grands promoteurs lui tournent le dos, sauf un. Bob Arum décide de lui faire confiance. Il l'invite à quitter la division *welterweight* pour monter en super-welter, où il perd contre Wilfred Benitez avant d'enfin redevenir champion du monde le jour de ses 32 ans contre Davey Moore. Le peuple qui lui avait tourné le dos le met de nouveau au firmament. L'ego et la confiance du champion sont surgonflés, au point de le motiver à monter chez les poids moyens pour défier Marvin Hagler, champion incontesté de la catégorie. Défaite, via décision unanime.

L'année suivante, Bob Arum lui propose d'affronter un de ses meilleurs poulains, Thomas Hearns. Toujours très confiant, Duran affirme qu'il a beaucoup analysé la performance d'Hearns face à Leonard en 1981 et qu'il est certain de pouvoir le battre. Mais voilà que les démons de Manos de piedra ressurgissent, sa préparation est désastreuse, il est bien trop souvent aperçu en soirée. Le combat Hearns-Duran est disputé dans la catégorie super-welters, où la limite est de 69,9 kg et, à deux mois du *fight*, Duran pèse encore 89 kg.

La semaine avant le combat, les deux boxeurs et leur suite partagent le même hôtel à Las Vegas. Tout est fait pour qu'ils s'évitent, mais, à 48 heures de l'échéance, Duran et Hearns se croisent à la sortie d'un ascenseur. Le Panaméen lui lance : « Deux jours, dans deux jours, je te tue... » Moqueur, Thomas Hearns lui répond « *No más* » avec un sourire en coin.

15 juin 1984, Hearns et Duran font tous les deux leur chemin vers le ring au son de la bande originale de *Rocky I*. À l'époque, les musiques d'entrée des boxeurs n'avaient pas autant d'importance et de scénarisation qu'aujourd'hui. L'Américain aux cheveux défrisés et bouclés porte fièrement le short jaune du Kronk Gym, sa musculature est le témoignage d'une préparation intransigeante. Roberto Duran n'a jamais été très dessiné, mais, ce soir-là, son corps n'est pas celui d'un boxeur prêt à disputer un championnat du monde.

Les gradins qui entourent le ring du Caesars Palace ne sont pas pleins à l'entame du 1er round. Après 1 min 30 s d'observation, Hearns est au centre du ring. Il cadre Duran et l'accule aux cordes. Le Panaméen est touché plusieurs fois de manière nette. Manos de piedra est coupé au-dessus de l'œil gauche après un uppercut d'Hearns et, quelques instants plus tard, une droite sublime envoie Duran au tapis. Il reste vingt secondes dans la première reprise, le Panaméen ne sait plus où il est. Hearns accélère la cadence de ses coups au corps, à la tête et Roberto tombe dans les cordes, se redresse, mais perd l'équilibre, 2e knockdown. Duran est tellement sonné qu'il se dirige vers le coin neutre pour la minute de repos, son soigneur doit le rattraper pour l'asseoir sur son tabouret.

El Cholo tente de réagir dès le début du 2e round, mais les coups qu'il envoie n'ont aucune puissance, aucun effet sur Hearns. L'Américain accule une nouvelle fois Duran dans son coin, devant son staff, et s'acharne sur lui pendant plusieurs secondes. À l'ego, ou bien pour faire preuve de panache, Roberto tente de sortir du combat de boxe pure pour engager une bagarre. Après une minute, Hearns met un terme au pugilat avec son légendaire direct du droit ! Le geste est exceptionnel par sa puissance, mais surtout par sa précision et son timing au milieu d'une foire de coups échangés. Duran est K.O. avant que son corps s'écrase au sol. Il ne reste pas longtemps inconscient et ses seconds le remettent rapidement sur pied avant de l'asseoir dans son coin.

HANDS OF STONE

Le nom de Roberto Duran a toujours beaucoup inspiré la culture populaire. La musique, les films, les séries panaméennes et américaines sont gorgés de référence en rapport avec sa carrière. Le plus bel hommage est peut-être celui de Jonathan Jakubowicz. Le réalisateur vénézuélien a porté la vie de Duran sur grand écran en 2016. Le film *Hands of Stone* (mains de pierre) raconte le parcours de vie hors du commun du boxeur avec un casting étoilé : Robert De Niro dans le rôle de son coach Ray Arcel, le chanteur Usher pour jouer celui de Sugar Ray Leonard, Ana de Armas pour jouer l'épouse de Duran et l'acteur Edgar Ramirez pour le rôle principal.

Thomas Hearns, qui ne veut plus être surnommé le Motor City Cobra, mais plutôt The Hitman[5], fait sa 34e victime par K.O. en 40 combats et conserve son titre WBC des super-welters.

Duran prendra une pause de 2 ans avant de poursuivre sa carrière, une aventure démarrée dans les années 1960 qui l'amènera à combattre dans cinq décennies différentes et qu'il terminera en 2001 à 50 ans par une défaite face à Hector Camacho.

« Je ne regrette rien dans ma vie et certainement pas mon combat contre Thomas Hearns... »

INTERVIEW | ROBERTO DURAN

La hargne et l'hostilité qui l'habitaient dans les années 1980 ont laissé place à une bonhomie qui fait plaisir à voir. Roberto Duran est maintenant un joyeux grand-père de 70 ans passés, qui coule des jours heureux entre le Panama et les États-Unis, où une partie de sa famille réside. Malgré la pose d'un pacemaker en mars 2024 après un souci de santé, « Manos de piedra » a pris le temps de répondre à quelques questions sur les combats qui ont fait sa légende, tout en conservant une part de mystère.

Vous avez grandi dans un milieu extrêmement défavorisé, comme beaucoup d'autres boxeurs. Est-ce que ce sport était votre seule possibilité de sortir votre famille de la condition dans laquelle elle était ?

Si on m'avait dit que la boxe serait ma principale source de revenus lorsque j'ai démarré, je n'y aurais pas cru. Vous savez, au départ, je ne suis même pas le premier boxeur de ma famille, c'est mon frère Toti qui boxait et qui m'a amené à ce sport. Quand j'ai commencé à en vivre, tout ce que je voulais, c'était acheter une maison pour ma mère, pas beaucoup plus. Ce sport est devenu vraiment important dans ma vie, déjà parce qu'il m'a permis de sortir de la pauvreté, d'aider tous ceux qui m'entourent, mais aussi de vivre des choses dont je n'aurais même pas osé rêver.

D'où vous viennent la force mentale et l'attitude dure, agressive que vous avez eues tout au long de votre carrière ?

Tout ça, c'est la rue ! J'ai grandi dans la rue au Panama et c'est un endroit où il est difficile de se cacher ou de fuir quand il y a un problème. Je n'avais pas le droit d'être faible, un peu comme sur le ring. Tous les jours, je devais me défendre contre les plus grands, j'ai dû très vite apprendre à être fort physiquement pour que personne ne me malmène. J'ai développé ça dès l'enfance et ça m'a suivi pendant toute ma vie. Chaque fois que je montais sur le ring, je devais avoir ce sentiment assez proche de la rage en moi.

Quelle est la chose que vous entendez le plus souvent lorsqu'on parle de votre style de boxe ?

Toute ma carrière, on m'a pris pour un simple bagarreur alors que c'est faux. J'aimais particulièrement le combat rapproché, c'est vrai. J'étais très bon dans ce domaine, mais j'étais aussi un boxeur très intelligent. Je sélectionnais bien mes coups, je savais à quel moment mettre la pression et à quel moment baisser en intensité dans le combat. J'étais précis et très endurant. Tout ça, il faut le noter.

Votre règne sur la catégorie des poids légers est souvent jugé comme le plus beau de l'histoire de cette division. Pensez-vous que c'est la meilleure partie de votre carrière ?

Les poids légers, c'est forcément spécial pour moi. Ce sont mes premiers voyages à l'étranger pour boxer. J'étais jeune, beau, je gagnais tout le temps et, surtout, c'est la catégorie dans laquelle je suis devenu champion du monde pour la première fois. C'était contre Ken Buchanan à New York, un gros combat en 15 rounds. Je pense que Buchanan est l'adversaire le plus dur de ma carrière parce que c'était mon premier championnat du monde. C'est le but ultime de tous les jeunes qui se lancent dans la boxe, pouvoir dire qu'on est le meilleur sur toute la Terre, c'est quelque chose d'extraordinaire. Pour autant, je ne crois pas que ce soit la meilleure partie de ma carrière ou la plus importante. Je préfère regarder ma carrière comme un ensemble. J'ai boxé jusqu'à l'âge de 50 ans, donc toute ma carrière est importante au final.

Vous êtes ensuite monté dans la catégorie des poids welters pour défier Sugar Ray Leonard. Avant ce combat, votre agressivité verbale a choqué le public. Qu'est-ce qui vous énervait chez lui ?

Tout ! Je ne l'aimais pas parce qu'il était le golden boy de la boxe à cette époque et il se comportait comme tel. J'étais très énervé parce que toute la presse disait que je ne pourrais pas battre Leonard, parce que je venais de la catégorie des poids légers, parce qu'il était plus rapide, parce qu'il était plus fort. Les doutes et les critiques à mon égard avant le combat ont nourri ma motivation, je devais absolument leur donner tort !

Est-ce que vous reconnaissez tout de même un certain courage à Leonard d'avoir livré un tel combat en boxant pied à pied contre vous ?

Du courage ? Quel courage ? Parce qu'il m'a affronté toe-to-toe *? Ça, je l'entends tout le temps, les gens disent qu'il a été courageux alors que, en réalité, c'est moi qui l'ai forcé à combattre comme ça. Je ne lui ai pas laissé le choix, s'il voulait gagner, il était obligé de venir livrer un combat dans mon style, un combat rapproché.*

Le deuxième combat contre Leonard est resté légendaire pour son dénouement. Dites-moi exactement ce qui s'est passé sur le ring à La Nouvelle-Orléans ?

Tout ce que je peux vous dire sur ce combat, c'est que je n'étais pas prêt. Après ma victoire à Montréal, j'ai fait la fête pendant des semaines, c'étaient des soirées géniales ! Mais j'avais pris plus de 22 kg et la boxe était très loin de mon esprit. Ce qui s'est passé, c'est que mon manager à l'époque avait signé pour cette revanche sans me consulter. C'était bien trop tôt, mais j'étais engagé dans ce combat et je ne pouvais pas renoncer, je n'avais pas d'autre choix que de combattre. J'étais épuisé par la perte de poids, je ne mangeais

LA THÉORIE DES CRAMPES D'ESTOMAC

Pour justifier l'injustifiable, Roberto Duran s'est très rapidement retranché derrière l'alibi procuré par Freddie Brown, son homme de coin : les crampes d'estomac. Beaucoup remettent en doute cette version, mais, après enquête, cette excuse n'est pas aussi loufoque qu'on le pense, explication : pour faire le poids (66,7 kg) avant son deuxième combat face à Leonard, Roberto Duran a dû s'affamer et se déshydrater au maximum. Après la très pénible pesée (effectuée le jour du combat), il se serait offert un repas gargantuesque quelques heures avant de monter sur le ring : des œufs, des flocons d'avoine, des pêches, du pain grillé, une orange, deux steaks, des petits pois, des frites, du poulet frit, du consommé de bœuf, un thé chaud, du Kool-Aid, 4 grands verres de jus d'orange et de l'eau. Après un tel repas, difficile de suivre Leonard à travers le ring sans provoquer quelques maux de ventre...

pas, j'étais affamé, mais je devais m'entraîner tous les jours, c'était un enfer. Le jour du combat, j'étais extrêmement faible, et c'est pour cette raison-là que je n'ai pas pu donner le meilleur de moi-même.

Beaucoup de monde vous a tourné le dos à ce moment-là. Comment avez-vous vécu ce désaveu ?

Tout le monde s'est retourné contre moi, j'étais un paria au Panama. Beaucoup des personnes qui m'adoraient ou m'encourageaient m'ont très mal traité après le deuxième combat contre Leonard. C'est vraiment très dur à vivre, quelque temps après avoir été traité comme un héros national, ça met un coup au moral. Mais je l'ai accepté parce que je savais que j'allais rebondir, que je reviendrai après cette défaite pour prouver à tout le monde que je n'étais pas fini, très loin de là !

En 1984, vous affrontez Thomas Hearns, un véritable spécialiste du K.O., alors que vous n'étiez pas du tout bien préparé pour le combat. Regrettez-vous d'avoir répété l'erreur commise quelques années plus tôt contre Leonard ?

Je ne regrette rien dans ma vie, et certainement pas mon combat contre Thomas Hearns. Est-ce que j'ai fait des erreurs dans la préparation de ce combat ? Oui, c'est sûr, je sortais beaucoup, je buvais de l'alcool, j'étais gros. Il m'a eu et c'est comme ça. La chance que j'ai eue dans mon malheur, c'est qu'il m'a touché à la tête et pas au menton.

DURAN A-T-IL VRAIMENT DIT « *NO MÁS* » ?

Ces deux mots en espagnol pourraient être une réplique de cinéma, mais ils font bien partie de la vraie vie de Roberto Duran. En novembre 1980, dans le 8e round de son deuxième combat face à Sugar Ray Leonard, toute la frustration et la détresse du Panaméen sont perceptibles avec ce « *no más* » que l'on peut traduire par « Je n'en peux plus », un renoncement inavouable. Mais a-t-il réellement prononcé ces mots ? Depuis plus de quarante ans, les versions s'opposent.

- Selon l'arbitre Octavio Meyran et le commentateur Howard Cosell : Duran s'est soudainement arrêté de boxer et aurait répété à plusieurs reprises « *no más* ». Meyran affirme même que Duran aurait ajouté « *I don't box* », « Je ne boxe plus » dans un anglais approximatif.
- Selon Duran lui-même, ses hommes de coin, Ray Arcel et Freddie Brown, et son manager, Carlos Eleta : il aurait dit « *No quiero pelear con el payaso* » (« je ne veux pas combattre contre ce clown »).
- Dans une interview réalisée en 2016, Duran explique qu'il aurait en réalité murmuré « *No sigo* » (« je ne veux pas continuer »).
- Dans notre entretien, il n'a pas souhaité revenir spécifiquement sur ces mots.

En 2024, le mystère reste entier...

Qui est le plus grand spécialiste du K.O. ?

(Silence.) C'est trop difficile comme question, il y a trop de boxeurs qui me viennent en tête et je ne peux vraiment pas sortir un nom comme ça.

Qu'est-ce qu'un K.O. ?

Un K.O. ? Je pense que ça se passe de définition, c'est assez évident, non (rires) ?

1. Monnaie officielle du Panama avec le balboa.
2. Victoire face à Ken Buchanan au Madison Square Garden.
3. Voir l'encadré, ci-dessus.
4. 3 défaites en 8 combats après sa défaite contre Leonard.
5. Tueur à gages.

Projet Roy Jones Jr.

« On est plus le fils de son époque que le fils de son père. »
Proverbe africain

Ce proverbe peut heurter l'instinct paternel, mais il représente assez bien la relation entre Roy Jones Senior et Junior. Le père, comme la plupart des coachs qui ont l'ambition d'amener leur progéniture au firmament de leur discipline, a toujours projeté ses propres rêves sur le fils. Jones Sr. est un militaire de formation, il a défendu le drapeau américain lors de la guerre du Vietnam et c'est un mordu de boxe anglaise. Sa salle de boxe à Pensacola en Floride, est un repaire pour la jeunesse défavorisée de la ville. Roy Jones Sr. est un coach juste, qui prône la discipline et le respect. Le traitement est identique pour tous ses élèves, sauf un, son propre fils.

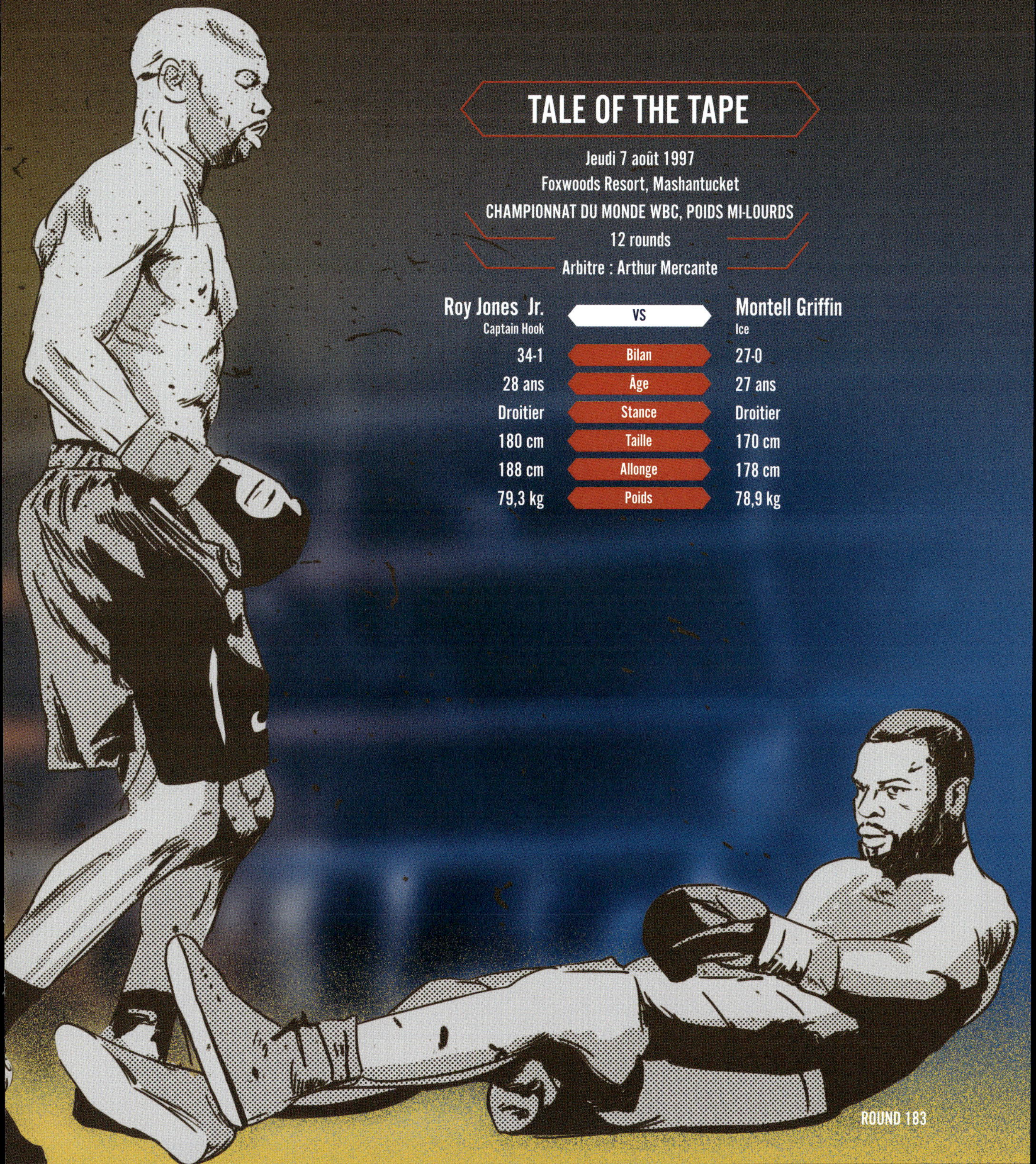

TALE OF THE TAPE

Jeudi 7 août 1997

Foxwoods Resort, Mashantucket

CHAMPIONNAT DU MONDE WBC, POIDS MI-LOURDS

12 rounds

Arbitre : Arthur Mercante

Roy Jones Jr. (Captain Hook)	VS	Montell Griffin (Ice)
34-1	Bilan	27-0
28 ans	Âge	27 ans
Droitier	Stance	Droitier
180 cm	Taille	170 cm
188 cm	Allonge	178 cm
79,3 kg	Poids	78,9 kg

À l'image de ce que beaucoup appellent aujourd'hui le « Projet Mbappé[1] » en football, la réussite de Roy Jones Jr. était véritablement le dessein de son père. Dès l'âge de 6 ans, Junior s'entraîne tel un forcené sous les hurlements de son géniteur. La violence physique et psychologique des séances crée un grand sentiment de gêne chez les camarades d'entraînement du petit Roy, le paternel n'a aucune pitié : « Qu'est-ce qui ne va pas ? Tu es fatigué ? Je t'avais dit que tu es trop petit, pas assez rapide. Oh, c'est reparti, tu vas encore pleurer ? La petite fi-fille va pleurer… »

En plus des exercices de musculation inhumains, Roy Jr. est forcé de faire des sessions de sparring face à des boxeurs beaucoup plus âgés que lui. Un des exercices les plus cruels était d'effectuer plusieurs rounds avec une seule main valide, l'autre étant attachée dans le dos. Les brimades et les sévices quotidiens poussent Jones Jr. au-delà de ses limites. Le jeune garçon est tellement terrifié par son père qu'il envisage l'impensable pour un enfant de moins de 10 ans : « Après un certain temps, je m'en foutais d'être blessé ou même de mourir, la mort était plus acceptable que la vie que je vivais, j'ai vraiment pensé au suicide. J'avais mal tous les jours, j'avais tellement peur de mon père. Pour m'en sortir, je suis devenu un intrépide, un casse-cou prêt à prendre tous les risques possibles. »

Le calvaire qu'il vit ne l'empêche pas d'être très performant sur le ring. Il remporte les Junior Olympics[2] deux années de suite en 1984 et 1985 et sa progression l'amène naturellement à faire partie de l'équipe olympique américaine pour les J.O. de Séoul en 1988.

À 19 ans, il est le benjamin d'une Team USA qui inclut notamment Riddick Bowe et Ray Mercer. Son parcours en Corée du Sud est époustouflant, mais il est victime d'un des plus grands vols de l'histoire en finale des J.O.[3] face à un boxeur coréen et doit se contenter d'une médaille d'argent. La déception est doublement douloureuse, Junior doit accepter l'inacceptable de la part des juges et quitte le ring en pensant avoir déçu sa famille. Pourtant, son père, présent dans les tribunes, lui témoigne de la compassion, pour la première fois de sa vie, il se montre même fier de lui.

Son retour chez lui en Floride est une fête grandiose, il est accueilli en héros, partout où il passe. Il reçoit symboliquement des médailles d'or, une maigre consolation.

Le clan décide de passer professionnel, six mois plus tard. Jones Jr. est convoité par les plus grands promoteurs et managers, mais, comme depuis toujours, c'est son père qui prend les commandes et endosse les rôles de coach, de manager et de promoteur. Senior veut une progression tranquille, avec des adversaires taillés sur mesure pour démarrer et faire monter la cote du fiston. Pendant trois ans, Roy Jones Jr. est cantonné aux petites réunions locales. Il stagne, l'engouement dont il jouissait après les J.O. s'estompe et la frustration monte lorsque son père refuse qu'il dispute un titre mondial. Junior n'est pas encore mûr, selon lui.

Nous sommes en 1992, et c'est un événement totalement étranger à la boxe qui va faire exploser la relation père-fils. Roy Jr. est un amoureux des chiens, il en possède plusieurs et, en juin de cette année-là, un de ses molosses mord sa petite sœur au bras. Le père apprend l'accident et n'hésite pas un seul instant, il tue l'animal à coup de fusil. C'est le point de rupture, Junior plaque tout, il se sépare de l'homme qui l'a amené au plus haut niveau avec perte et fracas. Pour le remplacer, il fait appel à son coach des J.O. 1988,

Alton Merkerson. Une seule chose ne change pas, il refuse toujours de faire appel à un promoteur et veut changer le système de la boxe.

Roy Jones Jr. est désormais un affranchi qui frappe le tambour du noble art à son propre rythme. Il forme sa société de promotion, Square Ring, Inc., et obtient enfin sa première chance mondiale en mai 1993. Il s'impose par décision unanime contre Bernard Hopkins et remporte le titre de champion IBF des poids moyens. Une performance réalisée en partie avec les tripes, puisqu'il s'était fracturé la main droite avant le combat et luttait contre une douleur atroce. Il admettra, des années plus tard, que la dureté des entraînements de son père lui a permis de tenir dans ce premier championnat du monde. Le contact avec son mentor est totalement rompu, mais le néochampion souhaite lui apporter sa ceinture, un symbole fort, une main tendue que refuse Roy Senior, trop orgueilleux. Il ne veut plus rien savoir de son fils.

PAR EXEMPLE, AVANT SON COMBAT CONTRE ÉRIC LUCAS, ROY DÉCIDE DE DISPUTER UN MATCH DE BASKETBALL DANS UNE LIGUE AMATEUR LE MATIN ET DÉFEND SA CEINTURE IBF DES SUPER-MOYENS LE SOIR MÊME, MAIS CE HAPPENING N'A AUCUN EFFET SUR LE GRAND PUBLIC.

VICTIME DU PLUS GRAND VOL DE L'HISTOIRE DES J.O.

Chaque tournoi olympique de boxe a eu droit à son lot de controverses et de résultats très suspects. L'édition 1988 à Séoul n'y échappe pas. Roy Jones est un des favoris de la compétition dans la catégorie des moins de 71 kg et ses performances jusqu'en finale ne laissent aucune place au doute. Victoire par K.O. contre M'tendere Makalamba (Malawi) en seizièmes de finale, trois succès par décision unanime contre Michal Franek (Tchécoslovaquie), Yevgeni Zaytsev (Union soviétique) et Richie Woodhall (Royaume-Uni). Il dispute la finale contre le Sud-Coréen Park Si-Hun et, là encore, Jones surclasse son adversaire. L'Américain touche nettement Park à 86 reprises et n'encaisse que 32 coups. Au terme des trois rounds, les juges déclarent Park Si-Hun vainqueur, à la surprise générale. Aldo Leoni, l'arbitre italien du combat, murmure à Jones : « Je n'arrive pas à croire qu'ils te fassent ça ! » Le boxeur sud-coréen est lui-même étonné, il a le réflexe de porter Roy Jones, comme pour faire comprendre qu'il est le réel vainqueur. Après la compétition, les trois juges ayant déclaré Park gagnant ont été suspendus par le CIO et, très ironiquement, l'AIBA décide de donner le trophée Val Barker du meilleur boxeur de la compétition, toutes catégories confondues, à Roy Jones.

ROY JONES JR., STAR DU RAP

En marge de sa carrière de boxeur, Roy Jones a connu une carrière de rappeur très respectable. En 2001, il sort son premier album *Round one: The Album* avec, en single phare, « *Y'all must've forgot* ». Dans ce titre, Jones rappelle à l'ordre tous ses critiques en parlant de ses succès face à Bernard Hopkins, James Toney et Montell Griffin. En 2004, il forme un groupe nommé Body Head Bangerz avec les rappeurs Magic, Choppa, Snappa et Bone Crusher. Le premier album du groupe[8] est produit par Jones lui-même et contient le titre « *Can't be touched* », son plus grand succès.

Le deuxième fait d'armes de la carrière pro de Roy Jones est sa victoire contre James Toney en 1994. Toney est à ce moment-là un boxeur invaincu en 46 combats professionnels, champion de la catégorie supérieure, les super-moyens. Jones le surclasse, il l'envoie au tapis au troisième round et s'impose finalement par décision unanime. Ça fait deux titres mondiaux, dans deux divisions différentes en moins de deux ans. Roy est classé numéro 1 *pound for pound*. Beaucoup le considèrent comme le meilleur boxeur au monde. Son instinct, son coup d'œil, son style très particulier et l'intelligence qu'il démontre en combat forcent le milieu du noble art à reconnaître sa supériorité.

Mais, comme pour tout champion dominant, la question du niveau de ses adversaires est posée. Certains de ses combats ressemblent en effet à des séances d'entraînement. Autre problème, les téléspectateurs le boudent, les audiences de ses combats en pay per view sont risibles et il refuse toujours l'appui d'un promoteur puissant qui lui permettrait d'attirer des adversaires de valeur. Il fait ce qu'il veut, ou plutôt ce qu'il peut pour attiser la curiosité des fans. Par exemple, avant son combat contre Éric Lucas, Roy décide de disputer un match de basketball dans une ligue amateur le matin et défend sa ceinture IBF des super-moyens le soir même, mais ce happening n'a aucun effet sur le grand public.

Il prend la décision de monter dans la catégorie des mi-lourds et devient tout de suite champion WBC par intérim en battant Mike McCallum. Le combat suivant chez les moins de 79,4 kg l'oppose à Montell Griffin en mars 1997 pour la vraie ceinture mondiale WBC de cette division. Griffin est lui aussi un boxeur au parcours sérieux chez les amateurs et membre de l'équipe olympique de 1992. Lui aussi a battu James Toney, à deux reprises. Jones s'attend à un combat tout en contrôle, comme il en a l'habitude, mais Griffin boxe avec un style gênant. Jones est très frustré, il ne trouve la faille qu'au 9e round. Après plusieurs coups durs, il force Griffin à poser un genou à terre. L'arbitre a démarré son compte, mais Jones envoie un enchaînement droite-gauche au visage de Griffin alors qu'il est sans défense, il s'écroule la tête la première sur le sol et n'est pas en mesure de poursuivre le combat. Pour ce très vilain geste, Roy Jones est logiquement disqualifié. C'est sa première défaite au niveau professionnel en 35 combats.

Roy l'a mauvaise, il décrit cette défaite comme le pire moment de sa carrière et se sent victime d'une injustice. Ce qui l'agace davantage, c'est la vantardise de Griffin à propos de cette victoire[4]. Il veut se venger au plus vite, prouver que ce revers n'est qu'une grossière erreur. Cinq mois plus tard en août 1997, les deux boxeurs se retrouvent au Foxwoods Resort de Mashantucket, un casino niché au cœur d'une réserve indienne dans le Connecticut, bien loin du lustre de Las Vegas.

Jones monte sur le ring vêtu d'un costume trois-pièces, sans voir ses gants qui dépassent de sa très large veste et la sueur sur son visage. On pourrait croire qu'il se rend à un mariage. Il fait les cent pas dans son coin durant l'annonce de Michael Buffer, il n'en peut plus d'attendre cette revanche. Griffin, champion en titre des mi-lourds depuis le premier combat, est chahuté par le public à l'annonce de son nom.

Jones entame le combat de manière très agressive. Après seulement neuf secondes, il touche nettement son adversaire avec un crochet gauche, Griffin fait plusieurs pas de recul vers un coin. Il fait mine d'avoir encaissé le coup, mais son attitude le trahit, sa garde est faible et, 10 secondes plus tard, Jones l'éprouve avec un deuxième crochet gauche, celui-ci est beaucoup plus violent. L'impact du coup fait perdre l'équilibre au champion. Montell fait encore une fois de grands pas vers l'arrière et rebondit sur les cordes, il pense avoir évité un knockdown, mais l'arbitre va bel et bien le compter.

Griffin montre son mécontentement. Au compte de huit, le combat reprend et il est tout de suite apparent que Roy Jones cherche le K.O. dur, le K.O. électrifiant sur un coup.

Il tente plusieurs larges crochets qui ne trouvent pas la cible, se montre patient, mais ne prépare aucune combinaison. Il range son jab et se focalise sur les coups puissants. Griffin est trop timide, il n'a aucune solution face à l'équation Roy Jones, mais il parvient à rester à bonne distance des crochets ravageurs. À 42 secondes de la fin du 1er round, Roy profite d'un pas de retrait mal assuré de Griffin et lui assène un très large coup à mi-chemin entre un crochet et un uppercut du gauche au menton ! Montell fait un rude voyage au tapis sur le dos. Cette fois, il ne peut pas contester la décision de l'arbitre. Il doit réunir toutes ses forces pour se redresser, il se positionne maladroitement sur le ventre pour prendre appui sur ses poings, mais le crochet de Jones lui a dérobé son énergie. Il se remet sur pied au compte de 9 et essaie de faire plusieurs pas, mais retombe à plat ventre. Roy Jones Jr. obtient à la fois sa revanche et le titre de champion du monde WBC des mi-lourds en s'imposant par K.O. dès le 1er round ! Il fait taire Griffin et ses critiques perdent la parole.

Après ce succès, Roy Jones Jr. tente une nouvelle fois de renouer contact avec son père, mais rien n'y fait, le vieil homme reste dans son coin. À la surprise de tout l'entourage du boxeur, Senior décide de rompre le silence, l'année suivante, en 1998. Un promoteur propose 6 millions de dollars à son fils pour affronter l'ancien champion du monde poids lourds Buster Douglas, une prise de risque considérable pour Roy Jr. Après six ans de guerre froide, Big Roy décroche son téléphone pour appeler son fils et le convaincre de refuser cette offre. Le fiston écoute ce sage conseil, mais, en bon intrépide et véritable fils d'une époque où toutes les limites doivent être repoussées, il montera chez les poids lourds, quelques années plus tard, pour tenter sa chance au titre suprême[5].

CITOYEN RUSSE

Roy Jones est un ami de la Russie de très longue date. Il est adoré par les fans de boxe locaux, et sa célébrité l'a amené à combattre quatre fois sur le sol russe. Ces combats lui ont ouvert des opportunités de business pour lesquelles il se rend régulièrement sur place. En août 2015, il rencontre Vladimir Poutine à Sébastopol en Crimée pour demander officiellement la citoyenneté russe. Le but est d'obtenir un passeport qui lui faciliterait la vie lors de ses passages aux frontières. Affable et enclin à accueillir des personnalités du monde du sport ou du spectacle, le président russe lui offre la citoyenneté en moins d'un mois en septembre 2015.

CHAMPION DU MONDE DES POIDS LOURDS

Sacré champion du monde dans les catégories poids moyens, super-moyens et mi-lourds, Roy Jones a aussi été champion du monde WBA des poids lourds. Le 1er mars 2003, il affronte John Ruiz, qui avait pris le titre des mains d'Evander Holyfield. Quinze kilos séparent les deux hommes sur la balance, Jones est pesé à 88 kg et Ruiz, à 103 kg. Devant plus de 15 000 personnes à Las Vegas, Jones s'impose par décision unanime et devient le premier champion poids moyen à ensuite remporter le titre chez les lourds depuis 1897.

« Il n'a rien foutu contre moi... »

INTERVIEW MONTELL GRIFFFIN

Dès le moment où j'ai sollicité Montell Griffin pour un entretien, l'ancien champion du monde a annoncé la couleur, il n'a rien à cacher. Le boxeur natif de Chicago a des choses à dire concernant les deux grandes rivalités qui ont marqué sa carrière. Aujourd'hui encore, vingt-sept ans après les faits, il est revanchard et tient à donner les vraies raisons qui ont mené à sa défaite en 1 round contre Roy Jones Jr.

Vous aussi, comme Roy Jones Jr., c'est votre entourage familial qui vous a initié à la boxe...

Oui, ça a démarré aussi avec mon père Clarence Griffin. Il amenait mon frère à la salle pour lui apprendre la self-défense. C'était dans un gym de Chicago où il travaillait avec Johnny Coulon[6], qui a été champion du monde des poids coqs au début du siècle dernier. Coulon se faisait de plus en plus vieux et a décidé de vendre cette salle à mon père qui en a fait le Windy City Boxing Club. J'y ai passé toute ma jeunesse.

Étiez-vous au courant de la relation très complexe de Roy Jones avec son père ?

Oui, je sais que son père a été très dur avec lui. Vous savez, moi, je n'ai pas vraiment eu de père, j'ai commencé la boxe très tôt avec lui, mais je l'ai perdu à l'âge de 12 ans. Je vais vous dire une chose que je dis souvent à ma fille lorsqu'elle est énervée contre moi. J'essaie de lui expliquer que j'aurais vraiment aimé avoir une relation forte avec mon père, elle a la chance d'avoir un père présent, je suis là pour elle, mais elle n'en profite pas. En définitive, je pense qu'il est important de rappeler que Roy Jones est le boxeur et l'homme qu'il est aujourd'hui grâce à son père, peu importe à quel point il a pu être mauvais envers lui.

À quel âge avez-vous compris que vous vouliez devenir boxeur ?

Très tôt ! J'étais à l'entraînement tous les jours, donc je voyais les plus grands s'exercer. Forcément, ça m'a donné envie de me lancer. Dans les années 1980, les enfants ne pouvaient pas boxer avant l'âge de 10 ans, mais, pour me permettre de faire mon premier combat, mon père a dû mentir sur mon âge. Je n'avais que 9 ans lors de mon premier combat amateur. J'ai eu un parcours très sérieux dans les catégories de jeunes dans la région de Chicago pendant trois ans. Malheureusement, après le décès de mon père, ma mère a préféré que j'abandonne la boxe.

Combien de temps a duré votre pause ?

Huit ans. Pendant huit ans, je n'ai rien fait qui touchait de près ou de loin à la boxe. Je n'allais pas à la salle, je ne faisais aucune sorte d'entraînement, je ne regardais même plus ce sport, j'étais passé à autre chose.

L'adolescence est pourtant une période charnière dans la construction d'un boxeur de haut niveau. Pourquoi avez-vous décidé de reprendre la boxe ?

En décembre 1989, un de mes plus proches amis, Ruben Jones, a perdu la vie. Cette année avait été dure pour moi à plusieurs niveaux et, lorsque Ruben est mort, ça m'a rappelé le décès de mon père. J'avais l'impression de faire le deuil de deux personnes en même temps. On peut clairement dire que j'étais en dépression. Un jour, je croise mon neveu totalement par hasard et il me demande : « Tu ne fais rien en ce moment, viens avec moi à Los Angeles pour reprendre la boxe, ça te dit ? », et j'ai répondu oui. J'ai répondu tellement vite que lui-même était surpris. J'ai vendu ma voiture à mon voisin pour payer mon billet d'avion, le lendemain, et je suis allé à LA pour boxer.

C'est donc depuis Los Angeles que vous avez construit votre rêve olympique puisque, en un peu plus d'un an, vous avez réussi à intégrer l'équipe américaine des J.O. de 1992 à Barcelone…

L'équipe de 1992 était solide, mais le problème, c'est qu'on devait boxer contre la corruption et c'est un adversaire très difficile à battre. Beaucoup de mes coéquipiers se sont fait voler, ils ont perdu des combats qu'ils méritaient de gagner. Moi-même, j'ai été éliminé sur un combat au pointage bizarre contre un Allemand. Le milieu de la boxe amateur est très sale et la vie est injuste. L'équipe était bonne, mais on ne nous a pas donné le crédit que l'on méritait. Malgré ça, l'expérience était géniale, j'ai adoré l'atmosphère de Barcelone et, sur ces J.O., j'ai pu rencontrer quelques membres de la Dream Team USA de basketball, Carl Lewis, beaucoup d'autres très grands athlètes. Ça fait partie des meilleurs moments de ma vie : j'avais arrêté la boxe pendant huit ans, je reviens, je fais à peine trente combats amateurs en 1 an et je parviens à me qualifier, c'était fou.

Vous passez professionnel début 1993 et, très tôt dans votre carrière, vous êtes opposé à James Toney, qui était un champion bien plus expérimenté. Parlez-moi de cette rivalité…

C'était particulier parce que James Toney était mon boxeur préféré. Lorsque je suis rentré des J.O., Jackie Kallen[7] m'a appelé pour que j'aille à Détroit. Toney voulait me proposer de signer dans sa compagnie pour me manager. J'y suis allé, on s'est entraînés ensemble et nous avons même fait quelques oppositions. Je me suis senti très à l'aise dans ces sessions sparring. Malheureusement, la proposition financière ne me convenait pas, donc je suis parti et ça s'est retourné contre eux. Lorsque la possibilité de l'affronter en combat pro est arrivée, j'ai sauté dessus. J'étais professionnel depuis trois ans, j'avais beaucoup moins d'expérience, mais je ne m'inquiétais pas pour ça. Je n'ai jamais été du genre nerveux sur un ring, je n'avais peur de personne.

Vous battez James Toney deux fois, en 1995 et en 1996. Pourtant, beaucoup d'observateurs, fans ou experts, remettent en doute ces victoires encore aujourd'hui. Que pensez-vous de la controverse qui règne autour de ces deux combats ?

Vous savez ce que je dis à tous ces gens pour qu'ils ferment leur gueule ? Je leur dis que j'ai affronté James Toney deux fois. Il y avait SIX JUGES DIFFÉRENTS (hausse le ton) autour du ring, aucun juge sur ces deux combats n'a donné Toney vainqueur ! De quelle controverse parlent-ils ? Je n'avais que quatorze combats pros à mon actif lors de notre premier duel, il était double champion du monde avec 48 combats ! Tout le monde a dit que c'était un coup de chance. Très bien. Je l'ai défié une deuxième fois et je l'ai encore battu, et c'était le plus beau combat de ma carrière. Je ne vois pas pourquoi on parle encore de controverse, j'ai battu cet homme, point !

Parlons de l'autre grand rival de votre carrière, Roy Jones Jr. Étiez-vous impressionné ou admiratif de son talent avant de l'affronter la première fois ?

Je m'en foutais de lui. Lorsque j'ai affronté Roy Jones, j'avais 26 combats pros et tout le monde disait qu'il était le plus grand boxeur de tous les temps. Rendez-vous compte, Jones était numéro 1 pound for pound *en 1997 et on disait de lui qu'il était le meilleur boxeur de l'histoire. Pourtant, il n'a rien foutu contre moi. Je ne le craignais pas, je n'ai jamais été inquiété par un adversaire.*

Lors du premier combat, vous avez réussi à frustrer Roy Jones. Vous êtes un des rares à avoir été capables de contrecarrer son plan à une époque où il dominait tous ses adversaires…

(Il coupe.) J'étais en train de gagner le combat, il n'y a aucun doute là-dessus. Pour une raison que j'ignore encore, sur les cartes de deux juges, il était en avance sur moi, le troisième juge me donnait gagnant avant que Jones ne soit disqualifié. Dans le 9e round, il a réussi à me toucher à l'arrière de la tête, j'étais en difficulté et j'ai décidé de mettre un genou au sol exprès, pour avoir quelques secondes de répit, c'est pour ça que je ne suis pas en garde. Ensuite, il m'a envoyé ce droite-gauche à la figure qui l'a disqualifié. C'était très brutal, j'étais vraiment incapable de continuer le combat, les images parlent d'elles-mêmes. Personne ne veut reconnaître ce que j'ai réussi à faire dans ce combat, mais c'est comme ça, la vie est injuste et il faut l'accepter.

À quel point le manque de reconnaissance envers vos performances sur le ring vous agace ?

Plus je vieillis, plus c'est difficile pour moi d'accepter que personne ne reconnaisse ce que j'ai fait. Je ne suis même pas considéré pour entrer au Hall of Fame *! Putain, comment c'est possible que je ne sois même pas mentionné pour y aller alors que j'ai battu deux boxeurs durant ma carrière qui sont justement au* Hall of Fame *? Je n'arrive pas à l'expliquer.*

VOUS ENTENDREZ LE COMMENTATEUR DIRE : « ROY JONES N'A JAMAIS COMMENCÉ DE MANIÈRE AUSSI AGRESSIVE DANS SA CARRIÈRE. » IL A DIT ÇA POUR UNE RAISON TRÈS SIMPLE, JE N'ÉTAIS PAS ÉCHAUFFÉ ET ILS LE SAVAIENT.

Revenons à votre rivalité avec Roy Jones. Lors du deuxième combat, il est clair qu'il était très énervé d'avoir perdu contre vous, il s'est montré agressif d'entrée, ce qui n'était pas son habitude. Avez-vous été perturbé par ce changement tactique ?

Je suis très heureux que vous disiez cela ! Si vous visionnez le combat, vous entendrez le commentateur dire : « Roy Jones n'a jamais commencé de manière aussi agressive dans sa carrière. » Il a dit ça pour une raison très simple, je n'étais pas échauffé et ils le savaient. Le diffuseur HBO m'a forcé à sortir de mon vestiaire très vite, je n'ai même pas eu le temps de faire mes exercices habituels. J'en ai parlé avec Roy bien après le combat et il n'a pas nié ce fait. C'est pour cette raison que j'ai perdu le deuxième combat, j'ai été cueilli à froid. J'en ai la preuve, je vous le répète. J'en ai parlé avec Roy Jones et il sait que je dis la vérité. C'était le plus grand combat de ma vie, j'affrontais le meilleur boxeur au monde et ils n'ont pas voulu que je m'échauffe.

Le manque d'échauffement ne peut pas être la seule explication pour cette défaite, Roy Jones vous a touché nettement après quelques secondes dans le combat, les coups qui ont suivi étaient très précis…

Écoutez, j'ai un menton solide, je le sais, c'était un de mes atouts pendant toute ma carrière. Il a réussi à me mettre K.O. de cette manière parce qu'il savait que je n'avais pas pu me préparer correctement dans mon vestiaire. C'est terrible, mais c'est aussi ça, la boxe, un sport sale et corrompu, et personne ne peut rien y faire.

Qui est le plus grand spécialiste du K.O. dans l'histoire de la boxe ?

Deontay Wilder est le plus grand puncheur de l'histoire de ce sport ! Pour moi, personne ne peut s'approcher de lui. C'est de loin le meilleur pour infliger des K.O. sur un seul coup, c'est du jamais-vu. Mike Tyson, George Foreman ou quel que soit le nom que les autres ont cité, ces boxeurs n'ont pas mis K.O. leurs adversaires avec un seul coup autant de fois que Wilder.

Qu'est-ce qu'un K.O. ?

Un K.O., c'est cool, mais, franchement, le plus important, c'est la victoire. Je n'étais pas un grand puncheur, donc les K.O., ça n'a jamais été un truc qui me transcendait. Mes coachs ont toujours voulu que je sois plus agressif, que j'aille chercher le coup dur plus souvent pour obtenir des K.O., mais ça n'a jamais été d'une importance capitale pour moi. Les superstars vont chercher des K.O., c'est ce qui fait leur célébrité, les Roy Jones, les Tyson, mais je n'ai pas été béni comme eux. J'avais du talent, et j'ai utilisé le talent que Dieu m'a donné du mieux que je pouvais.

1. Projet familial autour d'un enfant supposément doué pour une discipline sportive afin de l'amener au plus haut niveau.
2. Jeux olympiques des jeunes Américains.
3. Voir l'encadré, page 185.
4. Voir l'entretien avec Montell Griffin, page 188.
5. Voir l'encadré, page 187.
6. Johnny Coulon (1889-1973), boxeur canado-américain, champion du monde des poids coqs de 1911 à 1914.
7. Jackie Kallen, ancienne manager de James Toney.
8. *Body Head Bangerz: Volume One*, premier album du groupe de Roy Jones Jr.

PARTIE 6 | LES SCÉNARIOS HALETANTS

TYSON FURY VS DEONTAY WILDER

God save the Gypsy King

TALE OF THE TAPE

Samedi 9 octobre 2021

T-Mobile Arena, Las Vegas

CHAMPIONNAT DU MONDE WBC DES POIDS LOURDS

12 rounds

Arbitre : Russell Mora

Tyson Fury The Gypsy King	VS	Deontay Wilder The Bronze Bomber
30-0-1	Bilan	42-1-1
33 ans	Âge	35 ans
Droitier	Stance	Droitier
206 cm	Taille	201 cm
216 cm	Allonge	211 cm
125,6 kg	Poids	107,9 kg

Dans le nord de l'Angleterre, la fraîcheur des matins d'automne repousse même les joggeurs les plus déterminés. Pourtant, au lendemain d'Halloween, une très grande et large silhouette s'élance sur les routes de Morecambe, cité balnéaire du nord-ouest de l'archipel. L'homme, un peu engoncé dans sa tenue de sport, qui peine à trouver son souffle, est un ancien champion unifié des poids lourds d'à peine 29 ans. Nous sommes en octobre 2017, Tyson Fury n'a pas boxé depuis presque deux ans et tente de reprendre sa vie en main. Il était parti pour 3 kilomètres, une formalité lorsqu'il était encore athlète de haut niveau. Mais, avec plus de 180 kg à transporter, Tyson ne peut pas courir plus de 200 mètres. Il décide de marcher sur les 2,8 kilomètres restants pour ne pas rester sur un échec total. Pendant sa balade, Fury jette un œil à son téléphone et tombe par hasard sur une vidéo de Deontay Wilder. L'Américain est le champion poids lourds de la WBC depuis deux ans et lorsqu'on le questionne à propos d'un potentiel retour de l'Anglais sur le ring, il est catégorique : « Je pense que Fury est fini. Il parle beaucoup, il dit qu'il va revenir, mais je n'y crois pas du tout. Je pense qu'il a surtout besoin d'aide en ce moment. »

Une partie de la déclaration de Wilder est vraie, Tyson Fury a bien besoin d'aide. Depuis sa surprenante victoire contre Wladimir Klitschko en novembre 2015, plus rien ne tourne rond chez lui. La revanche que réclamait l'Ukrainien en 2016 n'aura jamais lieu. Une blessure à la cheville empêche Fury de défendre ses titres en juin, puis il est suspendu pour un contrôle positif à la cocaïne avant la seconde date proposée en octobre. Après ces deux annulations, il prend beaucoup de poids et ce n'est que le début de la descente aux enfers. Tyson est aussi en proie à une grave dépression qui le pousse à consommer régulièrement de la cocaïne et des quantités d'alcool déraisonnables. Il rencontre plusieurs psychiatres qui lui diagnostiquent un caractère bipolaire et maniaco-dépressif. Il finit par toucher le fond avec des pensées suicidaires : « J'ai des matins où je ne veux même pas me réveiller. Je vis tous les jours avec l'envie de mourir et c'est terrible de dire ça alors que je suis marié et père de trois enfants. Je ne veux plus vivre. Si j'avais le courage de m'ôter la vie, je le ferais en un instant. »

Les démons de Tyson Fury sont placardés en une de tous les journaux britanniques et il se résout à lâcher les titres de champion du monde (IBF, WBO, WBA et IBO). Même si la parole s'est globalement libérée, le sujet de la santé mentale des combattants est encore tabou. L'histoire de Fury permet de mettre en lumière les difficultés de certains boxeurs face aux exigences psychiques de ce sport. Après deux ans loin de la salle d'entraînement, Fury décide de tenter un comeback presque impossible en commençant par de petits efforts quotidiens. Il a trois sources de motivation : sa foi chrétienne, l'amour de ses proches et de sa communauté des Irish Travellers[1] et Deontay Wilder. Son ego de champion le pousse à fournir des efforts surhumains afin de faire mentir le Bronze Bomber.

KLITSCHKO VS FURY, LE SOMMET AVANT LA CHUTE

C'est la première véritable heure de gloire de Tyson Fury, celle qui a fait de lui le Gypsy King, mais qui est aussi le point de départ de ses trois années en enfer. Le 28 novembre 2015 à Düsseldorf, Fury dispute son premier championnat du monde face à un Wladimir Klitschko intouchable à l'époque. L'Ukrainien n'a plus perdu depuis onze ans, 22 victoires, dont 16 avant la limite. Le grand public voit Fury comme une énième victime expiatoire, mais le Britannique parvient à rentrer dans la tête de Klitschko en adoptant un comportement totalement rocambolesque lors des conférences de presse avant le combat. Pour la première fois depuis plus d'une décennie, le champion du monde est en proie au doute et, sur le ring, il ne trouve aucune solution face au style à la fois fantasque et très technique de Tyson Fury, qui s'impose par décision unanime et devient champion du monde unifié (WBA, IBF, WBO et IBO) des poids lourds à 27 ans.

AT HOME WITH THE FURYS

Pour profiter encore plus de sa célébrité en Angleterre et à travers le monde, Tyson Fury a ouvert les portes de sa maison aux caméras de Netflix pour une émission de téléréalité sobrement intitulée *At home with the Furys* (à la maison avec les Fury). Cette émission raconte le quotidien de la famille du champion entre sa carrière de boxeur, la bataille permanente contre ses divers troubles mentaux, l'éducation de ses sept enfants avec sa femme Paris et ses relations familiales avec son père et ses frères. À la fois drôle, tragique, gênant et inspirant, Tyson Fury a réussi à retourner une bonne partie de l'opinion publique qui avait un avis négatif sur sa personne et, après une première saison très bien accueillie par le public, la plateforme américaine a décidé de proposer une deuxième saison chez les Fury.

En janvier 2018, il récupère une licence de boxe professionnelle auprès de la fédération britannique, mais ses intentions sont encore floues pour le public et les médias. Ce n'est qu'en avril qu'il annonce officiellement son retour. Le 9 juin à Manchester, Fury est bel et bien sur le ring pour une opposition en 10 rounds contre Sefer Seferi. Il a perdu 51 kg en quelques mois (125 kg sur la balance) avec l'aide de son nouveau coach Ben Davison, et son physique, certes bien loin d'être musculeux, ressemble à celui du Fury prédépression. Il s'impose par abandon de Seferi en 4 rounds et veut enchaîner pour rester actif. À Belfast, deux mois plus tard, la balance affiche 8 kg de moins lors de la pesée (117 kg). Les progrès physiques de Fury sont marquants et, cette fois, il va au terme des 10 rounds prévus pour s'imposer contre Francesco Pianeta. De quoi se mettre bien en jambes pour l'immense défi qui l'attend à la fin de l'année.

Le combat à faire chez les poids lourds en 2018, c'est Deontay Wilder vs Anthony Joshua. AJ a récupéré les titres laissés vacants par Fury en battant Klitschko en 2017. Wilder est toujours le baron de la WBC, et ce combat pourrait couronner un champion incontesté dans la catégorie, le premier depuis Lennox Lewis en 1999. Wilder et Joshua se cherchent, mais ils ne trouvent pas d'accord. Deontay doit défendre sa ceinture et un partenaire de danse tout trouvé se présente, Tyson Fury. L'occasion est trop belle pour l'Anglais, il peut à la fois faire mentir Wilder et redevenir champion du monde. Le combat a lieu le 1er décembre 2018 à Los Angeles. Tyson Fury entre dans le Staples Center au son de *Freed from Desire*[2] et une horde d'Anglais a fait le déplacement pour le supporter.

Le combat du Gypsy King est clinique durant les huit premiers rounds. Il touche facilement Wilder, ses déplacements sont fluides et il se permet même de chambrer son adversaire. La première alerte de taille survient au 9e round. Tyson Fury fait un voyage au tapis. Il s'en amuse alors qu'il est encore allongé au sol et prend son temps pour remonter. La véritable frayeur se produit au douzième et dernier round, Fury semble pourtant se diriger tranquillement vers une victoire aux points. Deontay Wilder n'a pas eu une seule occasion de placer son fabuleux direct du droit ou un autre coup dur.

Ben Davison conseille à Fury d'accrocher Wilder dès qu'il sent que l'Américain va tenter son va-tout. Pourtant, à 2 min 23 s de la fin du combat, Deontay Wilder arrive à placer un enchaînement direct du droit-crochet du gauche, qui fait descendre Tyson brutalement. Son corps s'étale sur le dos, les bras en croix, son regard est dans le vide, et tout indique qu'il est tombé K.O. dès l'impact des coups. L'arbitre aurait pu arrêter le combat dans l'instant, mais il s'agenouille et compte Fury. Au compte de 6, le Britannique réussit l'impossible, il se redresse un peu à la manière de l'Undertaker[3] et va au bout du combat. Au dernier son de cloche, les juges n'arrivent pas à départager les deux boxeurs. Le match nul laisse les fans et les spécialistes sur leur faim, une revanche est indispensable.

Elle a lieu 14 mois plus tard en février 2020. Entre-temps, Tyson Fury est redevenu une superstar. L'histoire de sa rédemption est le cœur de son autobiographie parue en 2019. Il signe aussi un contrat mirobolant avec Top Rank, 100 millions de dollars pour cinq combats. Sa première sortie avec son nouveau promoteur est une victoire facile en deux rounds contre Tom Schwarz, la deuxième est un peu plus sanglante. Face à Otto Wallin, Fury subit une immense coupure au-dessus de l'œil droit, qui nécessitera 47 points de suture, mais il s'impose par décision unanime.

C'est à Las Vegas que l'épisode 2 de cette saga prend place. Pour l'occasion, Tyson a repris un peu de poids, 123 kg à la pesée pour l'Anglais contre seulement 104 kg pour Deontay. Cet écart de poids sera un paramètre important dans le combat. Le roi des Gitans décide qu'il ne marchera pas pour aller vers le ring, il préfère s'approcher du quadrilatère en étant assis sur un trône, porté par des amazones. Wilder arbore, lui, une armure noire, sertie de diamants, de LED, ainsi qu'un casque et une couronne assortie. L'ensemble pèse 18 kg, de quoi user les jambes du champion en titre avant même le début du combat.

S'IL Y A BIEN UNE CHOSE QUE JE RETIENS DE MES DIVERSES CONVERSATIONS AVEC DEONTAY WILDER, C'EST QU'IL PRÉFÉRERA TOUJOURS QUITTER LE RING INCONSCIENT, LES PIEDS DEVANT, PLUTÔT QU'ABANDONNER.

L'Anglais a changé d'entraîneur, Ben Davison a laissé sa place à SugarHill Steward, neveu d'Emanuel. Le nouveau duo Steward-Fury se met d'accord pour entamer le combat de manière agressive. Deontay touche Fury nettement avec un direct du droit dès la première minute, mais le 1er round est largement dominé par le Gypsy King. En plus de sa technique et de sa mobilité habituelle, ses frappes sont plus lourdes, le bruit de l'impact de ses coups impressionne, même quand ils sont bloqués par Wilder. Dès le début de la 2e reprise, Fury fait reculer Deontay avec un excellent jab. L'Américain, au jeu de jambes assez incertain, parvient à riposter avec un nouveau direct du droit qui arrive sur le visage de Tyson, mais la puissance n'est pas au rendez-vous.

Fury prend le dessus à partir du 3e round. Grâce à un enchaînement gauche-droite, il fait chuter Deontay Wilder. Le direct du droit de Tyson est tellement puissant qu'il fait exploser le tympan gauche du Bronze Bomber. Il se relève rapidement, mais il est très atteint et il reste tout de même 20 secondes à boxer. Les jambes de Wilder ne tiennent plus. Lors des accrochages, Fury s'appuie allègrement sur Deontay et l'use grâce à tout son poids. Deontay fait un nouveau voyage au tapis, qui n'est pas considéré comme un knockdown avant la conclusion de ces 3 minutes. La suite, c'est un nouveau knockdown au 5e round, une domination outrageuse de Fury jusqu'au 7e round, qui force Mark Breland, un des hommes de coin du champion WBC, à jeter l'éponge. À 31 ans, Tyson Fury redevient champion du monde, plus de 4 ans après ses premiers titres.

Deontay Wilder active sa clause de revanche dès le mois suivant ce combat, et il fait aussi le ménage dans son coin. Exit Mark Breland, accusé de traîtrise par Wilder pour avoir jeté l'éponge. Jay Deas, son mentor de toujours, est relégué au rang de 2e entraîneur. C'est Malik Scott qui guide Deontay pour le 3e combat. La pandémie de Covid-19 et d'autres problématiques[4] repoussent la dernière partie de cette trilogie au mois d'octobre 2021.

S'il y a bien une chose que je retiens de mes diverses conversations avec Deontay Wilder, c'est qu'il préférera toujours quitter le ring inconscient, les pieds devant, plutôt qu'abandonner. Ce dernier combat contre Fury le prouve. Après avoir été envoyé au tapis dès le 3e round, tout le public pense que l'opposition sera de courte durée. Wilder va pourtant montrer une résilience extraordinaire dès le round suivant. Malmené pendant deux minutes, il parvient miraculeusement à placer son direct du droit sur la tempe gauche de Fury. Le Gypsy King est touché très durement et fait connaissance avec le tapis de la T-Mobile Arena de Las Vegas. Distancé aux pointages des juges, Deontay égalise à 1-1 en termes de knockdowns et se relance dans le combat.

Tyson est éprouvé, il se remet sur pied au compte de sept de l'arbitre. Il reste 33 secondes dans le 4e round. Fury craint sérieusement le punch de Wilder et boxe à reculons. Les échanges de coups sont très brouillons, mais Deontay trouve encore le moyen d'envoyer Fury au sol. Deux knockdowns en moins d'une minute ! L'arbitre compte jusqu'à cinq et s'interrompt pour dire à Wilder d'aller dans un coin neutre, de quoi donner de précieux centièmes de secondes à Fury, qui est sonné au sol et ne comprend pas comment il a pu se retrouver dans cette situation. Le champion se met debout et la cloche sonne.

La minute de repos est grandement salutaire pour le Gypsy King qui renaît dans le 5e round et reprend le cours de sa domination. Plus vif et plus tranchant, Fury ne laisse plus rien passer. Les coups de Wilder, qui boxe uniquement au courage, n'ont plus d'effet sur Tyson. Deontay fait d'ailleurs une nouvelle descente dans le 10e round après avoir encaissé un crochet du droit. Le dénouement du combat a lieu dans la 11e reprise. Après 40 secondes, Fury touche Wilder avec un direct en plein menton, puis un uppercut, quelques instants plus tard. Deontay s'accroche, mais il suffit d'une seule frappe pour l'éteindre. Fury tente un très large crochet du gauche qui passe à quelques centimètres de la bouche de Wilder, il enchaîne avec un crochet du droit qui accable directement l'ancien champion.

Deontay Wilder atterrit en position latérale de sécurité et son regard sans vie force l'arbitre à signaler la fin du combat. Tyson Fury conserve son titre de champion du monde WBC des poids lourds et met fin à la trilogie Fury vs Wilder après 30 rounds disputés, 9 knockdowns au total, et donc 2 victoires pour l'Anglais.

LES CONSEILS DE BIG JOE JOYCE

Tyson Fury est certainement le plus digne représentant de la communauté des Irish Travellers. Son immense carrière dans le monde de la boxe professionnelle lui a permis d'obtenir le titre honorifique de roi des Gitans. Les sports de combat ou plutôt la bagarre coulent dans les veines des hommes de cette communauté, et nombreux sont les proches de Tyson Fury à avoir eu du succès dans le monde de la boxe, mais aussi dans le très underground milieu des combats à mains nues. Baigné dans cette culture depuis sa naissance, Fury n'hésite pas à emprunter certains remèdes très particuliers de ses compères combattants. Avant son deuxième duel contre Deontay Wilder, l'Anglais révèle qu'il a adopté une nouvelle stratégie pour endurcir ses poings, une tactique qu'il emprunte à un certain Big Joe Joyce, à ne pas confondre avec le boxeur britannique : « Je parlais à une légende du combat à mains nues, il s'appelle Big Joe Joyce, et il m'a dit qu'il plongeait ses mains dans de l'essence pour les durcir. Donc, pour ce combat, je vais plonger mes mains dans de l'essence 5 minutes par jour pendant les 3 ou 4 dernières semaines de mon camp d'entraînement pour endurcir mes poings. Ça a marché pour lui, donc je vais essayer. » Personne n'est obligé de croire Tyson Fury sur parole. Une seule chose est sûre : il a remporté ce combat face à Wilder par arrêt de l'arbitre, et la puissance de ses coups était indéniable.

« Fury est imprévisible... »

INTERVIEW | MIKEY WILLIAMS

Les photographes spécialistes de boxe ont la lourde responsabilité de retranscrire l'intensité et la dramaturgie d'un combat à travers leurs clichés. La tâche peut être encore plus stressante lorsqu'on est le photographe officiel d'une des plus grandes sociétés de promotion de l'histoire du noble art. Depuis plus de dix ans, Mikey Williams est chargé de mettre en valeur les boxeurs et boxeuses de l'écurie Top Rank lors de shootings photo et pendant les combats. Il a appris à connaître Fury et son clan pour, comme il le dit, « documenter une partie de l'histoire de la boxe ».

Quels sont vos meilleurs souvenirs de photographe pour Top Rank ?

Mon meilleur souvenir ? Je pense que c'est la première réunion à laquelle j'ai assisté. C'était pour le combat Timothy Bradley vs Ruslan Provodnikov[5] en 2013. Je n'ai pas travaillé sur cette soirée, disons que j'étais là en repérages parce que ma collaboration avec Top Rank allait commencer. Je n'étais pas un fan de boxe hardcore, mais, après ce combat, je me suis demandé : « Où étais-tu pendant tout ce temps ? » Ce sport est tellement esthétique, ça m'est apparu comme une évidence, j'étais là où je devais être.

Avez-vous en mémoire un autre combat qui vous a particulièrement marqué ?

C'est difficile à dire, j'ai bossé sur tellement de combats que ma mémoire me fait défaut (rires). Je garde tout de même un souvenir tout particulier de la période Covid. Top Rank avait créé une bulle sanitaire à Las Vegas, un peu comme la NBA, et les combats avaient lieu sans spectateurs. On pouvait entendre le son des coups, les consignes des coachs, c'était une ambiance très intimiste.

C'est quoi le cauchemar d'un photographe sur un combat de boxe ?

Un combat trop technique. Je n'irais pas jusqu'à dire que c'est un cauchemar, mais ce sont des combats plus difficiles à photographier. Par exemple, le combat Devin Haney vs Vasyl Lomachenko, c'était un duel entre deux très grands techniciens. J'ai pu faire de beaux clichés, mais il n'y a pas de photo « choc » dans ma série.

Les combats remplis d'actions, en revanche, c'est génial ! Ils sont rythmés par plein de petits moments qui sont bons à prendre en photo. Un gros coup qui arrive dans la mâchoire d'un des boxeurs, un protège-dents qui vole, le sang qui gicle, tout ce genre de chose donne de la consistance aux photos. L'autre difficulté, ce sont les boxeurs rapides. J'ai travaillé sur des combats de Manny Pacquiao et de Terence Crawford... Mon Dieu, ils sont tellement difficiles à prendre en photo pendant un combat parce qu'ils sont trop rapides. Pour Pacquiao, il m'est arrivé de sortir d'une réunion et d'avoir l'impression que je n'avais aucune photo correcte (rires).

Comment avez-vous accueilli la signature de Tyson Fury chez Top Rank ?

Personne au sein de l'entreprise n'était vraiment au courant qu'il y avait des discussions entre Top Rank et Fury. Lorsque la nouvelle est tombée, nous étions tous très excités à l'idée de travailler avec un tel boxeur. J'étais très impatient parce que je savais que, en tant que photographe, j'allais être un peu privilégié, je me préparais à passer beaucoup de temps avec lui. La première fois que je l'ai pris en photo pour des clichés promotionnels, pfff... il m'a donné tout ce dont j'avais besoin en termes de poses et d'attitudes face à l'objectif. Il n'est vraiment pas difficile à photographier, il est toujours aimable avec moi, c'est un vrai showman et il est très charismatique. Ça facilite mon travail. À chaque fois que je me prépare à travailler avec lui, je sais que je vais passer un bon moment. Ça peut être un très court moment (sourire) parce qu'il a toujours mille activités à faire. Parfois, c'est 5 minutes pour un portrait, une petite minute, trente secondes, mais, même dans ce laps de temps, il se passe quelque chose de magique.

Fait-il partie des boxeurs difficiles à photographier en combat ?

Sur le ring, c'est moins évident. Il est rapide et son timing n'est pas celui d'un poids lourd traditionnel. En général, je peux voir à quel moment un poids lourd va donner un coup et quand ce coup va arriver à destination, mais pas avec Tyson, il est imprévisible.

Vous côtoyez Tyson, mais aussi son entourage qui est omniprésent et ils sont souvent nombreux. Quelle est l'ambiance lorsque vous vous retrouvez avec la team Fury ?

J'adore travailler avec Tyson et son équipe parce qu'ils me mettent tout de suite à l'aise. À chaque fois que je suis avec eux, ils m'offrent le jogging officiel de la team Fury. Regardez ça (il se lève et sort une veste de sa valise), j'ai ma veste Gypsy King. Ils me l'ont donné lorsque j'étais à Londres pour un de ses combats. Ce sont tous des mecs super. Alors, ils sont bruyants (sourire), ils aiment beaucoup s'amuser et blaguer entre eux, mais ils savent pourquoi ils sont là, c'est pour aider Tyson à livrer la meilleure performance possible.

Avez-vous une anecdote liée à une photo de Tyson Fury ?

Oh, j'en ai plusieurs, mais il y en a une qui me fait rire à chaque fois que j'y pense. Nous étions à Las Vegas et Tyson devait prendre un jet privé pour se rendre à Los Angeles, il devait rendre visite aux Rams[6]. Ce vol était comme un concert ! Il avait mis la chanson avec laquelle il fait son entrée à chaque fois, Freed from Desire, *on chantait, on dansait et quand la musique s'est arrêtée, Tyson est allé aux toilettes. Le problème, c'est que les toilettes d'un jet privé sont très petites et Tyson fait plus de deux mètres. Donc, imaginez Tyson Fury, 2,06 mètres, essayant de faire pipi dans des toilettes en étant recroquevillé, la porte à moitié ouverte (rires). Il s'est tourné vers moi et m'a dit « Mikey, prends une photo de ce moment ! » Et on a tous explosé de rire. J'ai fini par prendre la photo, mais je ne la publierai jamais (rires).*

Est-ce qu'ils vous donnent l'accès aux vestiaires avant le combat ? Si oui, comment est l'ambiance dans son vestiaire avant une grande échéance ?

Oui, ils me font confiance. Lorsque je suis dans son vestiaire, je dois rester concentré sur le boulot. Je documente une partie de l'histoire de la boxe et son équipe attend de moi que je livre des clichés de grande qualité. Malgré l'importance de ce moment, l'atmosphère est très détendue, Tyson a toujours le sourire, il danse même parfois avec son entraîneur SugarHill alors qu'il lui bande les mains. C'est censé être un moment très précieux et lui s'en amuse. En revanche, plus on se rapproche de l'heure du combat, plus on peut sentir que Tyson se concentre.

TRÈS PEU DE BOXEURS ONT UNE TELLE PRÉSENCE. MANNY PACQUIAO ÉTAIT COMME ÇA AUSSI, LORSQU'IL ENTRAIT DANS UNE PIÈCE, ON SENTAIT QU'IL Y AVAIT QUELQU'UN DE PARTICULIER QUI VENAIT D'ARRIVER.

Vous l'avez dit, Tyson est un showman, il aime faire des entrées spectaculaires, le soir du combat…

(Il coupe.) C'est toujours époustouflant ! Lorsqu'il fait son entrée, que tu sois simple spectateur, photographe ou journaliste, tu sais qu'il va se passer quelque chose de fort. C'est électrique. Très peu de boxeurs ont une telle présence. Manny Pacquiao était comme ça aussi, lorsqu'il entrait dans une pièce, on sentait qu'il y avait quelqu'un de particulier qui venait d'arriver. Lorsque Tyson est entré dans le stade de Londres devant 90 000 personnes en 2022, je l'ai senti ! Je n'oublierai jamais cette entrée, ils ont commencé à courir à travers la foule dans le stade pour aller au ring et je n'avais pas d'autre choix que d'y aller avec eux. Ça te force à monter ton niveau d'exigence. Il faut savoir apprécier ce genre de moment parce qu'on est témoins de l'histoire de ce sport. Pouvoir documenter tout ça grâce à mon métier, c'est une bénédiction.

Vous étiez au bord du ring lors du 3e combat Fury vs Wilder. D'un point de vue matériel photo, est-ce que vous préparez des accessoires particuliers ?

Je fais attention à l'objectif que je vais utiliser. Lorsque c'est pour un combat entre deux poids lourds comme Fury et Wilder, très grands en taille, volumineux, je m'interdis d'utiliser un objectif de 70 à 200 mm. C'est beaucoup plus serré lorsqu'on prend des photos avec cet objectif. Pour ce combat, j'ai pris un objectif plus petit qui m'a permis d'avoir des prises de vues plus larges. Lorsqu'on est au bord du ring, ces gars sont immenses, donc il fallait que je shoote avec un grand-angle, c'était un objectif de 24 à 70 mm. Ça m'a permis de prendre des clichés un peu serrés, de la taille à leur visage, et lorsqu'il y a eu les knockdowns, j'ai pu rapidement changer sur un angle plus large pour montrer leur corps entier de la tête aux pieds. Il fallait absolument que j'aie des photos de leurs voyages au tapis.

Une des angoisses que partagent tous les photographes de boxe, c'est la photo du K.O. Êtes-vous satisfait de la photo que vous avez prise dans le 11e round ?

Je pense que j'ai fait un bon boulot. Ce n'était pas facile parce que je n'avais pas le bon angle. Lorsque Tyson était en train d'enchaîner les coups avant de l'envoyer définitivement au sol, je n'ai pas pu prendre une seule photo, ça n'aurait rien donné. J'ai espéré de tout mon cœur que quelque chose de dramatique se passe et, trois secondes plus tard, Wilder tombe juste devant moi. Il était littéralement à quelques centimètres de mon objectif et j'ai pu prendre une très bonne photo de lui et de l'arbitre en train de signaler la fin du combat. Dans la foulée, je vois Tyson courir vers le coin opposé et lever les bras, j'ai aussi pu prendre ce cliché. J'étais prêt pour ce moment et je suis très heureux que ce soit arrivé juste sous mes yeux, c'était épique.

Qui est le plus grand spécialiste du K.O. ?

Je ne suis pas un historien du sport. Mais, en ce moment, il y a deux gars qui me viennent en tête, c'est le japonais Naoya Inoue, le monstre ! Et Artur Beterbiev. Lorsque je fais un check du poing avec Beterbiev, pfff... on dirait que ma main touche un bloc de béton. Il a une puissance brute qui est assez incroyable. Pour Inoue, la puissance vient de sa vitesse. Je n'aimerais pas être mis K.O. par un de ses deux boxeurs.

Qu'est-ce qu'un K.O. ?

C'est un point d'exclamation. Lorsque ça arrive, il n'y a rien de plus beau ! Je suis fan de baseball et ce qui se rapproche le plus d'un K.O., c'est un home run *en fin de match qui permet à une équipe de gagner. La balle s'envole et atterrit dans les tribunes. Le batteur, les coéquipiers et tout le public ont compris que la victoire est assurée. En boxe, c'est pareil, lorsqu'un boxeur met le coup qui met K.O. l'adversaire, tout le monde le sait.*

1. Communauté des gens du voyage très présente au Royaume-Uni.
2. Single de l'artiste Gala datant de 1997, devenu un véritable hymne dans différents événements sportifs en Grande-Bretagne.
3. Catcheur de la WWE, qui avait la particularité de se redresser tel un mort-vivant.
4. Le clan Fury négociait un combat d'unification contre Anthony Joshua sans vouloir respecter la clause de revanche pour Wilder.
5. Victoire de Timothy Bradley par décision unanime.
6. Franchise de football américain basée à Los Angeles.

TALE OF THE TAPE

Vendredi 4 juillet 2003
Futuroscope, Poitiers
CHAMPIONNAT DU MONDE WBA, SUPER-COQS
12 rounds
Arbitre : Daniel Talon

Mahyar Monshipour Little Tyson	VS	Salim Medjkoune Medje
22-2-2	Bilan	41-3-1
28 ans	Âge	31 ans
Droitier	Stance	Gaucher
164 cm	Taille	167 cm
165 cm	Allonge	170 cm
53,9 kg	Poids	54,8 kg

Cogner pour exister

Cogneur (nom et adjectif) : 1. Personne qui aime cogner 2. Sportif, sportive qui a une frappe puissante. Nombreux sont ceux qui verraient d'un bon œil une photo de Mahyar Monshipour afin d'illustrer cette définition. Pendant toute sa carrière, Mahyar a dû cogner, cogner pour façonner sa personnalité, cogner pour s'épanouir dans son pays d'adoption, la France, et bien sûr cogner pour devenir champion du monde de boxe. Bien avant ses prouesses sur les rings, Monshipour a assisté à des combats autrement plus difficiles et périlleux. Né à Téhéran en 1975, il grandit principalement avec sa famille paternelle au moment où la guerre Iran-Irak[1] éclate. Les nuits du jeune Mahyar sont rythmées par les coups de feu et les bombardements et, pour lui offrir un avenir meilleur, son père décide de l'envoyer à Poitiers en France chez sa tante.

Il doit tout réapprendre. Une nouvelle langue, d'abord. C'est après neuf mois qu'il parvient à formuler une phrase en français à l'école. La boxe, il la découvre au lycée, quelques années plus tard, grâce à un professeur. L'activité lui plaît, mais il ne pense pas tout de suite à s'inscrire dans un club. C'est seulement à l'approche de ses 18 ans et après plusieurs mois à s'entraîner presque de manière clandestine[2] qu'il pousse la porte d'une vraie structure. Deux mois après, il monte pour la première fois sur le ring pour un combat amateur et s'impose avant la limite. Monshipour n'est pas encore français, il a un objectif en tête : représenter l'Iran aux Jeux olympiques d'Atlanta en 1996. Il échoue de peu et décide de lancer sa carrière professionnelle. Pendant quatre ans, Mahyar Monshipour sillonne les rings de l'Hexagone, 15 combats, 12 victoires, 2 défaites salutaires pour la suite de sa carrière et 1 nul, pas de quoi prédire un avenir de champion du monde.

C'est sa rencontre avec Mohamed Bennama qui transforme sa carrière et son destin. En septembre 2000, il quitte Poitiers pour s'installer à Blagnac et sa collaboration avec son nouvel entraîneur lui fait franchir plusieurs paliers : « J'aime sa manière de penser, Mohamed ne travaille pas sur les faiblesses de son élève, il fait en sorte de renforcer les qualités. »

MONSHIPOUR, MEDJKOUNE, MÊME PROMOTEUR, MÊME CATÉGORIE DE POIDS, LES DEUX HOMMES SONT VOUÉS À ENTRER EN COLLISION.

C'est pendant cette période qu'il est enfin naturalisé français et peut disputer son premier championnat de France en janvier 2002, une victoire par *technical knockout* face à Salem Bouaita. En juillet de la même année, Mahyar Monshipour remporte le titre européen vacant de la catégorie des super-coqs, qu'il défend à deux reprises en l'espace de quatre mois. Tout s'accélère et les planètes s'alignent lorsqu'en octobre 2002 un autre Français remporte le titre de champion du monde des moins de 55 kg. Salim Medjkoune est allé jusqu'au Japon pour arracher la couronne mondiale des mains d'Osamu Sato. Lui aussi est un puncheur et Mahyar Monshipour le sait puisqu'ils ont partagé plusieurs sessions d'entraînement ensemble. Monshipour, Medjkoune, même promoteur, même catégorie de poids, les deux hommes sont voués à entrer en collision.

Michel Acariès organise ce championnat du monde à Poitiers, chez Mahyar Monshipour, le 4 juillet 2003. Le ring est posé sur le lac aux images, en plein air, dans le Futuroscope. Les 4 000 spectateurs ont la chance d'observer plusieurs grands noms de la boxe tricolore durant la réunion. Brahim Asloum, médaille d'or aux J.O. de Sydney en 2000, effectue son 13ᵉ combat professionnel ; Fabrice Tiozzo, ancien champion du monde des mi-lourds, évolue désormais dans la division lourds-légers et affronte l'Américain Joey DeGrandis, mais le public est venu voir la star locale. Surnommé Little Tyson, Monshipour sait qu'il n'aura pas une deuxième chance aussi belle de devenir champion du monde.

Plusieurs experts donnent un avantage à Medjkoune. Le Clermontois est plus expérimenté, meilleur technicien et champion du monde en titre, ce qui veut dire que son adversaire va devoir livrer une performance qui ne laisse aucun doute dans l'esprit des juges s'il veut s'imposer.

Dès le premier son de cloche, Mahyar bondit de son coin pour mettre Salim Medjkoune sous pression, il doit à tout prix raccourcir la distance entre eux s'il veut être efficace. Le jeu de jambes du champion ne lui facilite pas la tâche, il est constamment en mouvement et le travail de cadrage de Monshipour doit être parfait. Salim Medjkoune pensait pouvoir gérer la distance sans trop de soucis, mais il se retrouve souvent acculé aux cordes ou dans un coin durant la première partie du combat. Les coups de Monshipour sont plus vifs, plus précis et le regard carnassier qu'il échange avec son ancien partenaire d'entraînement à chaque fin de round, montre à quel point le Poitevin est en confiance. Il n'a même pas besoin de lire la boxe de Medjkoune, il la connaît déjà par cœur.

Medjkoune parvient à toucher Monshipour, mais ses coups n'ont pas beaucoup d'impact, ses mouvements incessants à travers le ring l'empêchent de prendre réellement appui sur ses jambes. Pendant 11 rounds, l'intensité est au maximum, Monshipour est en avance sur les cartes de deux des trois juges, le troisième donne match nul avant l'entame du douzième et dernier round. Les deux hommes se touchent les gants et lèvent les mains au ciel à la conclusion du 11e round. Tous deux estiment être en avance au pointage. Au moment de s'asseoir sur son tabouret, Salim Medjkoune apprend par la voix de son entraîneur qu'il est en fait en retard au scoring et doit tout donner dans les trois dernières minutes. André Moins, l'homme de coin du champion, ajoute même : « Il est mort ! », pensant que Monshipour n'aura pas l'énergie nécessaire pour tenir 180 secondes au même rythme.

Le volume de coups de Medjkoune est élevé dans les trente premières secondes du dernier round. Pendant 1 min 30 s, le champion domine les

MONSHIPOUR VS MEDJKOUNE 2

Dix mois après avoir remporté le titre mondial des super-coqs, Mahyar Monshipour accepte une revanche face à Salim Medjkoune pour sa deuxième défense de la ceinture. Un vieil adage du noble art veut qu'un boxeur qui a été mis K.O. par un adversaire ait de fortes chances d'être à nouveau éteint et plus rapidement lors de la revanche. À Clermont-Ferrand, sur les terres de Salim Medjkoune, Mahyar Monshipour s'impose. En 2003, le Poitevin l'avait emporté par K.O. au 12e round, cette fois, il forcera l'arbitre à arrêter le combat dans la 8e reprise.

COMBAT POUR L'IRAN

Mahyar Monshipour a aidé une jeune Iranienne à marquer l'histoire de son pays. Le 13 avril 2019, Sadaf Khadem, 24 ans, devient la première Iranienne de l'histoire à disputer un combat de boxe officiel grâce au dévouement de coach Monshipour. Née à Téhéran, Sadaf grandit avec ses deux grandes sœurs, un père homme d'affaires et une mère enseignante. Dans un pays où le hijab est obligatoire pour les femmes en public, elle devient coach sportive à 19 ans. La boxe est interdite aux femmes, mais Sadaf Khadem contacte un coach via Instagram et s'entraîne chaque semaine dans un parc de la ville. Attirée par la compétition, elle questionne la Fédération iranienne, mais ses interrogations sur le droit des femmes à boxer restent lettre morte. Lassée d'être cantonnée aux séances d'entraînement, elle contacte Mahyar Monshipour via les réseaux sociaux, et ce dernier accepte de lui organiser son premier combat amateur. Khadem atterrit en France, début avril, fait quelques séances d'entraînement avec Mahyar Monshipour à Poitiers et, le 13 avril, sans voile, en short et en débardeur, elle monte sur le ring à Royan pour remporter son combat contre Anne Chauvin. Elle dédie sa victoire à tous les hommes et les femmes qui ont donné leur vie pour l'Iran.

échanges, mais, à 1 min 27 s de la fin du combat, Mahyar Monshipour le touche très durement au menton avec un crochet du droit. Medjkoune est tout de suite sonné et, après quelques pas de recul, son corps se heurte aux cordes avant de s'écrouler au sol. L'arbitre entame son compte puis l'interrompt à 4, voyant Medjkoune inconscient au sol. Monshipour peut célébrer son titre avec son entraîneur et sous les yeux de son père, présent dans les tribunes. Symbole fort, quelques instants après avoir reçu sa ceinture, Mahyar Monshipour prend le micro au milieu du ring et entonne la Marseillaise.

Il l'a fait, Mahyar Monshipour est champion du monde, pour lui, pour sa famille et pour la France. Il conservera ce titre pendant trois ans, 6 défenses de titre jusqu'à ce qu'il affronte le Thaïlandais Somsak Sithchatchawal[3] et tombe, les armes à la main.

SYMBOLE FORT, QUELQUES INSTANTS APRÈS AVOIR REÇU SA CEINTURE, MAHYAR MONSHIPOUR PREND LE MICRO AU MILIEU DU RING ET ENTONNE LA MARSEILLAISE.

« J'ai toujours préféré m'imposer avant la limite ! »

INTERVIEW | MAHYAR MONSHIPOUR

Son parcours de vie est aussi impressionnant que sa carrière de boxeur. Né à Téhéran, envoyé en France à l'âge de 11 ans pour fuir la guerre Iran-Irak, Mahyar Monshipour était un de ces boxeurs qui n'aimaient pas perdre leur temps sur un ring. En treize ans de professionnalisme, son caractère affirmé et ses dons de cogneur lui ont permis d'éteindre 21 adversaires en 37 combats et de devenir champion du monde des super-coqs en 2003.

Avez-vous un souvenir de la première fois où vous avez mis des gants de boxe ?

Oui, j'étais en 4e, en 1989 ou 1990, pendant un cours d'éducation physique et sportive. C'est un professeur qui m'a aidé à commencer la boxe, Thibaud Didry, c'était un prof remplaçant. Le collège avait fait l'acquisition de gants de boxe et, dans le cursus combat, nous avions plusieurs cours de boxe anglaise. Ça m'a tout de suite plu, plusieurs années après ça, j'étais au lycée, j'avais déménagé et ce professeur est devenu mon voisin dans la barre de HLM où j'habitais. C'était en 1992 un peu après les J.O. de Barcelone. Deux fois par semaine, il me donnait quelques leçons de boxe.

Cet homme a été essentiel à vos débuts...

Avant de m'inscrire dans une salle, je m'entraînais dans son salon, qu'il avait aménagé en dojo. Il m'a appris beaucoup de choses, les bases techniques, les mouvements. Sa femme était professeure d'E.P.S. aussi, elle enfilait un plastron de taekwondo et je lui tapais dessus, mais doucement évidemment (sourire). Et, au bout de quelque temps, il m'a dit : « On arrête les conneries, il faut que tu ailles au club. » Au Nouvel An de 1993, je suis à trois mois de ma majorité, je prends mon courage à deux mains, j'en parle à ma tante qui avait ma responsabilité et elle me dit : « Tu te débrouilles avec ton père. » J'appelle mon père qui est aux Pays-Bas et il raccroche directement. Pour lui, c'était hors de question, la boxe, c'est un sport de voyous. Donc, c'est dans ce contexte qu'à 17 ans et 9 mois je commence la boxe dans un vrai club.

Avant ce moment de courage, votre famille n'était pas au courant que vous pratiquiez déjà la boxe ?

C'était pas vraiment de la boxe, je faisais des mouvements, du shadow et puis la leçon chez mon voisin, ça ne s'appelle pas faire de la boxe.

La première fois dans une salle de boxe peut être intimidante. Est-ce que vous y êtes allé avec la peur au ventre ?

Oh non, je n'étais pas fait comme les autres. Petite anecdote importante qui a été source de motivation pour moi. En 1992, aux J.O. de Barcelone, trois boxeurs ont représenté l'Iran, c'était la première fois depuis 1979 et la révolution islamique. Deux d'entre eux ont perdu au premier tour, le troisième a été disqualifié au premier tour parce qu'il est monté sur le ring sans ses gants, il les avait oubliés dans les vestiaires. Quand je rentre en terminale en septembre 1992, mes copains au lycée se moquent constamment de moi en me disant : « En Iran, vous ne savez pas qu'il faut des gants pour boxer ? » J'étais un peu vexé et, à partir de là, je me suis mis en tête que j'allais représenter l'Iran aux J.O. d'Atlanta en 1996. C'est avec ce rêve que je suis rentré dans une salle de boxe, même si j'ai compris après que ce serait impossible. Ma première fois dans une salle, j'y suis allé plein d'envie !

Est-ce que vous avez tout de suite senti une différence entre ce que vous faisiez en appartement et le travail dans la salle ?

La seule différence, c'était probablement que mes bras me faisaient mal (sourire). Sinon, j'étais un sportif accompli, j'étais très bon en demi-fond, je faisais déjà beaucoup de musculation, j'étais beaucoup plus dessiné à 18 ans que lorsque je deviens champion du monde. On me mettait parfois face à des gars qui faisaient 15 kg de plus que moi à l'entraînement. J'ai fait mon premier combat au bout de deux mois et demi de salle, je gagne par arrêt de l'arbitre en 1 min 30 s. C'est pour cette raison que c'est allé vite pour moi.

Pour les spécialistes du K.O. comme vous, les rangs amateurs peuvent parfois être frustrants, l'accent est surtout mis sur le fait de bien boxer, de manière propre, académique. Est-ce que vous vous êtes senti bridé ?

Non, pas du tout, ce qu'on appelle la boxe « à la touche », c'était surtout à l'international. Au niveau national, je peux vous assurer que c'était bien de la castagne.

Vous passez professionnel en 1996. Est-ce que ce passage en pro est motivé par votre impossibilité de représenter l'Iran aux J.O. d'Atlanta ?

Oui, en quelque sorte. Quelques mois avant la dernière date de qualification pour les J.O., je fais un stage avec l'équipe nationale. J'arrive la veille du test-match qui n'a pas été concluant, je suis resté deux ou trois semaines supplémentaires en vacances pour voir ma famille et, en rentrant, je me suis dit : « On oublie la boxe amateur et on passe pro ! », et c'était très bien. J'avais 21 ans et je n'ai pas perdu de temps, aujourd'hui encore, je suis content de ce choix.

Quel œil portiez-vous sur le monde de la boxe professionnelle lorsque vous l'avez découvert ?

Honnêtement, pour moi, le monde de la boxe pro n'avait rien d'extraordinaire, ce sont les mêmes clubs, les mêmes entraîneurs qu'en amateur.

Quand on commence pro à petit niveau, comme je l'ai fait, on vit exactement les mêmes galères. La différence, c'est que, au lieu de boxer à 22 heures, vous boxez à minuit et torse nu. L'entourage et le décor sont identiques, rien ne change. Le tralala, la presse, l'apparat, c'est seulement quand un médaillé olympique passe pro avec un staff, etc. La boxe professionnelle, ce n'est qu'un règlement qui change et, maintenant, la boxe olympique se rapproche beaucoup de celle des pros.

SI JE M'ÉTAIS IMPOSÉ, ON M'AURAIT JETÉ EN PÂTURE FACE AU MEILLEUR EUROPÉEN ET JE N'AURAIS RIEN PU FAIRE DU TOUT.

MONSHIPOUR VS SITHCHATCHAWAL

Pour sa 6e défense du titre acquis face à Salim Medjkoune en 2003, Mahyar Monshipour affronte le Thaïlandais Somsak Sithchatchawal. Organisé à Levallois, le 18 mars 2006, le combat est épique. Monshipour va au tapis à deux reprises dès le 1er round. Il sait qu'il doit livrer une performance surhumaine pour espérer conserver sa ceinture, et c'est ce qu'il fait. Mêlant pression constante, coups durs et précision d'orfèvre, Mahyar Monshipour offre au public les plus beaux rounds de sa carrière dans la première partie de combat. Sithchatchawal reste debout même s'il vit un enfer, il touche même durement Mahyar à la 9e reprise. Monshipour est en avance sur les cartes de deux juges, mais pense être en retard et conserve sa tactique de rouleau compresseur. Une erreur qui lui sera fatale, dans la 10e reprise, le Thaïlandais réussit une combinaison qui fait vaciller le champion et, après cinq coups sans réponse, l'arbitre met fin au combat. Monshipour perd son titre par *technical knockout*, mais le duel est récompensé par le titre de « Combat de l'année » par *The Ring Magazine*.

Vous vous inclinez pour la première fois aux points lors de votre 7e combat en 1997, puis le deuxième revers intervient l'année suivante par *technical knockout* contre Sandor Koczak. Comment avez-vous vécu ces défaites ?

C'est une anecdote rigolote, heureusement que je n'ai pas gagné ce combat contre Sandor. J'étais en train de dominer, je pense même que j'aurais dû gagner avant la limite. À la fin du 2e round, je l'envoie au tapis avec un coup au corps et il est K.O. ! L'arbitre était en train de compter et la cloche sonne, il fait une première erreur puisqu'il arrête de compter alors que la cloche ne sauve qu'au dernier round. Il a pu s'asseoir et récupérer. J'aurais dû protester parce que l'arbitre avait fait une réelle erreur. Au début du 3e round, il a encore mal, mais il m'accroche, il m'amène vers lui et provoque une coupure à mon visage. L'arbitre ne voit pas son geste, c'est sa deuxième erreur et, dix secondes plus tard, je suis déclaré vaincu sur blessure. Mais c'était une bonne chose parce que je n'avais nullement les acquis techniques ou l'expérience suffisante pour passer au niveau européen ou mondial directement après ce combat. Si je m'étais imposé, on m'aurait jeté en pâture face au meilleur Européen et je n'aurais rien pu faire du tout.

Sur le moment, comment avez-vous vécu cette injustice ?

Je la vis mal parce que, pour moi, être boxeur professionnel, ce n'était pas juste gagner des combats et en perdre quelques-uns, je voulais devenir champion. La plus grosse injustice que j'aie vécue, c'était à petit niveau lorsqu'on ne me trouvait pas de combat. J'étais un bon boxeur, dur et on ne voulait pas m'affronter, les promoteurs n'allaient pas me faire venir pour que je batte leurs boxeurs. C'est ça, le plus dur, c'était de m'entraîner sans avoir d'échéance en vue. Sinon, les erreurs d'arbitres, c'est arrivé deux fois, ce n'est pas la fin du monde.

Après cette mésaventure, vous faites une période de cinq ans où vous ne concédez aucune défaite. Parlez-moi du sentiment d'invincibilité qui vous portait...

Ce sentiment était ma force. Pendant cette période, je m'entraînais vraiment très bien avec Mohamed Bennama comme coach. Je pouvais boxer sans calculer, je vais vous faire une confidence, si les paris en ligne étaient autant en vogue que maintenant à l'époque où je boxais, j'aurais sûrement misé sur moi-même. À chaque combat, j'étais persuadé que j'allais gagner avant de monter sur le ring, ma confiance était intouchable.

Venons-en à votre championnat du monde face à Salim Medjkoune. Vous aviez le même promoteur, mais que saviez-vous de lui ?

Salim, je le connaissais par cœur. Lorsqu'il devient champion du monde au Japon en 2002, je suis devant ma télévision, on lui lève le bras et je me dis directement : « Tu vas être champion du monde, Mahyar. » Je savais très bien qu'en ayant le même promoteur j'allais avoir l'opportunité de devenir champion d'Europe pour ensuite aller le défier pour la ceinture mondiale. Je lui avais servi de sparring-partner à sept reprises, j'y allais pour progresser comme ça se fait très souvent. Sur les premières sessions, il m'a dominé, mais, dès que j'ai changé de club et que j'ai été entraîné par Mohamed Bennama, tout a changé. Les deux dernières fois où ils m'ont fait venir, c'était une erreur de leur part, quand ton sparring te met des coups et prend un peu le dessus, ce n'est pas bon signe. Quand Salim est devenu champion du monde, je savais que j'allais le battre.

Mohamed Bennama vous a fait travailler des choses spécifiques en vue du combat ?

Tactiquement, Mohamed Bennama, c'est très précis, on a tout fait comme il le fallait. On est allés jusqu'à mettre le ring d'entraînement à l'extérieur pendant huit semaines parce qu'on savait que le combat aurait lieu au Futuroscope en plein air. Ça, en France, personne ne le fait. J'avais deux sparring-partners, Daniel Kodjo, qui était toujours avec moi, et un autre dont j'ai oublié le nom, un ancien champion vénézuélien vieillissant. Un jour en pleine session, il me pousse, je tombe vers l'arrière et je me fais un pincement vertébral, j'ai eu une sciatique horrible. Je ne pouvais pas marcher correctement, je ne pouvais pas m'entraîner.

Dans les jours qui ont précédé le combat, comment avez-vous géré cette blessure ?

J'ai serré les dents ! Le jour de la conférence de presse, j'ai pris le dessus lors du face-à-face et ça m'a confirmé que, malgré ce souci, j'avais un avantage sur lui, mentalement. Pourtant, le matin, je ne savais pas si je pourrais boxer, je suis allé chez le rhumatologue pour qu'on me fasse une infiltration et, après ça, je savais qu'il ne pourrait rien m'arriver. Ça demande une sacrée force d'esprit.

J'AI TOUJOURS DU MONDE AVEC MOI POUR NE PAS ME RETROUVER SEUL AVEC LE COMBAT EN TÊTE. IL Y A DU BRUIT, ÇA PARLE, MOI, JE NE SUIS PAS TRÈS MUSIQUE ET, À UNE HEURE DU COMBAT, ON MET TOUT LE MONDE DEHORS.

Au-delà de votre combat, comment avez-vous vécu cette soirée du 4 juillet 2003 ? Cette carte au Futuroscope était pleine de noms très connus pour les fans de boxe en France, un jeune Brahim Asloum, Fabrice Tiozzo, et vous êtes en *main event*...

Je n'ai pas forcément regardé les autres combats. Les vestiaires avaient été aménagés en hauteur, au-dessus des gradins et, jusqu'à une heure du combat, j'avais du monde avec moi. J'ai toujours du monde avec moi pour ne pas me retrouver seul avec le combat en tête. Il y a du bruit, ça parle, moi, je ne suis pas très musique et, à une heure du combat, on met tout le monde dehors et il y a un cérémonial très précis. Je me change, on me met mes bandages, l'échauffement dure 30 minutes et on va au combat ! Ce jour-là, c'était un vrai plaisir, j'étais prêt et je suis monté sur le ring pour réciter tout ce que j'avais appris en camp, comme ma fille lorsqu'elle apprend ses poésies.

Pensez-vous que Salim Medjkoune et son coin étaient aussi affûtés que vous ?

Je ne crois pas. D'ailleurs, son entraîneur André Moins fait une erreur de folie, une erreur de débutant. Le genre d'étourderie qu'un entraîneur bénévole pourrait faire, mais pas un pro. Salim avait une manière de boxer toujours en fuyant, c'était un gaucher et ils ont préparé le combat en pensant qu'ils allaient me balader partout sur le ring parce que je boxe en avançant, sauf que, moi, je sais cadrer mon adversaire. À la minute de repos entre le 11e et le 12e round, c'est le dernier moment où Salim et son coach peuvent échanger. Ils ont le pointage et ils savent qu'ils sont en retard sur les cartes des trois juges. Et, devant les caméras de Canal+, André Moins lui dit : « On se fait voler, il faut que tu ailles à fond sur lui ! », mais le gars n'a rien compris à la boxe. C'était le dernier round, il était en hyperventilation et, au lieu de lui dire de faire attention, de ne pas prendre de coups pour boxer intelligemment, il lui dit de tout donner. Grâce à l'erreur de son coin, je gagne par K.O. Je n'aurais jamais gagné par K.O. sans ça, je devais m'imposer aux points.

C'est une fierté supplémentaire pour vous d'avoir gagné par K.O. et pas juste aux points ?

J'ai toujours préféré m'imposer avant la limite. La boxe que j'aime, c'est pas celle qui va au bout des douze rounds.

Selon vous, qui est le plus grand *K.O. artist* dans l'histoire de la boxe ?

(Silence.) Il y a eu Gerald McClellan, j'adorais Trinidad, il y avait aussi le Vénézuélien Edwin Valero. Je ne suis pas un historien de la boxe, mais il y a tellement de grands boxeurs qui avaient ce talent de mettre K.O. l'adversaire. Si je ne devais en garder qu'un seul, je dirais Félix Trinidad.

Quelle est la meilleure combinaison pour aller chercher un K.O. ?

Uppercut du bras avant pour lever la tête de l'adversaire et crochet long du bras arrière.

Qu'est-ce qu'un K.O. ?

C'est une coupure de courant, tout simplement.

1. Entre 1980 et 1988, l'Iran et l'Irak sont opposés dans un conflit armé à la suite de l'invasion irakienne de l'Iran.
2. Voir l'interview, page 207.
3. Voir l'encadré, page 209.

TALE OF THE TAPE

Mardi 23 septembre 1952
Municipal Stadium, Philadelphie
CHAMPIONNAT DU MONDE, POIDS LOURDS
15 rounds
Arbitre : Charley Daggert

Rocky Marciano The Brockton Blockbuster	VS	Jersey Joe Walcott
42-0	Bilan	49-18-1
29 ans	Âge	38 ans
Droitier	Stance	Droitier
178 cm	Taille	183 cm
173 cm	Allonge	188 cm
83,4 kg	Poids	88,9 kg

Le vrai Rocky

La boxe est parfois une histoire de cœur. Et comme l'a très justement dit Rudy Tomjanovich[1], il ne faut jamais sous-estimer le cœur d'un champion. Et ce même s'il est trop petit de taille, pas assez doué techniquement et dispose de la plus courte allonge de l'histoire pour un champion du monde, poids lourds.

Rocco Francis Marchegiano, mieux connu sous le nom de Rocky Marciano a porté la division poids lourds sur ses larges épaules du haut de son mètre soixante-dix-huit avec une allonge de seulement 173 centimètres. 49 victoires, 0 défaite, 43 succès par K.O. Pourtant, l'Italo-Américain démarre sa carrière professionnelle en 1947 légèrement sur le tard, à 24 ans, sans vraiment avoir appris à boxer de manière conventionnelle. Son jeu de jambes est très approximatif, sa coordination, rudimentaire, mais il adopte tout de suite le style rouleau compresseur et remporte ses 16 premiers combats par K.O.

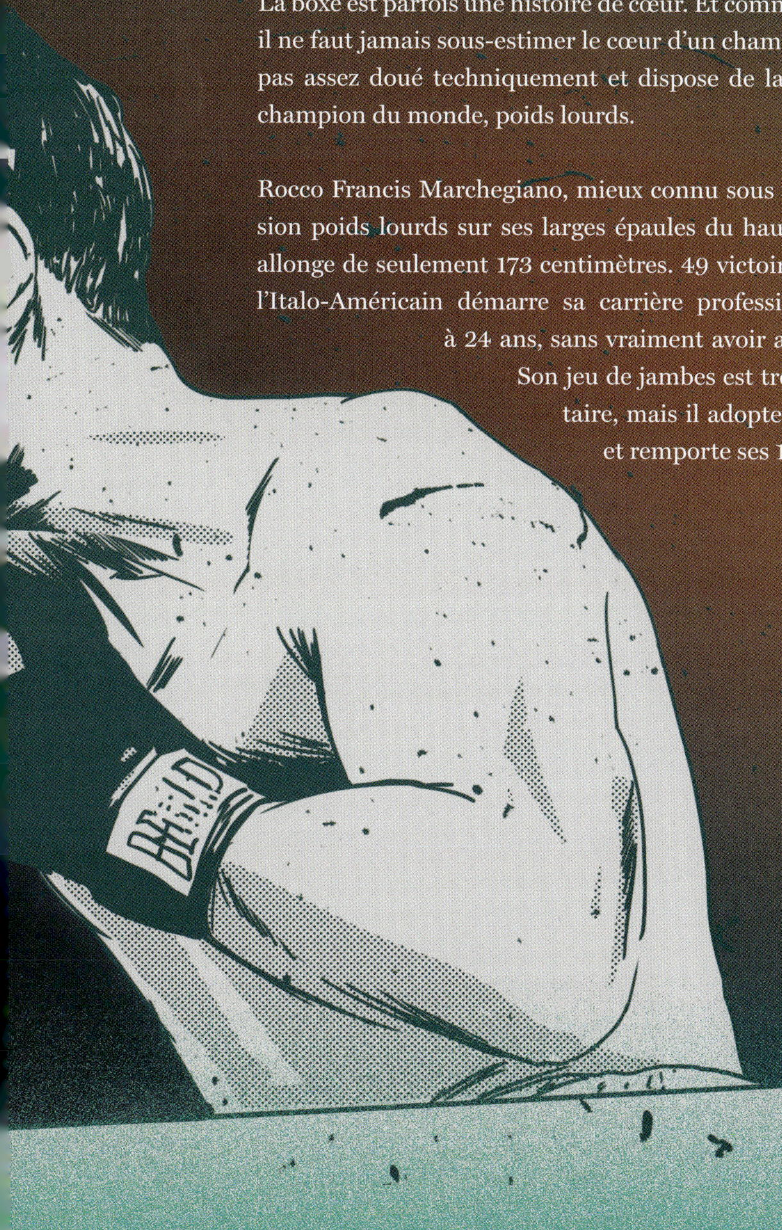

Il faut attendre 1951 et son 38e combat pour vivre le premier grand soir de Rocky Marciano. Le 26 octobre, il affronte un Joe Louis vieillissant, dont le règne de champion du monde semble déjà un lointain souvenir. Rocky l'écarte de son chemin en l'envoyant à travers les cordes. Louis ne remontera plus jamais sur le ring après cette défaite.

Ce succès face à son idole lui ouvre des portes, mais il n'est pas tout de suite considéré comme un challenger sérieux pour la ceinture mondiale. Les reproches des managers sont toujours les mêmes. Trop petit, pas assez beau à voir boxer. Il lui faut encore quatre combats pour obtenir la chance de disputer le titre suprême. Il les remporte tous avant la limite.

Sa chance mondiale, Marciano l'aura en 1952 face à Jersey Joe Walcott, 38 ans, référence chez les poids lourds des années quarante et cinquante et contemporain de Joe Louis et Ezzard Charles[2].

Conscient de ses limites techniques et physiques, Marciano s'astreint à une préparation militaire avant chaque échéance. Ce qu'il n'a pas en taille, en poids et en talent pur, Rocky le compensera avec son cœur.

À l'été 1952, l'enfant de Brockton, dans le Massachusetts, se rend comme d'habitude à Catskill[3] dans les montagnes de l'État de New York. Pendant deux mois, dans un hangar d'avions[4], Marciano met en pratique sa passion inaltérable pour l'effort. Les séances sont longues, brutales, mais sculptent son corps et son mental. Il coupe tout contact avec l'extérieur, pas de visite de sa femme ni d'autres membres de sa famille, il a besoin d'une concentration presque monomaniaque sur son prochain adversaire pour s'estimer fin prêt au combat.

ROCKY MARCIANO LIÉ À LA MAFIA ?

Évidemment, Marciano avait droit à tous les égards qui conviennent à un athlète de sa stature. Les plus beaux hôtels, les plus belles voitures, mais aussi un entourage bien fourni. Au plus haut de sa notoriété, durant son règne de champion du monde, Rocky était entouré de ce qui se fait de mieux en termes d'hommes de main, téléguidés par la mafia new-yorkaise. Il aimait cette compagnie, qui donnait du relief à sa personnalité renfermée en public. Mais, contrairement à d'autres boxeurs des années 1940 et 1950[7], Rocky Marciano n'était pas « contrôlé » par la mafia et n'a jamais bénéficié du pouvoir de dissuasion qu'avaient les mafieux sur les adversaires des boxeurs dont ils dirigeaient la carrière.

LE *SUPERFIGHT*

En 1969, quatorze ans après la fin officielle de sa carrière, Rocky Marciano, 45 ans, remonte sur le ring pour un challenge des plus particuliers. Le producteur radio Murray Woroner veut déterminer qui est le plus grand poids lourd de l'histoire entre Marciano et Mohamed Ali. Les deux boxeurs sont les seuls champions du monde invaincus à l'époque, mais l'écart d'âge (Ali a 27 ans) et l'inactivité des deux hommes[8] empêchent la tenue d'un réel combat. Les deux boxeurs vont donc disputer 75 rounds d'une minute, une sorte de combat exhibition, produisant plusieurs scénarios qui permettraient à un ordinateur de déterminer le vainqueur et aux monteurs, de diffuser un combat réaliste au cinéma. Tourné à huis clos à Miami, le film du *superfight*, diffusé au cinéma en janvier 1970, a généré 5 millions de dollars de revenus. La version américaine montrait une fin avec Marciano vainqueur, alors que la version diffusée en Europe couronnait Mohamed Ali.

ROCKY PEUT COMPTER SUR LES SUPPLICATIONS DE SA MÈRE PASQUALINA, RESTÉE À BROCKTON. ELLE REFUSE DE VOIR SON FILS SUR LE RING, MAIS PRIE LA VIERGE MARIE PENDANT CHAQUE COMBAT.

Affûté comme jamais il ne l'a été en cinq ans de carrière professionnelle, Rocky Marciano se présente sur le ring du Municipal Stadium de Philadelphie et fait face à Walcott, l'homme présent dans ses pensées depuis deux longs mois.

Il ne le sait pas, mais certains de ses proches ont parié de grosses sommes sur sa victoire, 500 dollars pour l'un, 1 000 dollars pour l'autre, une fortune à l'époque. Un habitant de Brockton aurait même mis en gage sa maison sur ce duel.

Fait rare, le champion Walcott n'est pas favori à l'entame du combat. Tous les bookmakers donnent Marciano vainqueur. Mais le scénario est loin de ce qu'ont imaginé les experts autour du ring. Plus à l'aise techniquement, Jersey Joe utilise son allonge supérieure pour toucher nettement Marciano tout en restant à bonne distance. Dès le 1er round, le champion surprend toute l'assemblée en infligeant à Marciano le premier knockdown de sa carrière[5] grâce à un crochet gauche.

Au compte de quatre, Marciano se redresse et reprend instantanément sa marche en avant. Son pressing est suffocant pour Walcott, mais le combat reste partagé, l'intensité est folle. À chaque combinaison de Rocky, Jersey Joe répond par un enchaînement précis au timing parfait. En plus du knockdown encaissé, le favori des parieurs subit ses premières coupures, au front et à l'arcade gauche. Sa vision est gênée pendant quatre rounds. Il admettra à son frère Peter qu'il ne voyait qu'une ombre face à lui tant le sang obstruait sa vue.

Peter Marciano assiste au combat, assis à côté d'un prêtre ami de la famille, qui lui assure que des prières aideront son grand frère à reprendre le dessus. En plus de son frangin, Rocky peut compter sur les supplications de sa mère Pasqualina, restée à Brockton. Elle refuse de voir son fils sur

CESSNA 172

Le 31 août 1969, la veille de ses 46 ans, Rocky Marciano trouve la mort lors du crash d'un petit avion privé. Un Cessna 172 piloté par Glenn Belz, un aviateur inexpérimenté. Parti de Chicago à 18 heures, le petit avion de tourisme se rendait à Des Moines dans l'Iowa, où Marciano devait célébrer son anniversaire. Un vol d'un peu plus d'une heure tragiquement perturbé par une tempête dans la région de Des Moines. Voyant le temps s'alourdir, Belz décide de faire une halte à Newton, mais il perd le contrôle de l'appareil et heurte un arbre alors qu'il tentait de se poser. Marciano faisait le voyage avec Frankie Farrell, fils de Lew Farrell, figure du grand banditisme dans l'Illinois. Les deux passagers et le pilote meurent sur le coup.

le ring, mais prie la Vierge Marie pendant chaque combat.

Malgré toutes ces adorations, les onze premières reprises sont à l'avantage de Walcott. Le 12e round sera presque fatal pour Marciano. Les coups pleuvent sur son visage déjà bien gonflé. Ses fans redoutent qu'il ne réponde pas à l'appel du 13e round. Le retard sur les cartes des trois juges est irrattrapable, mais les dieux de la boxe n'ont pas laissé les prières de ses proches sans réponse.

Au début du 13e round, Marciano force Walcott à reculer vers les cordes et déclenche sèchement un crochet du droit, sans préparation ! Jersey Joe est comme paralysé, sa joue gauche embrasse la forme du gant et il s'écroule, la tête la première sur le ring. Un silence furtif précède les cris du public, Rocky est champion du monde des poids lourds !

Le spectacle offert par les deux boxeurs est élu combat de l'année 1952, une distinction que Marciano obtiendra aussi en 1953 et en 1954. Huit mois après, la revanche sera expéditive, Walcott s'incline en un round. Rocky défendra sa ceinture à six reprises avant de prendre sa retraite en 1955 à 32 ans.

JERSEY JOE EST COMME PARALYSÉ, SA JOUE GAUCHE EMBRASSE LA FORME DU GANT ET IL S'ÉCROULE, LA TÊTE LA PREMIÈRE SUR LE RING. UN SILENCE FURTIF PRÉCÈDE LES CRIS DU PUBLIC, ROCKY EST CHAMPION DU MONDE DES POIDS LOURDS !

« Une des images les plus iconiques de l'histoire du noble art... »

INTERVIEW | THOMAS HAUSER

45 ans de journalisme, plus d'une vingtaine d'ouvrages sur le noble art, dont plusieurs biographies de Mohamed Ali, Thomas Hauser est un des historiens de la boxe les plus réputés aux États-Unis. Son travail d'investigation sur l'univers du pugilat lui a même permis d'être introduit au *Hall of Fame* de la boxe internationale. Cet amoureux de la « belle boxe » revient avec passion sur le règne de Rocky Marciano.

Comment était structurée la boxe dans les années 1950, qui étaient les stars et les plus gros promoteurs ?

Dans les années 1950, la boxe était un sport au premier plan aux États-Unis. La NFL et la NBA commençaient à peine à entrer dans la conscience du grand public, mais ces deux grandes ligues étaient à des années-lumière de ce qu'elles sont aujourd'hui. Un combat pour la ceinture de champion du monde des lourds faisait toujours la une des journaux, tout le monde savait qui était le patron de la catégorie reine, d'ailleurs. Mais, surtout, il n'y avait qu'un seul champion dans chaque catégorie de poids. Le public voyait les combats qu'il souhaitait voir, ce qui est très différent de l'époque que nous vivons actuellement.

Quel œil portaient les experts de la boxe sur Rocky Marciano au début de sa carrière ?

Il était considéré comme un boxeur très brut, qui avait du punch. Il a eu droit à des décisions favorables sur certains de ses combats, mais il savait se battre, il était divertissant. Aujourd'hui, il serait trop petit pour combattre dans cette catégorie, mais, en 1950, 83 kg étaient un poids tout à fait convenable pour un poids lourd.

Parlez-moi du combat qui l'a révélé au grand public, face à Joe Louis, en 1951.

Louis était déjà très loin de son prime, *mais c'était encore la plus grande star de la boxe. Même s'il n'avait plus la ceinture mondiale, c'était JOE LOUIS ! Pour Marciano, mettre K.O. une telle idole, c'était une sorte de passation de pouvoir. Rocky se devait de gagner de cette manière pour se positionner en tant que maître du K.O. et futur champion du monde. Beaucoup d'observateurs se demandaient si Marciano avait sa place sur un ring face à Louis, il l'a prouvé sans trop de difficulté.*

DES CONTEMPORAINS D'AL WEILL AFFIRMENT QU'IL N'HÉSITAIT PAS À LUI METTRE DES GIFLES LORSQU'IL FAISAIT OU DISAIT QUELQUE CHOSE QUI NE LUI CONVENAIT PAS.

Rocky Marciano avait une relation assez particulière avec son manager Al Weill. Pour quelles raisons ?

Al Weill était étroitement lié au crime organisé, comme d'autres managers de l'époque. Il prenait un très gros pourcentage des bourses de Marciano, pas loin de 50 %. L'argent et le contrôle sur la carrière de son poulain étaient primordiaux pour lui. Des contemporains d'Al Weill affirment qu'il n'hésitait pas à lui mettre des gifles lorsqu'il faisait ou disait quelque chose qui ne lui convenait pas. Lors d'un camp d'entraînement, Marciano l'a sérieusement recadré, car il avait manqué de respect à son père. Les altercations étaient très régulières entre eux, mais, pour une raison que j'ignore, ils n'ont jamais rompu leur accord.

Pour remporter la ceinture de champion du monde, Rocky a dû affronter un boxeur qui était bien plus à l'aise que lui techniquement. Jersey Joe Walcott était aussi expérimenté…

(Il coupe.) Vous voulez dire qu'il était vieux ? (Sourire.) Il avait 38 ans au moment de ce combat. Il était champion du monde depuis peu de temps, mais il était très usé par plus de vingt ans de carrière. Jersey Joe avait des capacités techniques que Rocky n'avait pas, c'est vrai, mais on parle d'un boxeur qui a démarré sa carrière en 1930 dans la catégorie des poids moyens. Il est arrivé chez les lourds plus tard et, quelque part, lui aussi était sous-dimensionné.

C'EST UN EXEMPLE PARFAIT DE CE QUE POUVAIT PROVOQUER ROCKY LORSQU'IL TOUCHAIT NETTEMENT SES ADVERSAIRES. CE N'EST PAS UN HASARD SI, PLUS DE SOIXANTE-DIX ANS APRÈS, VOUS M'APPELEZ POUR EN DISCUTER.

Quelle est la place du crochet du droit de Marciano sur Walcott dans l'histoire de la boxe ?

C'est une des images les plus iconiques de l'histoire du noble art. Que ce soit la vidéo, la photo ou les différents récits de ce punch, c'est un moment exceptionnel parce que le coup est très propre techniquement et l'effet qu'il a sur Walcott, la manière dont son visage se déforme, c'est un exemple parfait de ce que pouvait provoquer Rocky lorsqu'il touchait nettement ses adversaires. Ce n'est pas un hasard si, plus de soixante-dix ans après, vous m'appelez pour en discuter.

LES BOXEURS SONT LES PREMIERS À SAVOIR QU'ILS DOIVENT RACCROCHER LES GANTS, MAIS LES DERNIERS À SE L'ADMETTRE. MARCIANO SAVAIT QU'IL ÉTAIT TEMPS D'ARRÊTER, IL AVAIT PRIS ÉNORMÉMENT DE COUPS.

C'est le plus beau K.O. que vous ayez vu ?

C'est dur à dire. Mettre en avant un seul K.O. parmi tous ceux que j'ai eu la chance de voir, c'est trop difficile. Mais il est dans une caste à part avec le K.O. de Sugar Ray Robinson contre Gene Fullmer, qui est la perfection incarnée, et celui de George Foreman sur Michael Moorer, pour toute l'histoire qui l'entoure et la justesse technique de l'enchaînement.

Rocky a défendu son titre mondial à six reprises, mais est-ce qu'il ne s'est pas retiré trop tôt, à 32 ans ?

Je ne pense pas. Je lui donne d'ailleurs beaucoup de crédit parce qu'il n'est pas revenu sur cette décision. Les boxeurs sont les premiers à savoir qu'ils doivent raccrocher les gants, mais les derniers à se l'admettre. Marciano savait qu'il était temps d'arrêter, il avait pris énormément de coups. C'est un des rares boxeurs de ce rang à avoir dit stop à temps.

Il avait tout de même tenté de revenir en voyant qu'Ingemar Johansson[6] était devenu champion du monde...

(Rires.) Ça n'a pas duré plus d'un mois. Il a vite arrêté l'entraînement, il a senti qu'il n'avait plus ce qu'il fallait pour être un boxeur poids lourd. Et puis il tenait à son statut de boxeur invaincu, il ne voulait pas le risquer en tentant un comeback maladroit.

1. Ancien coach de basketball, double champion NBA en 1994-1995 à la tête des Houston Rockets.
2. Ezzard Charles (95 victoires, 25 défaites, 1 nul), champion du monde des poids lourds de 1949 à 1951.
3. Catskill est aussi le lieu où Cus D'Amato a façonné un certain Mike Tyson.
4. Le Grossinger's Airplane Hangar accueillait tous les camps d'entraînement de Rocky Marciano.
5. Marciano n'a été knockdown qu'à deux reprises dans sa carrière. Archie Moore sera le second en 1955, pour son dernier combat.
6. Champion du monde des poids lourds en 1959-1960.
7. Jake LaMotta a, par exemple, admis avoir feint une défaite par K.O. contre Billy Fox en 1947 et payé 20 000 dollars à la mafia pour ensuite obtenir un championnat du monde contre Marcel Cerdan.
8. Entre 1967 et 1970, Mohamed Ali est destitué de son titre de champion du monde et suspendu par la commission athlétique américaine pour avoir refusé d'intégrer l'armée américaine pour la guerre du Vietnam.

TALE OF THE TAPE

Vendredi 2 décembre 2011
Route 66 Casino, Albuquerque
CHAMPIONNAT DU MONDE IBA, *WELTERWEIGHTS*
10 rounds
Arbitre : Rocky Burke

Holly Holm The Preacher's Daughter	VS	Anne-Sophie Mathis -
30-1-3	Bilan	25-1
30 ans	Âge	34 ans
Gauchère	Stance	Droitière
173 cm	Taille	180 cm
175 cm	Allonge	179 cm
66,2 kg	Poids	66,2 kg

2 décembre

Si je vous disais que, un soir de décembre 2006, un championnat du monde de boxe féminine avait eu lieu au palais omnisports de Paris-Bercy, seriez-vous enclin à me croire ? Les fins connaisseurs de l'histoire récente du noble art français ont tout de suite saisi la référence, mais j'imagine que, pour les plus jeunes ou pour les néophytes, de la boxe féminine à Bercy, cela relève du fantasme. Pourtant, c'est bien une ceinture mondiale WBA des poids super-légers qui est en jeu, entre Myriam Lamare et Anne-Sophie Mathis, ce soir-là. C'est une révolution en France, pays qui n'autorisait pas les femmes à boxer en professionnelles avant 1999. C'est aussi un passage de témoin entre Lamare, championne en titre, visage de la boxe féminine tricolore, et Mathis, boxeuse lorraine de 29 ans, championne d'Europe, mais complètement inconnue du grand public. C'est elle qui s'impose à Bercy. Le nez ensanglanté, l'œil droit gonflé, mais les bras levés, Anne-Sophie Mathis savoure son premier titre mondial après des années de galères sur les rings et en dehors.

Sa carrière professionnelle démarre onze ans plus tôt, dans un climat qui va au-delà de la défiance envers la présence des femmes dans le quadrilatère. Pour boxer, Anne-Sophie doit prendre une licence allemande et se rendre en Hongrie ou aux Pays-Bas, seuls pays où on accepte de lui faire une place dans des réunions. Elle s'essaie aussi au pieds-poings, mais son destin bascule lorsqu'elle intègre le club de Dombasle-sur-Meurthe. La ville de 10 000 habitants abrite une salle de boxe, comme il en existe partout en France, un environnement simple, sans fard et très masculin. Là aussi, son intégration est extrêmement difficile, l'entraîneur en chef du club, René Cordier, ne veut rien savoir d'Anne-Sophie. Persévérante, voire bornée, Mathis lui force la main, notamment après une session de sparring mémorable[1] contre un homme. Les quelques rounds qu'elle partage avec Karim Yenbou, champion de France amateur, montrent à René Cordier qu'il tient une boxeuse tenace, totalement investie et prête à tous les sacrifices pour réussir. Ensemble, ils vont conquérir le monde.

Cordier est un entraîneur de la vieille école. Pour lui, la boxe, c'est uniquement ce qui se passe entre les cordes ou en préparation. Le business ? Très peu pour lui, il ne se préoccupe jamais de cet aspect de la carrière de sa boxeuse. Batailler avec les promoteurs ou les managers pour obtenir de meilleures bourses, ce n'est pas son problème. D'ailleurs, il n'aime pas l'effet que peut avoir l'argent sur un boxeur. Plus les sommes gagnées sont importantes, plus il est enclin à s'embourgeoiser. Dans le cas d'Anne-Sophie, quelques zéros en plus sur les bourses de combat n'auraient pas été en trop. Pour subvenir à ses besoins, elle doit enchaîner les petits jobs en intérim entre deux camps d'entraînement. Un rythme de vie infernal, dur à suivre pour ses proches, surtout pour sa fille Léna, qui ne comprend pas pourquoi sa mère n'est pas toujours présente.

Heureusement, son premier succès mondial contre Myriam Lamare en 2006, qui fait partie d'une série de douze victoires de suite avant la limite, lui ouvre quelques portes et attire la lumière sur son profil. Les sollicitations sont plus

RENÉ CORDIER, L'ÉTERNEL COACH DE DOMBASLE

Dans son coin, Anne-Sophie Mathis a pu compter sur l'expérience et le professionnalisme de René Cordier, coach historique du club de boxe de Dombasle-sur-Meurthe. Soigneur dès 1968 puis entraîneur à partir de 1980, il remarque rapidement la force de caractère de Mathis et sait qu'il peut l'amener jusqu'aux ceintures mondiales, alors qu'il était d'abord réticent à l'idée d'entraîner une femme. Selon ses propres mots, la victoire de sa protégée par K.O. contre Holly Holm aura été son meilleur souvenir d'entraîneur. Ensemble, le duo remporte huit titres mondiaux et Anne-Sophie Mathis est aujourd'hui membre de l'international *Women Boxing Hall of Fame* à Las Vegas. Décédé en 2022, René Cordier a laissé son nom au complexe sportif de la ville où il a œuvré toute sa vie au service de la boxe et des boxeurs.

MATHIS VS BRAEKHUS

Après sa victoire contre Holm en décembre 2011, Anne-Sophie Mathis s'incline par décision unanime contre l'Américaine, six mois plus tard. En septembre 2012, elle défie Cecilia Braekhus, championne WBA, WBC et WBO des poids welters et s'incline encore par décision unanime. Quatre ans plus tard, les deux boxeuses se retrouvent pour une revanche, cette fois, Cecilia Braekhus possède cinq ceintures mondiales de la catégorie welters. Malheureusement, la Lorraine sera surclassée et s'incline en deux rounds à Oslo. Ce Championnat du monde unifié est le dernier combat professionnel disputé par Anne-Sophie Mathis en boxe anglaise.

nombreuses, les conseils, plus ou moins bienveillants aussi. Certains estiment qu'elle devrait changer d'entraîneur, d'autres lui parlent d'expatriation aux États-Unis. Inconcevable pour Anne-Sophie, la relation de confiance qu'elle a créée avec Cordier n'a pas de prix et son point de vue sur les pratiques américaines en matière de dopage est clair[2]. Alors, elle poursuit sa carrière en France, Villerupt, Le Cannet, Marseille pour une revanche remportée aux points contre Lamare en 2007. Cinq ans à infliger des K.O. techniques à la plupart de ses adversaires dans l'anonymat, jusqu'à ce que les States s'imposent à elle.

À la fin de l'année 2011, Anne-Sophie Mathis doit traverser l'Atlantique, toujours avec René Cordier, pour y disputer un championnat du monde. Pas à New York, Las Vegas ou Los Angeles, mais à Albuquerque, dans le Nouveau-Mexique. Cet État coincé entre le Texas et l'Arizona est le fief d'une des meilleures boxeuses de l'histoire, Holly Holm. Avant d'être une star du MMA à l'UFC, Holm a livré 38 combats professionnels en boxe anglaise, 33 victoires, 2 défaites et 3 nuls. Boxeuse de l'année en 2005 et 2006 pour *The Ring Magazine*, elle dispute quasiment tous ses combats à Albuquerque, où sa popularité est immense, et les 1 600 mètres d'altitude mettent à mal les capacités respiratoires de toutes celles qui prennent le risque de s'y aventurer pour la défier. Mia St. John et Christy Martin, deux légendes absolues du noble art féminin, ont perdu dans le Nouveau-Mexique contre la gauchère.

Fini la catégorie des super-légers, Mathis et Holm vont s'affronter pour un titre mondial vacant des poids welters. Comme contre Myriam Lamare, Mathis est totalement inconnue du public, seule une poignée de journalistes spécialisés savent qu'elle possède un punch hors du commun. Cinq ans après Bercy, c'est encore un 2 décembre que les poings de la Française vont lui offrir une nouvelle heure de gloire.

Sur le ring du casino de la Route 66, Anne-Sophie s'attend à une adversaire fuyante et rapide, elle pense devoir effectuer un travail de cadrage très précis, surtout en début de combat. Les premières secondes du round 1 font voler en éclats toutes ses certitudes. Holm ne s'échappe pas, elle presse, sa vitesse est troublante et Mathis sent la puissance de l'Américaine dès le premier échange de coups.

La reprise inaugurale est à l'avantage d'Holm, qui provoque les cris du public à chaque fois qu'elle touche le visage d'Anne-Sophie. La foule est avec elle et peut-être l'arbitrage aussi. Rocky Burke, l'homme qui officie ce soir-là, est régulièrement sollicité par les promoteurs d'Holly Holm pour travailler sur ses combats. Plusieurs fois dès le deuxième round, il reproche à Anne-Sophie Mathis des accrochages irréguliers.

Les deux femmes sont très agressives, Mathis fait l'erreur de baisser sa garde deux fois durant la première partie de combat et se fait sonner par un direct du bras arrière d'Holly, sans aller au tapis. Elle doit aussi gérer son cardio, malgré plusieurs semaines passées dans la région pour s'acclimater, elle veut s'assurer d'avoir assez de réserve pour aller au bout des dix rounds. À partir de la 3e reprise, la Lorraine veut prendre les commandes du combat, elle presse, mais elle est constamment contrée par un direct du gauche de son adversaire. Son incroyable capacité à encaisser les coups durs lui permet encore de rester debout. À la minute de repos, son entraîneur lui dit sans détour qu'elle est en retard au pointage des juges, un retard presque rédhibitoire lorsqu'on boxe chez son adversaire. René Cordier ne lui parle pas de K.O., mais ils savent tous les deux qu'il faudra au minimum ébranler

Holly Holm pour espérer quitter Albuquerque avec la ceinture.

DÉCIDÉ À JOUER SON RÔLE D'ARBITRE MAISON JUSQU'AU BOUT, ROCKY BURKE SÉPARE LES DEUX FEMMES ET AIDE HOLLY HOLM À REMETTRE SON BRAS HORS DES CORDES.

Curieusement, Holly Holm baisse en intensité à partir du 4e round, Anne-Sophie s'accapare le centre du ring et veut provoquer une bagarre, registre dans lequel elle excelle. La 5e reprise est le tournant du combat, Mathis boxe avec un réel sentiment d'urgence et, pour la première fois depuis l'entame, elle touche Holm de manière significative. L'Américaine réplique et passe deux crochets, droite et gauche au menton, qui éprouvent Mathis. Elle revient dans le coin et, malgré le retard accumulé, René reste confiant, le cardio de sa boxeuse est toujours bon, alors qu'Holm montre des signes de fatigue et ses entraîneurs se plaignent encore auprès de l'arbitre à cause des accrochages.

Le 6e round va confirmer la tendance aperçue quelques instants plus tôt. Anne-Sophie touche le menton d'Holm avec un uppercut qui lui fait fléchir les genoux, elle est visiblement touchée, mais le compte debout n'est pas inscrit dans les règles de ce championnat du monde. Piquée au vif, Holm s'engage finalement dans un échange de coups presque incontrôlés, des directs, des crochets ou des uppercuts, tout y passe et les défenses n'existent plus. À quelques secondes de la fin du round, Anne-Sophie marque les esprits avec un crochet gauche très précis à la mâchoire, suivi d'un uppercut du droit qui atterrit sur la pointe du menton.

Holm va au tapis, mais ce qui a tout l'air d'être un knockdown n'est considéré que comme une perte d'équilibre involontaire, l'Américaine n'est pas comptée. Elle se relève sans avoir récupéré et encaisse encore de très gros coups de la part de Mathis. La cloche sonne et la Française sait que le 7e round sera le dernier.

Holm tient à peine debout, elle titube vers son coin avec le nez en sang, ses seconds la renvoient à la guerre. Ou plutôt à l'abattoir, tout le monde dans la salle voit à quel point la star locale est faible. Ses coups n'ont plus aucun impact, mais elle essaie d'accrocher le plus possible pour gagner du temps. Il reste un peu moins de 8 minutes à boxer pour arriver à la limite, Anne-Sophie Mathis lance une dernière offensive pour écourter le combat. Dans un échange de coups brouillons, l'ancienne championne du monde WBA parvient à toucher de nouveau avec un crochet gauche, Holm recule jusqu'aux cordes et son bras gauche se retrouve coincé. Décidé à jouer son rôle d'arbitre maison jusqu'au bout, Rocky Burke sépare les deux femmes et aide Holly Holm à remettre son bras hors des cordes. Il ne lui rend pas service, Anne-Sophie Mathis l'attend, prête à la cueillir avec une droite en plein visage, Holm s'écroule ! Cette fois, ce n'est pas son bras, mais tout son corps qui est dans les cordes, l'Américaine est à quelques centimètres de quitter le ring.

Holm ne se relèvera pas et, malgré une longue attente dans un coin neutre, pour une raison encore incompréhensible, Anne-Sophie Mathis est bien annoncée comme la gagnante par K.O. Une des plus belles victoires de sa carrière.

« Dans ces moments-là, on n'est plus soi-même... »

INTERVIEW | ANNE-SOPHIE MATHIS

Combattre chez son adversaire n'est jamais facile, mais, lorsqu'on vient de Lorraine, que l'on n'était pas prédestiné à faire de la boxe et que l'adversaire est une des stars américaines de la discipline, la mission a tout d'un bourbier. Pourtant, au terme d'une soirée semée d'embûches, Anne-Sophie Mathis a décroché un titre mondial, aux États-Unis, face à Holly Holm. Son succès par K.O. est une de ses plus belles victoires, acquise grâce à sa force de caractère et à son punch.

Vous n'aviez pas spécialement de prédisposition pour la boxe, vous avez démarré ce sport à cause de votre caractère. Comment était la jeune Anne-Sophie Mathis ?

J'étais un garçon manqué, je ne me laissais pas faire. Si quelqu'un me parlait mal ou avait un mauvais comportement envers moi, je m'interposais et je frappais plus que je ne parlais pour résoudre les problèmes. En voyant ça, mon petit copain de l'époque m'a amenée dans une salle de boxe et, au premier abord, je n'étais pas attirée, je trouvais qu'il y avait trop de règles à respecter. J'ai eu le déclic uniquement lorsque j'ai fait ma première leçon aux paos[3] avec un entraîneur. Ce qui m'a plu, c'est le fait qu'il s'occupe de moi, qu'il m'accorde toute son attention pour m'aider à progresser. Après des années de pratique, ma mère m'a appris que la boxe était un héritage familial en quelque sorte parce que mon père en avait aussi fait à Dombasle-sur-Meurthe dans le club où j'étais.

Vous commencez à boxer chez les professionnelles dès l'âge de 18 ans au milieu des années 1990 en France. Dans quelles conditions est-ce qu'une jeune femme démarre sa carrière, à cette époque-là ?

La première chose à savoir sur la boxe féminine à l'époque, c'est qu'elle n'existait quasiment pas. J'ai fait trois ou quatre combats de boxe anglaise, en tout début de carrière, qui ne sont même pas répertoriés parce que je devais prendre une licence de boxe allemande puisque la boxe féminine en France était interdite. Le plus difficile, c'est de se faire accepter, parce que personne ne croit en vous, personne ne vous prend au sérieux. Lorsque je suis arrivée au club de Dombasle, j'ai tout de suite demandé une licence de boxe professionnelle et René Cordier, qui était le patron de la salle et qui est ensuite devenu mon entraîneur, m'a tout simplement répondu : « Tu vois la fille là-bas qui frappe au sac ? Elle est en amateur, tu mets les gants et tu frappes avec elle. »

Quelle a été votre réaction ?

Je lui ai dit que je voulais absolument faire de la boxe pro, je voulais qu'il m'entraîne, le sac, ça ne me suffisait pas. Il m'a dit que, chez lui, les filles font le cours collectif et elles font du sac, c'est tout ! En aucun cas, on ne pouvait prétendre à ce qu'on s'occupe de nous avec attention. Mais j'ai tellement insisté qu'il m'a proposé de mettre les gants avec un homme, Karim Yenbou, il était champion de France amateur. C'était drôle parce que son père l'avait accompagné le soir où nous avons été opposés et, dès que j'arrivais à le toucher, il avait droit à une remarque. Il m'a révélé, des années plus tard, que son père lui disait qu'il ne pouvait pas prendre des coups d'une femme (rires). Le but de cette opposition, c'était qu'il me tienne à distance et que je ne le touche pas, que je voie l'écart de niveau.

Comment cette opposition s'est terminée ?

Malgré les coups que je prenais, j'avançais et j'arrivais à le toucher. C'était très difficile, mais, sur 3 rounds, j'ai dû le toucher une dizaine de fois. Après ça, René m'a dit qu'il était partant pour m'entraîner, j'étais étonnée. Il n'était pas du genre à faire des compliments, c'était un coach discret qui mettait toute son énergie dans son travail pour faire évoluer ses boxeurs.

RENÉ ÉVITAIT DE ME PRÉVENIR À L'AVANCE LORSQU'ON ALLAIT FAIRE DE LA PISTE PARCE QU'IL SAVAIT QUE ÇA ME RONGEAIT.

HOLLY HOLM, STAR DE L'UFC

Holly Holm met fin à sa carrière en boxe anglaise en 2013, avec un bilan de 33 victoires, 2 défaites et 3 matchs nuls, pour se lancer pleinement dans un brillant parcours en MMA. Après plusieurs combats d'arts martiaux mixtes dans des organisations mineures, elle intègre l'UFC, organisation américaine numéro 1 mondiale. Son plus grand fait d'armes au sein de la compagnie reste jusqu'à ce jour sa victoire contre la superstar Ronda Rousey. Le 14 novembre 2015, Holm est la challenger pour le titre de championne dans la catégorie des poids coqs. Personne n'ose imaginer la victoire de l'ancienne boxeuse, tant la domination de Rousey est sans partage, mais Holly Holm s'impose par K.O. grâce à un head kick historique.

René Cordier accordait beaucoup d'importance à la persévérance et à la hargne, c'est ce qu'il a vu en vous, mais étiez-vous consciente d'avoir ces qualités avant de le rencontrer ?

Je pense que oui. Lorsque j'étais au Punch Nancy à mes tout débuts, je disais déjà que je voulais devenir championne du monde, je sentais que je pouvais atteindre le sommet. J'avais l'envie, la persévérance et je suis quelqu'un de très tenace et c'est ce qui lui a fait changer d'avis.

Est-ce qu'il y a un exercice qu'il vous faisait faire que vous détestiez par-dessus tout ?

Courir (rires). René nous faisait faire de la piste, des 600 mètres. C'était l'équivalent d'un round de deux minutes, mais il mettait toujours la barre très haut. Je faisais entre 2 min 11 s et 2 min 15 s au 600 m et l'idée, c'était de se rapprocher le plus possible des 2 minutes, mais c'était impossible ! René évitait de me prévenir à l'avance lorsqu'on allait faire de la piste parce qu'il savait que ça me rongeait et j'avais une boule au ventre incroyable, j'avais envie de vomir tellement ça m'angoissait, je détestais ça ! Mais je savais qu'il fallait absolument le faire parce que, une fois qu'on est à l'entraînement sur le ring avec un bon cardio, on est un peu plus à l'aise.

Avec lui, vous remportez votre premier championnat du monde en 2006 contre Myriam Lamare. Lamare était une star, le visage de la boxe féminine en France. Est-ce qu'il y avait chez vous l'envie de prendre sa place et son statut ?

Non, ce qui m'a vraiment motivée, c'est qu'elle me lançait des piques dans les journaux, et j'avais envie de lui prouver le contraire. Je voulais évidemment devenir championne du monde, mais j'avais surtout envie de la battre pour lui faire fermer son clapet, tout simplement. Elle était très mauvaise à travers les journaux, elle disait « la fille qui me battra n'est pas née », c'était impossible qu'elle perde, elle était la meilleure, etc. Et son arrogance a poussé ma motivation. Elle était très connue, mais je n'avais pas forcément peur d'elle. En revanche, dans mon entourage, les gens se posaient beaucoup de questions, on me disait que Myriam Lamare était une pointure et plus on me le répétait, plus ça me donnait envie de prouver le contraire. J'avais conscience de mes capacités, de celles de mon entraîneur et de ce que je valais à la salle, je me sentais capable de la battre et je l'ai fait.

Combattre à Bercy pour un championnat du monde, ce n'est pas donné à tout le monde, qu'avez-vous ressenti au moment de monter sur le ring ?

C'était grandiose ! C'est le rêve de tout boxeur de pouvoir boxer dans une salle aussi grande à Paris. C'est aussi un stress en plus, parce qu'on sait que beaucoup de gens peuvent venir nous voir. Je n'aimais pas boxer à domicile ou dans ma région, j'évitais l'engouement et le stress. Le fait d'être loin de chez moi me facilitait la tâche. Combattre à Paris m'a tranquillisée, même si je savais qu'un bus de supporters de ma région ferait le déplacement pour m'encourager. Quand on est à l'extérieur, on est à l'hôtel, on ne s'occupe de rien, à domicile, il y a les journalistes locaux, il faut s'occuper de la famille et je trouvais ça plus compliqué.

Parlons maintenant du combat face à Holly Holm. Avez-vous modifié quelque chose dans votre préparation avant ce championnat du monde ?

Rien n'était différent dans ma préparation, mais j'ai vécu quelque chose d'assez particulier six mois avant de l'affronter. On nous a fait venir, René et moi, aux États-Unis pour assister au dernier combat de préparation d'Holly Holm. C'était pour faire la promotion de notre combat qui avait lieu en décembre, je suis allée sur le ring après sa victoire pour faire un face-à-face avec elle. On a fait l'aller-retour à Albuquerque sur un week-end et j'étais étonnée parce que ça ne se fait pas trop de faire venir quelqu'un d'aussi loin seulement pour un week-end. À cette occasion, mon entraîneur en a profité pour demander à un Français qui vivait sur place de nous aider à trouver un hôtel, une salle de sport, tout ce dont on avait besoin pour se loger et s'entraîner dans de bonnes conditions. Ce monsieur, qui s'appelle Gilles Desnous, était aussi notre traducteur.

Il a été une sorte d'ange gardien pour vous…

Oh que oui, c'était le cuistot du casino de la Route 66 à Albuquerque. Il a essayé de nous organiser les meilleures conditions possibles, il correspondait par mails avec René, et ça a tellement bien matché qu'il nous a proposé de loger chez lui. Il vivait seul après le départ de son fils, et sa maison avait deux chambres supplémentaires, il avait aussi une deuxième voiture et la salle de sport était à côté. On a eu beaucoup de bol, on s'est tout de suite fait confiance, on avait les clés de chez lui. De temps en temps, on allait le voir au casino et, parfois, il nous ramenait à manger après son travail. Il était très près de nous, dès qu'on avait besoin de quelque chose, il était là pour nous aider. Ça nous a permis de partir trois semaines à Albuquerque.

Vous n'aviez pas prévu de rester aussi longtemps sur place ?

Non. D'ailleurs, les journalistes américains ne savaient pas qu'on avait passé du temps dans le coin pour s'acclimater, on a bien caché notre présence.

Comment se sont déroulées ces trois semaines de fin de préparation ?

J'avais un plan de travail bien précis, on est montés jusqu'à 2 300 mètres d'altitude pour s'entraîner et ça n'a pas du tout été facile. D'ailleurs, une caméra de France 3 nous avait suivis et les journalistes avaient eu beaucoup de mal à cause des conditions. René a failli tomber dans les pommes (rires), il a saigné du nez, c'était quelque chose de le voir dans cet état.

Holly Holm avait un gros palmarès. Étiez-vous intimidée par ce qu'elle montrait sur le ring et par son parcours ?

Quand j'ai jeté un coup d'œil à son palmarès, je me suis dit « putain, la vache », c'était impressionnant. Elle avait affronté beaucoup de boxeuses de très haut niveau, et puis j'ai regardé ses combats et je trouvais que c'était pas terrible, il n'y avait rien de vraiment alarmant dans ce qu'elle produisait. On s'est rendu compte qu'elle dominait parce qu'elle combattait la plupart du temps chez elle en altitude à Albuquerque. La ville est à peu près à 1 800 mètres d'altitude et ça fait une grosse différence, c'est ce qui nous a poussés à partir aux États-Unis trois semaines avant le combat pour nous entraîner sur place. René s'était renseigné auprès d'un médecin pour savoir exactement combien de temps il me faudrait pour être au top physiquement avec une telle altitude et il préconisait trois bonnes semaines.

Le soir du 2 décembre, avant de monter sur le ring, dans quel état mental êtes-vous ?

Oh, là, là... J'ai la boule au ventre. J'avais tout le temps la boule au ventre, le stress de ne pas gagner, de ne pas pouvoir mettre en application tout ce que j'avais répété à l'entraînement. Et puis j'avais le stress de me prendre un K.O., je ne sais pas pourquoi, j'ai toujours eu la peur de prendre ce fameux K.O. La boxe, ça va tellement vite que, même si on est préparé comme jamais, on peut finir sur une mauvaise note et il y a une grosse différence entre les images qui passent dans la tête d'un boxeur lorsqu'il visualise son combat et la réalité. En plus de ça, la météo était très particulière, quand on a pris la route pour la salle, il y a eu une grosse tempête de sable, on ne voyait plus rien, il fallait mettre des lunettes tellement ça faisait mal aux yeux. Il faisait encore jour, mais le ciel est devenu sombre d'un coup et le vent s'est levé, les voitures étaient couvertes de sable et quand on rentre dans la salle, il ne nous arrive que des merdes.

ET, LÀ, RENÉ A PÉTÉ UN PLOMB, IL LEUR A DIT : « VOUS COMMENCEZ À ME FAIRE CHIER, SI C'EST COMME ÇA, ON FAIT PAS LE COMBAT ! »

Quels ont été les problèmes que vous avez rencontrés ?

Les organisateurs de la soirée nous ont fait attendre pendant de très longues minutes avant de nous donner des consignes. Lorsqu'on a enfin pu s'installer dans notre vestiaire et nous changer, René a commencé à me mettre de l'huile camphrée et on démarre l'échauffement. À trois reprises, un des membres de la commission athlétique locale est venu dans notre vestiaire pour vérifier notre huile, alors qu'on avait montré le flacon qu'on utilisait lors des réunions avant le combat et ils nous avaient dit que c'était OK. Mais, le soir du combat, on nous demande d'expliquer ce que c'est, nous, on ne parle pas anglais, donc c'est difficile de se faire comprendre.

Comment s'est terminé cet incident ?

René a montré le flacon une nouvelle fois, mais l'officiel ne voulait rien savoir, il fallait qu'on enlève toute l'huile camphrée qui était sur mon corps. On a essuyé comme on pouvait, mais c'est de l'huile, ça laisse des traces, donc, au final, il me dit qu'il faut que je prenne une douche pour être sûre qu'il ne reste plus rien. Et, là, René a pété un plomb, il leur a dit : « Vous commencez à me faire chier, si c'est comme ça, on fait pas le combat ! » Le mec ne comprenait pas le français, mais il a dû sentir qu'on n'en pouvait plus, il a quitté notre vestiaire puis un autre responsable de la commission athlétique est venu nous dire que tout était OK, qu'on pouvait reprendre notre échauffement. Ils ont continué à jouer avec mes nerfs, en me faisant attendre cinq bonnes minutes sur le ring avant qu'elle ne fasse son entrée. Tout était fait pour que je sois mal échauffée.

Ces pièges de la part des organisateurs vous ont troublée ?

Non, ça m'a surtout énervée. Je me suis dit qu'il fallait absolument que je la batte, c'était un peu comme face à Myriam Lamare. Holly Holm était chez elle. Ils faisaient tout pour me faire perdre mes moyens et ça a fait l'effet inverse.

Quelles sont vos sensations sur le ring lors des premiers rounds ?

J'ai tout de suite senti que j'étais bien physiquement, très bien préparée. Et on a démarré toutes les deux à fond !

Est-ce que vous avez reconnu la Holly Holm que vous aviez analysée en vidéo ?

Holly Holm, elle frappe et elle est très rapide. Après, j'ai quand même eu un doute sur plusieurs détails. Déjà, la taille du ring était supérieure aux normes françaises, il faisait 5 mètres sur 5 si je me souviens bien et le tapis au sol, c'était un tapis de MMA, un peu mou. Quand je suis montée sur le ring, je me suis dit, mais c'est quoi, ce délire ? À cause de ce tapis, j'ai perdu l'équilibre deux fois et la taille du ring devait lui faciliter la tâche parce qu'elle bouge beaucoup. On n'a rien pu faire pour changer ça parce que son promoteur faisait vraiment comme il voulait.

Le début du combat est très intense. Est-ce que vous espériez une baisse de régime de sa part ?

Je ne me suis pas posé cette question, la seule chose qui me perturbait, c'était qu'elle ne s'asseyait jamais lors de la minute de repos. Elle était debout dans son coin en train de sauter, et pas des petits sauts, c'était des sauts avec des flexions, c'était très bizarre. Je me suis dit : « Punaise, je veux bien qu'on soit en altitude et qu'elle ait l'habitude, mais son cardio doit être extraordinaire. » Je me souviens aussi de notre face-à-face avant le premier round. Son entraîneur lui tirait l'arrière des cheveux pour l'énerver. Honnêtement, je me suis demandé si elle n'avait pas pris quelque chose vu son niveau d'excitation.

Par « quelque chose », vous voulez dire un produit dopant ?

Oui, on n'a pas pu vérifier par la suite parce que, lors du contrôle antidopage, nous n'avons reçu que mes résultats, pas les siens. En fait, on ne sait même pas si elle a passé un contrôle, je pense quand même que oui, mais, dans tous les cas, je sais que, dans certains États, ils font un peu comme ils veulent. Et puis comme on a gagné, on n'a pas fait attention à ça.

Racontez-moi ce qui vous passe par la tête lorsque vous la sentez faiblir dans le 7e round, quand vous sentez que vous allez la mettre K.O…

(Silence.) Je sais que je suis près de la victoire. Dans ma tête, j'ai envie d'en finir et la machine passe la vitesse supérieure. Je me considérais un peu comme une machine sur le ring. Dans ces moments-là, on n'est plus soi-même, on est transcendé. Quand je revois ce combat, j'ai un visage… j'ai l'impression que ce n'est pas du tout moi, je ne me reconnais pas. J'ai encore beaucoup de force mentale et de ténacité aujourd'hui, mais ça n'a rien à voir avec ce que j'avais quand je boxais, je me demande où j'ai été chercher ça.

Lorsque vous la mettez K.O. au 7e round, est-ce que, vous aussi, vous avez le sentiment que l'arbitre met beaucoup de temps avant d'intervenir ?

Oui, mais c'était voulu, il ne voulait pas qu'elle perde et ça a été une grosse erreur de sa part. On ne le voit pas sur les images qui existent de ce combat, mais je reste une bonne dizaine de minutes dans un coin neutre à attendre la décision. Elle était au sol, il y avait beaucoup de monde autour d'elle, qui regardait l'état de ses yeux. Elle disait qu'elle voyait bien, mais elle est restée au sol très longtemps. Pendant ce temps-là, René me dit : « Surtout, ne bouge pas, ils attendent que tu fasses une erreur pour te disqualifier. » J'ai aussi eu ce sentiment-là qu'ils cherchaient le moindre prétexte pour me faire perdre. Je ne me suis pas énervée, je suis restée calme et René me regardait avec des yeux qui disaient : « T'as pas intérêt à bouger, ne fais rien ! » Au bout d'une attente interminable, ils m'ont dit de retourner dans mon coin et ils ont donné la décision, mais ça a été dur.

JE FRAPPAIS LOURD ET IL FALLAIT QUE MES ADVERSAIRES ENCAISSENT ET, COMME J'AVANÇAIS TOUT LE TEMPS COMME UN BULLDOZER, L'ACCUMULATION DE COUPS FORÇAIT L'ARBITRE À STOPPER LE COMBAT, J'AI EU BEAUCOUP DE K.O. TECHNIQUES SUR MON BILAN.

Avez-vous toujours été consciente de la puissance que vous aviez dans les poings ?

Oui et non (rires). Je savais que je frappais fort, mais, quand mes adversaires me touchaient, je sentais aussi leurs coups, donc j'avais l'impression d'avoir une puissance similaire. Je n'avais pas une frappe sèche, je n'ai pas fait de K.O. sur un coup. Je frappais lourd et il fallait que mes adversaires encaissent et, comme j'avançais tout le temps comme un bulldozer, l'accumulation de coups forçait l'arbitre à stopper le combat, j'ai eu beaucoup de K.O. techniques sur mon bilan.

J'ai eu la possibilité d'interviewer Christy Martin et elle m'a fait comprendre que les jeunes boxeuses américaines qui ont suivi sa trace ne se rendent pas compte des difficultés par lesquelles elle est passée. Est-ce que vous ressentez la même chose au niveau français ?

En France, que ce soit à l'époque où je boxais ou maintenant, c'est pareil, il n'y a pas eu d'évolution comme aux États-Unis. À vrai dire, je ne sais pas s'il y aura une évolution un jour parce que, au niveau masculin, c'est déjà très compliqué. La carrière de Christy Martin est un exemple, c'est elle qui a ouvert la voie pour les femmes en Amérique. En Allemagne, il y a aussi eu Regina Halmich, elle était beaucoup dans le pieds-poings, mais elle a aussi fait des championnats du monde en boxe anglaise et c'était plus proche de chez nous, c'est elle qui m'a inspirée en Europe.

Selon vous, qui est le plus grand spécialiste du K.O. de l'histoire du noble art ?

Mike Tyson, c'est une évidence. C'était mon idole, et ça l'est toujours. Il avait un mental incroyable. D'ailleurs, il disait qu'il n'aimait pas être cette personne-là qui met des K.O. sur le ring, il avait envie de tuer son adversaire et, aujourd'hui, il n'aime plus ce personnage. Il pleurait à chaque fois avant de monter sur le ring parce qu'il savait qu'il allait se transcender. Parfois, j'avais aussi cette impression, je me transcendais quand je montais sur le ring, je pense qu'on est tous un peu pareils, on est obligés d'adopter une autre mentalité pour combattre. C'est quand même spécial d'aller se confronter à quelqu'un de cette manière.

Qu'est-ce qu'un K.O. ?

C'est ce qu'il y a de plus radical, c'est ce qui nous permet de ne pas avoir à attendre le décompte des points à la fin d'un combat ! (Rires.)

1. Voir l'interview, page 226.
2. Voir l'interview, page 230.
3. Cible portée par un partenaire ou un entraîneur permettant de s'exercer à donner des coups.

Deux petites secondes...

Certains boxeurs sont définis par leur plus grande défaite. C'est cruel, mais c'est une des réalités de ce sport. Il y a peut-être eu des succès avant et après, mais, lorsque le scénario du combat arrache le cœur de la vox populi, c'est la lose que l'on retient. Pour Meldrick Taylor, c'est même pire que ça. L'image de son visage bouffi par les coups, au terme du combat contre Julio Cesar Chavez, est devenue une allégorie de la défaite injuste.

Avant de chuter face à Chavez, Taylor avait tout pour lui. Au début des années 1980, il est une des plus belles promesses sportives de la ville de Philadelphie. La cité de l'amour fraternel a formé de grands noms du noble art, comme Bernard Hopkins ou le légendaire Joe Frazier, tous biberonnés à la philosophie pugilistique de la région : à Philly, on ne recule jamais, on ne refuse pas le combat rapproché, mieux, on l'initie.

Taylor, lui, a ce je-ne-sais-quoi en plus, une aisance technique, une vitesse de bras éclair et une fluidité de déplacements semblable à celle d'un danseur classique. Mais il se rêve inexorablement en bagarreur, comme son idole Smokin' Joe[1] et ne perd jamais une occasion de prouver qu'il est bien un « *Philly fighter* ».

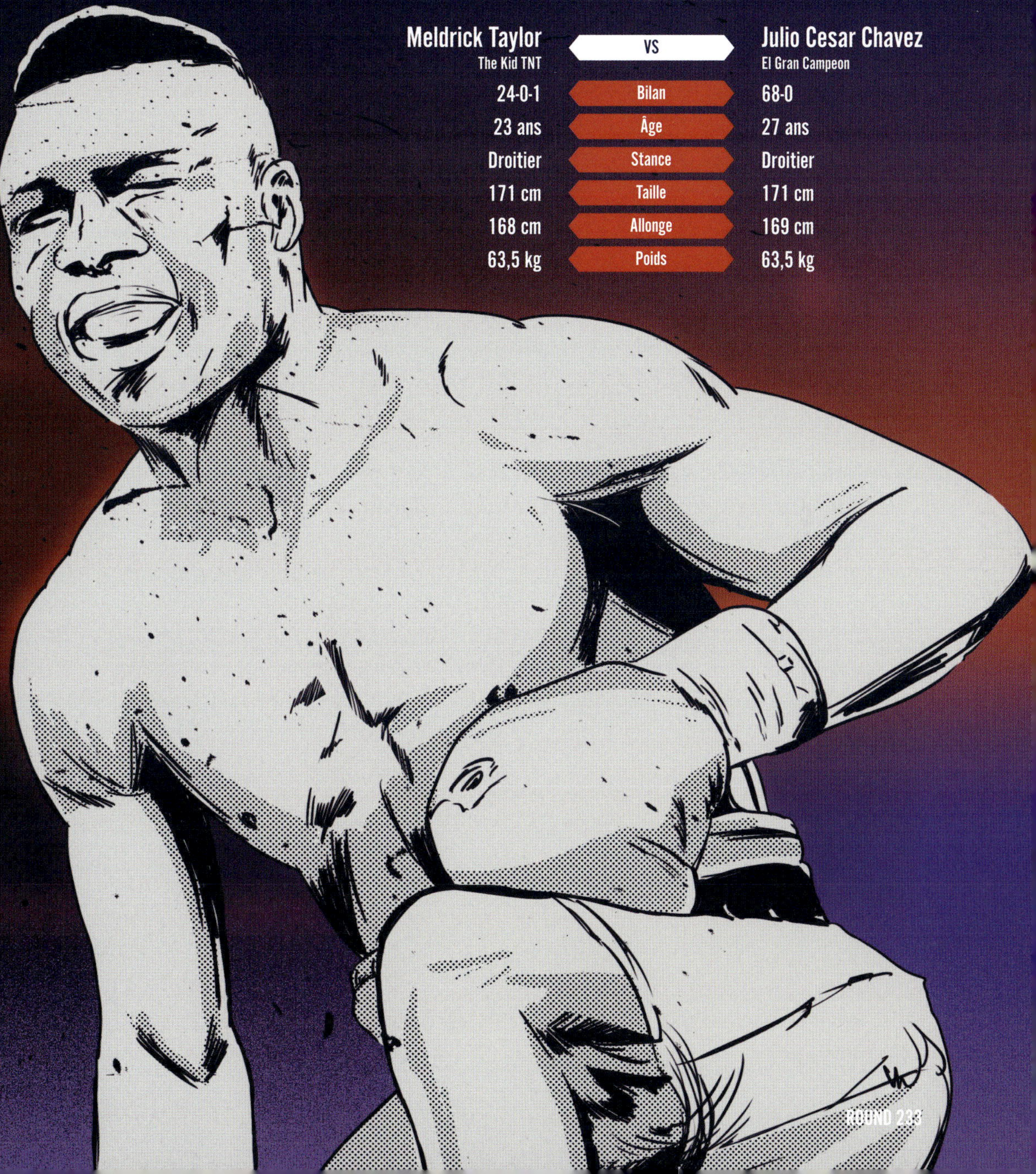

TALE OF THE TAPE

Samedi 17 mars 1990
Hilton Hotel, Las Vegas
CHAMPIONNAT DU MONDE IBF ET WBC
DES POIDS SUPER-LÉGERS
12 rounds
Arbitre : Richard Steele

Meldrick Taylor The Kid TNT	VS	Julio Cesar Chavez El Gran Campeon
24-0-1	Bilan	68-0
23 ans	Âge	27 ans
Droitier	Stance	Droitier
171 cm	Taille	171 cm
168 cm	Allonge	169 cm
63,5 kg	Poids	63,5 kg

1984, à seulement 17 ans, Meldrick Taylor se qualifie pour les Jeux olympiques de Los Angeles. Il est le plus jeune boxeur de la fabuleuse Team USA[2], menée notamment par Evander Holyfield et Pernell Whitaker. Sa catégorie, les moins de 57 kg, n'est pas la plus attrayante, mais son jeune âge et ses prouesses sur le ring font de lui la petite mascotte de l'équipe. Toute la team est d'ailleurs présente, le 11 août, dernier jour de compétition, pour voir le sacre de Meldrick face au Nigérian Peter Konyegwachie. La médaille d'or de la pépite nord-américaine vient conclure quinze jours de grâce pour le comité olympique américain.

Une médaille d'or aux J.O., c'est un passeport diplomatique, l'assurance de naviguer sans encombre dans le triangle des Bermudes qu'est le monde pro, du moins pendant les premières années. Après L.A., l'horizon de Taylor est vaste, les propositions multiples et il décide de passer professionnel dès le mois de novembre 1984. Des débuts idylliques jusqu'à sa première chance mondiale, quatre ans plus tard, où il affronte Buddy McGirt pour le titre IBF des poids super-légers (moins de 63,5 kg) et s'impose par *technical knockout* au 12e round. Son rêve de devenir champion du monde professionnel est enfin une réalité, et, à seulement 21 ans, avec une gestion de carrière exemplaire jusque-là, Taylor semble promis à un règne long et fructueux.

Il l'entame par deux défenses de titre remportées haut la main contre John Wesley Meekins (arrêt de l'arbitre au 7e round) et Courtney Hooper (décision unanime). À 23 ans, Meldrick veut plus, il ne veut plus simplement affronter les meilleurs challengers de l'IBF, ses envies d'unification se font pressantes et un grand défi s'offre à lui au début de l'année 1990. Le champion WBC, Julio Cesar Chavez.

Son nom est un slogan pour les fans de boxe mexicains. Tout, absolument tout ce qui fait sa personnalité est un symbole pour son pays. Son visage, le bandeau rouge vif qu'il arbore lorsqu'il monte sur le ring, l'état d'esprit *guerrero*, son insistance à répondre aux interviews en espagnol, même s'il fait la plupart de ses grands combats sur le sol américain, tout ça, c'est pour El Tri[3]. Et son pays le lui rend bien, ses adorateurs chantent ses louanges partout où il passe. Comment ne pas vénérer cet homme, invaincu en 68 combats avant d'affronter Taylor et champion dans trois catégories de poids différentes[4], preuve vivante d'une culture pugilistique exceptionnelle au Mexique ?

Le football reste le sport roi, mais *El Boxeo* tient une place très privilégiée dans le cœur des Mexicains. Comme à Philadelphie, on boxe à la dure, le *mexican style*, c'est un engagement de tous les instants, l'acceptation des coups, un panache qui vire souvent à l'imprudence sur le ring. C'est prendre trois crochets et n'en rendre qu'un seul en étant persuadé d'exciter la foule et de faire des dégâts sur l'adversaire.

Sur le papier, c'est donc une opposition de style qui s'annonce entre deux boxeurs invaincus, pour les ceintures IBF et WBC des poids super-légers. Le style flashy, tout en vitesse et en légèreté de l'Américain, contre la rudesse du Jules César de la boxe. C'est aussi une rivalité entre deux pays frontaliers. États-Unis vs Mexique en boxe, c'est une querelle historique qui fait toujours couler beaucoup d'encre. La principale polémique fait surface plusieurs semaines avant le combat, Richard Steele, l'arbitre sélectionné pour officier sur ce Championnat du monde, est un des meilleurs de sa génération. Avant Taylor vs Chavez, M. Steele avait déjà arbitré 45 combats pour des titres mondiaux, mais sa supposée proximité avec Don King, le promoteur de Chavez, met le clan Taylor mal à l'aise.

Lou Duva, le coach de Meldrick, demande un changement d'arbitre. Steele a été accusé plusieurs fois de favoriser des boxeurs de l'écurie Don King, sans preuves tangibles. La commission athlétique du Nevada décide de confirmer Richard Steele, une décision lourde de conséquences.

17 mars 1990, le *ballroom* du Las Vegas Hilton est plein à craquer, 9 200 personnes pour un duel de super-légers, dont une très grande majorité de supporters mexicains.

Le round inaugural donne le ton du combat, Meldrick Taylor ne craint pas la pression constante de Chavez, il le touche et esquive ses attaques sans aucune difficulté. Les combinaisons de Taylor sont d'une rapidité déconcertante. Lorsqu'il trouve la cible à quatre reprises, son adversaire ne peut rendre qu'un seul coup. Personne ne s'attendait à une telle domination du jeune champion IBF. Après 4 rounds, Taylor est devant sur les cartes des juges et il ne masque pas sa sérénité. Il ose même lever les bras au ciel, comme s'il était victorieux, en retournant dans son coin à la conclusion du 5e round.

À la minute de repos avant le 6e round, son coin, conscient de l'avance qu'il possède au pointage, lui demande de baisser en intensité. La débauche d'énergie de Taylor inquiète Lou Duva, qui pense qu'il sera trop difficile de mettre K.O. Chavez. Il veut donc que son boxeur garde suffisamment de jus pour tenir jusqu'à la limite. Sage consigne. Pourtant, Meldrick ne l'écoute pas et poursuit sa domination sans partage jusqu'au 9e round. C'est presque trop beau pour être vrai, le champion olympique 1984 inflige une véritable leçon de boxe à un Chavez totalement transparent. Dans son coin, ses seconds tentent de toucher son orgueil : « Julio, tes enfants sont là, fais-le pour eux, bon sang, pour tes garçons et pour ta famille… »

DREAM TEAM 1984

À l'été 1984, les États-Unis accueillent les Jeux olympiques à Los Angeles. Pour l'occasion, l'équipe américaine de boxe réunit une pléiade de futures légendes de notre discipline aux côtés de Meldrick Taylor. Sur douze catégories, Team USA récupère neuf médailles d'or, une en argent et une en bronze :

- Paul Gonzales (or, moins de 48 kg) ;
- Steve McCrory (or, moins de 51 kg) ;
- Meldrick Taylor (or, moins de 57 kg) (c) ;
- Pernell Whitaker (or, moins de 60 kg) (c) ;
- Jerry Page (or, moins de 63 kg) ;
- Mark Breland (or, moins de 67 kg) (c) ;
- Frank Tate (or, moins de 71 kg) (c) ;
- Virgil Hill (argent, moins de 75 kg) (c) ;
- Evander Holyfield (bronze, moins de 81 kg) (c) ;
- Henry Tillman (or, moins de 91 kg) ;
- Tyrell Biggs (or, plus de 91 kg).

À noter que seul le poids coq Robert Shannon n'a pas obtenu de médaille alors qu'il était parmi les favoris de sa catégorie. Mike Tyson était très attendu au sein de cette Team USA, mais il s'incline contre Henry Tillman lors du tournoi qualificatif. Six des onze boxeurs médaillés de cette cuvée iront ensuite remporter des titres mondiaux (c) au niveau professionnel.

CHAVEZ VS TAYLOR 2

Quatre ans après leur premier combat, Chavez et Taylor s'affrontent de nouveau pour une revanche. Meldrick Taylor ne semble pas complètement remis de sa première défaite, tant sur les plans physique que mental. L'Américain a certes remporté un nouveau titre mondial, dans la catégorie des poids welters[6], mais il a aussi concédé deux défaites de suite par *technical knockout* courant 1992. Chavez, de son côté, a hissé son total de victoires à 90, mais son premier revers en carrière[7] a surpris le monde de la boxe. Comme en 1990, le titre de champion WBC des super-légers est en jeu, mais Taylor n'est plus le même boxeur. Sa vivacité, son coup d'œil et sa précision ont disparu. À vrai dire, une partie de son espérance de vie de pugiliste est restée dans le ring lors du premier duel et il s'incline de nouveau par arrêt de l'arbitre, cette fois au 8e round.

Lorsque les coachs utilisent ces ressorts mentaux, c'est déjà trop tard pour réveiller un boxeur en perdition.

Pourtant, un autre scénario se déroule sous les yeux des spectateurs sans qu'ils en soient conscients. Certes, Chavez a perdu tous les rounds aux points, mais, sur la globalité du combat, c'est bien lui qui a fait le plus de dégâts corporels. C'est là toute l'ironie du *mexican style*, et Richard Steele, qui se trouve au plus près de l'action, semble le seul à voir que, tout au long des neuf premières reprises, Julio a touché Taylor de manière significative. Des coups durs, des coups qui laissent des traces. Les deux yeux de Meldrick sont gonflés, il saigne du nez, il a des coupures sous les yeux.

À partir du 10e round, le champion WBC sait qu'il n'a pas d'autres options que le K.O. s'il veut devenir champion unifié. Il se lance donc dans une course contre la montre de 9 minutes pour venir à bout de Meldrick Taylor. Les assauts de Chavez sont impitoyables, chaque crochet, chaque direct atterrit sur le visage de Meldrick, tel un coup de marteau. Les répliques de l'Américain font mouche, il n'a aucun mal à toucher nettement son vis-à-vis, mais ses coups n'ont pas le même retentissement, l'intensité des premiers rounds a disparu. Au terme de la 11e reprise, l'Américain a encaissé un nombre de coups durs très important, il est quelque peu étourdi et se rend presque dans le mauvais coin pour l'ultime minute de repos.

Le coin de Taylor est confus et fait l'erreur de lui dire qu'il a absolument besoin de remporter le dernier round pour s'imposer. Ce conseil lui coûtera très cher, Meldrick oublie sa boxe et se mue

CHAVEZ, L'INVINCIBLE

Alors qu'aujourd'hui certaines carrières professionnelles ne dépassent pas les cinquante combats, il est difficile de saisir à quel point la série d'invincibilité de Julio Cesar Chavez est hors du commun. Entre ses débuts pros en février 1980 à 17 ans et son match nul face à Pernell Whitaker en 1993, le Mexicain affiche un bilan de 87 victoires et 0 défaite. Il faut attendre son combat contre Frankie Randal en 1994 pour le voir s'incliner par décision partagée, soit un bilan de 89 succès, 0 défaite et 1 nul avant de mordre la poussière.
JC Superstar remportera plusieurs titres mondiaux dans les catégories super-plumes, poids légers et super-légers. En 115 combats, il affiche un bilan global de 107 victoires, 6 défaites et 2 nuls.

LA FAILLE DU LION

L'être humain n'est qu'un produit de son environnement, et, lorsque l'on grandit à Culiacán dans la région du Sinaloa au Mexique, il est beaucoup plus difficile d'échapper aux affres de la drogue. Pourtant, ce n'est pas dans son fief que Julio Cesar Chavez découvre la cocaïne pour la première fois. En septembre 1992, il domine le Portoricain Hector Camacho à Las Vegas[8] et s'offre une fiesta dantesque pour célébrer son succès. Une fête à laquelle s'invitent tous les barons du cartel de Sinaloa, dont notamment le célèbre Joaquin « El Chapo » Guzman : « Il y avait au moins mille années de prison à ma table, le soir où j'ai battu Camacho. Ils voulaient tous me rencontrer, ils me posaient des questions sur le combat jusqu'à ce que je m'énerve. Il y avait 300 mecs armés et pas un seul d'entre eux n'avait de la coke, je leur ai dit d'aller en enfer. » La tablée n'aura aucun mal à trouver ce qu'il faut pour contenter Chavez, mais ce premier essai le mènera à une terrible addiction à la cocaïne. Il lui faudra plusieurs passages en centre de désintoxication pour sortir de cette spirale. Aujourd'hui, l'ancien champion est très actif dans la lutte contre les addictions à l'alcool ou aux drogues, en étant l'égérie d'une chaîne de centres de désintoxication.

en « *Philly fighter* », il veut absolument aller à la bagarre, contre l'empereur de la boxe *toe-to-toe*.

Il reste moins de 3 minutes à boxer, l'équation est simple et résumée par le brillant commentaire de Jim Lampley : « Préparez-vous pour trois minutes dramatiques, vous avez sous vos yeux un Chavez déterminé qui va tenter de mettre K.O. Taylor, épuisé par les coups alors qu'il a dominé tout le combat... Ses deux yeux sont sur le point de se fermer, du sang coule de son nez et de sa bouche, mais s'il reste debout, il gagne ! »

120 secondes à combattre, Meldrick Taylor tente un très large crochet gauche qu'il manque complètement, il perd l'équilibre et tombe à genoux, les deux gants posés au sol. Chavez le toise, tel un animal sauvage prêt à bondir sur sa proie. La fatigue se fait aussi sentir chez Julio, mais il choisit ses coups, il est potentiellement à 1 min 30 s de la fin de son invincibilité, mais il espère pouvoir placer une dernière salve. Elle intervient à 25 secondes de la fin du combat, Chavez passe un direct du droit très solide qui fait chanceler Taylor. L'Américain reste sur la marche avant, Chavez l'attire dans un coin, il reste 20 secondes.

Julio touche le visage de Taylor à trois reprises, deux crochets et un uppercut gauche avant le coup fatal, un direct du droit qui envoie Taylor au tapis à 16 secondes de la fin du combat. Taylor se relève avec l'aide des cordes. Le compte de l'arbitre est à six lorsqu'il est debout, il reste dix secondes au chrono. Richard Steele interrompt son compte à neuf pour lui demander « *You're okay?*[5] », une question qu'il répète deux fois. Sans réponse de Taylor, Steele lève les bras au ciel pour le déclarer K.O. technique. Il restait très exactement deux secondes avant la fin du combat.

Steele, qui vient de prendre une des décisions les plus controversées de l'histoire de la boxe, veut tout de suite enlever le protège-dents de Taylor, mais Lou Duva se jette sur le ring et pointe du doigt un voyant lumineux placé derrière chaque coin. Cette lumière rouge signale les dix dernières secondes du combat et, selon Duva, l'arbitre aurait dû faire preuve d'indulgence et en quelque sorte lui donner ces deux secondes, surtout en voyant Taylor debout après le knockdown. Richard Steele a opté pour une application stricte des règles.

De l'autre côté du ring, Chavez est porté en triomphe par son coin, il est le nouveau champion unifié des super-légers. Pour Taylor, la pilule ne passe pas, elle ne passera jamais, d'autant plus que si le combat avait été laissé entre les mains des juges, l'Américain se serait imposé par décision partagée.

« J'ai arrêté ce combat parce que Meldrick a pris beaucoup de coups très durs et il était temps d'arrêter les dégâts. Je ne suis pas le responsable du chrono, je ne me préoccupe pas du timing, lorsque je vois un homme qui en a assez, j'arrête le combat... Je lui ai demandé s'il allait bien et je ne l'ai pas entendu dire quoi que ce soit... Aucun combat ne vaut la vie d'un homme. »

Déclaration post-*fight* de Richard Steele, arbitre du combat Taylor vs Chavez.

« Ce K.O. est tellement dramatique... »

INTERVIEW | MAURICIO SULAIMAN

Mauricio Sulaiman est aujourd'hui le président du World Boxing Council, la fédération de boxe la plus connue au monde. Fils de son prédécesseur à ce poste, José Sulaiman, il faisait partie des privilégiés qui ont pu assister au combat entre Chavez et Taylor tout près du ring avec l'entourage du Jules César de la boxe. En mars 1990, Sulaiman n'a alors que 20 ans, il raconte ici comment il a vécu les 11 rounds très pénibles de l'idole des Mexicains et pourquoi ce K.O. résonne si fort en lui.

J'ai grandi dans le monde de la boxe. Lorsque mon père a été élu président de la WBC, je n'avais que 5 ans, mais, même avant son élection, on ne parlait que de boxe à la maison. Pourtant, j'aimais beaucoup le baseball, j'ai joué à un bon niveau, mais le noble art était dans notre vie au quotidien. On rentrait de l'école et, parfois, il y avait Don King et Mohamed Ali dans notre salon. Je me souviens aussi d'une fois où Roberto Duran était venu prendre le déjeuner chez nous. C'était totalement normal pour mes frères et moi, on disait bonjour et on montait dans nos chambres pour faire nos devoirs.

Je suis Mexicain, nous sommes un peuple fier, très fier, notre peuple n'accepte jamais d'être vaincu, c'est la clé pour comprendre la culture boxe qui anime ce pays. Les Mexicains se battent dans tous les aspects de leur vie, ils se battent pour honorer leur famille. Vous n'imaginez pas à quel point c'est terrifiant pour nous de faire honte à notre mère, à nos frères ou d'entendre nos voisins parler si on perd un combat. À l'école, les enfants règlent leurs différends avec un combat propre, dans les règles de l'art après les cours. Tu vas au parc, tu règles tes affaires et, ensuite, tu deviens ami avec ton adversaire. C'est dans notre sang, nous aimons ça et on se bat avec le cœur, on respecte toujours l'adversaire, mais notre fierté est trop importante pour accepter la défaite.

Le boxeur qui représente le mieux toute cette culture, c'est Julio Cesar Chavez. C'est le plus grand héros de notre pays, que ce soit en sport, culturellement et en termes de divertissement, c'est tout pour nous ! Son style de boxe était incroyable, il avançait sans relâche, il acceptait d'encaisser des coups pour avoir des ouvertures et donner les siens. Il a battu tous ses adversaires jusqu'à son 90e combat professionnel. Je ne sais pas si on se rend compte de cet exploit, ça a fait de lui un homme à part dans notre pays. Il n'a jamais reculé devant un combat, il a affronté tous les grands noms qui se présentaient devant lui, et notamment Meldrick Taylor.

Personne ne pensait que Chavez pourrait perdre. Comme d'habitude, toute la nation se réunissait pour suivre son combat, sans jamais penser à l'idée qu'il puisse s'incliner. J'étais à Las Vegas pour regarder Chavez vs Taylor, et, quand Meldrick Taylor a commencé à boxer avec précision, vitesse et puissance, il était clair que Chavez était en danger, c'était très surprenant. En revanche, j'ai tout de suite remarqué qu'il arrivait à toucher Taylor avec des coups très durs.

J'étais assis juste derrière le coin de Julio et ils étaient désespérés, ils faisaient de leur mieux pour le remotiver, mais quelque chose n'allait pas. Le public était très stressé, mais l'ambiance se réchauffait à chacun des coups nets de Chavez, le 11e round était très bon pour lui. Dans le 12e round, tout le monde y croyait, mais plus les secondes défilaient, plus l'issue du combat semblait compromise.

Et puis il y a eu ce punch incroyable à moins de trente secondes de la fin, une délivrance. Je ne sais pas où il a trouvé la force et la présence d'esprit d'envoyer ce coup. Taylor fait un voyage au tapis, il se relève, mais le combat est arrêté. Ce K.O. est tellement dramatique, imaginez-vous dans le 12e round, alors qu'il ne restait que 2 secondes ! L'histoire de la boxe aurait été complètement bouleversée s'il n'y avait pas eu ce K.O., si Chavez avait perdu le titre, ce soir-là, qui sait ce qui se serait passé ensuite ?

Je sais qu'il y a encore aujourd'hui un grand débat sur l'arrêt de l'arbitre, justifié ou non. Si vous me posez la question, évidemment, je pense que c'est justifié, si vous demandez à Taylor, il vous dira le contraire. En tant que président de la WBC, garant de la bonne tenue des combats et de la santé des boxeurs, je suis encore plus convaincu aujourd'hui que Richard Steele a pris la bonne décision.

Cette victoire a rendu Julio surhumain, il avait besoin de ce genre de succès dans un combat à grand suspense pour être vénéré par le public. C'est ce dont a besoin Canelo Alvarez pour être reconnu comme il le mérite. Il enchaîne les succès, mais il gagne facilement, sans suspense, sans faire de voyage au tapis, sans subir ne serait-ce qu'une coupure, il n'a jamais eu à faire un come-back dans un combat pour s'imposer.

Pour revenir sur la thématique de votre livre, je veux conclure en vous confiant qu'à mes yeux le plus grand knockout artist *de l'histoire est Mike Tyson et je sais que je ne suis pas le seul à le penser. Ses K.O. étaient spectaculaires. Bien sûr, il y a Wilder avec un plus gros pourcentage de victoires par K.O. Klitschko aussi a un plus grand pourcentage de succès avant la limite. Edwin Valero également est à mentionner. Mais, avec Mike Tyson, il y avait quelque chose en plus que je ne peux pas expliquer.*

Le K.O. pour moi ? C'est le point culminant du succès, c'est la conclusion d'un travail constant pour trouver la faille d'un adversaire et capitaliser avec un punch ou une variété de coups, c'est le top !

1. Smokin' Joe : surnom de Joe Frazier.
2. Voir l'encadré, page 235.
3. El Tri : El Tricolor, un des surnoms du Mexique.
4. Julio Cesar Chavez a été champion du monde chez les moins de 59 kg, les moins de 61,2 kg et les moins de 63,5 kg.
5. « *You're okay?* » : « Tu vas bien ? »
6. Taylor remporte le titre WBA des poids welters face à Aaron Davis, le 19 janvier 1991.
7. Défaite face à Frankie Randall, le 29 janvier 1994.
8. Défense du titre WBC des super-légers.

FLOYD MAYWEATHER VS VICTOR ORTIZ

Protégez-vous à tous moments !

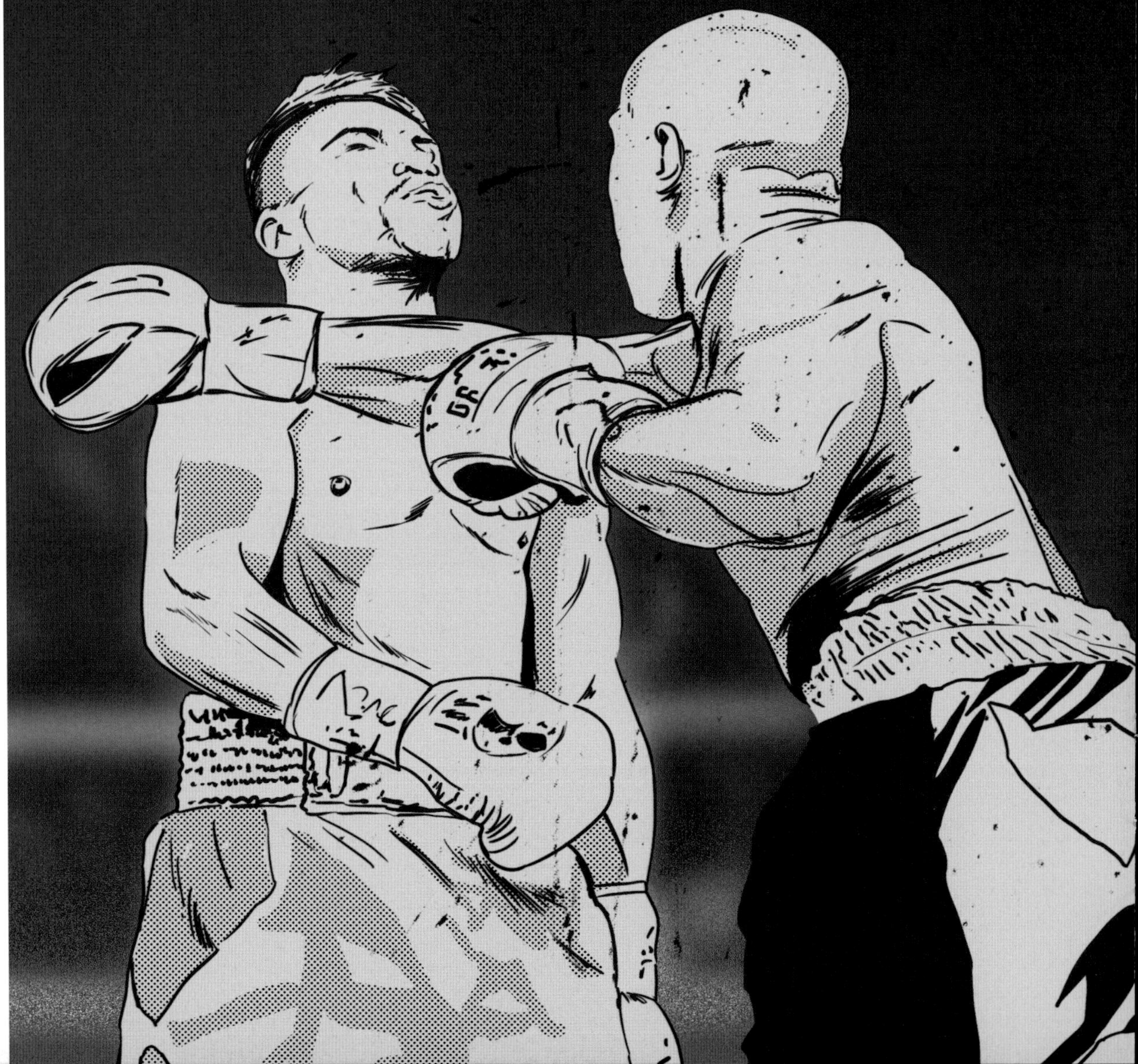

TALE OF THE TAPE

Samedi 17 septembre 2011
MGM Grand, Las Vegas
CHAMPIONNAT DU MONDE WBC
DES POIDS WELTERS
12 rounds
Arbitre : Joe Cortez

Floyd Mayweather Money	VS	Victor Ortiz Vicious
41-0	Bilan	29-2-2
34 ans	Âge	24 ans
Droitier	Stance	Gaucher
173 cm	Taille	175 cm
183 cm	Allonge	178 cm
66,4 kg	Poids	66,6 kg

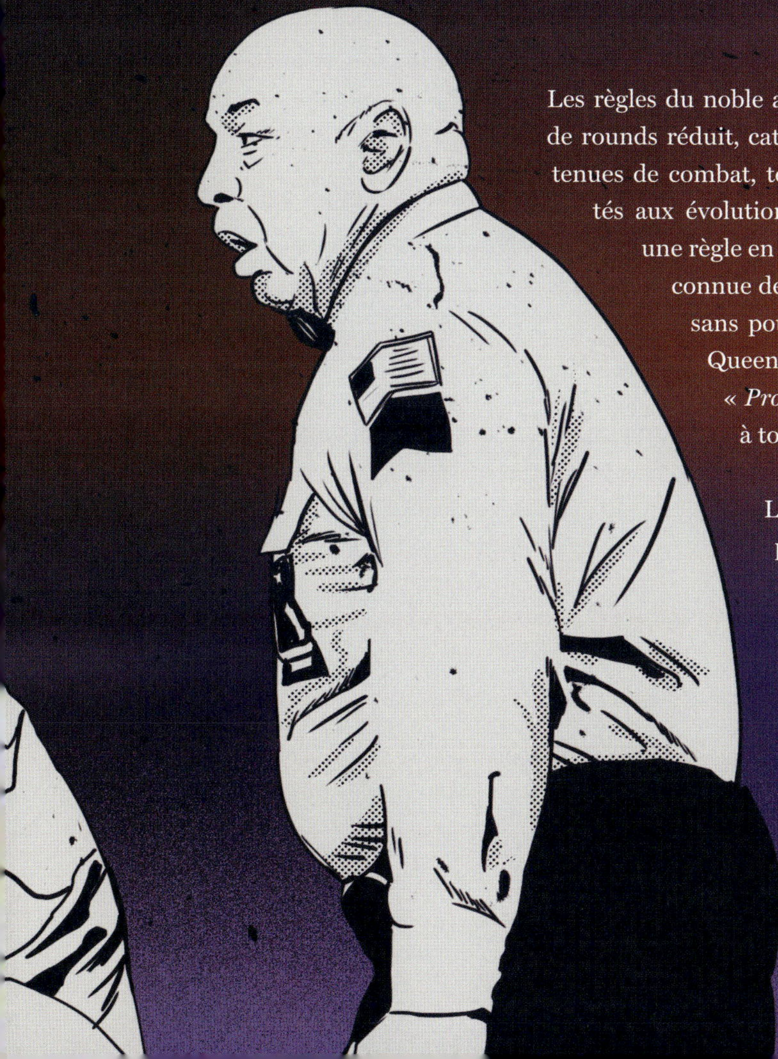

Les règles du noble art ont évolué à travers les siècles. Nombre de rounds réduit, catégories de poids modifiées, taille de gants, tenues de combat, tous les codes de notre sport se sont adaptés aux évolutions physiologiques du corps humain. Mais une règle en particulier n'a jamais changé, elle est tacite, connue de tous les boxeurs, quel que soit leur niveau, sans pour autant être une des lois du marquis de Queensberry[1] : « *Protect yourself at all times!* » « *Protegete en todo momento!* » « Protégez-vous à tous moments ! »

Les arbitres du monde entier répètent cette phrase avant chaque entame de combat, et pourtant, à l'occasion d'un championnat du monde entre Floyd Mayweather Jr. et Victor Ortiz, quelques instants d'inattention vont coûter cher aux trois protagonistes présents sur le ring.

Nous sommes au début de la décennie 2010 et la division poids welter est la catégorie reine de la boxe, tant sur le plan financier qu'en termes de densité de boxeurs d'élite. Manny Pacquiao est champion WBO. Juan Manuel Marquez, Shane Mosley, Miguel Cotto et Timothy Bradley forment un groupe de poursuivants de très haut niveau. Victor Ortiz détient la ceinture WBC et Floyd Mayweather Jr. sait se rendre disponible lorsque l'équation risque-récompense est à son avantage. Le monde de la boxe n'attend qu'une chose, un duel entre Pacquiao et Mayweather. Les deux boxeurs sont de très loin les plus grandes stars de la discipline et les recettes astronomiques de leur piètre combat en 2015 montreront qu'il s'agissait du *superfight* à faire, à ce moment-là.

Les fans vont devoir s'armer de patience. En novembre 2011, Pacquiao affronte Marquez pour la 3e fois et Mayweather décide de challenger Victor Ortiz pour la célèbre ceinture verte.

À 34 ans, Floyd Mayweather Jr. a déjà remporté des titres mondiaux dans cinq catégories de poids différentes, allant des super-plumes aux super-welters. Sa réputation de styliste et de génie défensif n'est plus à faire. Après une « retraite » de deux ans entre 2007 et 2009, son retour marque le début d'une nouvelle phase de sa carrière. Surnommé « Pretty Boy Floyd » pendant ses jeunes années, Mayweather est maintenant « Money » et ne monte sur le ring que pour des bourses à huit chiffres au minimum. 10 millions de dollars face à Marquez pour son retour et 22,5 millions de dollars (sans compter les pay per view) contre Shane Mosley. Pour être une telle cash-machine, il faut être vendeur et Mayweather est un marketeur hors pair. Que vous l'aimiez ou que vous le détestiez, il savait quoi dire ou faire pour vous faire dépenser le prix d'un pay per view.

De dix ans son cadet, Victor Ortiz est une valeur montante chez les welters. Sa défaite par *technical knockout* aux mains de Marcos Maidana en 2009 et son match nul contre Lamont Peterson, l'année suivante, n'ont pas freiné son ascension. Son championnat du monde plein de rebondissements contre Andre Berto, en avril 2011, lui permet de revêtir la ceinture WBC de la catégorie. Ortiz a tout pour plaire, un style engageant sur le ring, un look de play-boy et des origines mexicaines qui lui assurent un fan-club totalement investi. Son histoire personnelle aussi attire l'attention. Abandonné par sa mère à l'âge de 7 ans, élevé en partie par un père alcoolique, Victor Ortiz s'en est sorti grâce à la boxe. Le storytelling est tout trouvé pour HBO et son outil de promotion *24/7*[2]. Le titre de l'affiche du combat est « Star Power ». Le duel est censé être une sorte de collision entre deux étoiles. Très peu d'observateurs donnent une réelle chance de s'imposer à Ortiz. Le Latino-Américain est à des années-lumière de Mayweather techniquement et le scénario du combat nous confirmera que son Q.I. *fight* était en dessous de la moyenne.

Joe Cortez est le troisième homme du *fight*, arbitre international à la réputation impeccable. Il assure, à 65 ans, un de ses derniers championnats du monde. Ancien boxeur, Cortez s'est retrouvé aux commandes de combats autrement plus tendus que ce Mayweather vs Ortiz. Mike Tyson, Lennox Lewis ou encore Roberto Duran ont dû subir sa rigueur sur le ring. Il jouera un rôle crucial dans le déroulement du combat. Lorsqu'il réunit les deux boxeurs au centre du ring du MGM Grand de Las Vegas, Cortez leur demande un combat propre, interdit les coups à l'arrière de la tête, demande un comportement fair-play et répète sa phrase fétiche : « *I'm fair but I'm firm.* » Une fois n'est pas coutume, il n'ordonne pas aux deux pugilistes de se protéger à tout moment...

Dès les trente premières secondes du combat, Floyd prend les commandes, il touche nettement avec son jab et un direct du droit. Boxeur gaucher, Ortiz parvient à placer un direct, mais passe les trois premières minutes à chasser Mayweather à travers le ring, ses coups sont peu efficaces. Brillant défensivement, Floyd est aussi bluffant de précision et frustre petit à petit son adversaire. Le niveau de frustration s'élève un peu plus dans les rounds 2 et 3, le visage d'Ortiz est déjà marqué et, malgré les encouragements de la foule en majorité issue de la communauté mexicaine, « Vicious » ne trouve aucune solution pour déranger Mayweather. Dès la conclusion de la 3e reprise, tout semble indiquer que le combat se dirige logiquement vers une victoire tranquille et sans histoire de Floyd via décision unanime, comme lors de ses deux dernières sorties.

L'entame du 4e round confirme la donne, mais, après 45 secondes, Joe Cortez se voit obligé d'avertir Ortiz, qui semble un peu trop utiliser sa tête lorsqu'il accroche Mayweather. Après cet avertissement, Ortiz va vivre un ascenseur émotionnel brutal. Il profite d'une courte perte de concentration de Floyd pour le toucher à plusieurs reprises, une salve de coups désordonnés, mais suffisamment nombreux pour forcer Mayweather à battre en retraite, le dos contre les cordes, et à hocher de la tête, « *no* ». Le langage du ring est parfois farfelu, un boxeur qui dit non ou esquisse un sourire après avoir reçu des coups est, la plupart du temps, un boxeur qui a été touché. La scène se répète deux fois dans la même minute et Ortiz reprend confiance en ses capacités. 1 min 17 s à boxer, Joe Cortez doit encore une fois avertir verbalement Ortiz : « *Watch your head!* », « Attention à la tête ».

Mayweather reprend le dessus dans la dernière minute et touche plusieurs fois Ortiz avec des directs nets qui calment à la fois l'adversaire et le public. Victor réplique de manière assez hasardeuse et un crochet du droit fait reculer Floyd. Il y voit l'opportunité d'envoyer des combinaisons et fonce tête baissée, mais, à quatorze secondes de la fin du round, il assène un très gros coup de tête à Mayweather. Le coup est volontaire, Floyd est coupé sous la lèvre à l'extérieur et à l'intérieur de la bouche, et Joe Cortez sépare immédiatement les deux boxeurs, il demande un temps

MAYWEATHER VS MERCHANT

Quelques instants après le combat face à Ortiz, Floyd Mayweather Jr. est, comme de coutume, interviewé sur le ring par Larry Merchant, commentateur pour HBO. L'atmosphère est tendue, tout le clan Mayweather, qui entoure les deux protagonistes, sait qu'il sera question de ces coups portés à Victor Ortiz alors qu'il tentait de s'excuser. Dans un premier temps, l'échange est calme, mais Merchant n'arrive pas à cacher son dégoût et ne veut même pas regarder son interlocuteur. Toutes les questions tournent autour de l'incident et Floyd laisse éclater sa frustration : « Je vais te laisser aller parler à Victor Ortiz, j'en ai marre. La prochaine fois, qu'ils mettent quelqu'un d'autre pour m'interviewer, tu n'as jamais été juste avec moi, HBO devrait te virer, tu ne connais rien à la boxe, t'es rien, t'es qu'une merde ! » Avec le flegme et la classe qui le caractérise, Larry Merchant, 80 ans, lui réplique : « J'aurais aimé avoir 50 ans de moins pour te botter le cul ! »

ORTIZ ET SA CARRIÈRE D'ACTEUR

Victor Ortiz n'a jamais pu retrouver les sommets sur le ring après cet incident, mais il s'est découvert une autre carrière, celle d'acteur. En 2014, il fait une apparition remarquée dans le troisième volet de la série de films *Expandables*. Ortiz y partage l'affiche avec Stallone, Schwarzenegger et Harrison Ford. En 2015, il joue le rôle d'un jeune boxeur et donne la réplique à Jake Gyllenhaal dans *Southpaw*, réalisé par Antoine Fuqua. En 2017, il est vu aux côtés de Bruce Willis et Jason Momoa dans le film *Once upon a Time in Venice*.

mort. La séquence qui suit est une des plus catastrophiques de l'histoire de la boxe.

Ortiz montre directement des remords et va enlacer et embrasser Mayweather une première fois.

Joe Cortez les sépare, prend Ortiz par le bras pour signaler aux trois juges qu'il lui retire un point pour conduite antisportive. Ortiz et Mayweather se touchent les gants une nouvelle fois en signe d'apaisement.

Joe Cortez amène Ortiz dans le coin neutre pour le sermonner, mais ne lui ordonne pas d'y rester avant qu'il ne fasse repartir le chrono. Cortez se tourne vers le responsable du chrono qui semble tarder à lui signaler le retour à l'action, mais on peut clairement entendre l'arbitre dire : « *Time in.* »

Hors du champ de vision de l'arbitre, Ortiz va de nouveau toucher les gants de Mayweather et se tient face à lui, les mains basses.

Mayweather profite de ce moment d'inattention de la part d'Ortiz et de Cortez pour envoyer un crochet gauche. Le visage de Victor se tourne vers l'arbitre, pensant qu'il va intervenir et Mayweather enchaîne avec un direct du droit en plein visage, et Ortiz va au tapis.

Un des délégués au bord du ring ordonne à Cortez de compter. Dix secondes plus tard, Ortiz est déclaré battu par K.O.

La scène est surréaliste, le public exprime sa désapprobation, le clan Ortiz crie à l'injustice, mais le résultat est entériné. Sans classe, avec un pragmatisme froid et calculateur, Floyd Mayweather Jr. remporte son 42e combat professionnel. Crédule, Victor Ortiz a péché par naïveté. Cette défaite, la troisième de sa carrière professionnelle est un véritable coup d'arrêt pour lui. Le Latino-Américain enchaînera avec deux autres revers et ne combattra plus jamais pour un championnat du monde.

« C'était un coup légal porté en traître »

INTERVIEW | JOE CORTEZ

Pendant 35 ans, son nom était synonyme de rigueur, de justesse d'appréciation et de classe. Joe Cortez est une sommité mondiale de l'arbitrage, mais, un soir de septembre 2011, son manque de vigilance a donné lieu à une des séquences les plus controversées des années 2000, en boxe, et même dans le monde du sport. Sans concessions, Monsieur *fair but firm* revient sur l'incident qui aurait pu ternir sa carrière.

Avant d'évoquer votre riche carrière d'arbitre, je tiens à souligner que vous avez été boxeur professionnel. Parlez-moi de ces années où vous avez mis les gants…

En effet, j'ai été boxeur dans la catégorie poids coqs. Je suis passé professionnel en 1963, mon bilan est tout de même de 18 victoires et une seule défaite. J'ai mis un terme à ma carrière en 1970 parce qu'il n'y avait pas d'argent à gagner dans ces petites catégories. J'avais tout essayé. Disputer 19 combats pros sans pouvoir en vivre, c'est pesant. J'étais marié et père de deux filles, donc j'ai décidé de prendre un vrai boulot pour assurer des rentrées d'argent et nourrir ma famille. Dix ans plus tard, je suis revenu dans le milieu en tant qu'arbitre.

Qu'est-ce qui fait un excellent arbitre de boxe ?

Comme dans tous les sports, le travail d'arbitre est très exigeant. Les deux premières choses évidentes sont de connaître les règles à la lettre et d'être impartial. Nous dirigeons le combat, je disais toujours « I'm fair but I'm firm » *avant le premier son de cloche. C'était pour signifier aux deux pugilistes que je suis fair-play, mais que je suis ferme, c'est moi le boss sur le ring. Il faut veiller à ce que les boxeurs ne prennent pas de coups inutiles. Par coups inutiles, je veux dire les coups en trop, il faut donc savoir interpréter toutes les phases d'un combat pour être en mesure de les protéger quand c'est nécessaire. Il faut aussi savoir s'effacer, laisser les boxeurs s'exprimer sans les brider, un arbitre qui fait tout ce travail sans être vu peut être considéré comme excellent.*

Est-ce que votre travail se faisait aussi en amont des combats, en faisant du travail vidéo sur les boxeurs que vous arbitriez ?

Pendant une grande partie de ma carrière, nous n'avions pas Internet à disposition pour aller revoir des combats sur YouTube. On lisait beaucoup les comptes rendus de magazines, pour relever quelques habitudes de certains boxeurs. Aujourd'hui, je conseille à tous les jeunes arbitres de se documenter le plus possible sur ceux qu'ils seront un jour amenés à arbitrer. Ils doivent non seulement regarder le plus de combats possible, mais aussi se renseigner sur leur bilan victoires-défaites. Ils en sauront plus sur l'histoire de ces athlètes, ils sauront s'ils accrochent un peu trop l'adversaire, s'ils ont été coupables de coups bas ou s'ils mettent des coups de tête. Quand un arbitre débarque dans le vestiaire d'un boxeur et qu'il lui dit, droit dans les yeux, qu'il a vu en vidéo sa tendance à accrocher excessivement ou à mettre des coups bas, ça envoie un premier coup de pression et ça peut faciliter la tâche une fois sur le ring.

Parlez-moi justement de ce protocole d'avant-combat, lorsque vous vous rendez dans les vestiaires pour donner les consignes...

La première chose à faire, c'est d'avoir l'attention totale des membres de l'équipe et du boxeur. Donc, tout de suite, je demande d'arrêter la musique et je veux le silence. Je demande à l'entraîneur numéro 1, celui qui sera ma référence dans le coin et au boxeur de s'avancer. Le but de cette discussion est de leur dire ce que j'attends de leur part pendant le combat, je passe en revue les règles élémentaires avec eux, je leur signale que je suis au courant de leurs mauvaises habitudes et leur donne le « process ». C'est-à-dire le nombre d'avertissements verbaux avant de retirer un point ou avant disqualification, etc. Je mets aussi l'accent sur certains petits détails, comme le fait de cracher son protège-dents pour gagner du temps ou des comportements antisportifs, ça peut coûter des points. Je demande à chaque fois si l'entraîneur ou le boxeur a une question et je donne rendez-vous sur le ring.

Durant votre carrière, est-ce que vous avez noté des tendances chez certains boxeurs ?

La plupart des boxeurs que j'ai eu à arbitrer étaient réglos. Mais je savais que certains aimaient mettre des coups bas, ou du moins très limites, assez régulièrement. Une fois, j'ai dû disqualifier un boxeur nommé Kirk Johnson, il affrontait John Ruiz pour le titre de champion du monde des poids lourds[3] *et, à plusieurs reprises, il s'est rendu coupable de coups bas. Avant le début du combat, je savais qu'il avait cette mauvaise habitude, mais, face à Ruiz, c'était beaucoup trop. Je l'ai averti verbalement plusieurs fois, je lui ai retiré deux points en lui disant clairement que, au coup bas suivant, il serait disqualifié et il l'a encore fait. Il était en souffrance après dix rounds et, sincèrement, je pense qu'il cherchait juste à sortir du combat.*

Votre travail est aussi d'être physionomiste, dans le sens où vous devez lire sur le visage des boxeurs lorsqu'ils sont au bord du K.O...

Je vais vous donner un exemple, j'ai arbitré le premier combat entre Juan Manuel Marquez et Manny Pacquiao[4]*. Marquez est allé au tapis trois fois dans le 1*er *round, mais je savais qu'il n'était pas fini, c'était des «* flash knockdowns *», surtout dus à la rapidité de Pacquiao et à des pertes d'équilibre. Lorsqu'il s'est relevé après le 3*e *knockdown, j'ai vu dans ses yeux qu'il était toujours cohérent, il savait où il était et j'ai décidé de laisser le combat se poursuivre. Marquez a* *fini le round et a réussi à arracher un match nul, en partie parce que je ne l'ai pas arrêté. Après ça, ils ont offert une superbe rivalité de 4 combats. C'est une des meilleures décisions de ma carrière, il faut regarder les yeux du boxeur très attentivement pour voir s'il est cohérent, le faire marcher quelques pas pour voir s'il n'a pas une commotion, et s'il ne marche pas droit, il faut tout de suite arrêter le combat. Tout ça s'acquiert avec l'expérience et les stages de perfectionnement auprès d'arbitres plus expérimentés.*

Combien de championnats de monde avez-vous arbitrés ?

Si on se réfère au site Boxrec.com, j'ai arbitré 176 championnats du monde de boxe et plus de 1 000 combats professionnels. J'ai passé une grande partie de ma vie sur le ring en tant que boxeur et arbitre, j'ai tout vu dans ce sport. Je connaissais le travail de chacun des acteurs d'un combat, les entraîneurs, mais aussi les cutmen, *les managers. Je savais ce qu'ils avaient à faire et ils savaient ce qu'ils pouvaient attendre de moi. Un arbitrage juste, honnête, tout en protégeant l'intégrité des combattants. J'ai essayé de ne pas commettre d'erreur tout au long de ma carrière, mais c'est impossible, personne n'est parfait. En 35 ans de métier, j'ai fait quelques erreurs, mais j'ai appris de ces erreurs pour devenir meilleur.*

Quelle est la pire chose qui puisse arriver à un arbitre ?

Perdre le contrôle. Si vous perdez le contrôle dans le ring, c'est la débandade. Il peut se passer une folie sur le ring avec les boxeurs, quelqu'un peut sérieusement se blesser. Si vous prenez une mauvaise décision qui donne la victoire au mauvais boxeur, les répercussions peuvent être terribles. Ça arrive souvent à des arbitres qui ne travaillent pas régulièrement ou qui sont au début de leur carrière. C'est pour ça que les grands combats sont arbitrés par les plus expérimentés. C'est horrible pour un boxeur de voir ses efforts ruinés à cause d'une mauvaise décision de l'arbitre.

MAYWEATHER, LE MEXICAIN

Floyd Mayweather Jr. a révolutionné le business de la boxe professionnelle. Un des paramètres qui lui a permis d'augmenter significativement ses revenus concerne les dates de ses combats. À partir de 2009 et de son combat contre Juan Manuel Marquez, Floyd combat exclusivement à des dates autour du 16 septembre et autour du 5 mai. Pourquoi ? Parce qu'il s'agit des dates des deux fêtes nationales les plus importantes au Mexique, le jour de l'indépendance en septembre et Cinco de Mayo en mai. Des week-ends prolongés où la communauté mexicaine, aux États-Unis et partout dans le monde, est amenée à se réunir, notamment pour regarder de grands combats de boxe. Longtemps « propriétés » des plus grands boxeurs mexicains, ces dates ont été monopolisées par Mayweather Jr. de 2009 à 2015, lui permettant de générer d'immenses profits via les pay per view.

ORTIZ ÉTAIT HORS DE MON CHAMP DE VISION, IL FAISAIT FACE À MAYWEATHER SANS ÊTRE EN GARDE ET FLOYD L'A MIS K.O. J'AVAIS CRIÉ « TIME IN », DONC J'ÉTAIS OBLIGÉ DE LE COMPTER.

Parlons du combat entre Mayweather et Ortiz. Est-ce que vous vous souvenez de votre discours dans les vestiaires auprès des deux pugilistes ?

Laissez-moi vous refaire tout le scénario de ce combat. Mon discours aux boxeurs et à leur équipe n'était pas différent des autres. Ils étaient à l'écoute et ont bien compris ce que j'attendais d'eux. Lorsque le premier coup de gong a retenti, Mayweather a tout de suite pris le contrôle du combat et faisait souffrir Ortiz. Ortiz était frustré et, à plusieurs interrounds, son coin lui répétait quelque chose que je n'arrivais pas à bien entendre lorsque je passais jeter un œil. J'ai croisé Victor plusieurs fois après ce combat et il m'a admis que son coin lui disait en fait de mettre des coups de tête à Mayweather. C'était quelque chose qu'il ne faisait jamais, mais ses entraîneurs lui ont dit de le faire pour stopper le momentum de Floyd.

Lorsque j'ai vu qu'il lui avait mis un coup de tête intentionnel, j'ai tout de suite arrêté le temps, je lui ai retiré un point et je lui ai hurlé dessus pour qu'il arrête. Mon erreur, c'est d'avoir oublié de l'envoyer dans le coin neutre pour qu'il soit à bonne distance de Mayweather. La suite, vous la connaissez, il est allé câliner Floyd une fois, deux fois, trois fois, j'ai crié « Time in » *pour faire repartir le chrono et mes yeux étaient tournés vers le responsable du temps. Ortiz était hors de mon champ de vision, il faisait face à Mayweather sans être en garde et Floyd l'a mis K.O. J'avais crié* « Time in », *donc j'étais obligé de le compter. Je dis toujours aux boxeurs de se protéger à tous moments ! Victor Ortiz ne l'a pas fait, il n'était pas en garde.*

Tout le monde s'est mis à huer, pensant que Mayweather avait manqué de fair-play, mais ce n'était pas le cas. Le commentateur Larry Merchant a utilisé une formule que je trouve excellente, il a dit qu'il s'agissait d'un « coup légal porté en traître ». La controverse autour de ce K.O. vient de là, le coup était légal, mais il avait frappé Ortiz en traître, et les gens n'aiment pas voir ça en boxe.

J'AI AUSSI EU LA CHANCE D'ARBITRER UN DES COMBATS ENTRE RIDDICK BOWE ET EVANDER HOLYFIELD, TYSON VS HOLMES, PACQUIAO VS MORALES. PENDANT CES COMBATS, J'ÉTAIS CONCENTRÉ, MAIS, UNE FOIS QUE C'ÉTAIT FINI, JE ME DISAIS : « WAOUH, J'AI ARBITRÉ UN GRAND COMBAT. »

Après ce combat, vous avez été vilipendé par tout le milieu du noble art. Comment avez-vous géré toutes les critiques et insultes et, surtout, comment avez-vous retrouvé la motivation d'arbitrer à nouveau ?

J'ai arbitré pendant deux ans après cet incident, j'étais déjà en fin de carrière. Dans ce business, il faut avoir le dos large, j'ai accepté les critiques, je les méritais. De toute manière, l'arbitre n'est jamais le favori des fans, il y a 50 % des gens qui vous aiment et 50 % qui vous détestent. Lorsque j'ai arbitré Mayweather face à Ricky Hatton quatre ans plus tôt, les fans anglais m'ont détesté parce qu'ils estimaient que je n'avais pas laissé à Hatton la possibilité de combattre comme il en avait l'habitude. C'était un bagarreur, qui aimait le combat rapproché, qui aimait accrocher son adversaire, mais, pour le bien du combat, je ne pouvais pas le laisser faire ce qu'il souhaitait. Donc, je séparais les deux boxeurs rapidement et les fans n'ont pas du tout apprécié.

Mon C.V. parle de lui-même, je suis membre de quatre Halls of Fame *en tant qu'arbitre et ce n'est pas pour rien. Tout le monde de la boxe sait que j'étais un excellent arbitre.*

Quel est le plus beau combat que vous ayez arbitré en 35 ans de carrière ?

Sans hésiter, c'était le combat entre Roberto Duran et Iran Barkley[5] ! Lorsque la cloche a retenti à la fin du 12e round, j'ai vu que personne n'était blessé, le combat était propre du début à la fin et je savais que c'était une superbe promotion pour la boxe. J'ai aussi eu la chance d'arbitrer un des combats entre Riddick Bowe et Evander Holyfield, Tyson vs Holmes, Pacquiao vs Morales. Pendant ces combats, j'étais concentré, mais, une fois que c'était fini, je me disais : « Waouh, j'ai arbitré un grand combat. » Pas à haute voix, évidemment (rires), mais dans ma tête, je me répétais ça plusieurs fois.

Et en termes de K.O., des combats vous viennent en tête ?

Lennox Lewis face à Hasim Rahman lors de la revanche, c'était très fort. Je ne peux pas oublier George Foreman qui met K.O. Michael Moorer à 45 ans, je fais partie de l'histoire de ces deux grands combats. Mon rêve aurait été d'arbitrer Mohamed Ali, mais je ne l'ai jamais fait, il était en fin de carrière lorsque je démarrais dans l'arbitrage, mais j'ai eu la chance d'arbitrer sa fille Laila.

Qu'est-ce qu'un K.O., selon vous ?

C'est un épisode cauchemardesque dans la vie d'un boxeur, quelque chose qu'ils n'ont pas envie de vivre, c'est le black-out, on ne voit plus rien. Certains boxeurs sont K.O. debout et ne savent absolument pas où ils sont. Parfois, l'atterrissage sur le tapis est plus douloureux que le coup en lui-même. Un K.O., c'est quelque chose de terrible pour le cerveau, surtout sur le long terme.

CERTAINS BOXEURS SONT K.O. DEBOUT ET NE SAVENT ABSOLUMENT PAS OÙ ILS SONT. PARFOIS, L'ATTERRISSAGE SUR LE TAPIS EST PLUS DOULOUREUX QUE LE COUP EN LUI-MÊME.

1. Les 12 règles du marquis de Queensberry sont les premières à codifier la boxe anglaise, écrites en 1865 par le journaliste anglais John Graham Chambers. Elles sont popularisées à travers le monde par John Sholto Douglas, 9e marquis de Queensberry. Ces règles sont en vigueur depuis 1891.
2. *24/7* était un des programmes sportifs phare de HBO. Avant chaque grand combat diffusé par la chaîne américaine, les deux boxeurs et leurs entourages étaient suivis sur plusieurs épisodes diffusés jusqu'à la date du combat.
3. Championnat du monde WBA des poids lourds disputé le 27 juillet 2002.
4. Championnat du monde IBF et WBA des poids plumes disputé le 8 mai 2004.
5. Championnat du monde WBC des poids moyens disputé le 24 février 1989.

Œil pour œil

Ben Davison est résigné, l'œil droit de Billy Joe Saunders est presque fermé lorsqu'il rejoint son coin à la conclusion du 8e round. En moins d'une minute, l'homme de coin doit contraindre son boxeur à abandonner. Comment faire comprendre à un pugiliste de la trempe de Saunders qu'il vaut mieux pour lui qu'il quitte le ring, alors qu'il dispute le combat le plus important de sa carrière ? Comment justifier, auprès du fervent public britannique, ce qui est à première vue un terrible aveu de faiblesse ?

Les deux hommes se regardent, leur communication non verbale semble claire, il faut renoncer, mais une telle décision doit être explicitée avant d'être transmise à l'arbitre.

Les décibels de l'AT&T Stadium forcent Davison à prononcer les mots fatidiques directement à l'oreille de Saunders, qui reste silencieux avant de jeter l'éponge.

C'est un Billy Joe beaucoup plus volubile qui fait face à Canelo Alvarez à l'occasion du premier happening médiatique, quelques mois avant le combat. Jamais avare en punchlines, Saunders boxe d'abord avec les mots. Nonchalant, dans son peignoir Versace, il lance à Canelo : « Je sais que tu aimes la viande... »

TALE OF THE TAPE

Samedi 8 mai 2021
AT&T Stadium, Arlington
CHAMPIONNAT DU MONDE WBA, WBC ET WBO
POIDS SUPER-MOYENS
12 rounds
Arbitre : Mark Calo-oy

Canelo Alvarez Canelo	VS	Billy Joe Saunders Superb
55-1-2	Bilan	30-0
30 ans	Âge	31 ans
Droitier	Stance	Gaucher
171 cm	Taille	180 cm
179 cm	Allonge	180 cm
76,2 kg	Poids	76,2 kg

Référence au contrôle antidopage positif d'Alvarez en 2018 qui lui avait valu six mois de suspension. Canelo s'était défendu en affirmant que la dose de clenbutérol retrouvée dans son sang était due à une viande contaminée.

Que ce soit pour intimider son adversaire, vendre le combat au public ou se donner du courage, le boxeur est prompt à parler. Parler beaucoup et parler mal, mais, contrairement à d'autres disciplines sportives, le *trash talk*, surtout lorsqu'il se retourne contre son auteur, n'a pas pour seule conséquence la honte et les moqueries des fans de noble art. BJS en a fait la très amère expérience lors de son combat face à Saul « Canelo » Alvarez.

Au printemps 2021, Alvarez est la plus grande star de la boxe, c'est un des rares à pouvoir remplir un stade de plus de 70 000 places simplement grâce à son nom sans se soucier de la popularité de son adversaire. Le Mexicain, déjà multiple champion du monde chez les poids moyens et détenteur des ceintures WBA (Super) et WBC des super-moyens, veut ajouter les deux autres titres (WBO et IBF) à son palmarès afin d'être le premier champion incontesté de l'histoire des 76 kg.

Son chemin vers l'unification totale passe donc par le champion WBO d'alors, l'Anglais invaincu Billy Joe Saunders.

Pur produit anglais, descendant d'une longue lignée de boxeurs de la communauté des gens du voyage, Saunders est un talentueux. Il représente la Grande-Bretagne d'abord au niveau amateur, aux J.O. 2008 où il atteint le 2e tour puis au Championnat de l'Union européenne où il décroche l'or. Chez les pros, « Superb » Saunders a encore plus de succès : champion du monde de 2015 à 2018 dans la catégorie poids moyens, il devient un des champions de la division *super middleweight* en 2019. Ce titre fait de lui le premier membre de sa communauté à remporter des titres mondiaux dans deux catégories différentes.

Sa boxe de fausse patte est esthétique, fluide, créative. Saunders a besoin d'espace pour ses déplacements, le ring doit être plus grand qu'à l'accoutumée pour lui donner un semblant d'avantage. Cette exigence provoque quelques tensions entre les deux camps avant ce combat. L'Anglais menace même de se retirer si sa requête n'est pas acceptée. Sans trop discuter et surtout parce qu'il s'estime bien meilleur boxeur, Alvarez donne son accord.

Le combat a lieu le 8 mai 2021 devant 73 000 spectateurs, pour la plupart masqués, période Covid oblige, dans l'AT&T Stadium de Dallas. Comme toujours, la communauté mexicaine, très présente au Texas, a fait le déplacement pour Canelo. Le stade entier ne veut qu'une seule chose : un K.O. de l'enfant de Guadalajara. C'est aussi ce que souhaite son coach Eddy Reynoso. L'éternel homme de coin a même prédit un knockout entre la 7e et la 9e reprises.

Le rythme est calme en tout début de combat, Alvarez attaque d'abord le corps de Saunders et feinte énormément sans que l'Anglais réagisse. À partir du 3e round, les coups de Canelo deviennent plus durs, l'Anglais baisse les bras, presque en signe de résignation après avoir été touché. La 4e reprise aurait pu être la dernière après un uppercut d'Alvarez qui touche sévèrement Saunders. Son protège-dents quitte sa mâchoire, mais il le retient péniblement avec son gant.

Billy Joe reste confiant et trouve réellement son rythme à partir du 5e round. C'est là qu'il impose son style, il touche, bouge et profite de la fameuse taille du ring. Il se permet même de rester mains basses. Selon certains journalistes qui jugent le combat en direct, Saunders est devant aux points. Le duel est beaucoup plus disputé entre les 5e et 7e rounds.

Début de la 8e reprise, l'œil de Billy Joe Saunders gonfle instantanément après un uppercut du droit de Canelo. La foule l'a senti, Alvarez le sait aussi, le K.O. est peut-être proche. Il incite les 73 000 spectateurs à faire plus de bruit. Saunders vit un enfer durant 1 minute et 20 secondes. De son propre aveu, il voit double, puis triple et réagit désormais à toutes les feintes jusqu'au terme du round.

Ses seconds lui appliquent le fer de soin pour réduire l'hématome. Saunders écoute les mots de son coach et répond « non » plusieurs fois, comme pour contester sa décision d'arrêter le combat. Dans son coin, Canelo trépigne d'impatience, il est debout avant même l'ordre de l'arbitre et lève subitement les bras. Il se rend compte que le clan Saunders ne renverra pas son boxeur au combat, comme l'avait prédit son mentor Eddy Reynoso : entre le 7e et le 9e rounds.

Canelo peut fièrement arborer sa nouvelle ceinture de champion super-moyens, la troisième. Une fois la décision annoncée par le speaker, Saunders est hué par le public qui estime son abandon prématuré. La vérité est que son coin lui a probablement sauvé l'œil droit. L'uppercut encaissé dans le 8e round a provoqué une fracture de son plancher orbital qui a nécessité une opération en urgence et peut-être précipité l'arrêt de sa carrière à 31 ans. Alvarez, de son côté, réussira l'unification totale des titres, six mois plus tard, en battant le champion IBF Caleb Plant.

LE JEU DES 7 ALVAREZ

Canelo Alvarez est le benjamin d'une fratrie de huit enfants, dont sept garçons. C'est grâce à ses frères qu'il pousse les portes d'une salle de boxe pour la première fois. Tous les Alvarez ont fait de la boxe à un certain niveau, mais, outre Canelo, Ramon (29-8-3) et Ricardo (24-3-3) ont été des professionnels tout à fait respectables. Rigoberto Alvarez (27-4) a même été champion WBA intérim des 69,9 kg. Le 28 juin 2008 à Zapopan, au Mexique, Canelo remporte son 21e combat professionnel. Lors de la même réunion, les sept Alvarez étaient sur la carte, un record pour une fratrie, homologué par le *Guinness Book* en 2023.

AFFAIRE DE KIDNAPPING

En marge de sa préparation pour son combat face à Rocky Fielding en 2018, Canelo Alvarez a eu à négocier la libération d'un de ses frères kidnappé. Lundi 10 décembre, à cinq jours du combat à New York, la star mexicaine est informée qu'un de ses frères est détenu par des malfrats de la région de Jalisco. Sans prévenir son entourage, sans même penser à reporter le combat, Alvarez gère personnellement cette affaire, ô combien sensible, par téléphone. Après plusieurs jours éreintants mentalement, entre activités pour la promotion du combat, préparation physique et pourparlers avec les voyous, Canelo obtient la libération de son frère et s'impose par K.O. au 3e round face à Fielding.

BILLY LE TURBULENT

Pétri de talent dans le quadrilatère, Billy Joe Saunders est aussi un habitué des controverses en dehors du ring. En mars 2020, l'Anglais publie une vidéo sur Internet afin d'enseigner aux hommes « comment frapper leur femme pendant le confinement ». On le voit donner des détails ubuesques pour « frapper le menton avec précision ». Quelques jours plus tard, Saunders s'excuse publiquement et promet un don de 25 000 livres envers une association contre les violences domestiques. Sa licence de boxe a néanmoins été suspendue. Billy Joe Saunders est aussi connu pour ses liens étroits avec Daniel Kinahan, figure du grand banditisme irlandais très impliqué dans le monde de la boxe.

« Pour lui faire fermer sa bouche, je devais gagner par K.O... »

INTERVIEW | CANELO ALVAREZ

Idole des Mexicains, digne héritier de Julio Cesar Chavez, le super-moyen Canelo Alvarez représente tout ce que doit être une superstar de la boxe. Rare pugiliste capable de remplir des stades, il revient sur cette soirée magique du 8 mai 2021 à Dallas et sur sa place dans le cœur des aficionados *del boxeo*.

Quelles sont vos plus grandes idoles dans la riche histoire de la boxe mexicaine ?

Vous savez, je suis tombé amoureux de la boxe grâce à mon grand frère, pas parce que je regardais la boxe assidûment. Mais, forcément, Julio Cesar Chavez[1] *et Gilberto Roman*[2] *sont les deux noms qui me viennent directement en tête lorsque je me plonge dans mes premiers souvenirs de fan.*

Vous êtes aujourd'hui un des meilleurs boxeurs de l'histoire de ce pays, mais quel est votre rang ? Top 5 ? Top 3 ?

Je ne sais pas (rires), je ne raisonne pas comme ça. Je sais juste que mon palmarès parle pour lui-même. J'ai fait de grandes choses dans ce sport, mais je n'ai pas envie de déclarer que je suis numéro un ou numéro deux. Lorsque j'aurai pris ma retraite, on pourra refaire une interview et j'aurai une réponse plus précise.

Justement, afin d'être numéro 1 de manière indiscutable, qu'aimeriez-vous accomplir de plus d'ici à la fin de votre carrière ?

Ouf... Vous savez, il ne me reste plus beaucoup de cases à cocher. Je voulais être champion incontesté chez les super-moyens, j'ai réussi 11 mois après mes débuts dans cette catégorie. J'ai voulu être champion incontesté chez les 79 kg, mais vous savez déjà ce qui s'est passé lors du combat face à Dmitri Bivol. C'est cette couronne-là qui me manque, j'ai dominé tout le monde à 69, 72, 76 kg et je dois absolument m'imposer chez les 79 kg.

Quels sont les trois meilleurs puncheurs que vous ayez affrontés ?

Dans le désordre, je mettrais Golovkin, ce gars a une puissance et un timing incroyables. Kovalev. Je mets Kirkland également. Je vois votre visage surpris (sourire), mais je vous donne MON top 3. J'ai pris des coups de la part de Kirkland, donc, même si son nom est moins reluisant, je peux vous assurer qu'il frappe fort.

De toutes vos victoires par K.O., pourquoi celle contre Billy Joe Saunders est votre favorite ?

C'est vrai que ce n'est pas mon K.O. le plus dramatique, pas forcément le plus excitant. Mais Saunders parlait tellement, il a dit beaucoup de choses horribles à mon sujet avant le combat. Les spectateurs pensent parfois que les tensions avant de monter sur le ring ne sont pas réelles, qu'on veut juste faire le spectacle. Avec moi, c'est toujours réel. Et, pour lui faire fermer sa bouche, je devais gagner par K.O.

Ce combat a eu lieu à Dallas, dans un stade pouvant contenir plus de 70 000 spectateurs, parlez-moi de l'atmosphère, ce soir-là...

La vibe *était unique. C'est difficile à expliquer avec des mots, j'avais la chair de poule pendant tout le combat. Lorsque le public criait, j'avais l'impression que le ring tremblait (rires). À chaque coup, chaque feinte, la réaction des spectateurs était immense. C'est un de mes meilleurs souvenirs sur un ring.*

Ce K.O. n'était pas dramatique, mais il était brutal pour Billy Joe Saunders, vous avez cassé son plancher orbital, expliquez-moi techniquement ce qui a fait la différence.

Il avait peur d'envoyer des coups parce qu'il savait que je suis un contre-attaquant. Je l'ai laissé prendre confiance, il m'a un peu touché et plus les rounds passaient, plus je lisais sur son visage qu'il se sentait à l'aise dans le combat. Et lorsqu'il a commencé à chercher le coup dur avec sa main droite, je savais que c'était le moment. Le coup avec lequel je l'ai mis K.O., je m'y suis entraîné des centaines et même des milliers de fois. Lorsque je l'ai durement touché à l'œil, j'ai senti au bout de mon gant que j'avais cassé quelque chose. Je suis rentré dans mon coin et j'ai dit à mon coach Eddy : « Je suis sûr qu'il ne reviendra pas pour le 9e round. » Eddy, comme d'habitude, me gronde, me dit de faire attention, etc. (rire).

Quelle est votre combinaison favorite pour aller chercher le K.O. ?

L'overhand ! Parce que c'est le plus difficile à lire et le plus difficile à éviter pour l'adversaire.

Comment vous le travaillez ?

Je ne travaille pas ce coup en particulier. Disons qu'avec Eddy on analyse l'adversaire que l'on a en face et on travaille ce qu'on veut mettre en pratique, le soir du combat. On met en lumière 5 à 7 paramètres importants et on travaille tous les jours dessus, des centaines et des centaines de répétitions, pour que ce soit naturel, inné. D'abord, des répétitions aux pattes d'ours, au sac et, ensuite, en sparring. Le plus important, c'est la répétition, c'est ce qui permet d'atteindre le geste parfait.

Qui sont les plus grands *K.O. artists* de l'histoire, selon vous ?

(Réfléchit.) Roberto Duran, évidemment Mike Tyson et Golovkin, c'est vraiment un des meilleurs, selon moi.

Qu'est qu'un K.O. pour vous ?

C'est la plus grande joie pour un boxeur, mais aussi pour les fans. Ceux qui disent le contraire sont des menteurs. On monte tous sur le ring en se disant qu'on veut mettre K.O. le mec qui est en face.

Parfois, c'est dur de trouver le K.O. et il faut savoir boxer intelligemment pour remporter le combat, ne pas tomber dans le piège du K.O., justement. Mais l'état d'esprit du boxeur est conditionné pour mettre K.O. l'adversaire, car c'est la chose la plus spéciale de notre sport.

1. Julio Cesar Chavez (107-6-2), vainqueur de six titres de champion du monde dans trois catégories de poids différentes (super-plumes, légers, super-légers).
2. Gilberto Roman (1961-1990) (54-6-1), double champion WBC des poids super-mouches.

K.O. mortel au Madison Square Garden

TALE OF THE TAPE

Samedi 24 mars 1962
Madison Square Garden
CHAMPIONNAT DU MONDE, POIDS *WELTERWEIGHT*
15 rounds
Arbitre : Ruby Goldstein

Emile Griffith	VS	Benny Paret Kid
28-3	Bilan	35-11-3
24 ans	Âge	25 ans
Droitier	Stance	Droitier
171 cm	Taille	171 cm
183 cm	Allonge	175 cm
65,3 kg	Poids	66,2 kg

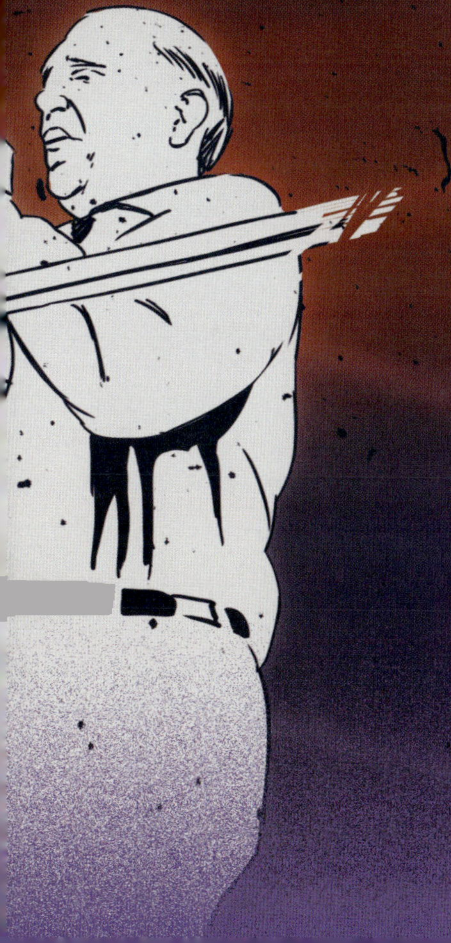

La vie tient parfois à peu de choses. À un mot, une parole malheureuse adressée à un rival. C'est peut-être à cause d'une insulte que Benny « Kid » Paret a perdu la vie sur un ring, un soir de mars 1962, à New York. Son « assassin », Emile Griffith, a eu beau se confondre en excuses tout au long du reste de sa vie, après cet événement, il sera à jamais vu comme l'homme qui a tué Benny Paret par K.O. lors de leur 3e combat.

Avant de se croiser sur le ring, les deux hommes ont un parcours d'immigrés assez classique. Emile Griffith débarque à New York à l'âge de 15 ans. Originaire des îles Vierges, il se fait une place dans le Harlem rude des années cinquante en tant que livreur avant d'entamer sa carrière de boxeur presque par hasard. Benny Paret est cubain. À cette époque, l'interdiction du passage chez les professionnels[1] n'est pas encore en vigueur et le « Kid[2] »peut tranquillement enchaîner les trajets entre Santa Clara, New York et Miami pour combattre.

La première rencontre a lieu le 1er avril 1961. Griffith et Paret s'affrontent avec en jeu le titre de champion du monde des *welterweights*. La catégorie des moins de 66,7 kg est encore loin d'être populaire. Pour cette raison, le combat a lieu à Miami loin du sacro-saint Madison Square Garden. À 24 ans, Benny Paret défend pour la deuxième fois la ceinture qu'il a remportée, en mai 1960 contre Don Jordan.

Emile Griffith est en retard sur les cartes des trois juges à la conclusion du 12e round. Son mentor et entraîneur Gil Clancy[3] provoque un sursaut d'orgueil en lui donnant une petite gifle humiliante durant la minute de repos. Quelques secondes plus tard, à l'entame de la 13e reprise, un crochet gauche de Griffith met K.O. son adversaire, qui n'est pas en mesure de se lever avant le compte de dix.

La véritable genèse de cette rivalité se situe quelques heures avant le 2e combat, lors de la pesée[4]. Benny Paret prononce l'insulte de trop. Alors que Griffith est sur la balance pour officialiser son poids, le Cubain le traite de « *maricón*[5] ».

L'injure n'est pas anodine, car la bisexualité d'Emile Griffith n'est pas un secret dans le milieu de la boxe. Le principal intéressé nie catégoriquement pour protéger son image, de peur que sa carrière ne soit brisée. Boxant à l'économie, Griffith perd le titre aux points au terme des quinze rounds en septembre 1961.

La défaite est amère, mais, après plusieurs semaines à ruminer chez lui, l'îlien reprend l'entraînement pour la belle. Sa préparation est optimale et, le 24 mars 1962, les deux ennemis se retrouvent au Madison Square Garden. Là encore, lors de la pesée, Paret réitère et traite son adversaire de « *maricón* », de quoi décupler son ressentiment avant qu'il ne monte sur le ring.

L'affiche est attendue, elle attire gangsters, politiciens et notables new-yorkais des sixties. Elle est même télévisée par la chaîne ABC dans son programme hebdomadaire *Fight of the Week*[6].

Griffith est solide, chacun de ses coups fait mal durant les cinq premières reprises, mais il fait un surprenant voyage au tapis à la 6e reprise à la suite d'un crochet gauche de Paret. Après 11 rounds, Gil Clancy sent que Paret fatigue et ordonne à Emile de déclencher une avalanche de coups jusqu'à ce que l'arbitre arrête le combat.

Dans le même temps, Lucy Paret, l'épouse de Benny est à Miami, elle ne regarde pas la conclusion de cette trilogie, mais une de ses voisines lui demande d'allumer la télé, nous sommes à l'entame du 12e round…

Discipliné, Griffith exécute l'ordre donné par son coach, il accule Benny Paret dans un coin et le touche durement avec un crochet du droit suivi d'un direct, sans réponse du Cubain. S'ensuivent 25 à 30 coups nets au total, des coups destructeurs de la part du challenger avant que l'arbitre n'intervienne et mette fin à l'assaut, trop tard.

SI LENTEMENT QUE LES JUGES ET MÉDECINS PROCHES DE LA SCÈNE NE COMPRENNENT PAS TOUT DE SUITE QUE QUELQUE CHOSE CLOCHE.

Le moment est surréaliste, la combinaison pleine de rage et de fougue de Griffith est à la fois poétique par son esthétisme et cruelle par sa férocité.

K.O., le corps sans vie de Benny Paret est maintenu debout quelques secondes par les cordes et le coin du ring, avant de s'effondrer, lentement. Si lentement que les juges et médecins proches de la scène ne comprennent pas tout de suite que quelque chose cloche. Ses hommes de coin l'allongent maladroitement sur le dos. Toute cette séquence est visible en direct et en prime time à la télévision américaine. Les gros plans malveillants du réalisateur forcent le commentateur Don Dunphy à envoyer les enfants se coucher.

LAISSANT DERRIÈRE LUI UNE FEMME ET UN ENFANT DE 2 ANS. SON DÉCÈS BOULEVERSE À JAMAIS LE MONDE DE LA BOXE

De nouveau champion, Griffith se tient au centre du ring, bras levé, quelques instants avant de s'enquérir de la situation de son adversaire. Paret est évacué sur une civière presque dans l'anonymat alors que le Garden se vide et la voix du journaliste donne déjà les affiches de la semaine suivante.

Dans le coma, le dur au mal cubain décède dix jours plus tard sur son lit d'hôpital à l'âge de 25 ans. Laissant derrière lui une femme et un enfant de 2 ans. Son décès bouleverse à jamais le monde de la boxe, à tel point qu'une commission[7] dirigée par le gouverneur de l'État de New York tente d'abolir le sport dans la région, sans succès. La boxe perd en popularité et *Fight of the Week* est déprogrammé en 1964.

Emile Griffith poursuivra sa carrière jusqu'en 1977 et restera hanté par ce K.O. jusqu'à sa mort en 2013.

UN ARBITRAGE DÉSASTREUX ?

Triste ironie, Ruby Goldstein, l'arbitre de ce combat, était reconnu dans le monde de la boxe pour son excellent travail et particulièrement pour arrêter les combats trop tôt, selon les fans. Ancien boxeur, il a volontairement laissé le combat se poursuivre, car il savait que Benny Paret était un dur au mal qui encaissait beaucoup de coups. Il pouvait paraître au bord du K.O. avant de trouver un second souffle. Durant les dix jours de coma du « Kid », Ruby Goldstein est le seul des protagonistes présents sur le ring à refuser de se rendre à son chevet. Plus de quarante ans après l'accident, son fils révélera que c'est en fait la commission athlétique de New York qui lui a conseillé de rester loin des médias et de la famille Paret. Ruby Goldstein a été intronisé au *Hall of Fame* de la boxe en 1994.

MANUEL ALFARO, LE MANAGER GOURMAND

La mort de Benny Paret n'est pas seulement due à l'avalanche de coups encaissés face à Emile Griffith. Avant d'affronter son meilleur ennemi pour la troisième fois, le Cubain teste sa durabilité face à Gene Fullmer. Gros frappeur, l'Américain avoue lui-même qu'il n'avait jamais infligé une correction aussi sévère à un adversaire, dix rounds extrêmement douloureux. Sur ces cinq derniers combats avant Griffith, le Kid compte trois revers, dont deux par K.O., tout ça en l'espace de douze mois. Un rythme intense imposé par son manager Manuel Alfaro, qui souhaitait tirer un maximum de profit de son talentueux poulain.

GRIFFITH, DESIGNER DE CHAPEAUX

Après un petit boulot de livreur pour divers commerces d'Harlem et bien avant de s'intéresser à la boxe, Emile Griffith devient designer de chapeaux pour femmes. Une passion surprenante et forcément très connotée dans les années soixante. Bisexuel, il n'a jamais aimé être associé au mot « gay ». Griffith a même été marié quelques mois en 1971, à Mercedes « Sadie » Donastorg, une danseuse professionnelle. En 1992, l'ex-boxeur est agressé et laissé pour mort à la sortie d'un bar gay de New York et endurera quatre mois d'hospitalisation sans qu'il soit confirmé qu'il ait été victime d'une agression homophobe.

« J'ai rencontré l'homme qui a tué mon père... »

INTERVIEW | BENNY PARET JR.

La famille Paret est restée à jamais meurtrie par la mort de Benny. Pourtant, son fils Benny Jr. a trouvé la force de pardonner Emile Griffith. Au point même d'accepter de s'entretenir avec lui pour comprendre, sans juger. Il nous livre ici le souvenir de cette rencontre inédite et hors du temps.

Mon nom est Benny Paret Jr., j'ai aujourd'hui plus de 60 ans. Je n'avais que 2 ans lorsque mon père est décédé. Pour être totalement honnête, je ne me souviens de rien le concernant. Ma mère m'a souvent raconté qu'il me portait sur ses épaules partout où il allait et qu'il aimait me brosser les cheveux, des détails futiles.

Il ne me reste pas grand-chose en souvenir de sa carrière, quelques photos, une paire de gants, tout au plus...

Je regarde toujours la boxe, j'aime ce sport et je l'ai pratiqué lorsque j'étais plus jeune, mais j'ai dû arrêter, car ma mère n'aimait pas l'idée de voir la chair de sa chair sur un ring. Cette discipline n'est plus ce qu'elle était, et j'ai perdu de l'intérêt au fil des années.

La première fois que j'ai vu le combat Griffith vs Paret III, c'était en 2005, car je participais au documentaire[8] sur la vie d'Emile Griffith. Je me suis tout de suite dit que mon père n'aurait jamais dû monter sur le ring. La seule aigreur que j'aurais pu avoir aurait été envers son manager de l'époque, Manuel Alfaro. Peu importe la manière dont vous souhaitez le justifier, il n'aurait pas dû combattre.

C'est donc pour ce documentaire que j'ai rencontré l'homme qui a tué mon père. J'étais curieux à l'idée de voir Emile Griffith en personne. Adolescent, je le voyais toujours comme « l'homme qui a tué mon père ». En tout cas, ma mère le décrivait ainsi. En grandissant, on comprend mieux les choses et je me disais que ce serait très fort pour cet homme de me rencontrer.

Pour lui, c'était très symbolique. De mon côté, j'allais plutôt à ce rendez-vous pour rencontrer un autre ancien champion du monde de boxe qui exerçait la même profession que mon paternel...

Il recherchait cette opportunité de me rencontrer, il avait besoin de savoir que ma famille n'avait aucune rancune envers lui.

Je n'ai jamais pensé qu'il est monté sur le ring avec l'intention de tuer, même si leur rivalité était à son paroxysme, le soir de ce 3e combat. Ça ne m'a pas traversé l'esprit.

Ma mère ne pouvait pas être dans la même pièce qu'Emile Griffith. Il faut la comprendre, elle a vu son mari surclassé, battu comme un punching-ball en télévision nationale. Pour elle, il représentait tellement d'émotions négatives.

LORSQUE J'AI VU EMILE, J'AI TOUT DE SUITE SENTI UNE SORTE DE CONNEXION. NOUS NOUS SOMMES PRIS DANS LES BRAS ET IL A FONDU EN LARMES.

Elle ne m'a pas empêché d'aller à ce rendez-vous, mais il était hors de question qu'elle le rencontre. Notre entrevue a eu lieu un après-midi à New York dans Central Park. Lorsque j'ai vu Emile, j'ai tout de suite senti une sorte de connexion. Nous nous sommes pris dans les bras et il a fondu en larmes.

Nous avons parlé boxe, échangé quelques banalités, mais l'important n'était pas là. J'ai perdu mon père aux mains de cet homme, mais la rencontre nous a permis de boucler la boucle.

En tant que boxeur, un K.O. est le niveau ultime que l'on peut atteindre. On ne veut pas blesser l'adversaire intentionnellement. Mais si on veut l'annihiler, le K.O. est évidemment le meilleur moyen. Le 24 mars 1962, Emile voulait plus que jamais annihiler son rival.

1. De 1962 à 2022, les boxeurs cubains n'avaient pas l'autorisation de participer à des compétitions de boxe professionnelle sur ordre de Fidel Castro.
2. Surnom de Benny Paret, très populaire chez les Cubains (Kid Gavilan, Kid Chocolate...).
3. Entraîneur intronisé à l'International Boxing Hall of Fame pour avoir coaché, entre autres, Mohamed Ali, Joe Frazier et George Foreman.
4. Les pesées des boxeurs avaient systématiquement lieu le matin du combat jusqu'en 1983.
5. Expression hispanophone injurieuse pour qualifier un homme efféminé ou homosexuel.
6. Programme diffusé de 1960 à 1964.
7. Commission Keating qui a conduit à des discussions sur l'interdiction de la boxe à New York en 1962. Ces discussions ont contribué à des réformes dans la régulation de la boxe professionnelle.
8. Dan Klores et Ron Berger, *Ring of Fire: the Emile Griffith Story*, 2005.

Joe Louis Barrow
Thomas Hauser
Saïd Bennajem
Benny Paret Jr.
Khalilah Ali
Sugar Ray Leonard
Irichelle Duran
Jackie Kallen
Lori Grinker
Mike Silver
Aaron Snowell
Christian Delcourt
Mauricio Sulaiman
Jim Lampley

REMERCIEMENTS I

Rock Newman
Montell Griffin
Mamadou Thiam
Christy Martin
Mahyar Monshipour
Michael « Smokey » Wilson
Sean Gibbons
Sarah Ourahmoune
Canelo Alvarez
Joe Cortez
Deontay Wilder
Dominique Nato
Tom Loeffler
Mikey Williams
Angel « Memo » Heredia
Anne-Sophie Mathis
John Dovi

© Crédits Photos
Trois photographies de couverture, pages 8, 15, 75, 87,
131,155, 165, 206 et 244 : Agence Presse Sports.
Page 216 : D.R.

Couverture, conception graphique, illustrations
et mise en page X Dessine moi un Gangster
Éditrice X Line-Marie Gérold
Relecture X Sandrine Harbonnier

Imprimé par Printcorp en Croatie

ISBN 978 275 760 625 4

Benny Paret Jr. : Un K.O. est le niveau ultime que l'on peut atteindre. On ne veut pas blesser Khalilah Ali : Un K.O., c'est quelque chose qui fait très mal... c'est surtout quelque chose de dang tendait absolument pas. Jackie Kallen : Un K.O., c'est la meilleure manière de gagner ! Lori Grinke moment spécifique où un boxeur réussit le coup parfait en termes de précision et de timing sur un qui vient du ciel, c'est un coup qui vient du plus profond de l'intérieur d'un boxeur. Mauricio Sula d'un adversaire et capitaliser avec un punch ou une variété de coups. Jim Lampley : C'est le ma Rock Newman : Un K.O., c'est la domination. Il y a d'autres formes de domination sur le ring, mais le K.O. Mahyar Monshipour : C'est une coupure de courant, tout simplement. Manny Pacquiao : Un K.O., c déjà loin. Canelo Alvarez : C'est la plus grande joie pour un boxeur, mais aussi pour les fans. Ceux boxeur, quelque chose qu'ils n'ont pas envie de vivre, c'est le black-out, on ne voit plus rien. Tom Lo est très serré. Mikey Williams : C'est un point d'exclamation. Lorsque ça arrive, il n'y a rien de pl attendre le décompte des points à la fin d'un combat ! John Dovi : Un K.O., c'est la fin de tout esp fruit d'un long travail sur les faiblesses de l'adversaire. Roberto Duran : Un K.O. ? Je pense que ça

Qu'est-ce c